DER KOMPLETTE PROJEKTMANAGER

Andere Ausgaben bei Van Haren Publishing

Van Haren Publishing (VHP) ist auf Veröffentlichungen über Best Practices, Methoden und Standards auf dem Gebiet der folgenden Domänen spezialisiert:
- IT und IT-Management
- Enterprise-Architektur
- Projektmanagement
- Businessmanagement.

Diese Veröffentlichungen sind in mehreren Sprachen verfügbar und sind Teil führender Serien, wie *Best Practice, The Open Group series, Project management* und *PM series*.

Auf der Website von Van Haren Publishing ist in der **Knowledge Base** ein großes Angebot Whitepapers, Templates, kostenlose E-Books, Dozentenmaterialien etc. zu finden. Besuchen Sie www.vanharen.net.

Van Haren Publishing ist weiterhin der Herausgeber von führenden Institutionen und Unternehmen, darunter: Agile Consortium, ASL BiSL Foundation, CA, Centre Henri Tudor, Gaming Works, IACCM, IAOP, IPMA-NL, ITSqc, NAF, KNVI, PMI-NL, PON, The Open Group, The SOX Institute.

Themen pro Domäne sind:

IT und IT-Management	Enterprise-Architektur	Projektmanagement
ABC of ICT™	ArchiMate®	A4-Projektmanagement
ASL®	GEA®	DSDM/Atern
CATS CM®	Novius Architektur Methode	ICB / NCB
CMMI®	TOGAF®	ISO 21500
COBIT®		MINCE®
e-CF	**Businessmanagement**	M_o_R®
ISO 17799	*BABOK® Guide*	MSP®
ISO 20000	BiSL® und BiSL® Next	P3O®
ISO 27001/27002	BRMBOK™	*PMBOK® Guide*
ISPL	BTF	PRINCE2®
IT4IT	EFQM	
IT-CMF™	eSCM	
IT Service CMM	IACCM	
ITIL®	ISA-95	
MOF	ISO 9000/9001	
MSF	OPBOK	
SABSA	SixSigma	
SIAM	SOX	
	SqEME®	

Für eine vollständige Übersicht aller Veröffentlichungen besuchen Sie bitte unsere Website: www.vanharen.net

Der komplette Projektmanager

Die Essenz und Anwendung
von Projektmanagement
und agiler Führung

Roel Wessels

Impressum

Titel:	Der komplette Projektmanager
Untertitel:	Die Essenz und Anwendung von Projektmanagement und agiler Führung
Autor:	Roel Wessels
Deutsche Übersetzung:	Jörg Bewerunge und Vertaalbureau Textwerk B.V.
Reviewer:	Ben Bolland (BEVON Gilde)
	Alexander Celie (Traction10)
	Hans Fredriksz (IPMA-NL, Haax)
	Bas Könemann (You Improve)
	Ben van de Laar (Randstad Groep IT)
	Ruud Merks (ASML)
	Henny Portman (NN, Hedeman Consulting)
	Dieter van der Put (DAF Trucks)
	Ron Schipper (Van Aetsveld)
	John Verstrepen (ehemaliger Direktor IPMA-NL)
Textredaktion:	Niederländische Version: Nienke van Oeveren (Boekredactie.nl)
Herausgeber:	Van Haren Publishing, Zaltbommel, www.vanharen.net
ISBN Hardcopy:	978 94 018 0679 4
ISBN EBook (pdf):	978 94 018 0680 0
ISBn ePub:	978 94 018 0681 7
Druck:	Niederländische Version: Erster Druck, erste Auflage, August 2016
	Englische Übersetzung: Erster Druck, erste Auflage, Juni 2019
	Deutsche Übersetzung: Erster Druck, erste Auflage, September 2020
Layout und DTP:	Coco Bookmedia, Amersfoort – NL
Copyright:	© Van Haren Publishing, 2016, 2020

PRINCE2® is a registered trademark of AXELOS Limited.

Kein Teil dieser Veröffentlichung darf vervielfacht, als automatisierte Datei gespeichert oder veröffentlicht werden auf oder mittels jeglicher Medien, ob elektronisch, mechanisch, als Fotokopie oder auf andere Weise, ohne die vorherige schriftliche Genehmigung des Herausgebers.

Trotz aller Sorgfalt hinsichtlich dieser Veröffentlichung können mögliche Fehler auftreten. Der Herausgeber und die Autoren übernehmen keine Haftung für das Auftreten von Fehlern und/oder Mängeln.

Vorwort

Je mehr man weiß, desto mehr weiß man, dass man nichts weiß.
Sokrates

Ein kompletter Projektmanager. Was ist das? Ich habe die Weisheit natürlich nicht für mich gepachtet. Was oder Wer das ist müsen Sie letzendlich selbst entscheiden.

Dieses Buch bietet einen Einblick in das typische Umfeld eines Projektmanagers. Dabei liegt der Schwerpunkt auf dem **Wie** des Projektmanagements und darauf wie Sie mit einer proaktiven Haltung auch in **schwierigen Situationen** die Kontrolle behalten können. In diesem Buch wird dies anhand unterschiedlicher Themen erläutert, die mittels lebensnaher Beispiele und Anekdoten möglichst konkret verdichtet werden. Nicht, weil das dann der einzige oder der richtige Weg ist, sondern um Ihr Interesse zu wecken und Sie zu begeistern. Ich bin weder für, noch gegen etwas, sondern möchte erreichen, dass Sie selbst nachdenken und auswählen!

Ich selber bin an allen Aspekten interessiert, die mit Projektmanagement und Führung zu tun haben. Meine Heimat aber war und ist die verarbeitende Industrie. Dies ist eine Welt der Produkt- und Dienstleistungsentwicklung, in der multidisziplinäre Teams unter hohem Druck bezüglich Dauer, Qualität und Kosten arbeiten. Gleichzeitig aber gilt hier auch eine erhöhte Aufmerksamkeit auf Themen der Innovation und der zunehmenden Zusammenarbeit mit globalen Netzwerken von Lieferanten und Kunden. Auch wenn Sie also in diesem Buch diesen Aspekten beggenen werden, so ist das Buch doch ganz bewusst für den **generellen Projektmanager** gedacht. Dabei wurde ich dankenswerter Weise von einer Gruppe von Reviewern aus verschiedenen Disziplinen unterstützt.

Übrigens, aus Gründen der leichteren Lesbarkeit wird in diesem Buch die männliche Sprachform bei personenbezogenen Substantiven und Pronomen verwendet. Dies impliziert jedoch keine Benachteiligung anderer Geschlechter, sondern soll im Sinne der sprachlichen Vereinfachung als geschlechtsneutral zu verstehen sein.

Der komplette Projektmanager zeichnet sich nicht dadurch aus, alles zu wissen, sondern dadurch, immer neugierig zu bleiben und sich selbst stets weiterentwickeln zu wollen. Der Leitfaden auf der folgenden Seite soll Sie dabei unterstützen eine für Sie und Ihre Aufgaben geeignete Auswahl zu treffen. Die Kapitel bilden zwar insgesamt eine in sich logisch zusammenhängende Geschichte, können aber auch separat voneinander gelesen werden. Außerdem ist auch ein Direkteinstieg in die "Projektumsetzung" (Kapitel 10) möglich, da dieses Kapitel zu beginn eine Zusammenfassung der wichtigsten vorherigen Themen beinhaltet.

Wählen Sie sich ein Thema aus und trauen Sie sich, Ihren eigenen Weg zu gehen und werden Sie ein kompletter Projektmanager!

Leitfaden

Der komplette Projektmanager

	K1	K2	K3	K4	K5	K6	K7	K8	K9	K10
	&-&-&-Paradoxon	Das TomTom	V-Modell	Faktor 10	Plan: Projektstruktur	Plan: Detailplan	Projektmotivator	Heartbeat	Das blinde Abhaken	Final Countdown
Für den beginnenden Projektmanager, der eine Übersicht über den Projektmanagementbereich erhalten möchte.	*Nutzen Sie das Buch als Lehrbuch.*									
Für den erfahrenen Projektmanager, der noch kompletter werden will.	*Wählen Sie Ihre Themen aus und erfahren Sie, wie Sie noch effektiver werden können.*									
Für diejenigen, die erlernen möchten, wie die harten und weichen Bereiche des Projektmanagements zu kombinieren sind.	*Erfahren Sie, wie Methoden und Verhalten zusammen 1+1=3 ergeben.*									
Für den praktizierenden Projektmanager, der auf der Suche nach dem *Wie* und der täglichen Anwendung ist.		■	■	■	■	■	■	■	■	■
Für diejenigen, die lernen möchten, wie sie immer die Kontrolle behalten können; auch bei weniger idealen Auftraggebern und Umfeldern.		■					■	■	■	■
Für diejenigen, die lernen möchten, den eigenen Weg einzuschlagen und sich dabei weniger auf Methoden zu verlassen.	■	■					■			■
Für diejenigen, die zielgerichteter und flexibler werden möchten.		■					■	■		■
Für diejenigen, die erlernen möchten, wie man bei komplexen Projekten Struktur und Übersicht erhält.					■	■		■	■	■
Für den Projektmanager aus der Produktentwicklung, der verstehen möchte, wie man Hardware- und Softwareentwicklungen integriert.			■	■	■	■			■	
Für den Projektmanager aus anderen Domänen, der die Arbeitsweisen aus der verarbeitenden Industrie erlernen möchte.			■	■	■	■			■	
Für diejenigen, die einen Überblick über die Projektmanagement- und Führungs-Fachliteratur erhalten wollen; allerdings im Stil eines Romans geschrieben.	*Setzen Sie sich hin, leeren Sie Ihren Kopf und erleben Sie die Geschichte so, als ob Sie sich in einem Training befinden.*									
Für diejenigen, die vor allem schnell einen Eindruck von der Welt des kompletten Projektmanagers erhalten möchten.	*Blättern Sie einmal durch das Buch und lesen Sie doch einfach nur die "Fliesenbilder" auf den Seiten.*									

Inhalt

Einleitung — IX

1 Das &-&-& Paradoxon — 1
- 1.1 Mehr durch weniger — 3
- 1.2 Sowohl die Kontrolle behalten als auch Freiraum lassen — 5
- 1.3 Sowohl Unsicherheiten erkennen als auch Commitment zeigen — 9
- 1.4 Ein Projektmodell als Aufhänger — 16
- 1.5 Agil denken und arbeiten — 21
- 1.6 Was das &-&-&-Paradoxon für den Projektmanager bedeutet — 27

2 Ihr agiler Inspirator, das TomTom — 31
- 2.1 Was Sie von Ihrem TomTom lernen können — 31
- 2.2 Das TomTom und agile Führung — 36
- 2.3 Das TomTom und Stakeholdermanagement — 39
- 2.4 Scenario Creator — 49

3 First time right: Das V-Modell und der kritische Parameter — 55
- 3.1 Einleitung V-Modell: Entwurf, Realisierung, Verifikation — 56
- 3.2 Auswirkung von Problemen verstehen — 58
- 3.3 Frühzeitiges Feedback mit Design for X — 62
- 3.4 Frühzeitiges Feedback durch agiles Arbeiten — 68
- 3.5 Das V-Modell und Ihr eigenes Verhalten — 71

4 Der Faktor 10 — 77
- 4.1 Kluges Führen und Verhalten ist der Faktor 10 — 77
- 4.2 Umdenken und die Kraft des Handelns — 80
- 4.3 Die Schatzkammer von Stephen Covey — 85
- 4.4 Situatives Führen — 92
- 4.5 Der Faktor 10 des Projektmanagers — 100

5 Der Plan Teil I: Projektstruktur — 103
- 5.1 Die 10 Schritte zur Erstellung eines Plans — 103
- 5.2 Schritt 1: Project Charter — 107
- 5.3 Schritt 2: Projektstrategie und -phaseneinteilung — 110
- 5.4 Schritt 3.1 und 3.2: Produktstrukturplan — 112
- 5.5 Eine Achterbahn bauen — 119
- 5.6 Schritte 3.3 – 3.5: Produktflussdiagramm und DfX — 126
- 5.7 Schritt 3.6: Projektstrukturplan (Work Breakdown Structure) — 129

6	**Der Plan Teil II: Die Skizze mit dem Team und der Detailplan**	**135**
	6.1 Schritt 4: Size- und Effort-Abschätzung	136
	6.2 Die rationale und psychologische Seite der Stundenabschätzungen	146
	6.3 Schritt 5-8: Skizze mit dem Team aufstellen	152
	6.4 Schritt 9: Tipps & Tricks für die Detailplanung	158
	6.5 Schritt 10: Projektmanagementplan und go	166
7	**Der Projektmotivator**	**171**
	7.1 Deci und Ryans Selbstbestimmungstheorie	171
	7.2 Was Sie säen, werden Sie ernten	174
	7.3 Die (temporäre) Projektorganisation und der Lenkungsausschuss	181
	7.4 Warum der Anfang einen langen Atem erfordert	185
	7.5 Kreativität lenken	188
8	**Heartbeat**	**197**
	8.1 Fortschritt durch Rhythmus, Kadenz und Trance	197
	8.2 Ihre Planung auf den Heartbeat projizieren	201
	8.3 Heartbeat auf verschiedenen Ebenen	205
	8.4 EOS und OKR	208
9	**Das blinde Abhaken**	**215**
	9.1 Hüten Sie sich vor dem blinden Abhaken	216
	9.2 Das blinde Abhaken beherrschen mit Review- und Inspektionstechniken	217
	9.3 Das blinde Abhaken mit DfX und agilem Projektmanagement verhindern	223
	9.4 Testen rechts im V-Modell	227
10	**The Final Countdown**	**233**
	10.1 Der Projektpfad bis zur Ausführungsphase zusammengefasst	234
	10.2 Heartbeat in der Praxis	237
	10.3 Änderungsmanagement	253
	10.4 Status und verbleibende Route sichtbar machen	259
	10.5 Unsicherheiten dennoch planbar gestalten	268
	Nachwort	275
	Danksagung	277
	Anhang 1: Beispiele Anwendung Projektmodell	278
	Anhang 2: Der komplette Projektmanager – Toolkit	280
	Quellen	281
	Über Roel Wessels	283
	Index	285

Einleitung

Der Buchtitel *Der komplette Projektmanager* erscheint vielleicht etwas protzig. Aber nehmen Sie es an: Dieses Buch ist für Sie. Denn über das Managen von Projekten ist zwar enorm viel geschrieben worden, aber oftmals nicht so, dass die Erlebniswelt des Projektmanagers, also Ihre Erfahrungen, an zentraler Stelle steht.

Denn es gibt viele Bücher, die darüber berichten, *was* Sie alles tun müssen, um Projekte erfolgreich auszuführen. Was eine Stakeholderanalyse ist, was das Risikomanagement beinhaltet, was die Bedeutung von Planen-Ausführen-Überprüfen-Handeln ist und was von Ihnen beim Leiten Ihres Teams erwartet wird. Aber *wie* Sie dies genau anwenden, wie dies *auch* unter nicht-idealen Umständen gelingt, wie Sie es in Ihren *eigenen* Arbeitsprozess integrieren und wie Sie dafür sorgen, dass Sie es auch *wirklich* tun werden… das ist und bleibt für viele *do it yourself*.

In diesem Buch beschreibe ich so komplett und anwendbar wie möglich, was ich in den letzten zwanzig Jahren über Projektmanagement und agile Führung gelernt habe. Dazu habe ich die Essenz gesucht, da das Wissen hierüber bei der Anwendung und der Integration der beschriebenen Theorien und Ideen in das eigene Verhalten hilft. Kurz gesagt, in diesem Buch können Sie erfahren, wie Sie dem Projekt*leiden* durch geschicktes *Leiten* ein Ende bereiten können, wie Sie Ihr reaktives in ein proaktives und beeinflussendes Verhalten verändern können, aber vor allem auch, wie Sie das Projektmanagement für sich selbst, Ihr Team und Ihr Umfeld (wieder) attraktiv gestalten können!

Projektmanager des 21. Jahrhunderts
In den letzten Jahrzehnten hat sich viel im Bereich des Projektmanagements getan. Das Umfeld ist dynamischer geworden und es wird immer mehr von einem Projektmanager erwartet. Es erscheint allerdings fast unmöglich diese Erwartungshaltung erfüllen zu können: Unabhängig von den Umständen Ergebnisse liefern, trotz vieler Unsicherheiten engagiert sein und bleiben, hochqualifizierte Mitarbeiter leiten und hinsichtlich Selbststeuerung begleiten, mit Stakeholdern, die unterschiedliche Interessen haben, umgehen und kreative Durchbrüche realisieren ohne gleichzeitig dabei zu viel Risiko einzugehen. Ein grandioser *Balanceakt*!

Diese enorme Aufgabe erfordert Ihr gesamtes Know-how. Also das Vermögen, in allen Situationen die Regie zu übernehmen sowie die Handlungen klar zu bestimmen. Es ist vergleichbar mit Segeln inmitten eines Sturms: Sie haben keine Zeit zum Nachdenken oder zum Testen von möglichen Lösungen. Sie müssen Ihr Projekt mit Überzeugung und Tatkraft bewältigen. Effektiv und effizient. Aber wie sollen Sie das bewerkstelligen?

Sie kennen dies vermutlich aus eigener Erfahrung: In Situationen, in denen Sie selbst hadern und die Ihnen unlösbar erscheinen, gelingt einem Anderen das Unmögliche scheinbar spielend leicht. Und machmal gelingen Ihnen Dinge, die andere nicht für möglich gehalten hätten. Anscheinend hängt alles davon ab, *wie* Sie sich einem Projekt nähern. Davon, dass Sie Methoden zum richtigen Zeitpunkt anwenden und das richtige eigene Verhalten damit verknüpfen. Aber wie kann man dies erlernen? Wo gibt es gute Beispiele und Vorbilder? Es gibt unglaublich viele inspirierende Management- und Motivationstechniken, aber wie kann man diese effizient und effektiv miteinander kombinieren?

Können Sie den Wald vor lauter Bäumen noch sehen oder bleiben Sie in der Theorie stecken und nehmen sich immer wieder vor, dass Sie dies im *nächsten* Projekt bestimmt besser machen und tatsächlich anwenden werden?

Der Physiker und der Musiker
Um Antworten auf die obenstehenden Fragen zu finden, habe ich mich auf die Suche nach der Essenz des erfolgreichen Leitens von Projekten begeben. Hierbei halfen mir natürlich meine jahrelangen Erfahrungen als Projektmanager, Programmmanager und Direktor der Produktentwicklungsabteilung. Im Grunde meines Herzens aber bin ich immer auch der Physiker und der Musiker. Der Physiker spiegelt sich dort wider, wo der Fokus auf den strukturellen Bereichen der Projekte liegt, bei dem Antrieb Ähnlichkeiten zwischen Methoden zu entdecken, und wo Dinge zu vereinfachen und strukturieren sind. Kurz gesagt: Beim Managen von Komplexität. Der Musiker in mir kommt zum Vorschein, wenn ich erläutere, wie Sie Ihre gleichbleibenden Leistungen auf hohem Niveau mit dem Loslassen zum Nutzen des kreativen Prozesses kombinieren müssen. Aber auch in meiner Überzeugung, dass der Projektmanager jederzeit die Initiative übernehmen muss und somit den *Performer* in sich selbst erweckt. Und dass ich, wie auch in der Musik essenziell, einen Schwerpunkt auf den richtigen Rhythmus in Projekten und Veränderungsprozessen lege.

Es liegt in meiner Natur und ist meine Leidenschaft, Menschen, Methoden und Denkweisen miteinander zu verbinden. Das Ganze ist mehr als die Summe seiner Teile. Daher werden Sie feststellen, dass dies kein Buch ist, das sich von anderen Methoden abgrenzt und schon wieder einen neuen Weg aufzeigen will, wie alles denn nun tatsächlich zu erreichen ist. Ich möchte Ihnen gerne zeigen, wie Methoden wie PRINCE2, Agile, DSDM Atern, *PMBOK Guide*, der Kompetenzrahmen ICB von IPMA und zahlreiche Führungstechniken wirksam zusammen verwendet werden können. Der Fachmann lässt sich nicht durch Werkzeuge aufhalten, sondern sieht diese als Bereicherung an. Dabei verbinde ich moderne, agile Techniken mit eher traditionellen Methoden. Immerhin begegnen Sie ihnen auch in den unterschiedlichsten Kombinationen in der Welt, in der Sie arbeiten. Daher spreche ich auch lieber über agile *Führung*: Es geht mehr um die agile Haltung als um die agilen Prozesse. Denn letztendlich ist alles vor allem das Werk von Menschen...

Der Inhalt dieses Buches wurde nicht nur durch fortwährendes eigenes Anwenden stets weiterentwickelt und verfeinert, sondern auch durch das Feedback von mehr als achthundert Erfahrungsträger, die ich in den vergangenen Jahren in viertägigen Masterclasses trainiert habe. Diese kamen nicht nur aus dem High-Tech-Sektor, sondern auch aus dem öffentlichen Sektor, der Medizin und Bildung, dem Bausektor, aus ICT und unterschiedlichsten weiteren Domänen. Kurz gesagt: Dieses Buch versucht einen möglichst allgemeinen Ansatz zu wählen und soll somit für alle geschrieben sein, die sich beim Leiten von Projekten verbessern möchten.

Was wird Ihnen dieses Buch bringen?
Dieses Buch enthält eine möglichst vollständige Übersicht der Anwendungsmöglichkeiten von Projektmanagement und agiler Führung innerhalb der Produktions-, Dienstleistungs- und Organisationsentwicklung. Es richtet sich vor allem an den fortgeschrittenen Projektleiter, der den nächsten Schritt wagen möchte. Es ist jedoch absichtlich in seiner Sprache auch für unerfahrene Projektmanager verständlich gehalten worden, die sich einen ersten Überblick über das Leiten von Projekten machen möchten. Daher ist es nicht notwendig, dass Sie bereits tief im Projektmanagementbereich verwurzelt sind, denn das ganze für das Verständnis erforderliche Wissen wird in diesem Buch beschrieben. Allerdings wird Ihnen ihr gesammeltes Wissen und Ihre (Projekt-)Erfahrung beim Lesen sicherlich trotzdem nützlich sein. Obwohl dieses Buch auch substanziell in die Tiefe geht, liegt der Schwerpunkt hier jedoch auf der Interaktion zwischen der Theorie und Ihrem eigenen Verhalten und Ihrer eigenen Arbeitsweise. Denn letztlich dreht es sich nicht nur um das theoretische *Wie*, sondern besonders auch um Ihre persönliche *Anwendung* im Projekt. Und somit natürlich auch darum, wie alles auch unter nicht-idealen Umständen gelingt das Wissen aus diesem Buch konkret in Ihrem Arbeitsalltag umzusetzen.

Das Buch besteht aus drei Teilen. Teil 1 (Kapitel 1 - 4) beschreibt die Aspekte, denen Sie beim Einrichten und Managen eines Projektes begegnen werden. Dabei liegt der Fokus auf den fundamentalen Grundprinzipien, der Wichtigkeit die Regie zu übernehmen, der Strukturierung und des agilen Denkens. Teil 2 (Kapitel 5 und 6) erklärt, wie Sie den Projektplan und das Planning in kleinen Schritten skizzieren können, was zu erhöhter Vollständigkeit, einfacherer Koordination und breiterer Unterstützung für die Projektdurchführung führt. Zuletzt behandelt Teil 3 (Kapitel 7 - 10) dann wie Sie die eigentliche Projektumsetzung leiten. Wie Sie das Projektziel mit einem konstanten Deming-Zyklus erreichen, wie Sie Zwischenergebnisse hinsichtlich der Qualität beurteilen und wie Sie Ihr Team und Ihr Umfeld langanhaltend motivieren.

Ich habe das Buch möglichst praxisnah und anwenderorientiert geschrieben. Ich möchte Sie inspirieren, in dem ich neben der Theorie sehr viel Wert auf die konkrete Anwendung lege und diese mit persönlichen Anekdoten ergänze. Ziehen Sie sich die Essenz heraus und wenden Sie die beschriebenen Methoden in Ihrem eigenen Stil und gemäß Ihrer eigenen Persönlichkeit an: Tun Sie dies auf Ihre eigene Art und Weise! Denn ansonsten gelingt es Ihnen nicht stets motiviert zu bleiben und schlimmer noch, *andere werden Ihnen nicht glauben!*

Genießen Sie das Lesen dieses Buches, aber vor allem das anschließende Anwenden.

Projekte zu leiten macht wirklich Spaß!

Roel Wessels

1 Das &-&-& Paradoxon[1]

- Wie die steigende Nachfrage nach "und-und-und" das Leben des Projektmanagers auf den Kopf stellt.
- Warum Steuern-in-Richtung-Kontrolle und Steuern-in-Richtung-Ergebnis-und-Prozess nicht dasselbe ist.
- Die Wichtigkeit, mit Unsicherheit umgehen zu können.
- Die Erklärung von Agile und wie es zu traditionellen Methoden passt.
- Der rote Faden dieses Buches: von reaktivem hin zu proaktivem Handeln und Beeinflussen.

Ich war fast 30, als ich zum ersten Mal auf die Piste ging. Also die Ski-Piste meine ich natürlich. In meinem Freundeskreis war ich der einzige Anfänger und das bedeutete, dass, während der Rest der Gruppe noch gemütlich frühstückte, ich schon mit der Anfängerklasse brav in der Kälte den "Babyhügel" hinuntergleitet und die ersten Schwünge beigebracht bekam. Der Unterricht des ersten Tages fand morgens bis abends nur auf dem "Babyhügel" satt. Aber am zweiten Tag brach ich meine guten Vorsätze unter dem sozialen Druck meines Freundeskreises und so gesellte ich mich nachmittags zur "echten Ski-Gruppe" hinzu. Die hatte nämlich versprochen, auf ein gesundes Verhältnis meines noch Nicht-Könnens und der Schweregrade der ausgewählten Pisten zu achten.

Zunächst lief es eigentlich ganz gut, obwohl es sich schon blöd anfühlte, ständig bei allem der Letzte zu sein. Aber eigentlich war ich sogar ein Gewinn für die Gruppendynamik, da einige das häufige auf mich Warten mit einer gemütlichen Zigarettenpause zu kombinieren wussten. Nach einer weiteren Stunde allerdings stoppte die Gruppe jedoch jäh an einem Abhang und ein leichtes Gemurre war zu vernehmen. Wir hatten eine Abfahrt verpasst und standen nun direkt vor einer steil abfallenden schwarzen Piste... In meiner Naivität drehte ich mich noch einmal um, um zu gucken, ob ich nicht umkehren und einen anderen Weg nehmen könnte. Unsinn natürlich! Es gab nur eine Richtung - die schwarze Piste hinunter...

Durch die Aussage, dass die Piste zwar steil aber mit gutem Schnee bedeckt sei erhielt ich zwar ein wenig mentale Unterstützung. Und selbstverständlich bekam ich jede Menge weitere gute Empfehlungen mit auf den Weg. So etwa, an den steilen Stellen jederzeit seitwärts stückweise gleitend die Piste nach unten fahren zu können. Nach einigem Zögern begann ich mit der Abfahrt und obwohl mir der Schweiß aus allen Poren strömte, machte ich tatsächlich Fortschritte. Auf halbem Wege fühlte ich sogar Zuversicht. Die steilste Stelle hatte ich bereits gemeistert und obwohl eher vom Rutschen als vom

---

[1] Dieses Kapitel verbindet die folgenden Kompetenzen aus IPMA's ICB4: Strategy, Governance, Structures and Processes, Resourcefulness, Project Design, Change and Transformation.

> Skifahren die Rede sein konnte, entstand ein wahrhaftiges Glücksgefühl. Ski Heil, würde ich mal sagen.
>
> Und dann war ich auf einmal unten angekommen. Bei vielen Leistungen denke ich im Nachhinein: "Ach, so schwierig war es doch gar nicht!" Aber ein Hang sieht von unten tatsächlich immer noch viel steiler aus als er wirklich war. Ich fühlte mich wie der König der schwarzen Piste! Bis... ein erfahrener Skifahrer... wedel, wedel, wedel, so elegant und leicht die schwarze Piste nach unten glitt, als ob es der Anfängerhügel wäre. Ich war wieder auf den Boden der Tatsachen, bzw. der Skier, angekommen und wusste: *Ich hatte noch viel zu lernen!*

Mit dieser Anekdote beginne oftmals ich meine Präsentationen und Kurse und stelle den Anwesenden anschließend die Frage: "Wer erhält während oder nach einem Projekt voller Plackerei und Stress Feedback von einem Erfahrungträger darüber, wie die Projektumsetzung besser oder flüssiger verlaufen könnte?" Oftmals meldet sich dann niemand. Die Teilnehmer berichten eher von Reaktionen, wie "Projekte überschlagen sich hier immer. Gewöhnen Sie sich einfach dran...", oder "Unser Umfeld ist so komplex, dass Sie kein normales Projektmanagement anwenden können."

 Erhalten Sie während oder nach einem Projekt Feedback, wie es besser laufen könnte?

Offenbar haben es Projektmanager und deren Umfeld resignierend akzeptiert, dass Projekte nicht so verlaufen, wie es wünschenswert wäre. Es mangelt an Erfahrungsträgern, die die Schwächen herausfinden und Verbeserungsvorschläge machen könnten. Oder noch schlimmer ausgedrückt: Es mangelt den Beteiligten schlicht an der Erkenntnis, dass es überhaupt besser laufen könnte. Um im Bild der Anekdote zu bleiben: Es fehlt die Erkenntnis, dass sich erfahrene Skifahrer auf die schwarze Piste freuen und nicht leiden, wenn sie eine solche Aufgabe vor Augen haben. Es mangelt an dem Verständnis, dass *Schwarze-Pisten-Projekte*, also schwierige Projekte mit beispielsweise vielen Unsicherheiten oder schwierigen Auftraggebern, dennoch solide und gediegen ausgeführt werden können. Und wenn erst einmal allgemein akzeptiert wurde, dass nichts besser gemacht werden muss oder kann, dann verkümmert die Lernbereitschaft innerhalb der Organisation und es mangelt an Projektmanagern, die ja gerade Schwarze-Pisten-Projekte verlangen, weil sie komplexe Projekte interessant und spannend finden und sich selbst weiterentwickeln möchten.

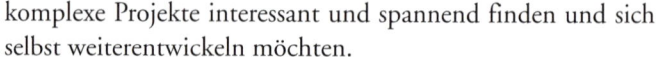
Gute Projektmanager weichen schwierigen Projekten nicht aus, sondern suchen nach ihnen!

Ich nenne diese scheinbaren Widersprüche, die hierbei überwunden werden müssen, das *&-&-&-Paradoxon*: Unsicherheiten zulassen **und** trotzdem flexibel sein **und** das Projekt erfolgreich abschließen **und** dabei den gesamten Prozess genießen können! Projektmanager, die sich kontinuierlich verbessern, um immer schwierigere Umstände bewältigen zu können, sind Erfahrungsträger, die den Würgegriff des &-&-&-Paradoxons durchbrechen können.

1.1 Mehr durch weniger

Bestimmt sind Ihnen nach dem Lesen dieser kleinen Anekdote bereits weitere Situationen eingefallen, in denen das &-&-&-Paradoxon für Projektmanager vorkommen kann. In diesem Kapitel beschreibe ich drei wesentliche Ausprägungen dieses Paradoxons. Dabei konzentriere ich mich an dieser Stelle besonders auf die Herausforderung, die das jeweilige &-&-&-Paradoxon mit sich bringt. Die dazugehörigen Lösungsansätze und Methoden werden in einem späteren Kapitel dieses Buches beschrieben.

1. **Mehr durch weniger**: Das Projekt muss so schnell wie möglich abgeschlossen werden *und* Änderungen müssen jederzeit möglich sein *und* die Kosten sollten so gering wie möglich ausfallen *und* auf funktioneller Ebene sollten möglichst viele Feautures implementiert sein *und*...
2. **Die Kontrolle behalten** *und* dem Team (kreativen) **Freiraum lassen.**
3. **Unsicherheiten erkennen** *und* gegenüber des Abgabetermins und der Projektkosten **Commitment zeigen.**

Dieser Abschnitt beschreibt den ersten Punkt: Mehr durch weniger. Die anderen beiden Aspekte folgen in den Abschnitten 1.2 und 1.3. Indem mehr als nur der Projektmanager in der Analyse miteinbezogen wird, wird das Umfeld, in dem man sich heutzutage befindet, genauer berücksichtigt. Es wird deutlich, in welchen Bereichen sich ein Projektmanager weiterentwickeln sollte, um erfolgreich bleiben zu können.

Adieu Trade-off
Das &-&-&-Paradoxon beschreibt also Situationen, bei denen mehrere scheinbar Gegensätzliche Aufgaben und Ziele erledigt bzw. verfolgt werden müssen ohne einzelne vernachlässigen zu können. Um dies zu erklären, verwende ich gerne das etwas überspitzte Beispiel der drei Automarken Volvo, Alfa Romeo und Mercedes vor 30 Jahren und heute. Der Volvo war damals der sichere Wagen, wobei das langweilige Design und Erscheinungsbild als sichtbares Merkmal der Sicherheit in Kauf genommen wurde. Für ein schönes Design konnten Sie einen Wagen der Marke Alfa Romeo kaufen, aber dann war jedem klar, das man hinsichtlich der Zuverlässigkeit Zugeständnisse machen musste. Und Mercedes war bekannt als der Qualitätswagen, der Zuverlässigkeit und Erscheinungsbild miteinander optimal kombinierte, aber dafür wiederum mit einem schmerzhaft hohen Kaufpreis verbunden war.

Derzeit erkennen wir, dass dieses klassische *oder-oder-oder-Trade-off* immer weniger akzeptiert wird. Aufgrund von neuen Technologien, der zugenommenen Konkurrenz, Globalisierung und Zusammenarbeit von Unternehmen wird die Latte immer höher gelegt. Viele damalige Unterscheidungsmerkmale sind heute zum Standard geworden. Für Qualität möchten wir nicht mehr zusätzlich bezahlen müssen. Dasselbe gilt für zusätzliche *Features*, Sicherheit,

Dienstleistungsniveau, etc.. Auch auf der Herstellerseite sind die Ansprüche gewachsen. Die Dauer der Produktentwicklung sollte möglichst kurz und Entwicklungskosten trotzdem niedriger sein. Mehr durch weniger also. Und für den Projektmanager von heute gilt: Wenn Sie es nicht schaffen, die Wünsche der Kunden und Ihres eigenen Unternehmens zu vereinen, dann haben Sie das Nachsehen; *we want it all*.

 Erkennen Sie die zunehmende Nachfrage nach und-und-und?

Sachverstand und Kreativität der Führung

Das &-&-&-Paradoxon zu durchbrechen erfordert Sachverstand und Kreativität.

Auch innerhalb von Projekten wollen wir und...und...und... Man könnte sagen, dass ein Projekt heutzutage das *"devil's triangle"* überwinden muss, welches angibt, dass Geld, Qualität und Zeit wechselwrikend miteinander verbunden sind. Technologisch gesehen gelingt dies in den letzten Jahrzehnten ganz gut. So sieht Raymond Kurzweil ein exponentielles Muster im Fortschritt der technologischen Entwicklung, die die Welt in einer beispiellosen Geschwindigkeit verändert, was letztendlich zur *Singularität* (Abbildung 1.1) führen wird. Singularität verweist hierbei auf den Moment, in dem technologische Mittel das menschliche Gehirn übertreffen (Kurzweil, 1999). Betrachten wir also nun rückblickend die bisherige Entwicklung hin zu dem heutigen Zustand, so sind viele Projekte und Organisationen aufgrund neuer Anforderungen und vor allem auch aufgrund einer inhärenten Komplexität immer vielschichtiger und anspruchsvoller geworden. Das &-&-&-Paradoxon bedingt also gleichzeitig Herausforderungen und Beschränkungen für das Projektteam. Ist das schlimm? Ein Fußballer, der auf kleinem Raum dennoch ein Tor schießt, ist ein wahrer Held. Radrennfahrer wünschen sich oftmals eine erschwerte Rennstrecke, damit nur die Besten in der Endphase des Wettkampfes mit dabei sind. Wenn Sie realisieren, dass jeder mit den Beschränkungen des &-&-&-Paradoxons zu kämpfen hat, dann könnten Sie auch sagen, dass derjenige mit der größten sachverständigen Geschicklichkeit die größte Chance auf Erfolg hat. Sachverständige Geschicklichkeit lohnt sich also!

Beschränkungen stimulieren die Kreativität. Um das &-&-&-Paradoxon zu lösen, benötigen wir kreative Konzeptbrüche, denn eine "normale" Ausbreitung bewirkt bei der Produktentwicklung eine gleichzeitige Zunahme an Kosten, Teilen, etc. Schlaue Lösungen sind erwünscht, wie beispielsweise das Einrichten von schnelleren Systemen, indem etwas weggenommen wird, oder wie effizientere Organisationen, indem diese vereinfacht werden.

Kurz gesagt geht es um Sachverstand in Kombination mit einem hohen Maß an Kreativität! Dies stellt nicht nur an die Mitarbeiter Anforderungen, sondern auch an den Führungsstil des (Projekt)Managers. Dieser sollte loslassen, aber dennoch Fristen setzen können; Struktur bieten und den Mitarbeitern gleichzeitig (kreativen) Freiraum lassen können; Mitarbeiter inhaltlich herausfordern, ohne alle Details vorzugeben. Eigenschaften, die vor allem und-und-und erfordern und somit viel Führung des Projektmanagers.

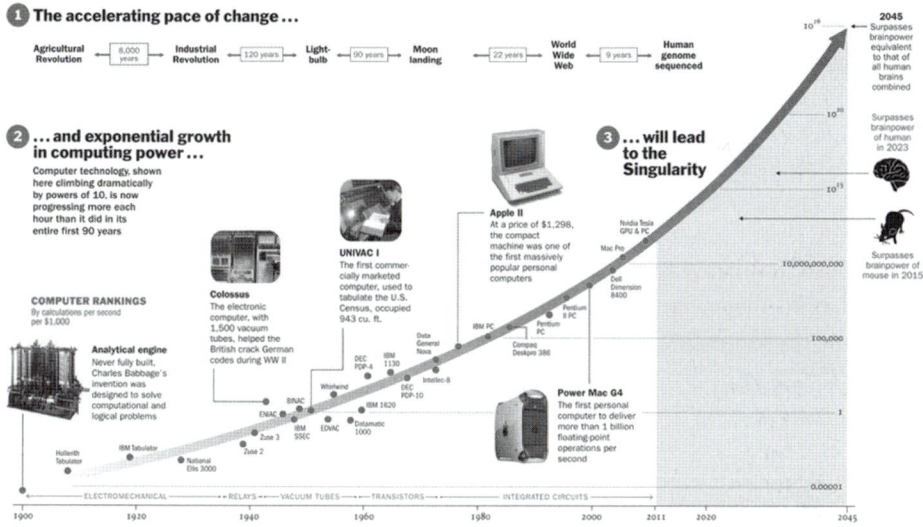

Abbildung 1.1   Exponentielles Wachstum im technologischen Fortschritt laut Raymond Kurzweil

1.2   Sowohl die Kontrolle behalten als auch Freiraum lassen

Als die Finanzkrise im Jahr 2007 ausbrach, war ich als Programmdirektor verantwortlich für Projekte innerhalb von Assembléon, einem High-Tech-Unternehmen mit einer Entwicklungsabteilung von mehr als 200 Mitarbeitern. Die Finanzkrise hatte einen enormen Einfluss auf die Verkäufe des Unternehmens, ich spreche hier von einem Rückgang von mehr als 50%.

Der damalige CEO stand vor der Herausforderung, den Gürtel enger schnallen zu müssen. Solch ein Prozess ist wahres Mikromanagement. Alle Kosten unterlagen, ungeachtet der Autorisierungsregeln, ihm und dem CFO. Also auch Ausgaben unter 100 Euro. Natürlich gab es keine Neuanstellungen und mögliche Vertragsverlängerungen lagen immer zuerst auf seinem Schreibtisch. Dies hatte zur Folge, dass innerhalb kürzester Zeit die finanzielle Situation wieder im Griff war. Da kein Schritt mehr ohne den CEO gemacht wurde, wusste dieser jederzeit über alles Bescheid. Eine echte Krise benötigt echte Maßnahmen! Selbst wenn diese für manche Prozesse lähmende Auswirkungen haben können, wollen und erwarten tatsächlich die meisten Mitarbeiter solche Eingriffe während schwieriger Zeiten!

Was mir dabei deutlich in Erinnerung geblieben ist, ist, dass der CEO klar und deutlich ausstrahlte, dass diese Phase *vorübergehend* sein sollte. Er konnte gut mit dem zweiten Beispiel des &-&-&-Paradoxons umgehen: Sowohl die Kontrolle behalten als auch dem Team Freiraum lassen. Dies half dem Team dabei, mitzumachen und durchzuhalten. Der

> CEO nutzte Mikromanagement nicht, weil er ein *Kontrollfreak* war. Er hatte eine deutliche Botschaft und wollte dem Personal ein gutes Beispiel dafür geben kritisch alle Ausgaben zu betrachten. Sein Kredo war: "Wir sind wieder wie ein kleines Familien-Unternehmen", womit er unterstreichen wollte, dass jeder wieder jede Quelle von Einkommen und Ausgaben so betrachten sollte, als ob es sein eigenes Geld sei. Für abstraktes Denken oder Gedanken wie "Aber das machen wir doch immer so" war in dieser Situation kein Platz. Man konnte nur das Geld ausgeben, das auch tatsächlich vorhanden war und auch nur dann, wenn klar erkennbar war, was es, finanziell gesehen, bringen würde. Und dies auf jeder Ebene innerhalb der Organisation.
>
> Diese Anekdote beschreibt sehr gut die Macht einer klaren Botschaft, den Einfluss diese häufig zu wiederholen und die Bedeutung selbst ein gutes Vorbild zu sein. *"Tell me and I forget, teach me and I may remember, involve me and I learn",* wie der amerikanische Politiker Benjamin Franklin einmal sagte.

Während einer echten Krise ist ein zeitweiliges klares Eingreifen erwünscht, um die Kontrolle zu erhöhen. Es ist eine bewusste Wahl. Jeder Projektmanager sollte sich diese Fähigkeit des *Krisenmanagements* zu eigen machen. Es läuft allerdings schief, wenn Krisenmanagement dann eingesetzt wird, wenn es gar keine Krise gibt. In diesem Fall sehen wir eine entgegengesetzte Wirkung: Die Krise wird durch übermäßiges Kontrollieren und Regeln verursacht. Also durch *Mikromanagement*.

Man könnte sagen, dass in dieser Situation nicht gut mit dem &-&-&-Paradoxon "Sowohl die Kontrolle behalten als auch dem Team Freiraum lassen" umgegangen wird. Der übermäßige Wunsch nach Kontrolle eskaliert immer weiter und das Kontrollieren von Mitarbeitern und Bedürfnis nach Details wird zu einer Obsession. Oftmals wird dies meiner Beobachtung nach durch einen Mangel an Vertrauen an den Absichten oder Fähigkeiten Anderer angetrieben, oder aber auch durch einen Mangel an eigenem Selbstvertrauen.

Ein Auge fürs Detail ist beim Mikromanagement nicht das Problem, aber die Obsession ist es.

Ist ein Auge fürs Detail haben denn falsch? Im Gegenteil! Die Kontrolle über ein Projekt zu haben und zu halten, ist von wesentlichem Belang, *der Teufel steckt bekanntlich im Detail*. Aber wenn es zu einer Obsession wird und sich das Management in alle alltäglichen Prozesse einmischt, dann läuft etwas schief: Entscheidungen werden nur dann zu Entscheidungen, sobald der (Mikro)Manager die Freigabe erteilt und, als ob das nicht schon genug wäre, auch noch jedes Detail hinsichtlich der Umsetzung vorgeschrieben will. In anderen Worten: Fokussieren auf Details ist nicht das Problem, sondern ein Mikromanager der bestimmt auf *welche* Details der Fokus gelegt werden sollte.

Und was ist die Folge? Die Mitarbeiter entwickeln keine Eigeninitiative mehr und erbringen anstatt exzellenter nur noch mittelmäßige Leistungen. Denn hinsichtlich dieser werden sie schließlich kontrolliert und instruiert. Dazu kommt, dass sich der Mikromanager durch seine Obsession unbewusst das Wesentlichste aus den Augen verliert: Das Ziel des Projekts zu erreichen! Kein Wunder, dass das Wort Management in unserer Gesellschaft oft einen negativen Beigeschmack hat. Es handelt sich um die *verkehrte Art von Management*.

Steuern-in-Richtung-Kontrolle
Auch in unserer Gesellschaft sehen wir häufig Steuern-in-Richtung-Kontrolle und zu wenig Ergebnis- und Prozessorientiertes Denken. Aktuelle Missstände wie die Bankenkrise und Machtmissbrauch innerhalb von Organisationen haben das Vertrauen zerstört und stimulieren so den neurotischen Reflex der öffentlichen Organe, weitere Kontrollinstanzen zu installieren. Es tauchen immer weitere *Key Performance Indicators* (KPIs) auf, bei denen man sich fragen muss, ob sie verwendet werden, um den Prozess zu verbessern oder, um die Ausführenden besser kontrollieren zu können. KPIs sind Indikatoren, also Warnsignale. Oftmals werden Sie jedoch als *Targets* missbraucht. Es wird KPIs nachgejagt, anstatt das zu tun, was wirklich notwendig ist. Sodass als Konsequenz das Heilmittel schlimmer als die Krankheit selbst ist.

Es folgt ein Beispiel aus der Gesundheitsbranche. Nachdem die niederländischen Krankenversicherer auf den Mangel an Benchmarking in der Qualität der Gesundheitsversorgung aufmerksam gemacht worden waren, versuchten diese, hier Abhilfe zu schaffen und den Prozess zu verbessern. Dazu wurde entschieden, wieder das System der "Praxis Variationen" einzuführen, wobei das Abrechnungsverhalten von Hausärzten und anderen Gesundheitsdienstleistern statistisch mit Daten von ähnlichen Anbietern verglichen wird. Ziel

Der KPI selbst ist nicht der Schuldige, sondern der Schöpfer des KPIs.

ist hierbei, statistische Ausreißer zu finden, ohne dass medizinische Daten von einzelen Patienten untersucht werden müssten, was im Einklang mit der europäischen Datenschutz-Grundverordnung (GDPR) steht. Erst nach dieser Filterung erfolgt bei den gefundenen Ausreißern eine detaillierte Untersuchung, bei der die Abweichungen erklärt werden müssen.

Hier handelt es sich also um ein reines Kontrollmittel. Zwar gibt es mit Hilfe von Data-Mining viele zusätzliche, clevere Analysemöglichkeiten, allerdings ist dabei fraglich, ob der Patient wirklich eine bessere Versorgung erhält. Und auch die Gesundheitsdienstleister sind nicht begeistert von dieser Vorgehensweise. Stattdessen fühlen sie sich oft sogar wie vor den Kopf gestoßen und in ihrer professionellen Ehre angegriffen, wenn sie auf Abweichungen vom KPI "Praxis Variationen" angesprochen werden. Natürlich gibt es viele logische Erklärungen dafür, warum es zu Praxisabweichungen vom Standardmittelwert gekommen ist. Betrug ist dabei nicht unbedingt ein wesentlicher Aspekt. Es regiert aber ein gegenseitiges Misstrauen. Letztendlich ist zu erwarten, dass Gesundheitsdienstleister auf eine Art und Weise stimuliert werden, sich dem Kontrollsystem anzupassen. Dann wird die Gruppe, die kontrolliert wird, selbst in Richtung Kontrolle statt Resultat steuern, beispielsweise beim Patienten- und Sprechstundenplanung. Sie wird alles so einrichten, dass sie dem Mittelwert entspricht, anstatt sich auf die Wünsche und Bedürfnisse des Patienten zu konzentrieren, um eine möglichst hohe Patientenzufriedenheit zu erreichen. Bei solch einer Maßreglung für Gesundheitsdienstleister gilt: *Die Innovationskraft verschwindet.*

Steuern-in-Richtung-Kontrolle anstatt Steuern-in-Richtung-Ergebnis-und-Prozess ist vielmals im öffentlichen Sektor zu erkennen. Oftmals aus dem Wunsch heraus, in Richtung Verantwortung steuern zu wollen. Und selbstverständlich: Weil die Finanzierung aus Steuergeldern beglichen wird, ist es logisch, dass angegeben werden muss, dass das Budget schlau verwendet wurde. Und dennoch wird in diesem Beispiel zurück und nicht nach vorne geschaut. Aber nur ein Blick nach vorne ist der richtige Weg, um ein Ziel zu erreichen. Denn das hat der Steuerzahler wirklich verdient.

Beim Definieren der KPIs handelt es sich also um eine professionelle Aufgabe, die systematische Denkarbeit erfordert. Die Urheber der *Business Balanced Scorecard (BBSC)*, Robert Kaplan und David Norton, warnten bereits mit dem Wort *balanced*, dass das Wählen von *KPIs* eine Aufgabe ist, die Präzision verlangt (Kaplan und Norton, 1996). So muss eine *Verbindung* zwischen den Indikatoren unterschiedlicher Perspektiven (bei der BBSC die finanzielle, kundenspezifische, interne Prozess- und Lern- und Wachstumsperspektive) hergestellt werden, um sicherzustellen, dass die einzelnen KPIs tatsächlich Ergebnisse für die Organisation produzieren. Darüber hinaus müssen KPIs von einem *komplementären* KPI begleitet werden, um sicherzustellen, dass sich der Prozess auf der richtigen Bahn befindet. Ein bekanntes Beispiel ist das Call Center. Ein wichtiger KPI ist hier die *First call resolution rate*, die angibt, wie viel Prozent der Fragen sofort beantwortet werden. Allerdings sagt die Berechnung dieses KPIs nichts darüber aus, wie effizient die Organisation die Kundenfragen beantwortet hat. Indem ein komplementärer KPI hinzugefügt wird, beispielsweise die "Dauer des Gesprächs", kann jedoch erkannt werden, wie effizient Fragen beantwortet wurden.

Die Schwierigkeit ausgewogene KPIs zu definieren, kombiniert mit der Tatsache, dass die KPI-Interpretation ein Mittel ist, das Vertrauen wachsen aber auch Mistrauen schaffen kann, zeigt, dass die Festlegung einer guten Reihe von Messinstrumenten (KPIs) nicht während einer Kaffeepause geregelt werden kann, sondern viel Sachverstand und Geschick erfordert!

Diminisher und Multiplier

Der Balanceakt zwischen "Sowohl die Kontrolle behalten als auch dem Team Freiraum lassen" ist ein Thema, mit dem sich viele Menschen ihr ganzes Leben lang beschäftigen. Und das ist keine Schande. Der amerikanische Wachstums-Guru Verne Harnish vertieft sich seit Jahren in die Grundprinzipien, die nötig sind, um ein Unternehmen schneller wachsen zu lassen. In seinem Buch *Wachstum durch Führung: Die 10 entscheidenden Management-Prinzipien* (Harnish, dt. Ausgabe 2012) erklärt er - was Sie nicht überraschen sollte - dass man nur skalieren kann, wenn man delegieren kann. Er fügt hinzu, dass 96% aller Unternehmen weniger als zehn Mitarbeiter haben, ein Großteil davon weniger als drei. Als einen der Gründe hierfür nennt er, dass die meisten Unternehmer nicht wissen, wie sie den ersten Schritt hin in Richtung Delegieren-von-Verantwortungsbereichen machen sollen.

Eine andere Perspektive auf dieses &-&-&-Paradoxon wird von der amerikanischen Führungsexpertin Liz Wiseman in ihrem Buch *Multipliers: How the Best Leaders Make Everyone Smarter* (Wiseman, 2015) aufgezeigt. Sie beschreibt in Ihrem Buch, mit welchen Methoden und Techniken der Manager die Ergebnisse seines Teams verdoppeln kann. Obwohl wir in Kapitel 4 den "*Faktor 10*" besprechen werden, ist diese Verdopplung sicherlich schon eine Bereicherung. Wiseman zeigt anhand einer Analyse von 150 Managern auf, dass viele Organisationen nicht wirklich an einem Mangel an Personal oder anderen Mitteln leiden, sondern dass es sich hierbei oft nur um die Konsequenz der Unfähigkeit handelt, effektiven Zugang zu den zur Verfügung stehenden Ressourcen zu erhalten. In der Praxis würde die Mehrheit der Manager, die sie *Diminisher* nennt, ihren Mitarbeitern zu wenig zutrauen und selbstständig ausführen lassen. Denn Sie legen eine Verhaltensweise an den Tag, die die Intelligenz und Kreativität ihrer Mitarbeiter beschränkt anstatt Sie zu fördern. Die *Multiplier* jedoch holen das Beste aus ihnen heraus! Sie sind der Managertyp, für den Mitarbeiter gerne durchs Feuer gehen. Sie wissen verborgene Talente zu erkennen und verstehen die Kunst des Vertrauens in ihre Mitarbeiter.

Auch wenn Sie denken, dass Sie alles gut im Griff haben, wird jeder von Ihnen bewusst oder unbewusst manchmal auch Diminisher-Verhalten gezeigt haben. Manager mit viel Drive gemeinsam Erfolge zu verbuchen, können beispielsweise durch ihre Energie und Begeisterung unbewusst andere davon abhalten, selbst die Initiative zu übernehmen. Wiseman nennt sie *Accidental Diminishers*. Vielleicht bringen Ihnen diese Einsichten zunächst noch nicht viel und erscheinen Ihnen nicht bahnbrechend. Die fünf Disziplinen jedoch, in denen sich Multiplier von Diminishern unterscheiden, können Ihnen helfen, Ihre Perspektive zu wechseln und auf diese Weise den toten Winkel in Ihrem eigenen Verhalten aufzuspüren (Abbildung 1.2). Weiterhin zeigt Wiseman auch auf, dass jeder Multiplier-Verhalten erlernen kann. Und das klingt doch ermutigend!

1.3 Sowohl Unsicherheiten erkennen als auch Commitment zeigen

Wer hat jemals einen Auftrag abgelehnt, weil dieser nicht hinreichend deutlich dargestellt werden konnte? Wenn ich Projektmanagern diese Frage stelle, erhalte ich die unterschiedlichsten Reaktionen. Einige sind sehr entschlossen und geben an, dass ein undeutlicher Auftrag keine Grundlage für ein erfolgreiches Projekt sei. Andere zucken mit den Schultern und antworten, dass ein vages Beschreiben des Umfangs zu Beginn eines Projekts das Standardrezept in ihrem Unternehmen ist. Sie haben es akzeptiert und sich daran gewöhnt. Das dritte &-&-&-Paradoxon "Sowohl Unsicherheiten erkennen als auch Commitment zeigen" betrifft viele Projektmanager. Commitment bedeutet, sich trotz aller

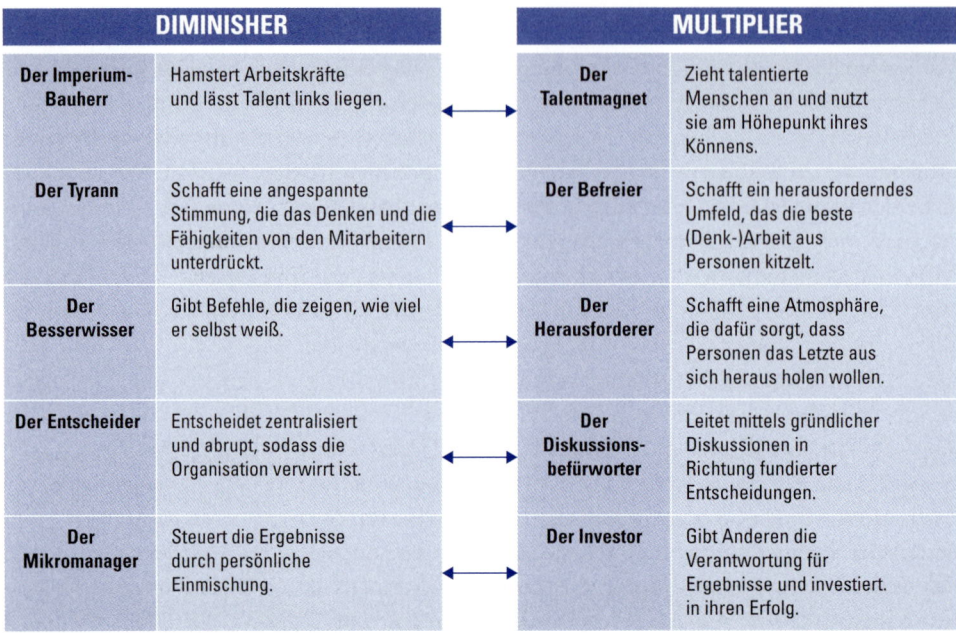

Abbildung 1.2   Die fünf unterscheidenden Disziplinen von Multiplier- und Diminisher-Verhalten

Unsicherheiten (und dem Riskieren Ihrer persönlichen Integrität) vorwärts zu bewegen und hierdurch die richtigen Erwartungen bei allen Stakeholdern zu wecken.

 Haben Sie jemals ein Projekt an einen Auftraggeber zurückgegeben?

Die Kultur der jeweiligen Organisation scheint bei der Beantwortung dieser Frage eine wichtige Rolle zu spielen. Die Aussage "Den Auftrag zurückzuweisen wird bei uns nicht gerne gesehen!" kommt regelmäßig vor. In vielen Unternehmen wird das Zurückweisen des Projekt-Auftrages als Versagen angesehen. Dennoch frage ich mich manchmal, ob diese Sicht der Dinge wirklich zutreffend ist oder ob es sich hierbei häufig nicht nur um eine persönliche Wahrnehmung der Projektmanager handelt, die diese daran hindert es dann überhaupt erst zu versuchen. Wir werden zu einem späteren Zeitpunkt in diesem Buch sehen, dass nichts nur schwarz oder weiß ist und dass es immer Möglichkeiten gibt, diese Situationen trotz erwarteter Widerstände in Ordnung zu bringen und dabei beeinflussend aufzutreten. Dabei geht es also insbesondere um das *Wie* des Zurückgebens eines Auftrags. Und das führt oft zu interessanten Wendungen! Aber auch ganz unabhängig von Ihrem eigenen Engagement spielt es eine große Rolle, ob Ihr Auftraggeber eher ein Diminisher oder ein Multiplier ist. Ein Diminisher wird das Zurückweisen des Auftrages als Arbeitsverweigerung sehen. Der Multiplier wird es andererseits zu schätzen wissen, dass Sie mit offenen Karten spielen. *Kennen Sie Ihre Pappenheimer.*

Ich erinnere mich, dass ich die Möglichkeit des Zurückweisens eines Auftrages als wahren Eye-Opener erfahren habe, als ich bei einem meiner ersten Arbeitgeber begeistert mit meinem

Projekt beginnen wollte. Es handelte sich um einen Arbeitgeber, mit einer ausgewiesenen Expertise im Bereich des Projekt- und Qualitätsmanagements. Ein Quality Assurance Officer, der mit der Unterstützung des Projektleiters im Bereich Qualität beauftragt war, sagte damals zu mir: "Wenn Sie keine User-Requirements-Specification vom Auftraggeber erhalten haben, dann ist es logisch, dass Sie diesen Auftrag zurückweisen, denn Sie wissen ja gar nicht, was Sie machen sollen!". Ich habe diesen Auftrag zwar nicht zurückgewiesen, habe aber den Projektumfang mit dem Auftraggeber dann sehr scharf umrissen und definiert. Glücklicherweise empfand dieser dies als positiv und unterstützte bei der Konkretisierung des Auftrags. Kritisch bleiben, Rückgrat beweisen und mit einer vagen Fragestellung nicht direkt beginnen - so geht das! Ich bin dem damaligen Quality Assurance Officer noch immer für diese Lektion dankbar.

Zu einem späteren Zeitpunkt habe ich beim selben Arbeitgeber übrigens doch noch einen Auftrag zurückgewiesen. Aber damals wurde das Projekt unverändert einem anderen Mitarbeiter übertragen, der dies ohne zu zögern annahm. Der Projektmanager zeigte zwar Mut, aber kam später richtig ins Schwitzen, um die richtungslose Ausführung wieder in die richtigen Bahnen zu lenken und dort zu halten. Wieder eine Lektion gelernt: Das Bewerkstelligen des Paradoxons "Sowohl Unsicherheiten erkennen als auch Commitment zeigen", kennt keinen per se richtigen Einflugwinkel.

Erwartungen erwecken Sie sofort
Ich bin der Meinung, dass sich die meisten Projektmanagementmethoden eher entsprechen, als dass sie voneinander abweichen. In Abhängigkeit von der Arbeitsdomäne und Vision haben sie einen anderen Schwerpunkt, aber hinsichtlich des Engagements können sie wunderbar aufeinander projiziert werden. Und das ist auch gut so, denn miteinander zusammenarbeitende Organisationen verwenden oft unterschiedliche Projektmanagementmethoden, was nicht zu einem Hindernis bei der Zusammenarbeit und Bewältigung des Gesamtprojekts führen sollte.

Die meisten Projektmanagementrichtlinien sind sich auch über den Zeitpunkt einig, an dem der Projektmanager offiziell Commitment hinsichtlich benötigter Zeit, Budget, Mittel, etc. zeigt. Obwohl die internationale Kompetenzrichtlinie der IPMA in diesem Punkt nicht explizit ist, kann uns der globale ICB4 Standard als Vorlage dienen. Dieser definiert, innerhalb der Kompetenz *Plan and control*, dass sich dieser Zeitpunkt nach Abschluss der Projekteinrichtungsphase befindet, als Teil des Meilensteins *Decision to fund*. Bei PRINCE2 zeigen Sie formell Ihr Commitment während der Ablieferung der Projektinitiierungsdokumente nach Abschluss der Initiierungsphase. Zu diesem Zeitpunkt wird der Projektmanagementplan nämlich als eine Art Vertrag fertiggestellt und genehmigt, so dass die Definitionsphase des Projektes abgeschlossen ist und die Ausführungsphase beginnen kann. Gegenseitige Verpflichtungen werden vom Auftraggeber und Auftragnehmer formell aufgezeichnet.

Die traditionellen Projektmanagementmethoden gehen also davon aus, dass die Aktivitäten der Definitionsphase dazu geführt haben, dass der Faktor Unsicherheit so weit minimiert wurde, dass Klarheit hinsichtlich des Projektbudgets, der Dauer, etc. besteht. Der Projektmanagementplan ist fertig und stabil, die "Denkphase" ist abgeschlossen und es kann losgehen. Wir wissen jedoch, dass die Praxis hartnäckiger ist und dass nach Abschluss der Definitionsphase oft noch erhebliche Unsicherheiten überbleiben. Gründe hierfür sind beispielsweise:

- Das Projektziel ist undeutlich oder ändert sich während des Projekts.
- Es ist zu wenig Wissen über Lösungsrichtungen bekannt, um vorab einen Plan erstellen zu können: Learning by doing während der Ausführungsphase.
- Die Organisation nimmt sich nicht die Zeit, alle Schritte der Definitionsphase zu durchlaufen und beginnt sofort mit der Ausführungsphase.
- Es ist nicht genügend Entschlussfähigkeit vorhanden, um Entscheidungen in Bezug auf Projektumfang, Lösungsrichtungen oder den Einsatz von Ressourcen zu fällen.

Ein Projektmanager muss also oft Commitment zeigen, obwohl es dafür eigentlich noch "zu früh" ist. Die Definitionsphase zu verlängern kann sicherlich unterstützen, aber auch dann bleiben oftmals noch Unsicherheiten bestehen. Und es ist immer die Frage, ob Ihnen der Auftraggeber diese zusätzliche Zeit gibt. Dafür kann es praktische Gründe geben: Z.B. das Enddatum des Projektes ist festgelegt, wodurch eine längere Bearbeitungszeit durch die Definitionsphase automatisch bedeutet, dass weniger Zeit für die eigentliche Ausführungsphase besteht. Wenn dann nicht sofort Commitment seitens des Projektleiters gezeigt wird, wird die Geduld des Auftraggebers enorm strapaziert. Oder es kann sich um einen politischen Grund handeln: Der Auftraggeber weiß eigentlich selbst, dass es so wie verlangt nicht geht, aber dennoch will er es nicht akzeptieren. Das führt Sie in ein umso größeres Dilemma: Steigen Sie in das Spiel ein oder nicht?

Vielleicht ist die Wichtigkeit des *Augenblicks*, an dem Sie Commitment zeigen, sowieso relativ. Denn Commitment zu zeigen können Sie zwar *timen*, das Wecken von Erwartungen jedoch nicht. Ich spreche regelmäßig mit Projektmanagern, die über die Tatsache empört sind, dass der Auftraggeber schon während der Definitionsphase Rückschlüsse über die Dauer und das Budget zieht, ohne dass dies formell kommuniziert worden ist. Ein logischer Gedankengang und formell haben sie Recht. Jedoch, auch wenn es kein offizielles Commitment gibt, werden Erwartungen vom ersten Moment an, ob bewusst oder unbewusst, geweckt. Und mögen diese Erwartungen auch rein informell sein, so ist sich der Auftraggeber dieses Stautuses meist nicht bewusst oder ist sich zumindest keiner Schuld bewusst. Wird den Erwartungen nicht entsprochen, so folgt die Enttäuschung auf dem Fuße. Enttäuschte Auftraggeber sind weniger flexibel und kooperativ, was von Anfang an die Gefahr einer Abwärtsspirale verursacht, noch bevor mit dem eigentlichen Projekt begonnen wurde. Und genau das wollen Sie als Projektmanager doch sicherlich nicht!

Für den Projektmanager beginnt also das Erwartungsmanagement schon von erster Sekunde des Projektes an. Und dies ist der Augenblick, an dem sehr viel noch undeutlich

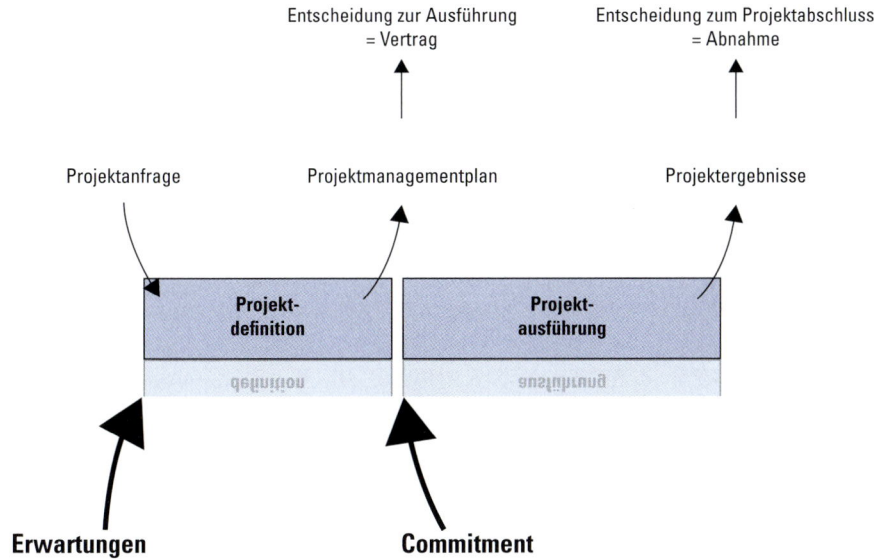

Abbildung 1.3   Das Wecken von Erwartungen beginnt bereits weit vor dem Moment des Zeigens von Commitment

ist. Die Fähigkeit, während der Phase der Unsicherheit dennoch Deutlichkeit über den Projektumfang und die Ablieferungsdaten zu schaffen, ist also für einen Projektmanager von entscheidender Bedeutung. Egal, ob es sich um das formelle Zeigen von Commitment handelt oder um das informelle Verarbeiten von Erwartungen.

Cynefin
Unsicherheiten bezüglich Ihres Projekts machen es schwierig Commitment zu zeigen. Das sehen Sie sicherlich ein, auch wenn es sehr subjektiv erscheint. Denn wie komplex ist Ihr Projekt eigentlich? Ist der Grad der Unsicherheit tatsächlich so hoch, dass kein stabiler Plan kreiert werden kann, oder liegt es an Ihrem eigenen Unvermögen? Wie halten Sie den Auftraggeber in dieser Phase bei der Stange? Welcher Ansatz passt zur Komplexität Ihres Projekts?

Eine Antwort auf die Frage nach der Komplexität Ihres Projektes kann das *Cynefin-Modell* (sprich [kih-neh-vin]) bieten (Snowden, 2007). Dieses Modell wurde von Professor Dave Snowden entwickelt und ist benannt nach einem walisischen Wort mit der Bedeutung: "Mehrere Faktoren aus unserer Umwelt und in unseren Erfahrungen beeinflussen uns in einer Weise, die wir nie ganz verstehen können." Das Cynefin-Modell hilft festzustellen, unter welchen Typ von Komplexität und Unsicherheit das Projekt fällt. Darüber hinaus gibt es eine gute Indikation, welche Aktionen und Lösungsformen hierzu passen können und welche nicht. Dadurch wird es auch zu einem *Decision-Making*-Instrument, das bei der Auswahl des am besten geeigneten Projektansatzes unterstützt.

Das Cynefin-Modell bewirkt, dass das, was Sie bereits vorher gesehen haben, konkret und verständlich wird.

Snowden teilt Situationen und Probleme in vier Quadranten ein (Abbildung 1.4), mit einem passenden Stufendiagramm für jeden Quadranten:

1. **Einfach** (*Erkennen ⇨ Kategorisieren ⇨ Reagieren*): Die Lösung ist im Voraus bekannt und einfach zu planen.
2. **Kompliziert** (*Erkennen ⇨ Analysieren ⇨ Reagieren*): Es wird ein Experte benötigt, um die Lösungsrichtung zu bestimmen.
3. **Komplex** (*Probieren ⇨ Erkennen ⇨ Reagieren*): Frühere Lösungswege können nicht angewendet werden. Lösungsrichtung und Plan folgen nach dem Ausführen von Experimenten.
4. **Chaotisch** (*Handeln ⇨ Erkennen ⇨ Reagieren*): Die Erstellung eines Plans hat keine höchste Priorität. Erst eingreifen und die Krise abwenden, danach möglicherweise die Lösungsrichtung und den Plan bestimmen.

Interessant ist, dass Dave Snowden zwischen einfachen und komplizierten Situationen auf der einen Seite und komplexen und chaotischen Situationen auf der anderen Seite unterscheidet. Bei den *einfachen* bzw. *komplizierten* Situationen ist die Lösung nämlich vorab bekannt: einfache Situationen können von jedem gelöst werden, während man für kompliziertere Probleme einen Experten benötigt. So gibt es ein ausreichendes Maß an Berechenbarkeit, um einen Plan erstellen und mit der Projektausführung beginnen zu können.

Bei *komplexen* und *chaotischen* Situationen ist dies nicht der Fall, da viele Faktoren unvorhersehbar sind oder sich ständig ändern. Bei komplexen Situationen werden Experimente benötigt, aus denen man lernen kann; routinemäßige Handlungen und bisherige Standardlösungen funktionieren meist nicht. Es besteht eben gerade Bedarf an einer innovativen und kreativen Art und Weise, wie gearbeitet werden soll. Erst probieren, und anschließend einen Plan erstellen. Chaotische Situationen hingegen erfordern sofortiges Handeln. Es herrscht eine Krise und darauf muss akut eingegangen werden, um die Ordnung wiederherzustellen. Anschließend kann untersucht werden, was die richtigen Folgehandlungen sind. Erst handeln und später mit der Definitionsphase beginnen.

Was ich persönlich an dem Modell von Snowden gut finde, ist, dass es meinen gesunden Menschenverstand beim Treffen von Entscheidungen hinsichtlich des Projektansatzes unterstützt. Einfache und komplizierte Projekte sind von Anfang an vorhersehbar und daher planbar. Stecken Sie daher besser alle Energie in das Erhalten der richtigen Informationen oder in die richtigen Experten und nicht in Brainstorming, Experimentieren oder andere Ablenkungen. Und stecken Sie Ihre Energie in das Erhalten eines eindeutigen Bildes mit dem Team. Es gibt immer so viele Hypothesen über den richtigen Weg wie Beteiligte; auch bei vorhersehbaren Projekten! Die Definitionsphase ist eine Frage von harter Arbeit, Kommunizieren, Entscheidungen treffen und sich nicht ablenken zu lassen bis ein Plan vorliegt. Just do it!

Bei komplexen Projekten ist dies anders. Es ist Ihnen selbstverständlich einleuchtend, dass zu dieser Kategorie die meisten Projekte gehören, die sich mit dem Entwickeln von neuen

Das &-&-& Paradoxon

Komplex
Probieren – Erkennen – Reagieren
Die Beziehung zwischen Ursache und Folge ist erst im Anschluss sichtbar und frühere Lösungen können nicht angewendet werden. Lösungsrichtung und Plan folgen nach dem Ausführen von Experimenten.
Emergent practice

Kompliziert
Erkennen – Analysieren – Reagieren
Ein Experte wird benötigt, um auf der Grundlage von früheren Lösungen die Beziehung zwischen Ursache und Folge zu erkennen, und um Entscheidungen zu treffen und einen Plan zu erstellen.
Good practice

Unordnung

Novel practice
Es gibt keine Beziehung zwischen Ursache und Folge auf Systemebene. Erst schnell eingreifen, danach die Folgeschritte bestimmen.
Handeln – Erkennen – Reagieren
Chaotisch

Best practice
Es gibt eine deutliche Beziehung zwischen Ursache und Folge. Die Lösung ist im Voraus bekannt und einfach zu planen.
Erkennen – Kategorisieren – Reagieren
Einfach

Abbildung 1.4 Das Cynefin-Modell von Dave Snowden

Produkten oder Dienstleistungen beschäftigen. Ebenso wie Projekte, bei denen viele Menschen und verschiedenartige Interessen betroffen sind, wie Reorganisationen und Arbeitsprozessverbesserungen. Zu Beginn dieser Projekte fehlt in der Regel noch das Wissen über die Vorgehensweise und Lösung. Abhängig vom Grad der Komplexität können Sie Unsicherheiten möglicherweise während der Definitionsphase abbauen. So kann beispielsweise eine Machbarkeitsstudie (nach Snowden: Probieren-Wahrnehmen-Reagieren) in kurzer

Das Cynefin-Modell zeigt, ob Unsicherheiten gelöst oder nicht gelöst werden können.

Zeit die erforderliche Klarheit bringen oder die Unsicherheiten eingrenzen. Auf diese Wesie bringen Sie das Projekt, noch bevor Sie Ihr Commitment zeigen müssen, von "komplex" zu "kompliziert." Ihr Commitment zeigen Sie dann anschliessend auf der Grundlage eines vorhersehbaren Projektverlaufs mit einem klaren Plan für die Ausführungsphase. Bei Projekten mit mehr Unsicherheiten oder Veränderlichkeit ist dies nicht möglich. Bei diesen Projekten beginnt die Projektausführung, während noch signifikante Unsicherheiten bestehen und zum Teil massive Veränderungen zu erwarten sind. Komplexe Projekte benötigen demnach viel Sachverstand und Kreativität vom Projektmanager, der sich dann verstärkt mit dem &-&-&-Paradoxon "Sowohl Unsicherheiten sehen als auch Commitment zeigen" konfrontiert sieht. Dies gilt natürlich in einem noch höheren Maße für Projekte in der chaotischen Domäne.

? *Welche Projekttypen haben Sie laut dem Cynefin-Modell bereits bewältigt?*

Abschließend möchte ich Ihnen zwei Besonderheiten, die Dave Snowden mit seinem Modell berührt, nicht vorenthalten. Zunächst kennt das Modell noch eine Klassifikation, nämlich die *Unordnung*. Eine Situation erhält den Status Unordnung, wenn Sie nicht beurteilen können, in welchem der zuvor genannten Quadranten sich diese befindet. Dies ist eine für den Projekterfolg äußerst gefährliche Situation. Ein Projektmanager, der beispielsweise zu wenig die Regie übernimmt, kann das Projekt in Unordnung enden lassen. Die Projektmitglieder werden in ihre persönlichen Komfortzonen zurückfallen, wobei sie die falschen Entscheidungen treffen, da sie ihre Arbeitsweise nicht dem Problemtypen anpassen. Unordnung können Sie an Aussagen wie "Wir machen das doch immer so" erkennen. Es ist wichtig, bei einer solchen Situation sofort einzugreifen und diese Domäne schnellstmöglich zu verlassen.

Das andere Element ist der besondere Wechsel von einfach zu chaotisch. Dieser wird auch schon einmal der *katastrophale Übergang* genannt. Organisationen, die systematisch Situationen oder Veränderungen unterschätzen (fälschlicherweise also vereinfachen), können im Chaos versinken. Snowden nennt dies: *"Complacency leads to failure"*, also "Selbstzufriedenheit führt zum Scheitern".

1.4   Ein Projektmodell als Aufhänger

In diesem und dem folgenden Abschnitt beschäftige ich mich mit zwei Themen, die für das weitere Buch wichtig sind: ein *Modell des Projekts* und *agiles Projektmanagement*. Das Modell des Projekts soll als Orientierungsmittel und Erinnerungsstütze beim Behandeln von neuen Begriffen dienen. Die Agile-Methode ist eine iterative Projektmanagementmethode, die bei der Ausführung von Projekten mit vielen Unsicherheiten und sich verändernden Zielsetzungen hilft. Ich behandele das agile nicht als Gegenspieler zum traditionellen Projektmanagement, sondern - Sie haben es bestimmt schon erraten - wir folgen dem und-und-Weg: Agil zu denken und zu agieren in Kombination mit dem traditionellen Projektmanagement. Dieser Kombination werden Sie auch in multidisziplinären Projekten begegnen, wenn mechanische (Wasserfall) Entwicklung mit (Agile) Softwareentwicklung kombiniert wird.

Die Phaseneinteilung des Projektmodells

In Abbildung 1.5 sind die Projektmanagementelemente wiedergegeben, mit denen die meisten Projekte modelliert werden können. Dieses Modell basiert auf der Richtlinie für individuelle Kompetenz der IPMA, kann jedoch auch hervorragend auf PRINCE2 und den *PMBOK Guide* von PMI angewendet werden. Das Ziel ist nämlich die Unterstützung bei der Begriffsformulierung und nicht die Durchsetzung von Entscheidungen zugunsten eines bestimmten Verfahrens. In dem verwendeten Modell stehen die *Definitionsphase* und die *Ausführungsphase* an zentraler Stelle, die gemeinsam oft als "das Projekt" gesehen werden. In Ihrem eigenen Projekt können diese Phasen natürlich in Teilphasen aufgeteilt werden. Da ich mich in diesem Buch vor allem auf das Entwickeln von neuen Produkten und Dienstleistungen beziehe, habe ich die Ausführungsphase bereits in Teilphasen aufgeteilt: die *Entwurfsphase*, die *Realisierungsphase* und die *Testphase*.

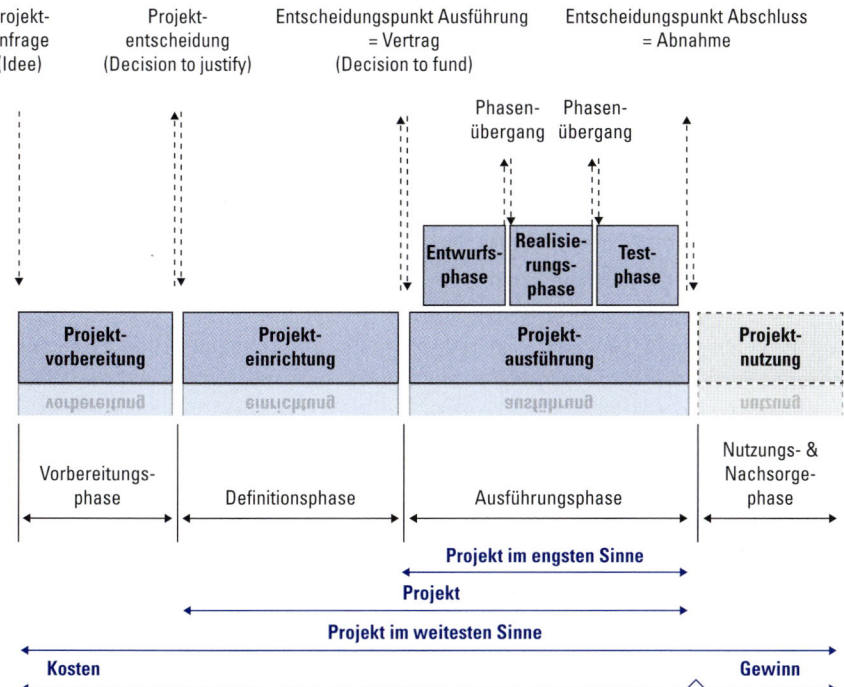

Abbildung 1.5   Ein Modell des Projekts mit den Phasen und Entscheidungspunkten

Das Projektmodell verfügt über zwei zusätzliche Phasen, die formal meist nicht zum Projekt hinzugerechnet werden. Zunächst die *Nutzungsphase*, die Phase, in der die Projektergebnisse vom Auftraggeber verwendet werden. Diese Phase ist im Allgemeinen kein Teil des Projekts, da das Projekt in der Regel nach der Ausführungsphase abgeschlossen wird. Dennoch ist es für den Projektmanager wichtig, diese Phase auf dem Radar zu haben, da der Auftraggeber in dieser Phase die Projektergebnisse verwendet und erwartet, dass die Projektzielsetzungen realisiert werden. Weiterhin ist es praktisch zu wissen, dass das Projekt meist ab der Nutzungsphase Geld einbringen wird. Die andere zusätzliche Phase ist die *Vorbereitungsphase* (in PRINCE2 wird diese der Starting-Up-Prozess genannt), eine Phase, mit der wir in diesem Buch noch viel Spaß haben werden! Die Vorbereitungsphase ist ganz bewusst von der Definitionsphase getrennt worden. Warum diese Trennung? Weil der Übergang zur Definitionsphase sehr wichtig ist und weil die Aktivitäten aus der Vorbereitungsphase ansonsten oft vergessen werden. Und das, obwohl ein erfolgreicher Projektmanager genau in dieser Phase den Kampf zu seinen Gunsten entscheiden kann!

Die Vorbereitungsphase wird oftmals vergessen, obwohl der Wettkampf schon hier gewonnen werden kann.

Definitions- und Ausführungsphase, angereichert mit der Vorbereitungs- und Nutzungsphase, werden auch "das Projekt im weitesten Sinne" genannt. Übrigens werden viele Betroffene nur das "Projekt im engsten Sinne" (die Ausführungsphase) erfahren, da sie nur an der

Projektausführung teilnehmen, bzw. hiervon die Folgen erfahren werden. Im Projektmodell sind drei wichtige *Entscheidungspunkte* enthalten:

- **Decision to justify**: Die Entscheidung, ob eine Idee oder Anfrage in ein Projekt verwandelt wird.
- **Decision to fund**: Die Entscheidung, ob mit der Ausführungsphase begonnen werden darf. Dies ist ein wichtiger Go/No-go-Moment eines Projektes.
- **Abnahme**: Abnahme der Projektergebnisse. Die Entscheidung, dass das Projekt abgeschlossen wird und das Projektteam von allen Aufgaben entbunden werden kann.

Natürlich werden Sie Ihrem eigenen Projekt während der Erstellung Ihres Plans zusätzliche Meilensteine und Entscheidungspunkte hinzufügen und vielleicht lassen Sie auch das ein oder andere Element weg. Das Projektmodell ist ein Hilfsmittel und Denkrahmen für Ihr Projekt, keine Zwangsjacke.

Die Deliverables des Projektmodells

Das Projektmodell kennt auch eine Reihe elementarer *Projektmanagement Deliverables*, bzw. (Zwischen)Ergebnisse. Diese Deliverables sind in Abbildung 1.6 der jeweiligen Projektphase hinzugefügt, zu der sie gehören. Hierbei bedeutet ein Pfeil nach unten, dass sie als Input für diese Phase gelten und ein Pfeil nach oben, dass sie ein in dieser Phase erreichtes Ergebnis sind. Den Deliverables begegnen wir im weiteren Verlauf des Buchs immer wieder. Zu diesem Zeitpunkt bespreche ich lediglich das Allernötigste, um das Modell und den Zusammenhang verstehen zu können.

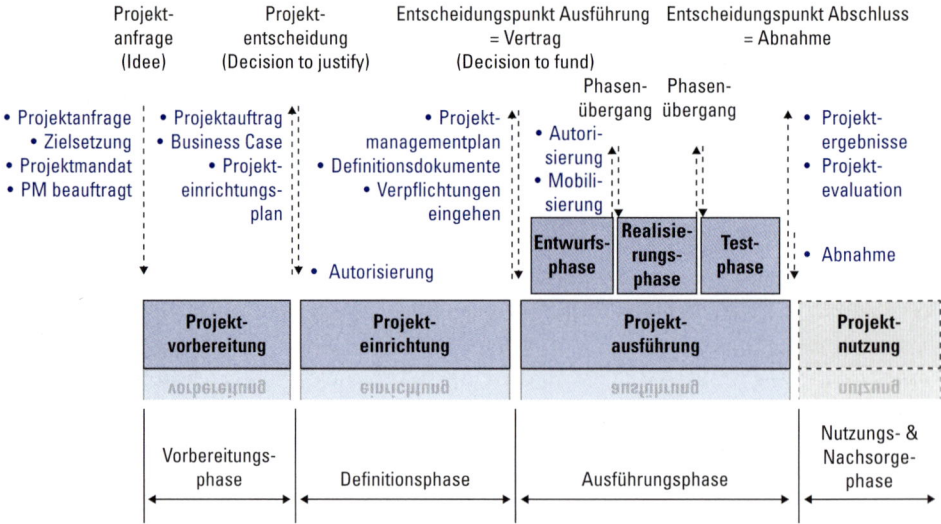

Abbildung 1.6   Die Projektmanagement Deliverables des Projektmodells

Vorbereitungsphase
Wir beginnen mit dem Anfang des Projekts. Mit dem Moment, an dem der Auftraggeber eine Projektidee hat und eine Projektanfrage startet, um die dazugehörigen Zielsetzungen zu realisieren. Mit der Absicht, ein Projekt zu beginnen, geht die Ernennung eines

Projektmanagers mit dem richtigen Mandat einher. Natürlich ist dies in der Praxis einfacher gesagt als getan. Dazu später mehr.

Der Projektmanager könnte sofort mit der Erstellung des Projektmanagementplans beginnen, würde dann aber eine Chance verpassen: Die (einmalige) Gelegenheit, den Projektauftrag kritisch zu prüfen und genauestens mit dem Auftraggeber zu besprechen. Also die Gelegenheit, den gesamten Projektverlauf beeinflussen zu können. In Kapitel 4 wird das "Wie" im Detail erklärt. Jetzt ist es erst einmal nur wichtig zu verstehen, dass diese Projektvorbereitungsphase, auch wenn diese oft nur kurz andauert, ein entscheidender Moment ist, um eine solide Basis für einen späteren Erfolg des Projektes zu schaffen. Der Projektmanager übersetzt die Projektanfrage in einen Projektauftrag (in dem der anfängliche Umfang festgelegt wird) und erstellt einen Ansatzplan für die Definitionsphase. Anschließend betrachtet er den Business Case (der oftmals vom Auftraggeber bereits zu einem früheren Stadium erstellt wurde) kritisch und bringt möglicherweise Verbesserungsvorschläge an. Die Projektvorbereitungsphase endet mit einer bewussten Entscheidung, ob es sinnvoll ist, aus der Idee wirklich ein Projekt zu machen, *Decision to justify*. Dieser Moment wird in einem Verkaufsprozess übrigens der Bid-/No-bid-Moment genannt: Unterbreiten wir dem Kunden ein Angebot oder nicht? Nach einer positiven Entscheidung beginnt die Einrichtungsphase.

Einrichtungsphase
Die Einrichtungsphase hat das Ziel, einen realistischen und von der Organisation getragenen Projektmanagementplan zu erstellen, wodurch Verpflichtungen eingegangen und Commitment gezeigt werden kann. Die benötigten Informationen, um diesen Plan zu erstellen (beispielsweise Spezifikationen und Machbarkeitsstudien), fallen in dem Projektmodell unter den allgemeinen Begriff "Definitionsdokumente". Auf diese Dokumente werden wir in Kapitel 3, in dem das V-Modell eingeführt wird, näher eingehen. Der Prozess der Plangestaltung folgt in Kapiteln 5 und 6. Die Einrichtungsphase wird mit dem Entscheidungspunkt *Decision to fund*, abgeschlossen, welcher ein *Go* für die Ausführungsphase gibt.

Ausführungsphase
Das Projektmodell kennt für die Ausführungsphase lediglich generische Deliverables des Projektmanagements für den Beginn und Abschluss, nämlich die Mobilisierung des Teams, die Ablieferung der Projektergebnisse, die Abnahme der Ergebnisse durch den Kunden und die Evaluation des Projekts. Dabei liegt in der Natur der Sache, dass die meisten Deliverables der Projektausführung projektspezifisch sind. Sie sind im Projektmodell nicht abgebildet, aber sollten im Projektmanagementplan vom Projektmanager festgelegt werden.

Das Projektmodell bietet einen Denkrahmen, mit dem Sie sich schnell in Projekten orientieren können.

Obwohl der Schwerpunkt in diesem Buch auf Projekten liegt, die neue Produkte oder Dienstleistungen entwickeln, kann das Projektmodell allgemein angewendet werden. Auch im alltäglichen Leben, beispielsweise beim Planen eines Umbaus oder beim Organisieren eines Festes. Mit dem Modell lernen Sie, welche Fragentypen in welcher Phase des Projekts beantwortet werden. Dazu, was vor dem Zeitpunkt des Eingehens von Verpflichtungen (Decision to fund) geschehen sein sollte. Im Anhang I finden Sie Anwendungsmöglichkeiten des Projektmodells für die folgenden Beispiele:

- Projekt "Entwicklung neue Website" (Cynefin kompliziert)
- Projekt "Produktivität operationeller Prozesse verbessern bis hin zu vorbestimmten Leistungen" (Cynefin komplex)
- Projekt "Fusion zweier Organisationen" (Cynefin komplex)
- Projekt "Erhöhen Personalzufriedenheit" (Cynefin kompliziert)

Deliverable oder Intake	Ergebnis oder Input	Eigentümer
Projektvorbereitungsphase		
Projektanfrage	Input	Auftraggeber
Zielsetzung	Input	Auftraggeber
Projektmandat	Input	Auftraggeber
Projektmanager beauftragt	Input	Auftraggeber
Projektauftrag	Ergebnis	Projektmanager
Business Case	Ergebnis	Auftraggeber
Projekteinrichtungsplan	Ergebnis	Projektmanager
Projekteinrichtungsphase		
Autorisierung Projekteinrichtungsphase	Input	Auftraggeber
Projektmanagementplan	Ergebnis	Projektmanager
Definitionsdokumente	Ergebnis	Projektmanager
Verpflichtungen eingehen	Ergebnis	Projektmanager
Projektausführungsphase		
Autorisierung Projektausführung	Input	Auftraggeber
Mobilisierung	Input	Projektmanager
Entwurfsdeliverables	Ergebnis	Projektmanager
Realisierungsdeliverables	Ergebnis	Projektmanager
Testdeliverables	Ergebnis	Projektmanager
Projektergebnisse	Ergebnis	Projektmanager
Abnahme der Projektergebnisse	Ergebnis	Auftraggeber
Projektevaluation	Ergebnis	Projektmanager

Abbildung 1.7   Zusammenfassung Deliverables des Projektmodells

Abschließend gibt Abbildung 1.7 eine Zusammenfassung aller Deliverables aus dem Projektmodell, wobei angegeben ist, ob das Eigentum, also die Verantwortung, primär beim Projektmanager oder Auftraggeber liegt. Damit will übrigens nicht gesagt sein, dass der Eigentümer auch der Ausführende sein muss. Als Projektmanager können Sie sich beispielsweise dafür entscheiden, den Business Case für den Auftraggeber auszuarbeiten. Dies bietet oft die Gelegenheit, selbst den Projektumfang zu beeinflussen. Aber, es ist wichtig, dass sich der Auftraggeber letzendlich als Eigentümer des endgültigen Business Cases fühlt, denn ansonsten begeben Sie sich als Projektmanager schnell auf Glatteis.

1.5 Agil denken und arbeiten

Funktioniert das Projektmodell auch in Situationen mit vielen Unsicherheiten (Cynefin komplex)? Die Anwort ist jein. *Ja*, weil auf der Ebene des Auftraggebers oftmals in der Struktur des Projektmodells gedacht und gehandelt wird:

Frage ⇨ Plan/Angebot ⇨ Vertrag ⇨ Ausführung ⇨ Abnahme

Ihnen bleibt demnach gar nichts anderes übrig, als auf dieselbe Weise zu denken und zu kommunizieren.

Nein, weil das Projektmodell im Prinzip auf dem *Wasserfallmodell* basiert. Dies bedeutet, dass die Phasen nacheinander durchlaufen werden müssen und Sie demnach erst dann mit einer neuen Phase beginnen können, wenn die vorherige zu 100% abgeschlossen ist. Und es empfiehlt sich nicht, später zurück in eine vorherige Phase zu springen. Darum werden wir das Projektmodell in diesem Abschnitt mit agilen Elementen erweitern. Wir gehen dabei weder von Wasserfall oder reinem Agile aus, sondern wir nutzen die Kombination (der eine Teil des Projekts als Agile, der andere Teil als Wasserfall), denn dies ist auch, was Ihnen häufig im wirklichen Projektleben begegnet.

Das Wasserfallmodell
Im Wasserfallmodell beginnen Sie erst dann mit dem Entwurf, wenn alle Forderungen bekannt sind. Und die Testphase wird erst dann durchlaufen, wenn der vollständige Entwurf realisiert wurde. Wird ein Fehler aufgedeckt oder muss etwas verändert werden, so begeben Sie sich zurück in die diesbezügliche Phase und der Projektpfad wird ab diesem Punkt erneut durchlaufen. Eine lästige Gegebenheit bei Situationen mit vielen Unsicherheiten. Diese bieten nämlich niemals eine 100%ige Vollständigkeit. Außerdem

Wasserfall in Cynefin komplex: warten auf Deutlichkeit, während Sie wissen, dass weitere Korrekturen anstehen.

ist die Gefahr hoch, dass es doch noch zu Änderungen an den Spezifikationen kommt, während Sie bereits entwerfen. *Wasserfall in Cynefin komplexen Projekten bedeutet also das Warten auf Deutlichkeit, während Sie wissen, dass weitere Korrekturen anstehen werden…*

Concurrent Engineering
Um die Schmerzen zu lindern, kann *Concurrent Engineering*, bzw. paralleles Entwickeln angewendet werden. Beim Concurrent Engineering dürfen Projektphasen nämlich parallel ausgeführt werden. Es wird dann bereits am Entwurf gearbeitet, während die Spezifikationen noch nicht ganz klar oder vollständig sind. Dies bietet die Gelegenheit, auch bei Unsicherheiten dennoch einen Fortschritt verbuchen zu können.

In aller Fairness muss gesagt werden, dass der wahre Grund für Concurrent Engineering oftmals ein Kürzen der Projektdauer ist. Indem die Beteiligten nicht nacheinander an Ihren Themen arbeiten, sondern gleichzeitig, wird das Projekt sozusagen zusammengepresst. Das

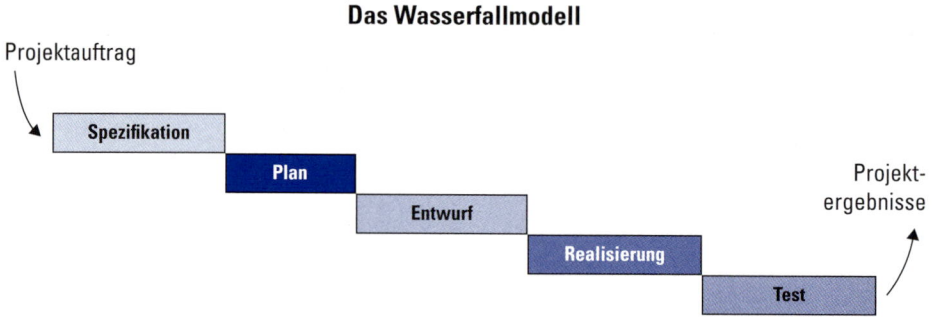

Abbildung 1.8 Das Wasserfallmodell

ist keineswegs verkehrt, macht die Projektausführung aber komplexer. Denn das simultane Arbeiten an Aktivitäten, die eigentlich nacheinander geschehen sollten, verlangt viel Geschick der Mitglieder des Teams, sehr gute Einsicht in die Arbeiten des Anderen und ein hohes Maß an Kommunikationsfähigkeit von allen.

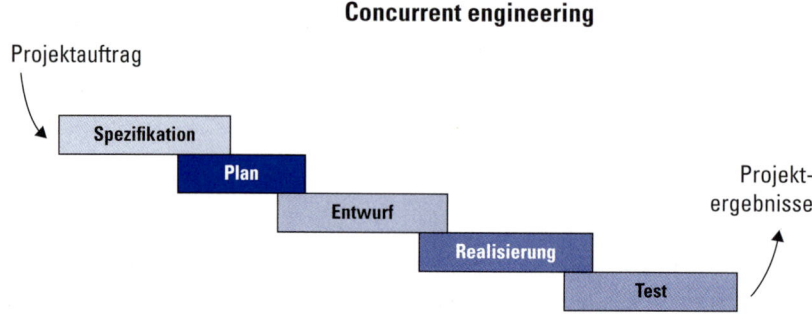

Abbildung 1.9 Concurrent Engineering

Agile: Unsicherheiten sind Tatsachen

Obwohl Concurrent Engineering also einen Schritt in Richtung Flexibilisierung bedeutet, wird dies durch eine höhere Ausführungskomplexität erkauft. Außerdem geht die Methode, genau wie das Wasserfallmodell, davon aus, dass jede Phase vollständig abgeschlossen sein und Unsicherheit zunächst aus dem Weg geräumt werden muss. Aber was ist, wenn dies nicht gelingt?

Die *Agile* Methodik (der italienische Musikbegriff "agile" bedeutet schnell bzw. beweglich) dreht dies ins genaue Gegenteil. Agile sieht Unsicherheiten als gegebene Tatsachen an und nicht als etwas Unerwünschtes. Es geht davon aus, die Welt könne eben nicht geformt werden und Projekte in einem unsicheren, dynamischen Umfeld sind demnach nicht vorhersehbar. Zusätzlich schafft agiles Arbeiten ein Umfeld, in dem das Tragen von Verantwortung durch die Mitglieder des Teams explizit stimuliert und ermöglicht wird. Hierdurch kann der Projektmanager eine eher coachende und fördernde Haltung annehmen und muss nicht mehr leitend oder direktiv sein. Agiles Arbeiten ist für die Softwareentwicklung entworfen worden, aber kann mit etwas Geschicklichkeit auch in anderen Umfeldern eingesetzt werden. Beispielsweise in der Mechatronik, im Bau- und öffentlichen Sektor, etc.

Obwohl PRINCE2 und andere Methoden den agilen Ansatz inzwischen integriert haben, werden das Wasserfall- und das Agile-Modell oftmals als Gegensatz wahrgenommen. Das ist schade, denn das hebt künstlich die Unterschiede hervor, während es doch in der Realität gar nicht praktikabel ist, entweder rein Agile oder nur nach dem Wasserfallmodell zu arbeiten. Die Modelle bestehen nebeneinander und das sollte die Projektausführung auch nicht erschweren. Dennoch tun sich viele Organisationen mit der Kombination von mechanischer Produktentwicklung (Wasserfall) und Softwareentwicklung (Agile) schwer. Die Teams sprechen nicht dieselbe Sprache und sehen den Prozess des jeweils anderen Teams als eine unbegreifliche Blackbox an. Hierdurch können selbst innerhalb einer Organisation verschiedene Welten entstehen, die einander unzureichend verstehen und nebeneinander her anstatt zusammen arbeiten.

 Wie werden Wasserfall und Agile in Ihrer Organisation angewendet?

Schwarz-Weiß-Denken in Agile versus Wasserfall wird sich also kontraproduktiv auswirken. In diesem Buch möchte ich betonen, wie Sie beide Methoden miteinander kombinieren können. Dazu werde ich Agile nicht nur als Methode, sondern auch als Verhalten besprechen. Agiles Verhalten bietet nämlich auch innerhalb von traditionell organisierten (Wasserfall-) Projekten Möglichkeiten, um die Wendigkeit, den Fokus auf Produktinkremente und die Autonomie der Teammitglieder zu erhöhen.

Kurze Iterationen
Ein wichtiger Unterschied von Agile im Gegensatz zum traditionellen Projektansatz ist die Methode der *Projektkontrolle*. In einem traditionellen Projekt wird der Projektumfang meist als fix und unveränderlich angesehen. Bei Rückschlägen oder Änderungen bedeutet dies automatisch, dass das Projekt länger dauert und mehr Kosten entstehen. Dieser Druck hinsichtlich Zeit und Budget bewirkt anschließend die Reaktion, während der *des Projekts* den Plan zu korrigieren, wobei es nicht ungewöhnlich ist, dass Qualität eingebüßt wird: Zum Beispiel wird weniger Zeit für die Ausführung der Aufgaben veranschlagt, Reviews werden gekürzt, der Fokus liegt weniger auf dem Risikomanagement, das Testprogramm wird gekürzt, etc.. Der Druck entsteht dabei in der Regel besonders in der letzten Phase des Projekts.

In agilen Projekten werden *Zeit*, *Geld* und *Qualität* hingegen als feste Grössen gesehen. Der Projektumfang ist ebenfalls wichtig, aber in agilen Projekten verhandelbar. Er besteht daher aus einer Übersicht der zu liefernden Funktionalitäten, geordnet nach Priorität. Von diesen Funktionen wird realisiert, was innerhalb der zur Verfügung stehenden Zeit und des Budgets möglich ist. Gibt es Rückschläge, so fallen die am wenigsten notwendigen oder optionalen Funktionen weg. Zeit, Geld und Qualität der Umsetzung sind daher nicht verhandelbar, die Funktionalität dagegen schon. Dies bewirkt eine wesentlich andere Dynamik und Führungsverhalten als bei einer traditionellen Projektleitung.

Werden die weggelassenen Funktionen auch wirklich aus dem Umfang genommen? Oftmals nicht, denn anstelle einer einzigen, langen Ausführungsphase arbeitet Agile mit *mehreren kurzen Iterationen*. Funktionen, die dabei zunächst wegfallen, werden im Grunde in die darauffolgende Iteration mitgenommen. Vorausgesetzt es gibt einen ausreichenden Puffer (oder optionale Funktionalitäten) in den letzten Iterationen, so wird das Endergebnis die Funktionalitäten enthalten, die auch im Umfang besprochen worden waren. Ist kein Puffer vorhanden, dann wissen Sie auf jeden Fall, dass die *wichtigsten* Funktionen realisiert worden sind, ohne dass Sie Eingeständnisse an Zeit, Geld und Qualität machen mussten.

Mehrwert generieren

Der Fokus auf Qualität wird dadurch verstärkt, dass alle Iterationen funktionierende Produktinkremente liefern müssen, die der (End)Nutzer beurteilen kann. Obwohl die jeweiligen Iterationen somit nur einen Teil der Projektfunktionalität implementieren, durchlaufen Sie dennoch den *gesamten* Entwurfszyklus von dem Entwurf bis hin zur Realisierung und der Testphase. *Sie bearbeiten also nicht alles, aber das, was Sie bearbeiten, schließen Sie auch vollständig ab*. Agiles Arbeiten ermöglicht dadurch während des Projekts bereits Feedback von Seiten des Nutzers. In Abbildung 1.10 ist die agile Arbeitsweise wiedergegeben.

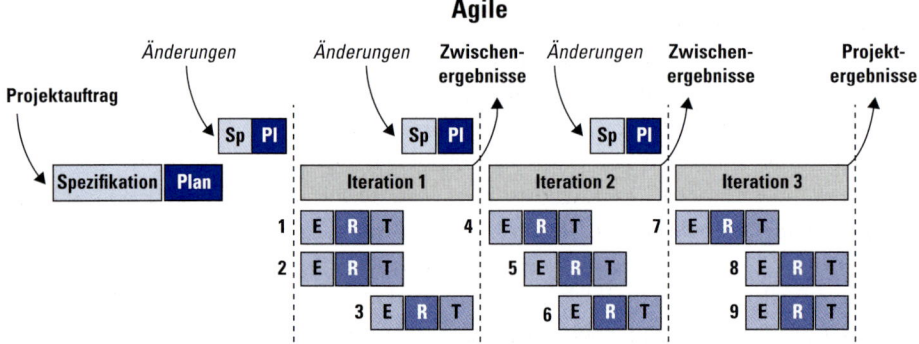

Abbildung 1.10   Agiles Entwickeln. Die neun Funktionen werden inkrementell entworfen (E), realisiert (R) und getestet (T).

Feedback von Seiten des Kunden bereits während des Projektes erhalten.

Das Arbeiten mit Iterationen liefert noch einen weiteren Vorteil. Der Auftraggeber darf nämlich vor jeder Iteration Veränderungen anbringen. Denn Agile beruht auf dem Wissen das Veränderungen normal und zu erwarten sind. Hierbei gilt jedoch die Absprache: *Wenn eine Iteration einmal begonnen hat, dürfen die Teammitglieder nicht mehr gestört werden und weitere Änderungen sind verboten*. So wird die Flexibilität für den Auftraggeber mit Effizienz im Team kombiniert. Da Iterationen nur eine Dauer von wenigen Wochen haben, wird dieses während einer Iteration geltende Veränderungsverbot von den Auftraggebern meist nicht als Einschränkung gesehen. Also wirklich eine schöne Kombination aus Flexibilität und Effizienz.

Außer dem Rhythmus von Iterationen kennt Agile noch einen *täglichen* Rhythmus: Das Teammeeting. Dies ist ein tägliches *Standup* Meeting mit allen Teammitgliedern, worin

Effektivität und Effizienz hochgehalten werden. Die Haltung während dieser Sitzung ist aktiv und konzentriert, denn nur so kann eine Sitzung zu einer richtigen Abstimmung führen und auch nur kurz dauern. Nacheinander erklären die Teammitglieder, was sie realisiert haben, was sie als nächstes tun werden und wo sie Probleme erwarten. Jeder erhält also das Wort, aber muss sich kurz und bündig präsentieren. Eine gute Vorbereitung ist daher von wesentlichem Belang. Sollten Diskussionen zu tiefgründig werden und nicht mehr für die gesamte Gruppe von Nutzen sein, so werden diese durch eine aktive Moderation auf ein separates Gespräch nach der Teammeeting verlegt.

Durch das tägliche Teammeeting, die klaren Prioritäten hinsichtlich der zu liefernden Funktionalität und die direkte Beurteilung der Produktinkremente am Ende jeder Iteration, ist es möglich, dem Entwicklungsteam ein hohes Maß an Eigenverantwortlichkeit zu geben. Agile bietet auf diese Weise wichtige Voraussetzungen, um das Team *selbstorganisierend* arbeiten zu lassen. Das bedeutet, dass die Teammitglieder selber die Planung und Realisierung der zu liefernden Produkte organisieren, sowie die hierfür benötigte Zusammenarbeit und Koordination sichern. Eine Verantwortung, die bei traditionellen Projekten vor allem beim Projektmanager zu finden ist.

Die Rolle des Projektmanagers
Was bedeutet Agile in diesem Fall für die Rolle des Projektmanagers? Um es so konkret wie möglich zu machen, beziehe ich mich in diesem Buch auf *Scrum*, eine Anwendungsform von Agile. In Scrum heißen die Iterationen *Sprints*, nennt man die priorisierte Liste der Funktionen das *Product-Backlog*, den zugewiesenen Umfang pro Sprint das *Sprint-Backlog* und das tägliche Teammeeting das *Daily-Scrum-Meeting*. Die Planungssitzung zu Beginn eines jeden Sprints heißt die *Sprint-Planungssitzung* (PL in Abbildung 1.10). Scrum beschreibt weiterhin zwei Hauptrollen, wozu jedoch die des Projektmanagers nicht gehört: der *Product-Owner* und der *Scrum-Master*. Dies ist übrigens kein Nachteil für den Projektmanager, sondern bietet, wie Sie in kürze lernen werden, vor allem Möglichkeiten.

Der *Product-Owner* verwaltet und priorisiert das Product-Backlog. Damit berücksichtigt er die Wünsche des Kunden und muss hierfür das entsprechende Mandat vom Auftraggeber haben. Das Daily-Scrum-Meeting ist der Moment für den Product-Owner, um sich mit den Teammitgliedern über die Zwischenergebnisse und die dahinterliegende Welt des Kunden(wunsches) abzustimmen. Der Product-Owner ist also explizit Teil des Teams, wodurch gewährleistet wird, dass die Stimme des Kunden in die täglichen Absprachen integriert ist. Bei traditionellen Methoden befindet sich diese Rolle oftmals außerhalb des Teams, wodurch die Herausforderung, die Stimme des Auftraggebers bzw. Kunden bis ins Team durchdringen zu lassen, im Allgemeinen wesentlich beim Projektmanager liegt.

Das Team und somit auch der Product-Owner werden vom *Scrum-Master* unterstützt. Dies ist eine andere Rolle als die des Projektmanagers, da der Scrum-Master das Team nicht leitet, sondern coachend und fördernd agiert, das heisst in einem agilen Umfeld muss sich das Entwicklungsteam selbst organisieren können, um die zugewiesenen Ziele auf eine effiziente Art und Weise zu erreichen.

Die hinzugefügten Rollen Product-Owner und Scrum-Master bieten die Voraussetzungen für den expliziten Fokus auf das Business und die Unterstützung von sich selbst organisierenden Teams. Und hiervon profitiert gerade der Projektmanager. Er kann sich somit auf seine primären Aktivitäten konzentrieren. Beispielsweise auf die Leitung des Gesamtprojekts, die Synchronisierung der Teilprojekte (Scrum-Teams und andere Teilprojekte), das Managen der externen Schnittstellen, die Zurverfügungstellung von benötigten Ressourcen, die Abstimmung mit den externen Betroffenen und die Verwaltung des Budgets.

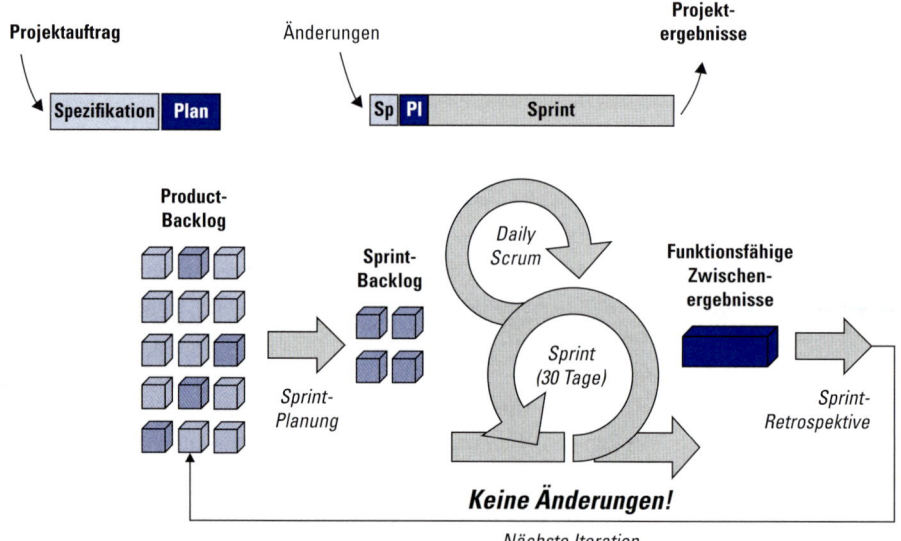

Abbildung 1.11 Der Scrum-Prozess (mit einer Sprintperiode von 30 Tagen)

Agile schafft also in einem Umfeld von *Unvorhersehbarkeit* einen *vorhersehbaren* Rhythmus von Zwischenergebnissen. Kurze Iterationen in festen Zeitfenstern und sich selbstorganisierende, multidisziplinäre Teams bilden hierbei die Basis. Der Gedanke hinter dieser Projektleitung ist wesentlich anders als der beim traditionellen Projektmanagement, aber es wird Ihnen schon aufgefallen sein, dass die agilen Elemente zum Großteil auf gesundem Menschenverstand beruhen. Es hält Sie nichts und niemand davon ab, diese auch in einer traditionelleren Projektorganisation anzuwenden.

Agile und das Projektmodell

Agile kann wunderbar im Projektmodell verarbeitet werden. Nur besteht dann der Projektaufbau nicht mehr nur aus einem *einmaligen* Entwurf-Realisierung-Test-Ablauf. Sondern bei *jeder* Iteration durchlaufen eine Reihe von Funktionalitäten (parallel zueinander) den gesamten Entwicklungsablauf und liefern so am Ende der Iterationen getestete Zwischenprodukte (siehe Abbildung 1.12). Dies bedeutet, dass die Nutzungsphase auch früher beginnen wird.

Darüber hinaus wird die Projekteinrichtungsphase etwas anders aussehen als im klassischen Modell. Denn es ist nicht praktisch, im Voraus bereits alle Details auszuarbeiten, wenn während der Ausführung noch weitere Anpassungen erwartet werden. Details werden folglich erst dann ausgearbeitet, wenn die jeweilige Iteration auch wirklich beginnt. Der Fokus während der Projekteinrichtungsphase liegt daher auf der Erstellung einer übersichtlichen Liste von Funktionalitäten (dem Product-Backlog), einer Architektur, welche eine iterative Entwicklung zulässt, einer Abschätzung der Größe der Funktionalitäten aus dem Product-Backlog und eines Plans, der beschreibt, welche Funktionalität in welcher Iteration realisiert werden soll.

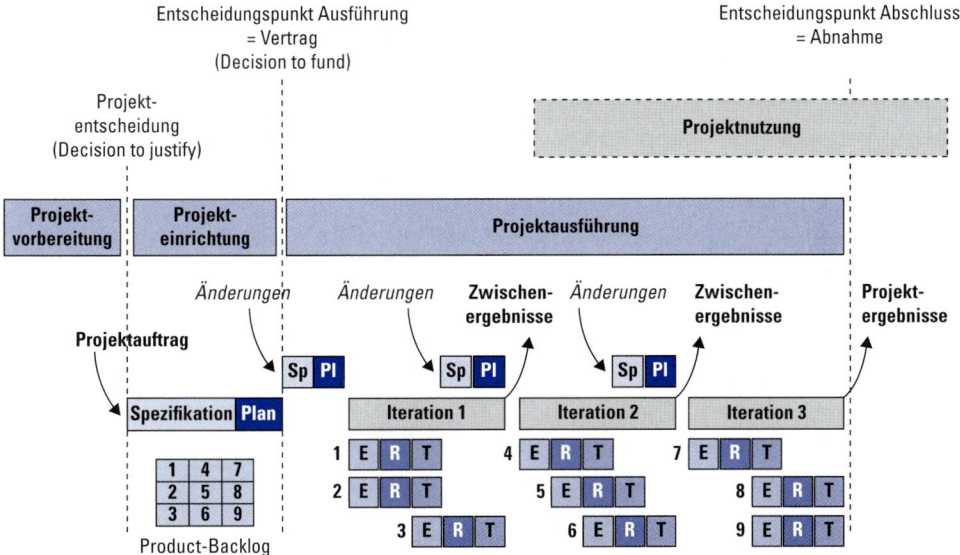

Abbildung 1.12   Agile Entwicklung und das Projektmodell

1.6 Was das &-&-&-Paradoxon für den Projektmanager bedeutet

Nach der Ausarbeitung von Agile möchte ich zusammenfassend mit der Bedeutung des &-&-&-Paradoxons für den Projektmanager abschliessen. Die Position des Projektmanagers hat sich in den letzten zwanzig Jahren sehr stark verändert. Ging es früher in erster Linie um die koordinierenden Fähigkeiten hinsichtlich der Planung und Ausführung, so ist der heutige Projektmanager explizit für die Realisierung des Projektergebnisses verantwortlich; ungeachtet der Komplexität des Auftrages oder der Reife des Projektumfeldes. Die Herausforderungen des &-&-&-Paradoxons spielen hierbei täglich eine Rolle: Mehr muss durch weniger erreicht werden, die Kontrolle über den Fortschritt muss in Kombination mit einer höheren Autonomie für Ihr Team erreicht werden und Sie müssen jederzeit ein klares Commitment hinsichtlich Zeit und Geld in Ihrem Projekt zeigen, und das trotz der vielen Unsicherheiten.

Manchmal ist es wirklich ein ungerechtes Geschäft!

Als Projektmanager müssen Sie also auch bei Schwarze-Piste-Projekten und unter nicht idealen Umständen ein sehr gutes Ergebnis bringen. Und das fühlt sich manchmal ganz schön ungerecht an! Wenn das Projekt gut läuft, hören Sie nichts. Aber wenn es schiefläuft, dann können Sie das Gejammer schon meilenweit auf den Gängen und in den Meetings hören. Manchmal zu allem Überfluß von den Auftraggebern oder Vorstandsmitgliedern, die selbst garnicht nicht in der Lage sind, die Gründe des drohenden Misserfolges herauszufinden, da ihnen selbst die nötigen Kompetenzen fehlen. Die Erkenntnis, dass der gesamte Bereich des Projektmanagements eigentlich per Definition ziemlich ungerecht ist und dass andere genau dasselbe erleben, kann bereits eine erste Erleichterung sein. Es erleichtert ein erfrischendes Mit-den-Schultern-zucken und energiegeladen *die* Handlung auszuführen, die benötigt wird, um das Projekt dennoch erfolgreich werden zu lassen.

Funktionieren in einem Umfeld mit Mikromanagern
Wahrscheinlich sind Sie selbst kein Mikromanager, aber die Chancen sind groß, dass Sie in Ihrer beruflichen Karrieren einmal in einer Mikromanagement-Umfeld arbeiten müssen. Hiermit müssen Sie lernen umzugehen. Ein Weg, der recht heimtückische Fallen kennt.

Zum Beispiel brauchte ich eine ganze Weile, bis mir aufging, dass die meisten Projektmanagementinstrumente in den Organisationen eigentlich gar nicht als Hilfsmittel für den Projektmanager gedacht sind, sondern vielmehr als Mittel genutzt werden, um den Projektmanager zu kontrollieren. Denken Sie dabei an Finanzanalysen, die nur vollendete Ergebnisse zum Monatsende anzeigen können, anstatt Informationen zu liefern, auf die proaktiv reagiert werden könnte. Diese Erkenntnis war ein wichtiger Trigger für mich, um wirklich gut zu verstehen, was ich eigentlich benötigte, um Planning, Tracking und Control effektiv ausführen zu können. Seitdem bin ich weniger abhängig davon, was vorhanden ist, verwende nur, was meinen Projekten auch wirklich hilft und lasse mich nicht mehr so leicht von meinem eingeschlagenem Weg abbringen. Auf diesen Aspekt werde ich zu einem späteren Zeitpunkt in diesem Buch etwas detaillierter eingehen. An dieser Stelle nur so viel: In einem Mikromanagement-Umfeld müssen Sie schneller und (politisch) klüger als Ihre Umgebung sein!

Viele PM-Tools sind nicht zum Nutzen des Projektmanagers, sondern zum Nutzen der Organisation optimiert.

Haben Sie auch schon bemerkt, dass das bieten von Transparenz in einer kontroll-fixierten Organisation nach hinten losgehen kann? Wer kennt das nicht: Sie sind in einem Projektreviewboard-Meeting und es wird phrasenreich um den heißen Brei herumgeredet, bis Sie an der Reihe sind. Sie zeigen knapp und sachlich auf, dass mit dem aktuellen Plan aufgrund von verschiedenen Faktoren eine Verspätung von drei Wochen gemeldet werden muss. "Das ist ja nicht so schön, Herr Projektmanager. Und wie gedenken Sie *Ihr* Problem zu lösen?" Später hören Sie, dass andere Projektmanager, die keine aktuellen

Datumserwartungen zur Fertigstellung genannt haben, keinen negativen Kommentar erhalten haben. Um es ganz klar zu sagen: Ich stehe voll und ganz hinter dem Credo der Transparenz, aber es geht wirklich darum, wie Sie dies umsetzen. Offenbar locken Informationen Reaktionen heraus, und das Gegenteil ist ebenfalls wahr. Wenn Sie Transparenz also positiv einsetzen wollen, dann müssen Sie schleunigst Ihre Naivität und reine Sachorientierung durch Sachverstand im Bereich von Führung und Beeinflussungsfähigkeiten ersetzen! Und Sie müssen sich ein dickeres Fell zulegen, beispielsweise indem Sie Ihre eigenen Ängste und Abwehrmechanismen kennenlernen! Kapitel 2 (Ihr agiler Inspirator) und Kapitel 4 (Der Faktor 10) werden Ihnen hierzu reichlich Hilfestellung geben.

Antizipieren Sie, was Sie bereits wussten
Ich beschreibe die Arbeitsumgebung des Projektmanagers nicht als ungerecht, um bei Ihnen Selbstmitleid oder eine gewisse Gleichgültigkeit zu erzeugen. Ganz im Gegenteil, ich benenne es explizit, weil das daraus resultierende Selbstmitleid sehr oft bereits unbewusst tief im Hinterkopf festsitzt. Dies blockiert dann den Willen, selber zu lernen und zu wachsen. Und wenn dies geschieht, dann machen Sie genau das, was viele Methoden ungewollt empfehlen: *anderen die Schuld geben*! Das Projekt verlief nicht wie gewünscht, da die Organisation dazu nicht bereit war oder weil die richtigen Instrumente und Systeme nicht implementiert waren, weil die Teammitglieder die Methoden nicht anwendeten, weil der Auftraggeber die Zielsetzungen immer wieder anpasste, etc.

Natürlich war es die Schuld der anderen... aber das wussten Sie ja bereits im Voraus.
Natürlich gab es viele Unsicherheiten... aber das wussten Sie ja bereits im Voraus.
Natürlich hatten Sie sowohl eine Frist als auch unzureichende Ressourcen... aber das wussten Sie ja bereits im Voraus.
Natürlich mussten Sie auf eigene Kosten zusätzliche Funktionalität implementieren und erhielten beim Überschreiten der Frist trotzdem einen auf den Deckel, aber... das wussten Sie ja bereits im Voraus.
Natürlich gibt der Lieferant an, dass alles pünktlich ankommen soll - bis es doch zu einer verspäteten Lieferung kommt... aber das wussten Sie ja bereits im Voraus.

Hören Sie einfach auf, den anderen die Schuld zu geben! Ergreifen Sie selbst die Initiative, um weniger vom dem abhängig zu sein, was anders laufen könnte als geplant! Machen Sie aktiv etwas aus dem "was Sie ja bereits im Voraus wussten" und antizipieren Sie dies im Projekt. Aber vor allem akzeptieren Sie nicht mehr von sich selbst, dass das bereits Bekannte Sie jedes Mal erneut überrascht und demotiviert. Wie Hockeycoach Marc Lammers es in seinem Buch *Yes! A crisis* (Lammers, 2010) treffend sagt: "Gewinner haben einen Plan, Verlierer eine Ausrede!"

Von reaktiv zu proaktiv und hin zum Beeinflussen.

Dies bringt uns zum roten Faden dieses Buches: *von reaktiv zu proaktiv und hin zum Beeinflussen*.

Zusammenfassung

- Der heutige Projektmanager muss mit dem &-&-&-Paradoxon in seinen vielen Formen umgehen können:
  - Mehr durch weniger erreichen
  - Die Kontrolle über das Projekt haben und gleichzeitig dem Team Autonomie geben
  - Unsicherheiten erkennen und dennoch gleichzeitig Commitment zeigen
- Steuern-in-Richtung-Kontrolle ist etwas anderes als Steuern-in-Richtung-Ergebnis- und-Prozess. KPIs sind anspruchsvolle Steuerungsmittel, die Vertrauen schaffen aber auch zerstören können.
- Commitment geben können Sie timen, aber Erwartungen wecken Sie vom ersten Moment des Projekts an. Dies ist der Augenblick, in dem buchstäblich noch alles unklar ist. Daher ist es wichtig, dass Sie lernen, mit Unsicherheit in Projekten umzugehen. Sehen Sie Unsicherheit nicht als Feind, sondern als Freund an.
- Agiles Arbeiten kennt die folgenden Eigenschaften:
  - Zeit, Geld und Qualität sind feste Größen, die gelieferte Funktionalität dagegen ist zu priorisieren und ist verhandelbar.
  - Erbringen Sie regelmäßig (in Iterationen) funktionierende Teilergebnisse, die durch den (End)Nutzer getestet und beurteilt werden können.
  - Vor einer jeden Iteration kann der Umfang angepasst werden, aber während der Iteration darf das Projektteam nicht mehr gestört werden.
  - Das multidisziplinäre Team hat zur Aufgabe, sich selbst zu organisieren, um effizient die zugewiesenen Ziele zu erreichen. Hierbei helfen die Daily-Scrum-Meetings, das klar priorisierte Product-Backlog des Product-Owners und die Unterstützung des Scrum-Masters.
  - Der Projektmanager schafft vor allem die richtigen Voraussetzungen für das Team und steuert die externen Schnittstellen des Projekts.
- Agiles Projektmanagement und das klassische Wasserfallmodell ergänzen sich ohne Probleme. Sorgen Sie dafür, dass Sie beide gemeinsam nutzen können.
- Der Projekterfolg beginnt bei Ihnen selbst. Hören Sie auf, anderen die Schuld zu geben, und nutzen Sie aktiv das Wissen, über das Sie bereits verfügen. Ergreifen Sie die Initiative, um weniger von Dingen abhängig zu sein, die sich anders verhalten als Sie es sich wünschen. Entscheiden Sie sich dazu, den Projektverlauf zu beeinflussen!

2   Ihr agiler Inspirator, das TomTom

- Warum ist das TomTom Navigationssystem als Projektmanager so effektiv?
- Wie zielgerichtetes Arbeiten tagtäglich auf die Probe gestellt wird.
- Warum Sie früh mit Stakeholdermanagement beginnen müssen.
- Wie Sie als *Scenario Creator* für Ruhe, Transparenz, gute Entscheidungen und entschlossene Maßnahmen sorgen, indem Sie stets die aktuelle Route zum Ziel aufzeigen.

Was oder wer ist Ihr größter Inspirator? Das ist letztendlich sehr persönlich. Aber wenn Sie Projektmanager sind, kann ich Ihnen einen Inspirator empfehlen, dem Sie wahrscheinlich täglich begegnen: das TomTom oder ein anderes modernes Navigationssystem. Überrascht Sie das? Nach diesem Kapitel ist es wahrscheinlich, dass Sie durch das erstaunlich effektive Verhalten inspiriert sind oder sich vielleicht ein wenig über verpasste Gelegenheiten in der Vergangenheit ärgern werden.[2]

2.1   Was Sie von Ihrem TomTom lernen können

Stellen Sie sich vor, Sie wollen einen Freund besuchen fahren, der gerade in eine andere Stadt gezogen ist. Sie müssen dort um 10 Uhr sein, weil Sie mit einigen anderen Freunden die letzten Arbeiten dort im Hause verrichten sollen. Sie kennen den Weg in die Stadt, aber nicht zum neuen Haus. Sie vertrauen also Ihrem Navigationsgerät und fahren kurz nach 9 Uhr los. In diesem Rollenspiel sind Sie selbst der Auftraggeber. Ihr Navigationssystem, einfachheitshalber ab jetzt TomTom genannt, ist der Projektmanager.

Solange Sie kein Ziel eingeben, weckt das TomTom keine verkehrten Erwartungen, indem es Ihnen schon einmal einige Routen vorschlägt. Das TomTom gibt Ihnen auch keine grundlosen Indikationen zur Machbarkeit der Ankunftszeit, wie beispielsweise: "Ich denke schon, dass es klappen wird." Das TomTom wird selbst dann nicht unruhig, wenn Sie bereits losfahren, weil Sie das erste Stück des Weges selbst kennen. Es bleibt professionell und zeigt mit Selbstvertrauen das an, wozu es in der Lage ist: den (sich verändernden) Standort, an dem Sie sich auf einer übersichtlichen Karte jeweils befinden.

Nach einer Viertelstunde Autofahrt werden Sie als Auftraggeber jedoch leicht unruhig. Welchen Weg müssen Sie innerhalb der Stadt nehmen? Werden Sie auch wirklich um 10 Uhr ankommen? Gründe genug, jetzt das TomTom zu nutzen. Nach der Adresseingabe geschieht etwas Schönes, was Ihnen aber nicht auffällt, weil Sie es so gewöhnt sind: Sie erhalten sofort eine Meldung darüber, dass der Plan (die Route) bekannt ist - inklusive der

---

[2] Dieses Kapitel verbindet die folgenden Kompetenzen aus IPMA's ICB4: Strategy, Power and interest, Self-reflection and self-management, Personal communication, Relations and engagement, Leadership, Conflict and crisis, Negotiation, Results orientation, Requirements and objectives, Stakeholders.

erwarteten Ankunftszeit - sowie eine Empfehlung zur nächsten Handlung. Sie erhalten also ein komplettes Bild, ohne dass Sie nach fehlenden Informationen fragen müssen. Und, die gute Nachricht ist: Die voraussichtliche Ankunftszeit ist 9:48 Uhr. Sie werden rechtzeitig ankommen.

Die weitere Fahrt verläuft gut und Sie denken über die Herausforderungen nach, denen Sie heute als "Handwerker" begegnen werden. Um den Fahrweg kümmern Sie sich nicht. Unterwegs genießen Sie eine kleine aber feine Probe unaufgeforderten Risikomanagements: Eine Meldung, dass sich ein Blitzer auf Ihrem Weg befindet und Sie ein wenig zu schnell fahren. Das TomTom kommuniziert sehr kundenorientiert. Und dabei wird schnell deutlich, dass das TomTom keine schwachen Augenblicke kennt. Noch bevor Sie selbst den Stau sehen, erhalten Sie eine Meldung, dass es auf Ihrer Strecke eine Verzögerung gibt. "Super. Es fährt vorausschauend und überwacht die restliche Strecke aktiv.", denken Sie kurz. Das Vertrauen in das Tom Tom ist enorm. Die Verzögerung ist mit 10 Minuten voraus berechnet, aber das TomTom schlägt Ihnen eine schnellere Route vor. Indem Sie eine Abfahrt früher nehmen, beträgt die Ankunftszeit jetzt 9:51 Uhr. Sie denken unbewusst: Ich habe Zeit dazugewonnen. Es kommt Ihnen gar nicht in den Sinn, dem TomTom die Verzögerung durch den Stau in die Schuhe zu schieben.

In der Stadt läuft es dann nicht mehr so gut. Sie müssen rechts abbiegen, aber die Einfahrt in diese Straße ist nicht erlaubt. Ein Fehler auf der Karte von TomTom? Sie nehmen es jetzt selbst in die Hand, fahren geradeaus und das TomTom berechnet die verbleibende Strecke erneut. Ankunftszeit 9:53 Uhr, alles gut. 10 Minuten vor der Ankunftszeit sagt das TomTom "rechts abbiegen". Aber Sie denken, dass Sie sich in der Stadt auskennen und möchten nicht einfach dem vorgeschlagenen Weg folgen. Gab es nicht hier in der Nähe eine Bäckerei, in der Sie schnell noch leckere Teilchen kaufen könnten? Sie weichen von der Route ab und fahren weiter geradeaus.

Das TomTom sieht das Umplanen als eine sinnvolle Routineaufgabe.

Was macht das TomTom? Reagiert es genervt? Selbstverständlich nicht, das TomTom berechnet die Route erneut und zeigt 9:54 Uhr als Ankunftszeit an. Das geht ja noch, denken Sie sich. Bei der folgenden Kreuzung erklingt erneut "rechts abbiegen". Sie ignorieren den Rat drei weitere Male. Das TomTom bleibt professionell und berechnet immer wieder erneut die verbleibende Wegstrecke. 9:56 Uhr steht auf dem Bildschirm. Und jetzt sehen Sie auch die Bäckerei. Passt gerade noch.

Um 10:03 klingeln Sie beim neuen Haus Ihres Freundes. Ohne eine Entschuldigung, dass Sie sich verspätet haben, ohne über den Stau und den Fehler auf der Karte Ihres Navigationsgeräts zu klagen, sagen Sie strahlend: "Schau mal, ich habe eben noch für uns leckere Teilchen gekauft!"

Eigentlich müssten sich Projektmanager bei jedem ihrer Schritte fragen: "Was würde das TomTom in dieser Situation tun?" Daraus können dann die folgenden "Aha-Erlebnisse" resultieren:
1. Es geht alleine um den Weg zum Ziel, der Rest gehört der Vergangenheit an.
2. Umplanen *gehört zum Leben.*
3. Der Auftraggeber lebt in der Welt des Endziels.

Der Weg zum Ziel
Der primäre Fokus liegt also darauf, das Projektziel des Auftraggebers als Ausgangspunkt zu nehmen. Letztendlich geht es bei erfolgreichem Projektmanagement nämlich nur um eine Sache: Um die Realisierung der Zielsetzungen. Das heißt nicht, dass die Wahl des Weges dorthin unwichtig wäre. Der Prozessverlauf bis zum Ziel trägt natürlich wesentlich zum Projekterfolg bei (man denke an Stakeholderzufriedenheit oder an die Motivation von Teammitgliedern). Aber bei all diesen Entscheidungen darf das Projektziel niemals aus den Augen verloren werden! Das Ziel zu erreichen ist wichtiger, als wie man dorthin kommt, und nur der noch verbleibende Weg ist interessant; die bereits gefahrene Strecke gehört der Vergangenheit an.

Die TomTom-Metapher hilft uns, konzentriert in Richtung Ziel zu blicken, während wir von operativen Fragen des Projektalltags zugeschüttet werden. Denn das Thema des Tages legt den Fokus unbeabsichtigt auf die Probleme des Augenblicks. Natürlich dürfen wir diese Probleme nicht ignorieren, aber jede Handlung sollte von der Überlegung getragen werden: "Was bedeutet diese Aktion für den verbleibenden Weg bis hin zum Ziel?" Den Weg zum Ziel zu leiten, ist eine Kombination aus Führung und der Fähigkeit, den verbleibenden Weg bis hin zum Ziel schnell zu verdeutlichen. Das TomTom ist hierfür optimal ausgerüstet. Durch das Messen der GPS-Position kann der aktuelle Status auf einer detaillierten Karte angezeigt werden und die notwendigen Optimierungs-Algorithmen sorgen dafür, die beste Route zum Zielort zu ermitteln.

 Wie gut sind Sie im Ermitteln der Route zum Ziel?

Umplanen gehört zum Leben
Wie reagieren Sie, wenn es einmal anders läuft als geplant? Bleiben Sie dann ruhig und zielorientiert oder ärgern Sie sich? Wenn ich die TomTom-Geschichte erzähle, erhalte ich schon einmal Reaktionen wie "Das TomTom hat es einfach, es hat keine Emotionen und ist ein Computer." Das stimmt natürlich. In diesem Fall ist die Emotionslosigkeit ein Vorteil. Glücklicherweise werden wir zu einem späteren Zeitpunkt in diesem Buch sehen, dass eben diese Emotionen auch Vorteile haben. Warum sollten wir also nicht von dem TomTom lernen: *Bei Änderungen nicht nutzlos protestieren, sondern sofort umplanen.*

Denn wenn Sie davon ausgehen, dass der Weg zum Ziel dynamisch ist - also agil denken - dann reagieren Sie nicht verstimmt: "Ärgerlich, ich muss meinen Plan ändern". Dann gehen

Sie wie selbstverständlich von Veränderungen aus und denken ständig vorausschauend, um die neue beste Route zum Ziel zu wählen. Sie sind zielorientiert *und* flexibel. Dieses Verhalten hat auch den Vorteil, dass Sie stets den Überblick über den Wegverlauf zum Ziel behalten und so auch Risiken und Chancen erkennen. Sie schaffen so die Möglichkeit zu antizipieren, was auf Ihrem Weg noch auftauchen kann.

 Passen Sie Ihre Planung an, wenn es nicht mehr anders geht, oder weil Sie neugierig sind, was die beste Route zum Ziel ist?

Der Auftraggeber lebt in der Welt des Endziels

Der dritte Lernaspekt ist das Thema, bei dem bei mir selbst der Groschen zuletzt fiel. Und das, obwohl die Auswirkungen sogar noch größer sein können als bei den anderen beiden Aspekten. Womit beschäftigte sich der Fahrer in der Geschichte mit dem TomTom gedanklich? Mit dem Weg oder mit dem, was er nach der Ankunft tun würde? Es war letzteres und das ist in der Praxis oft der Fall. Die Reise ist nur ein notwendiges Übel. Ein Mittel zum Zweck, um das tun zu können, was Sie geplant haben. Wir sind weder an der exakten Route noch an der Rechenmethode des TomToms interessiert. Egal, ob es leicht oder schwer für das TomTom ist, wir wollen einfach nur an unserem Reiseziel ankommen.

- Es geht nur um die Zielerreichung.
- Nur der Weg zum Ziel ist wichtig.
- Die zurückgelegte Strecke ist Geschichte.

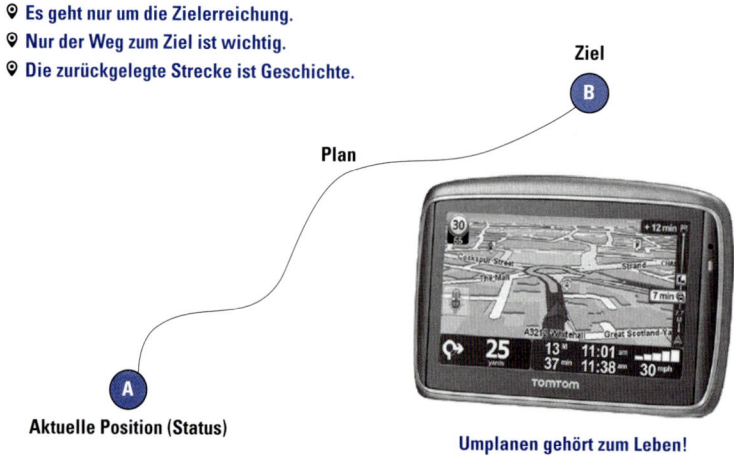

Abbildung 2.1   Das TomTom als Inspirator: immer auf der Suche nach dem besten Weg zum Ziel

Die Botschaft kommt nur dann an, wenn Sie aufzeigen, was diese für das Endziel bedeutet.

So geht das auch bei Projekten. *Viele Auftraggeber werden Ihren Plan nicht verstehen oder wollen ihn bewusst nicht verstehen.* Der Schwerpunkt der Auftraggeber liegt auf dem Nachdenken darüber, was sie mit den Ergebnissen des Projekts tun werden, wenn diese endlich vorliegen. Deshalb werden sie oft nicht begreifen, dass das Budget nicht ausreicht, wenn Sie auf halbem Wege erklären, dass mehr Aufwände anfallen als zunächst gedacht. Und sie werden nicht mit einkalkulieren, dass das Projekt länger dauern wird, wenn Sie berichten ein wesentliches Teammitglied sei mit einem Bandscheibenvorfall einen Monat ausgefallen. Die Botschaft wird nur dann ankommen, wenn Sie bei jeder Form der Kommunikation erklären, was dies für das (End)Ergebnis des Projekts der betreffenden Partei bedeutet und es für diese verständlich übersetzen und darlegen.

Und an diesem Punkt ist das TomTom genial, egal, wie kinderleicht der Ansatz auch erscheint. Durch eine schlaue Benutzeroberfläche sorgt es dafür, dass wir es einfach verstehen müssen. Wie? Indem immer die *aktuelle* erwartete *Ankunftszeit* angegeben wird. Ob wir es wollen oder nicht:

Erstes Commitment TomTom:	Ankunftszeit 9:48 Uhr
TomTom erkennt Stau:	Ankunftszeit 9:58 Uhr
TomTom schlägt eine alternative Route vor:	Ankunftszeit 9:51 Uhr
TomTom muss verkehrte Route neu berechnen:	Ankunftszeit 9:53 Uhr
Fahrer ignoriert "rechts abbiegen":	Ankunftszeit 9:54 Uhr
Fahrer ignoriert Empfehlung drei weitere Male:	Ankunftszeit 9:56 Uhr
Fahrer hält bei Bäckerei an:	Ankunftszeit 10:03 Uhr

Fällt der Groschen bereits? Das TomTom schafft als Projektmanager an sechs Änderungsmomenten Ruhe und Stabilität, indem es immer wieder sofort die beste Route zum Endziel parat hat und diese in der Form der Ankunftszeit kommuniziert. Also in der Sprache des Auftraggebers. Anstatt ein dynamisches Projekt zu haben, gibt es immer Klarheit über den Plan und das zu erwartende Ergebnis. Hierdurch erfährt das Umfeld Ruhe und Transparenz und der Auftraggeber weiß jederzeit, was noch zu erwarten ist. Aber noch wichtiger: Aufgrund der hohen Aktualisierungsrate ist die *Ursache-Folge* automatisch deutlich für jeden erkennbar. Dadurch müssen Sie als Projektmanager viel weniger erklären und müssen sich weniger verteidigen.

Auch gut zu wissen... *der Auftraggeber kämpft nicht mehr mit Ihnen, sondern mit den Fakten.* Es bewirkt in diesem Beispiel sogar, dass der Auftraggeber für die verspätete Ankunft am Zielort selber die Verantwortung übernimmt. Und das ist eigentlich nicht verwunderlich, denn er wusste schon bevor er die Routenempfehlung ignorierte, dass es eng werden würde, und erhielt bei jeder selbst gewählten abweichenden Route sofort ein Feedback zu den Folgen der Änderung. Aber er hatte einen guten Grund und die erstandenen Teilchen

Mit dem richtigen Verhalten wird ein dynamisches Umfeld ruhig.

aus der Bäckerei würden die wenigen verspäteten Minuten kompensieren. Sehr klug vom TomTom – sich der Teilchen aus der Bäckerei nicht bewusst - nicht zu protestieren und serviceorientiert immer wieder eine angepasste Route zum Endziel vorzuschlagen!

Denn wie wäre es gelaufen, hätte das TomTom an allen Änderungsmomenten keine up-to-date Endzeiten kommuniziert? Dann wäre es sehr wahrscheinlich gewesen, dass der Fahrer alle Änderungsmomente unwissentlich verpasst hätte und bei der Ankunft über die

Verspätung überrascht gewesen wäre. Wir hätten es mit einem verärgerten Fahrer zu tun. *"Wieso ist es schon nach 10 Uhr? Wir hatten zu Beginn doch einen Spielraum von 12 Minuten?"* Wie Sie bereits erahnen, der Projektmanager TomTom wäre für die gesamte Verspätung von 15 Minuten verantwortlich gemacht worden, inklusive der für die auf Anweisung des Fahrers vorgenommenen Änderungen. Denn die paar kleinen Änderungen können doch nicht gleich eine Viertelstunde ausmachen, oder? Die gute Intervention hinsichtlich des auf der Strecke liegenden Staus wäre vom Fahrer überhaupt nicht bemerkt worden.

Darüber hinaus hätte der Projektmanager TomTom die Chance verpasst, den Auftraggeber zu beeinflussen und ihn im Interesse des Projekts ein wenig unter Druck zu setzen. Im Gegenteil, zu Beginn wurde sogar der Eindruck erweckt, dass genug Zeit vorhanden war. Zwischenzeitlich wurde das Erwartungsmuster nicht angepasst: Dass zwar für die abweichende Fahrt genug Zeit vorhanden war, aber nicht auch noch um beim Bäcker anzuhalten. *Der Projektmanager hätte es dann versäumt, hieraus eine gemeinsame Herausforderung zu schaffen.*

 Ergreifen Sie selbst konsequent die Initiative, um den Projektstatus – übersetzt in Konsequenzen für den Auftraggeber – zu kommunizieren, auch, wenn der Auftraggeber Sie nicht hierum gebeten hat?

2.2 Das TomTom und agile Führung

Unser Navigationssystem zeigt einige wesentliche Grundmechanismen des Projektmanagements treffend auf. Es ist natürlich selbstverständlich, dass Sie in einem echten Projekt einen höheren Freiheitsgrad haben wie Sie mit dem Auftraggeber kommunizieren und was Sie auf welche Weise berichten. Wir sind schließlich kein Computer und dies bietet uns zusätzliche Möglichkeiten des Handelns. Darüber später mehr. Zusammenfassend lehrt uns das TomTom folgendes über agile Führung:
- Es geht nur um die Zielerreichung.
- Allein der verbleibende Weg zum Ziel ist wichtig, die bereits zurückgelegte Strecke gehört der Vergangenheit an.
- Umplanen *gehört zum Leben*, suchen Sie also immer aktiv nach dem besten Weg zum Ziel.
- Sorgen Sie dafür, dass der Auftraggeber jederzeit den aktuellen Status sowie die Konsequenzen für das Endziel kennt.

Diese Zusammenfassung basiert eigentlich eher auf gesundem Menschenverstand und ist nicht wirklich überraschend, oder? Aber handeln Sie auch hiernach? Haben Sie während Ihres Projekts immer den Überblick über den besten Weg zum Ziel? Informieren Sie Ihre Stakeholder, sodass diese die Situation wirklich verstehen und im Interesse des Projekts handeln?

Die Herausforderung liegt, wie so oft, in der Ausführung und im disziplinierten Durchhalten bis zum Ende. Die Integration von TomTom-Logik in unser eigenes Verhalten also. In diesem Buch werden wir uns immer wieder dafür entscheiden, die bekannten Projektmanagement-Mechanismen auf ihre Essenz zurückzuführen, sodass diese in den persönlichen Stil und in den täglichen Arbeitsprozess einfach integriert werden können.

Agieren statt reagieren
Bislang lag der Fokus hauptsächlich auf dem Prozess der Realisierung. Verläuft die Ausführung anders als geplant, so neigen wir dazu, uns dagegen zu widersetzen. Natürlich ist es nicht falsch, für das erreichen Ihrer Ziele zu kämpfen, erst recht dann, wenn der derzeitige Plan der bestmögliche ist. Aber wenn wir das Ziel aus den Augen verlieren und streiten, weil wir mit unserem Kopf durch die Wand wollen, läuft alles schief. Vor allem dann, wenn wir dickköpfig verpassen ein Update des Plans zu erstellen und demzufolge nur so dahin treiben. Das würde dem TomTom nicht passieren… Darum können wir die TomTom-Metapher auch passend auf Führung und Verhalten im Allgemeinen anwenden. Dann nennen wir es: "Nicht mehr reagieren, sondern agieren".

Wir kennen alle, wie das ist, unbewusst auf Reize und Situationen zu reagieren. Reagieren also, ohne nachzudenken, was die konstruktivste Art des Reagierens wäre. Denken Sie hierbei an ihr typisches Verhalten, wenn Sie verärgert sind. Sie lassen sich von unwichtigen Dingen ablenken oder Sie möchten eine neue Idee nicht miteinbeziehen, weil derjenige, der diese eingebracht hat, Sie früher einmal gekränkt hat. Beispiele, bei denen wir das Ziel aus den Augen verlieren. Das TomTom stimuliert uns, in der Situation zunächst zu denken  und anschließend eine bewusste Handlung zu wählen, anstatt sofort reflexartig zu reagieren. Denn Letzteres fühlt sich zwar zunächst gut an, aber ist auf lange Sicht nicht produktiv. Denken Sie beispielsweise an den Unterschied zwischen funktionaler und emotioneller Kritik.

Also, Timeout, bis 10 zählen… und sich dann fragen: Welche Handlung bringt mich meinem Ziel näher? Beim Planen, Berichten, Führen von Gesprächen, Kommunizieren und in vielen anderen Situationen. Dadurch verhindern Sie, dass Sie aus einem reflexartigen Handlungsmuster, aus Angst, oder aus ungewünschtem Verhalten heraus agieren.

Projektziel und Projektergebnis
Jetzt, wo das Wort Projektziel so oft gebraucht wurde, ist es ratsam, den Unterschied zwischen den Begriffen Projektziel und Projektergebnis zu besprechen. Ein wesentliches Thema, das bei der Trennung der Rollenverteilung von Projektmanager und Auftraggeber unterstützen kann.

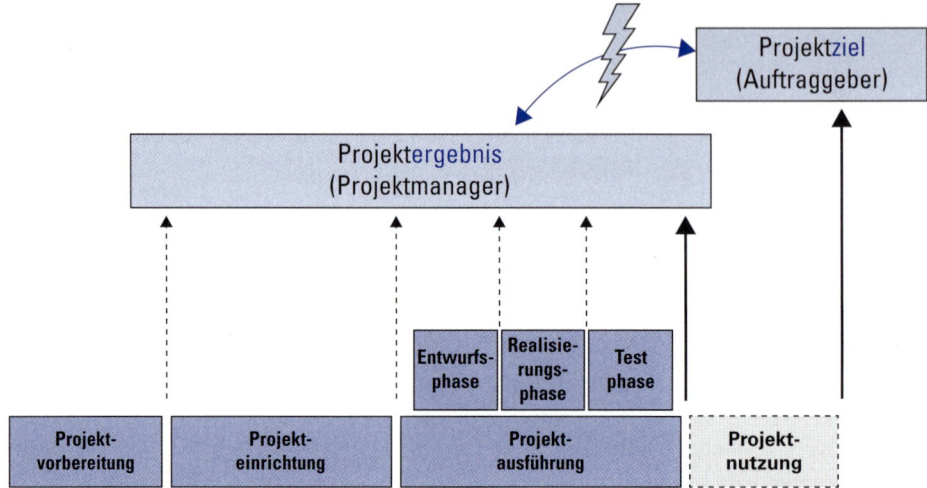

Abbildung 2.2   Projektziel und Projektergebnis

Das *Projektziel* ist das, was der Auftraggeber mit dem Projektergebnis erreichen möchte. Hiervon werden das gewünschte Projektergebnis und die Projektanforderungen abgeleitet. Die Verantwortung für das Realisieren des Projektziels liegt in erster Linie beim *Auftraggeber*.

Das *Projektergebnis* bezieht sich dagegen auf das zu liefernde Produkt oder die zu liefernde Dienstleistung des Projekts. Die Verantwortung für dessen Realisierung liegt in erster Linie beim *Projektmanager* (dem Auftragnehmer). Im TomTom-Beispiel war das Projektziel das "im Haus helfen", das Projektergebnis war "um 10.00 Uhr anzukommen". Andere Beispiele sind:

- Produktentwicklung: Ziel = Gewinn, Ergebnis = Produkt
- Website bauen: Ziel = mehr Nutzer, Ergebnis = Website
- Eine Reise buchen: Ziel = ein schöner Urlaub, Ergebnis = gewählter Bestimmungsort

Das Projektergebnis wird vom Projektmanager am Ende des Projekts abgeliefert. Der Auftraggeber wird mit diesem Ergebnis in der Nutzungsphase das Ziel realisieren wollen, oftmals, erst nachdem das Projekt bereits abgeschlossen wurde. Es ist für Sie als Projektmanager wichtig zu verstehen, dass der Auftraggeber ein anderes Ziel vor Augen hat, als das angeforderte Projektergebnis. Manchmal ist dieser Unterschied sofort erkennbar, aber meist benötigt es die richtige Abstimmung in der Projektvorbereitungsphase. Zum Abschluss dieser Phase werden sowohl das Projektziel als auch das Projektergebnis in dem Projektauftrag festgelegt (siehe Abbildung 1.6).

Das Verständnis für das zugrundeliegende Ziel hilft Ihnen, die Erwartungen an das Projektergebnis besser zu verstehen. Wenn das Projektziel und Projektergebnis nicht gut zusammenpassen, müssen Sie während des Projekts mit mehr Änderungen rechnen. Oder Sie erhalten im Nachhinein negative Reaktionen, da das Ziel mit Ihrem gelieferten Projektergebnis nicht erreicht werden kann. Ein erfahrener Projektmanager beurteilt also während des Projekts nicht nur, ob das Projektergebnis realisiert werden kann (der offizielle Auftrag), sondern untersucht auch, ob die Zwischenergebnisse dem Auftraggeber ausreichend Möglichkeit bieten, das Projektziel zu erreichen. Aktualisieren Sie daher während des Projekts den Business Case, um aktiv mit dem Auftraggeber zu überprüfen, ob dieser noch immer gültig ist.

Vorausschauen
Ich behaupte gar nicht, dass Reden über die Tätigkeiten der vergangenen Periode sinnlos ist. Aber ist es nicht interessant, dass manche Fortschrittsbesprechungen sich vor allem den Tätigkeiten der letzten Woche widmen, anstatt darauf zu fokussieren, was noch im Projekt geschehen muss? Ein Rückblick eignet sich hervorragend, um Ergebnisse zu überwachen, Teammitglieder zu coachen, Projekte zu evaluieren und hiervon zu lernen. Aber achten Sie darauf, dass der Fokus vor allem auf dem noch verbleibenden Weg liegt. Dazu gehören auch passende KPIs, wie *Time-to-go, Costs-to-go, Issues-to-solve*. Kurz gesagt: Was muss noch geschehen, bis das Projekt erfolgreich abgeschlossen ist?

Durch den Ballast aus der Vergangenheit abgelenkt, sind wir weniger produktiv und zielgerichtet. Der strategische Coach Dan Sullivan sagt zum hohen Anteil von Immigranten unter den Unternehmern in den USA: "Immigrants only get to bring two suitcases. Their focus is on the future, the rest is left behind." Lassen Sie sich vom TomTom also stimulieren, um Ihre Energie in den Weg *vor* Ihnen zu stecken. Sowohl beim Managen des Projekts, als auch bei der Gestaltung Ihres persönlichen Lebens.

Immigranten mit nur zwei Koffern in der Hand legen automatisch den Fokus auf die Zukunft.

2.3 Das TomTom und Stakeholdermanagement

Auch wenn Sie es oft nicht bemerken, während Sie mit Ihrem Projekt beschäftigt sind, ein Projekt bewirkt - wenn es gut läuft - Veränderungen. Um in solch einem Veränderungsprozess die Oberhand zu behalten, sind Stakeholdermanagement und Kommunikation von wesentlicher Bedeutung.

Gutes Stakeholdermanagement ist einer der Top-Erfolgsfaktoren im Projektmanagement. Als *Stakeholder* werden diejenigen Personen bezeichnet, die an den Leistungen und dem Erfolg des Projekts, oder dessen Fehlen, interessiert sind oder die - mehr oder weniger - Einfluss auf die Projektumsetzung haben. Diese Stakeholder können sich sowohl innerhalb der eigenen Organisation (Auftraggeber, andere Mitglieder des Lenkungsausschusses und Ausführende) als auch extern (Kunden, Endnutzer, Lieferanten, Aufsichtsbehörden, etc.) befinden. Es gibt also sehr viel mehr Stakeholder als nur den eigentlichen Auftraggeber.

Gemeinsam mit den anderen externen Faktoren, die Einfluss auf das Projekt haben, bilden die Stakeholder das *Umfeld* des Projektes. Damit wird es eine wesentliche Aufgabe des Projektmanagers die Stakeholder zu beteiligen und deren Interessen miteinzubeziehen.

Denn sie bestimmen die Abnahme des Projektergebnisses und somit letzlich den Erfolg des Projektmanagers. Stakeholdermanagement geschieht in drei Schritten: die Stakeholder analysieren, die Art der Annäherung bestimmen und die Stakeholder miteinbeziehen, siehe Abbildung 2.3.

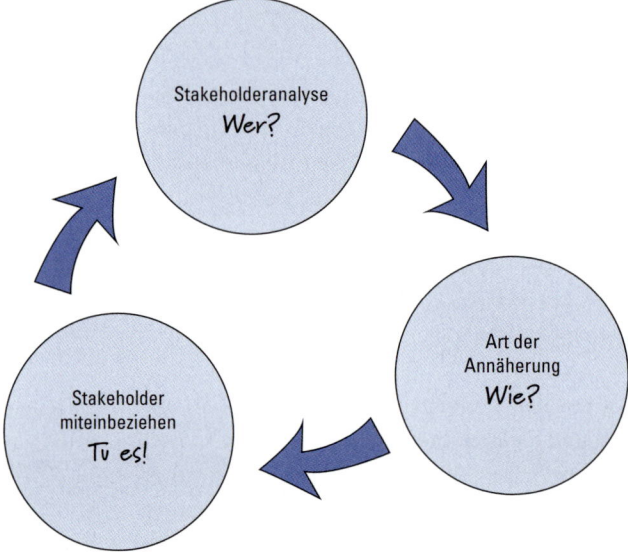

Abbildung 2.3   Der Stakeholdermanagementprozess

Stakeholderanalyse

Das Stakeholdermanagement ist eine permanente Herausforderung während des gesamten Projekts. Es handelt sich dabei nicht um eine einmalige, sondern eine regelmäßig wiederkehrende Aktivität, die im Projektmanagementplan (oder separat in einem Kommunikationsplan) festgehalten wird.

Bevor Sie diesen Plan erstellen können, müssen Sie identifizieren, welche Personen Einfluss auf das Projekt haben und worin deren Interessen liegen. Dabei gibt es zu dem, was bereits in der Managementliteratur über die Stakeholderanalyse geschrieben wurde, von meiner Seite wenig Grundlegendes hinzuzufügen. Aber über die Art und Weise, *wie* diese angewendet wird, wird zu reden sein! Und damit meine ich jenes Vorgehen, bei der das Stakeholdermanagement reaktiv als eine Art "Fahrrad-Flickset für einen platten Reifen" eingesetzt wird. Es wird erst dann eingesetzt, wenn Probleme bereits offensichtlich vorhanden sind... und das ist wirklich dumm! Denn genauso wie das Erwartungsmanagement sollte das Stakeholdermanagement bereits zu Beginn des Projekts einsetzen. Das ist nämlich der Augenblick, in dem noch Raum und Flexibilität bei den Stakeholdern vorhanden sind und es noch die größten Möglichkeiten gibt, den Projektverlauf zu beeinflussen. Darum liegt bei mir der Fokus darauf, *wie* Sie proaktiv das Stakeholdermanagement in Ihr eigenes Verhalten integrieren und wie Sie das beste für beide Seiten herausholen. Denn dann wird das Managen *von* Stakeholdern zum Managen *für* Stakeholder.

 Beginnen Sie selbst sofort mit dem Stakeholdermanagement oder erst dann, wenn es wirklich sein muss?

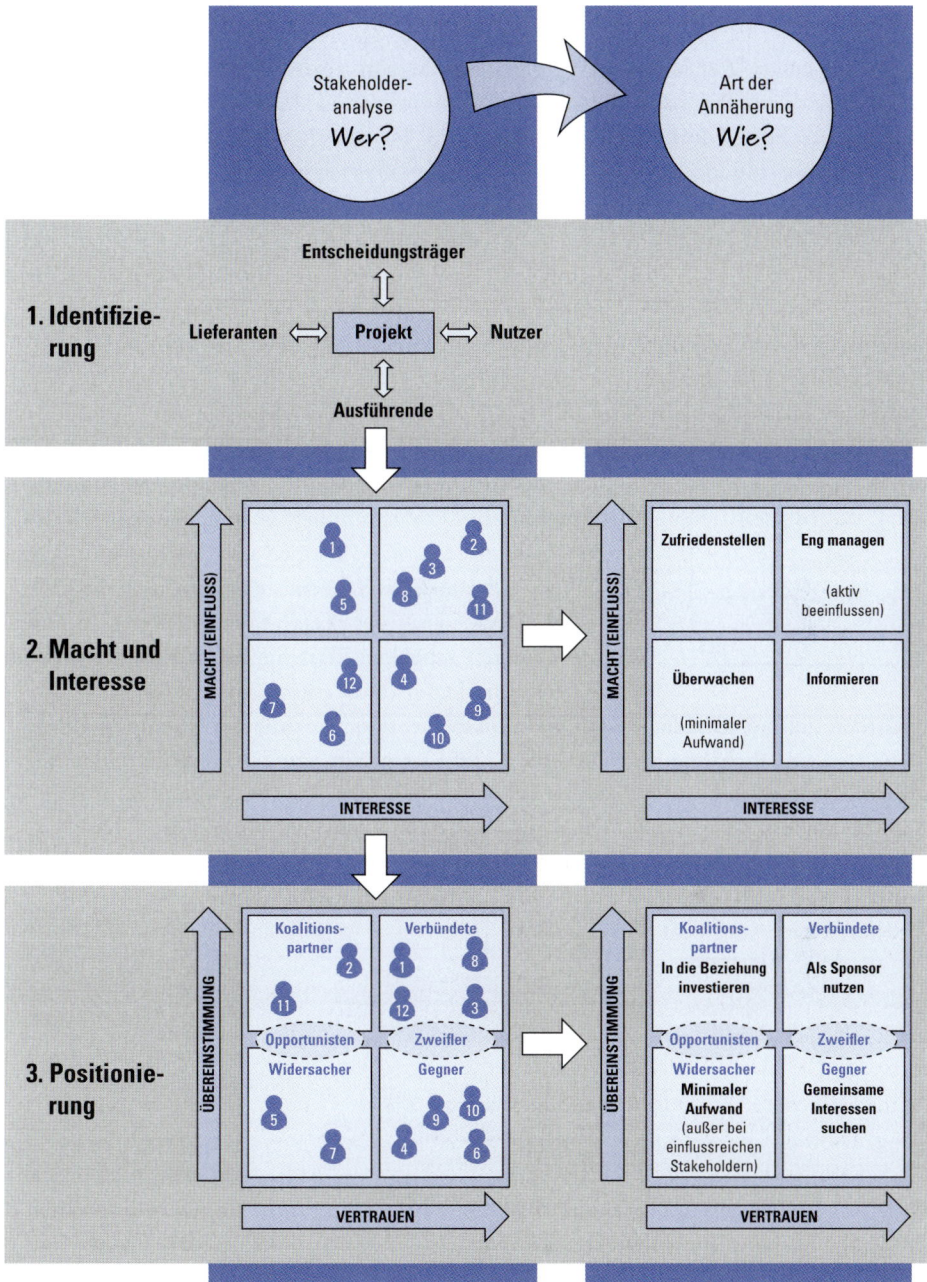

Abbildung 2.4   Schritte der Stakeholderanalyse

In Abbildung 2.4 sind die Schritte der Stakeholderanalyse dargestellt. Sie bieten Ihnen eine Antwort auf die Frage: *Wer sind Ihre Stakeholder und was halten diese von Ihrem Projekt?* Die Schritte sind:
1. Stakeholder identifizieren
2. Macht (Einfluss) und Interesse jedes Stakeholders analysieren
3. Positionierung der Stakeholder analysieren

Der erste Schritt, die Identifizierung und Auflistung, erscheint einfach. Es handelt sich um eine simple Frage: Wer kann den Erfolg Ihres Projekts positiv oder negativ beeinflussen? Und doch ist diese Frage gar nicht so einfach zu beantworten. Auch ich bemerke regelmäßig, dass ich diese Frage immernoch zu wenig stelle. Hierdurch werde ich später im Projekt durch Einflüsse, die ich nicht vorab bedacht habe, überrascht. Hinzu kommt, dass durch den reaktiven Ansatz, oft nur diejenigen Betroffenen, die ein Problem haben, auf der Liste erscheinen. Das Stakeholdermanagement beschränkt sich dann auf das Flicken bereits bestehender Geschäftsbeziehungsprobleme und Ihre ganze Aufmerksamkeit konzentriert sich auf die Problemfälle. Das Vermeiden von Problemen und das richtige Augenmerk auf die positiven Beziehungen zu legen, kann Ihrem Projekt jedoch viel mehr bringen.

Verwenden Sie daher als Checkliste bei der Identifikation Abbildung 2.5 mit den Gruppen Entscheidungsträger, Nutzer, Lieferanten und Ausführende. Und stellen Sie sicher, dass Sie nicht nur auf die "Problemkinder" achten. Dann befinden sich schnell mehr als zwanzig Personen auf der Liste. Außerdem vermeiden Sie mit dieser Checkliste, wenn Sie beispielsweise nur den Mitgliedern des Lenkungsausschusses Ihre volle Aufmerksamkeit schenken, dass Sie den Endnutzer aus dem Auge verlieren. Denn diese entscheiden letztendlich, ob Sie Ihre Arbeit gut gemacht haben. So verhindern Sie, dass Sie zu viel in Richtung Kontrolle und zu wenig in Richtung Ergebnis lenken. Etwas, was ein TomTom niemals tun würde...

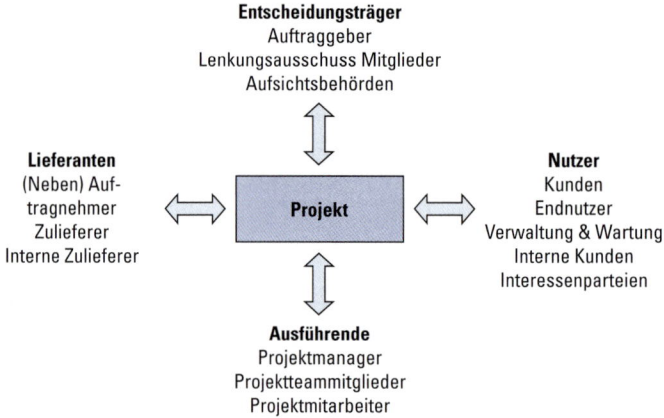

Abbildung 2.5   Checkliste Stakeholderidentifizierung

Nach der Identifizierung der Stakeholder können Sie deren Position hinsichtlich Ihres Projekts bestimmen. Meist wird hierfür die *Power/Interest-Matrix* (Mendelow, 1991) verwendet:

- **Macht (Einfluss)**: Welchen Einfluss hat der Stakeholder auf die Entscheidungsfindung?
- **Interesse**: Wie viel Interesse hat der Stakeholder an den Ergebnissen des Projekts?

Jeden Stakeholder platzieren Sie in den entsprechenden Quadranten von Abbildung 2.6. Indem Sie die Macht und das Interesse berücksichtigen, können Sie gezielt bestimmen, auf welche Weise die Stakeholder in das Projekt eingebunden werden müssen: *eng managen, zufriedenstellen, informieren und überwachen.*

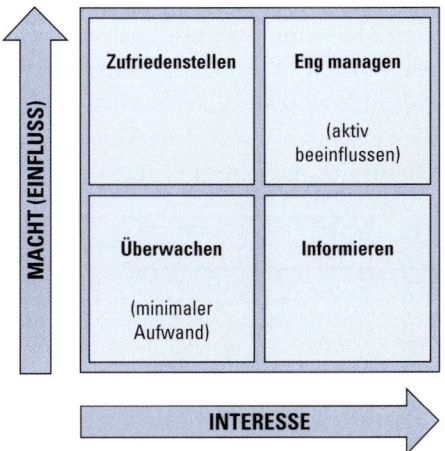

Abbildung 2.6 Umgang mit den Stakeholdern auf der Grundlage von Macht und Interesse

Schließlich können Sie die Positionierung jedes Stakeholders in Bezug auf den Projektinhalt und auf Sie selbst als Projektmanager beurteilen; eine Abschätzung die auf Peter Blocks *Trust/Agreement-Matrix* (Block, 1986) basiert:
- **Übereinstimmung**: Inwieweit unterstützt der Stakeholder die Inhalte und Ziele des Projekts?
- **Vertrauen**: Wie groß ist das Vertrauen des Stakeholders in den Projektmanager (und das Projektteam)?

Auch dies führt zu einer Matrix, die bei der Bestimmung des richtigen Ansatzes für das Stakeholdermanagement unterstützt (Abbildung 2.7):
1. *Verbündete* haben ähnliche Ansichten wie Sie. Arbeiten Sie viel mit ihnen zusammen und pflegen Sie die Geschäftsbeziehung gut. Setzen Sie diese als *Projektsponsor* ein, oder um einen Widersacher zu kontaktieren.
2. *Koalitionspartner* haben dieselben Interessen wie das Projekt, aber haben noch wenig Vertrauen in die Beziehung zu Ihnen. Dadurch wird ihr Verhalten unvorhersehbar. Eine Änderung von Interessen kann diese Gelegenheitskoalition beenden. Investieren Sie in diese Geschäftsbeziehung mittels einer guten Kommunikation hinsichtlich der Erwartungen und stellen Sie konkrete Vereinbarungen auf. Vertrauen aufzubauen ist zeitaufwendig. Sorgen Sie also dafür, dass Sie positive Ergebnisse sichtbar darstellen und vermitteln.
3. *Gegner* betrachten das Projekt anders, aber haben Vertrauen und dadurch wird ihr Verhalten vorhersehbar. Mit Gegnern verhandeln Sie über gemeinsame und unterschiedliche Interessen. Diese Gespräche können sogar zu neuen Erkenntnissen für Sie selbst führen. Gegner können hierdurch sogar zu Verbündeten werden. Da hier bereits Vertrauen

vorhanden ist, ist dieser Übergang schneller möglich als der vom Koalitionspartner zum Verbündeten.
4. Im Grunde bedeutet jeglicher Fokus auf *Widersacher* nur verlorene Energie. Schränken Sie den Kontakt auf Geschäftsbesprechungen ein und stellen Sie Ihre eigenen Ansichten deutlich dar. Das zentrale Credo ist hier: Nicht reagieren, sondern agieren! Nur wenn ein Widersacher aufgrund von Macht und Interesse hoch eingestuft wurde, kann es sinnvoll sein, - durch intensiven Kontakt - ein Vertrauensband miteinander aufzubauen (In diesem Falle empfiehlt Mendelows Power/Interest-Matrix, diesen Stakeholder zumindest zufrieden zu stellen). Hierbei kann manchmal ein Verbündeter mit dem Kontakt helfen, falls dieser eine bessere Beziehung mit dem Widersacher hat.

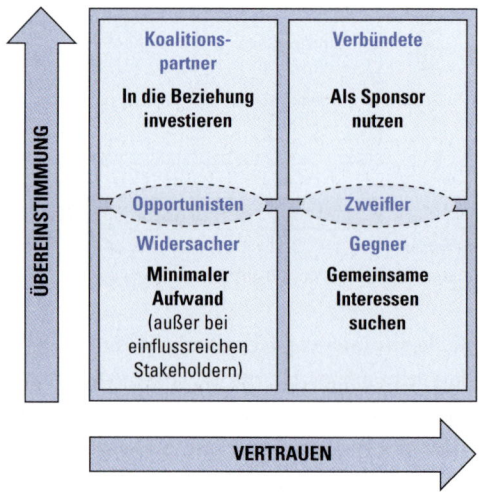

Abb. 2.7 Umgang mit den Stakeholdern auf Basis ihrer Positionierung

Zwischen den Quadranten befinden sich auch noch die Zweifler und Opportunisten. Aufgrund ihrer Interessen haben diese noch keinen Standpunkt eingenommen. Mit den *Zweiflern* kann durch das bestehende Vertrauensverhältnis gut kommuniziert werden. Beziehen Sie diese in Ihr Projekt ein und bieten Sie ihnen ausreichende Informationen an. Die *Opportunisten* halten sich dagegen bewusst zurück. Ihr Verhalten ist demnach sehr unvorhersehbar. Wählen Sie aufgrund der Abwesenheit einer guten Beziehung einen geschäftsmäßigen Ansatz und suchen Sie dabei nach gemeinsamen Interessen.

Bedenken Sie, dass ein Stakeholder mehrere Interessen vertreten kann. Ein Logistik-Manager kann beispielsweise ein Auftraggeber sein (Ziel: schnellere Lieferzeiten), Lieferant von Projektmitarbeitern (für die Projektausführung), und Nutzer des Projektergebnisses (angepasstes Logistik-System). Eine gute durchgeführte Stakeholderanalyse bringt dies deutlich zum Vorschein. Dabei ist die Stakeholderanalyse nicht statisch, sondern kann sich während des Projektverlaufs verändern. Ihre innere "agile TomTom-Stimme" würde dazu sagen: "Falls sich die Situation nicht aufgrund äußerer Faktoren ändert, werde ich sie durch die richtigen Interventionen mit den richtigen Leuten selbst ändern!"

Indem Sie frühzeitig die Stakeholderanalyse durchführen, bringen Sie sich selbst von einer reaktiven in eine beeinflussende Position. Und das mit bereits vorhandenen Informationen! Sie können beeinflussen, wer welche Position innerhalb der Projektorganisation erhält und Sie beginnen Gespräche in der Projekteinrichtungsphase oft mit einem 1:0 Vorsprung. Genießen Sie das "Früher handelte ich genauso-Gefühl", wenn Sie Diskussionspartner ohne klare Taktik aufgrund mangelnder Vorbereitung hin und her schwanken sehen. Dann wird Ihnen klar, dass Sie sich inzwischen in Richtung eines klügeren Verhaltens bewegt haben. Ein Verhalten, das wir in Kapitel 4 das *Faktor 10-Verhalten* nennen werden.

Jederzeit informieren
Macht Ihnen Berichterstattung Spaß? Es ist nicht schlimm, wenn Sie dies verneinen. Viele sehen die Berichterstattung über den Projektstatus als ein administratives Übel. Und das ist auch irgendwie verständlich, denn Berichterstattung kann viel von Ihrer kostbaren Zeit in Anspruch nehmen. Besonders, wenn es sich um mehrere Betroffene mit unterschiedlichen Vorlieben handelt. Auch Gedanken, wie "Es läuft doch, was soll ich denn jetzt berichten?" oder "Vertrauen sie mir denn nicht?" können einem den Spaß an der Berichterstattung verderben.

Das TomTom hat uns jedoch gezeigt, dass passives Verhalten kontraproduktiv sein kann. Keine Klarheit hinsichtlich der Konsequenzen für die Ankunftszeit beunruhigten den Fahrer. Mit dem Ansatz "Berichterstattung liegt im Interesse des Auftraggebers" stehen wir uns selbst im Weg. Indem Sie den Gedanken in "Berichterstattung liegt in meinem eigenen Interesse" umformulieren, eröffnen Sie sich eine Bandbreite an natürlichen Einflussmöglichkeiten. *Jede Berichterstattung beinhaltet die Möglichkeit, Ihre Erfolge zu teilen und die Stakeholder zu beeinflussen.*

Achten Sie aber darauf, dass die Art des Informierens zur Situation passt. Gelegentlich höre ich "Mein Auftraggeber benötigt alle diese Informationen gar nicht und will entlastet werden." Das ist verständlich, aber immer noch kein Grund, den Auftraggeber uninformiert zu lassen. Denken Sie sich etwas aus! Informieren muss keine groß angelegte Zeremonie sein. Halten Sie es kurz, deutlich und zielorientiert. Sind Sie vorbereitet geht das in drei Minuten selbst am Kaffeeautomaten. Wenn Sie zusätzlich Ihr Konzept der Kommunikation aus der Stakeholderanalyse vorab mit den Beteiligten abstimmen, strahlen Sie Professionalität aus und verhindern falsche Erwartungen.

Das Informieren Ihrer Stakeholder ist keine Verpflichtung, sondern eine Chance.

Informieren Sie aus *Ihrem* eigenen Interesse heraus, dann können Sie dies auch auf Ihre eigene Art und Weise tun. Sie können beispielsweise eine E-Mail eines zufriedenen Endnutzers an den Auftraggeber weiterleiten und nur den Text "Der Kunde weiß es zu schätzen" hinzufügen.

Besser noch, indem Sie den Betreff von "FW: Feedback neue Anwendung" in: "ERFOLG: Feedback neue Anwendung" verändern (Abbildung 2.8). Ihr Auftraggeber muss dann noch nicht einmal die E-Mail lesen, um deren Message zu verstehen. Aus gleichem Grund habe ich es mir zur Regel gemacht, am Ende einer langen Mailkette zu einem Problem die letzte E-Mail in der Betreffzeile mit "LÖSUNG GEFUNDEN:…" zu benennen.

Sorgen Sie also dafür, dass die Stakeholder diejenigen Informationen empfängerorientiert erhalten, die Sie als wichtig erachten. Dadurch bauen Sie Vertrauen auf und ermöglichen den Stakeholdern hinsichtlich des Projekts zielorientiert zu handeln. Informieren Sie so, sodass sich der Blickwinkel der Empfänger verändert von *ich* und *sie* zu einem *wir*. Schicken Sie beispielsweise Ihrem Kunden eine Nachricht vom Standort eines Lieferanten aus, bei dem Sie eine Risikoanalyse durchführen, sodass Ihr Kunde über ihre gute Arbeit informiert ist. Oder lassen Sie während eines Mittagsessens mit einem Stakeholder ganz nebenbei durchblicken, dass sein Kollege mit den Spezifikationen hadert, was nicht im Interesse des Fortschritts liege, Sie sich aber selbst darum kümmern werden. Dieser Stakeholder wird Ihnen bestimmt ungefragt helfen. Informieren Sie Ihren Auftraggeber darüber, dass, wenn er heute noch reagiere, Sie morgen bereits alles liefern könnten, da Sie danach aber für die nächsten drei Tage für ein anderes Projekt unterwegs seien. Diese Information schafft auf eine ganz natürliche Weise einen Zugzwang beim Gegenüber und Sie zeigen gleichzeitig auf, dass Sie beruflich erfolgreich und fokussiert sind. Erklären Sie bei einer Veränderung, die gerade noch ins Budget passt, dass nun jegliche Bewegungsfreiheit eingeschränkt sei und dass es daher für den Auftraggeber beim nächsten Mal geschickter sei, auch Aspekte aufzuführen, die von der Arbeitsliste gestrichen werden können. Damit machen Sie deutlich, dass Sie den Budgetrahmen kennen, dass Budgetüberschreitungen Sie auch nicht begeistern, und bieten Zeit zum Nachdenken an.

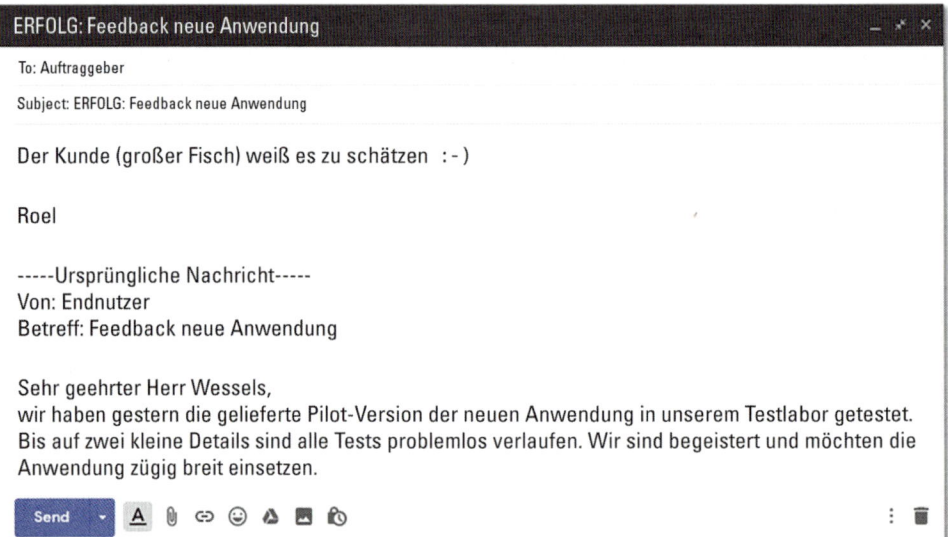

Abbildung 2.8   Erfolg mit kleinen, bewussten Handlungen feiern

Dieses bewusste Informieren und Berichten wird Ihnen helfen, den Projektverlauf nach Ihren Vorstellungen zu gestalten. Denken Sie, dass dies kontraproduktiv in einer Organisation ist, die bereits auf der Basis von Mikromanagement ständig Berichterstattungen und Projektupdates fordert? Ganz im Gegenteil, denn genau dann kann Ihr Rhythmus von Informationsmomenten diesen Kontrollzwang begrenzen und Ihre Auftraggeber in einen Zustand des Vertrauens Ihnen gegnüber versetzen. In Kapitel 8 über *den Heartbeat* komme ich auf diesen Rhythmus zurück.

Kommunizieren Sie, bevor Probleme auftreten
Oft lernt man erst, wenn man sich den Kopf stößt! Ich vertraute manchmal zu sehr auf die Stärke des Projekts und versäumte dadurch, manche Stakeholder aktiv bei der Stange zu halten. Die ganze Abstimmerei kostete in meinen Augen zu viel Zeit und mit einer "guten Geschichte" konnte ich die Betroffenen doch auch noch "in letzter Minute" informieren, oder etwa nicht? Das kann tatsächlich eine ganze Weile gut gehen, bis Sie solche komplexen Projekte erhalten, dass es sich nicht mehr um nur noch gut laufende Projekte handeln kann. Oder dass es so viele Stakeholder mit widerstreitenden Interessen und unrealistischen Wünschen gibt, dass eine gute Geschichte einfach nicht mehr möglich ist. In diesen Situationen erwies es sich als kontraproduktiv, dass ich als Projektmanager "etwas" zu spät reagierte und die Dinge bei den nicht informierten Parteien ausbügeln musste. Vor allem, da diese Parteien, die ich bis dahin ignoriert hatte, meist auch desinteressiert waren oder diejenigen waren, zu denen ich keinen guten Draht hatte. Oh je, also genau jene Personen, für die in der Power/Interest-Matrix und Trust/Agreement-Matrix der Stakeholderanalyse Aktionen verlangt werden!

> **Gespräch mit dem CFO**
> Mit einem Freund ging ich vor einem neuen Projekt die Liste der Kandidaten für ein strategisches Kennenlernen durch. Glücklicherweise war er kritisch und stellte fest, dass der CFO zwar auf meiner Stakeholderliste stand, jedoch ohne eine Aktion zu nennen. "Wann beschäftigst du dich mit ihm?", fragte er. Ich bemerkte, dass der CFO eines Unternehmens mit 1200 Arbeitnehmern sicherlich nicht darauf wartete, einfach so einmal ein Gespräch mit einem Programmmanager zu führen, der noch nicht einmal das wichtigste Programm zu leiten hatte. "Du sündigst jetzt also schon und wählst den einfachsten Weg?", fragte er anschließend. Und ich verstand, dass er Recht hatte. Über das Stakeholdermanagement kann viel gelesen werden. Aber es geht darum, dass Sie auch dementsprechend HANDELN.
>
> Um zu bestätigen, dass es sinnvoll ist, eine Beziehung zu einem Stakeholder aufzubauen noch bevor Probleme auftreten, erzähle ich, wie das Gespräch letztendlich verlief. Denn schon am zweiten Arbeitstag führte ich mit dem CFO ein Gespräch und hatte später wirklich viel davon!
>
> Aber zunächst, wie vereinbaren Sie solch einen Gesprächstermin? Wir haben bereits festgestellt, dass Informieren zu keiner groß angelegten Zeremonie werden muss. Und wenn Sie offiziell einen Termin bei der Sekretärin des CFO erfragen, kann es sein, dass Sie

diesen erst drei Wochen später erhalten. Außerdem wollte ich auch gar nicht eine ganze Stunde lang reden, vor allem darum nicht, weil es sich nicht gut anfühlte, ein Mitglied des Vorstands so lange von seiner Arbeit abzuhalten. Also vereinbarte ich keinen Termin, sondern klopfte einfach an seiner Bürotür an. Ich hatte mir vorgenommen, nur kurz die Hände zu schütteln und mich vorzustellen. Und das ging zwischen Tür und Angel viel besser.

Nun müssen Sie wissen, dass dieser CFO ein recht einsames Bürozimmer auf der obersten Etage neben dem CEO hatte. Also betrat ich den Raum, noch immer ein wenig außer Atem vom Treppensteigen. Meine Vorbereitung bestand lediglich aus einer passenden Eröffnungsfloskel: "Guten Morgen, mein Name ist Roel Wessels. Man hat mich als Programmmanager eingestellt, also werde ich vor allem Ihr Geld ausgeben. Daher erschien es mir richtig, mich einmal persönlich vorzustellen". Der CFO schaute überrascht von seinem Schreibtisch auf und ich dachte von seinen Augen ablesen zu können "Wie kommt es, dass sich ein Arbeitnehmer auf diese Etage vorwagt?" Er erwiderte sofort: "Sehr schön. Setzen Sie sich doch". Nachdem er mich gefragt hatte, was mein Programm genau beinhaltete, erklärte er, was seiner Meinung nach die Herausforderungen der Organisation seien. Als nach einer Weile das Inhaltliche besprochen war, entdeckte ich vier Bilder mit Jazzmusikern an der Wand hinter seinem Schreibtisch. Das war eine gute Gelegenheit, auch über nicht-fachliche Themen zu sprechen. Das Gespräch dauerte letztendlich mehr als eine Stunde.

Im Nachhinein war der Fall klar: nicht zu lange nachdenken, sondern einfach handeln. Ein kurzes Händeschütteln und sich selbst vorstellen - das wird jeder zu schätzen wissen. Vermeiden Sie, dass sich Dinge anhäufen und so groß werden, dass diese kaum noch bewätigbar erscheinen. Das Überraschendste an der ganzen Geschichte war für mich jedoch, dass ich in späteren Gesprächen, an denen auch der CFO beteiligt war, dachte: Dort ist ein Verbündeter, vor dem ich mich nicht zwanghaft beweisen muss. Ich hatte ja in diesem allererrsten Gespräch aufgezeigt, mit welchen Details ich die Projektfinanzierung plante und anschließend während der Projektausführung auch befolgte. Dies war nur in einem persönlichen Gespräch möglich gewesen, weil niemand während einer Projektberichterstattung Zeit für solche Details hat.

Wenn ich Bericht erstattete, wusste ich, dass der CFO verstand, dass ich die Zahlen nicht einfach nur aus den Fingern gesogen hatte, und merkte, wie durch seine Kommentare auch der Rest des Vorstands Vertrauen in mich gewann. Außerdem konnte ich zu einem späteren Zeitpunkt, als es einige finanzielle Herausforderungen in einem Projekt zu bewältigen gab, Lösungswege mit ihm im Vorhinein abstimmen. Es ist wichtig zu erkennen wie viel nur im Vorraus möglich ist, jedoch nicht zu einem späteren Zeitpunkt während eines gemeinsamen Projektreviews. Wir wissen natürlich, dass die wichtigen Entscheidungen im Vorfeld abgestimmt werden. Hierzu müssen sie sich jedoch zuvor eine Position geschaffen haben, aus der Sie mit den richtigen Personen die Probleme offen besprechen können.

Das erste Gespräch war eine erfolgreiche Eröffnung des *emotionalen Beziehungskontos*, wie Stephen Covey es nennt. Mehr hierzu folgt in Kapitel 4. Dazu auch noch mit einem schönen

Startkapital, das Sie später in der Hitze des Gefechts viel schwieriger verdienen können. Erstellen Sie zu Beginn Ihrer Projekte also eine gute Stakeholderanalyse (Abbildung 2.9) und verarbeiten Sie diese in Ihrem Kommunikationsplan. Aber das Wichtigste ist: Bedenken Sie für jeden Stakeholder ein allererstes proaktives Handeln und füllen Sie das emotionale Beziehungskonto, während das Projekt noch Spaß macht. Dann wechseln Sie automatisch von reaktiv zu proaktiv und hin zum Beeinflussen!

Beginnen Sie mit der Kommunikation, während das Projekt noch Spaß macht.

Nr.	Name	Wünsche	Analyse Macht & Interesse			Analyse der Positionierung			Stakeholdermanagement	
			Macht (niedrig 1, hoch 5)	Interesse (niedrig 1, hoch 5)	Art der Annäherung	Übereinstimmung (niedrig 1, hoch 5)	Vertrauen (niedrig 1, hoch 5)	Art der Annäherung	Kommunikation während der Ausführungsphase	Erste proaktive Handlung
Entscheidungsträger										
1										
2										
3										
...										
Nutzer										
4										
5										
6										
...										
Lieferanten										
7										
8										
9										
...										
Ausführende										
10										
11										
12										
...										

Abbildung 2.9   Tabelle mit den Ergebnissen der Stakeholderanalyse und der finalen Kommunikationsstrategie inklusive der ersten proaktiven Handlung

2.4   Scenario Creator

In diesem Kapitel haben wir gesehen, dass das TomTom auf eine eingängige Art und Weise die Realisierung des Weges zum Ziel beachtet. Und dass es auch im Bereich von Führung und Verhalten inspiriert. Aber ist das agil genug? Beim TomTom sind Zweck und Ziel nämlich bekannt und stabil, während in komplexen und chaotischen Projekten (nach dem Cynefin-Modell) oftmals die Herausforderung darin liegt, dass Sie die detaillierte Route zum Endziel nicht direkt bestimmen können, beispielsweise, weil noch Experimente stattfinden müssen oder weil das Ziel noch nicht einmal bekannt ist. An dieser Stelle hinkt der Vergleich mit dem TomTom tatsächlich ein wenig.

Das TomTom ist agil, weil es sich Veränderungen bevorzugt anpasst statt dem ursprünglichen Plan zu folgen. Das Navigatonsgerät *geht von einer Veränderung aus*, testet daher diese Annahmen kontinuierlich und verwendet neues Wissen, um immer der aktuell besten Route zum Ziel zu folgen. Das TomTom liebt das aktive *Handeln* und will beginnen, Zwischenergebnisse zu realisieren, die anschließend mit der gemessenen GPS-Position verifiziert werden. Hierbei wählt das TomTom den direkten Kontakt und sucht kontinuierlich die Zusammenarbeit mit dem Fahrer, indem es aktuelle Konsequenzen hinsichtlich des Endresultats kommuniziert. Wertschöpfung und Zusammenarbeit sind also wichtiger als das vertragliche und formale Umfangsmanagement - ein wichtiges agiles Grundprinzip.

Aber wie verhält es sich dann mit der Rigidität in Bezug auf das Vorschreiben des gewünschten Ergebnisses? Darin ist das TomTom tatsächlich weniger tolerant; kein eingegebenes Endziel bedeutet: keine Route. Hier werden wir den Fahrer (Auftraggeber) ein wenig unterstützen müssen und das geschieht auch tatsächlich in der Praxis. Beispielsweise wenn wir uns auf Reisen begeben und als Ergebnis nicht einen bestimmten Ort suchen, sondern eine Bestimmung, wo die Sonne scheint. Der Ansatz ist dann "Wir fahren so weit in Richtung Süden, bis wir einen Ort finden, an dem schönes Wetter ist". Wir wählen erst einen Ort in eine bestimmte Richtung, beispielsweise Frankreich oder Österreich, und bestimmen erst während der Reise, an welchen Zwischenstationen wir anhalten oder bis wohin wir weiterfahren. Die Orte sind die (Zwischen)Ergebnisse, das schöne Wetter ist das (Projekt) Ziel. Wir durchlaufen also Iterationen, die nicht vorab, sondern erst während der Reise bekannt werden. Und so funktioniert das auch mit den Iterationen in einem agilen Projekt. Sie lernen dazu, indem Sie handeln.

Immer einen Plan haben
Das TomTom lehrt uns nicht nur, jederzeit über einen up-to-date Plan zu verfügen, sondern diesen auch schon *zu Beginn* eines Projekts fertiggestellt zu haben. Dies hört sich vielleicht wie naiver Idealismus an. Außerdem: Für wen sollten Sie dies tun? Für den Auftraggeber?

Strahlen Sie aktives Handeln aus, solange Sie das Ziel noch nicht erreicht haben.

Die Antwort ist: Für *sich selbst*. Denn wenn das TomTom eine Viertelstunde lang nachdenken würde, um die Route zu berechnen, würde der Fahrer das Vertrauen verlieren und denken "Ich denke mir lieber selbst etwas aus". Dies geschieht auch in echten Projekten. Das schnelle Präsentieren der aktuellen Route schafft Ruhe und Klarheit auch in einem Umfeld voller Unsicherheiten und Dynamik. Es bewirkt Feedback und Entscheidungsfähigkeit der Stakeholder. Umgekehrt gilt, fehlt ein klarer Plan, wird dem Herumwerkeln an Zielsetzungen Tür und Tor geöffnet. Es kommt zu falschen Annahmen, ein abwartendes Verhalten Ihres Teams wird gefördert oder die Projektkasse leert sich schnell, weil an den falschen Aktivitäten gearbeitet wurde. *Eine wesentliche Aufgabe des Projektmanagers ist es also, aktiv zu handeln solange das Ziel noch nicht erreicht ist.* Und dies gilt für alle Bereiche, wie dem Erstellen eines Plans, dem Leiten einer Besprechung und dem Abstimmen des

Projektansatzes. Damit gewinnen Sie Vertrauen auf Seiten der Stakeholder und Sie selbst erhalten Selbstvertrauen durch die Ergebnisse Ihres Handelns.

 Wie schnell nach Projektbeginn können Sie die ersten Umrisse des Plans aufzeigen und das erforderliche Budget benennen?

Zunächst eine Skizze

Es scheint widersprüchlich, sowohl einen *guten* Plan zu erstellen als diesen auch *schnell* zur Verfügung zu haben, aber wenn Ihnen dieses Kunststück gelingt, erleichtert es Ihnen das Leben als Projektmanager. In Kapitel 6 werden wir diesen schnell zur Verfügung stehenden Plan *die Skizze mit dem Team* nennen und dort werde ich alles konkretisieren. An dieser Stelle hilft vielleicht der Gedanke, dass die Projektskizze einem Konzept ähnelt, das ein Designer erstellt, noch bevor die eigentliche Bauphase beginnt.

Es ist letztendlich im Wortsinn agil, zu akzeptieren, dass die Erstellung eines zu 100 Prozent fertiggestellten Plans aufgrund von Unwägbarkeiten immer zu lange dauert und deshalb zunächst mit einer schnellen Skizze der Route zum Endziel begonnen wird (eine Route, die jederzeit verändert werden kann). Aber in der Lage zu sein und sich auch wirklich zu trauen eine solche Skizze zu erstellen ist auch eine wichtige Eigenschaft des Projektmanagers, der traditionellere Methoden verwendet. Denn obwohl sich diese gängigen Methoden formal nicht ausschließlich auf das Wasserfallmodell begrenzen, so ist die Interpretation oftmals, dass am Ende der Definitionsphase ein vollständiger und detaillierter Plan vorliegen muss. Denken Sie daran, dass es um Ihr persönliches Verhalten und nicht nur um den vereinbarten formalen Prozess geht. Indem Sie schnell eine Skizze anbieten, ergreifen Sie bereits *zu Beginn* der Definitionsphase die Initiative und sorgen für:

- Klarheit und Ruhe in Bezug auf Richtung und Ziel
- Schnelles Feedback von Seiten des Kunden
- Vertrauen vom Kunden, denn dieser erkennt aktives Handeln
- Das Treffen von Entscheidungen und Beschlüssen
- Einwirkung auf Stakeholder, die ständig ihre Meinung ändern
- Dringlichkeit im Umfeld
- Die richtigen Handlungen Ihres Teams

Ist jede Skizze auch eine gute? Nein, denn eine gute Skizze benötigt Sachverstand. Wollen wir keine falschen Erwartungen erzeugen, müssen wir die Route mit "allem darin Enthaltenen" angeben. Auch dem, was Sie noch gar nicht wissen können! Warum? Einfach weil der Auftraggeber davon ausgeht. "Alles darin Enthaltene" bedeutet übrigens nicht, dass Sie alles im Detail angeben müssen. Halten Sie sich einmal die Arbeitsweise eines Bauunternehmers bei einer Renovierung vor Augen. Angenommen, Sie haben noch keine Entscheidung hinsichtlich der Heizkörper getroffen. Der Bauunternehmer wird Ihnen dann ein Angebot unterbreiten, in dem er eine detaillierte Aufstellung aller Materialien und Arbeitsstunden im Wert von 28.500 Euro auflistet. Machen die Heizkörper einen Teil hiervon aus? Ja. Denn wenn Sie genau hinschauen, sehen Sie auf der Liste den Begriff "Vorläufiger Betrag Heizkörper (5 Stück): 3500 Euro". Hiermit gibt der Bauunternehmer einen Rahmen vor, ohne über alle Informationen zu verfügen. Viele Projektmanager würden zunächst einen Plan in einem Rahmen von 25.000 Euro vorlegen. Also ohne Platzhalter für die Heizkörper, aber versehen mit der Bemerkung, dass der Plan aufgrund der fehlenden Informationen noch nicht vollständig ist. Der Auftraggeber aber lebt in der Welt des Endziels und kann oder will dies nicht verstehen. Sobald Sie 25.000 Euro als Kosten nennen, entsteht unbewusst die Erwartung, das dieses das Budget für das gesamte Projekt ist. Und Sie verpassen auch die Chance, dass sich der Auftraggeber hinsichtlich des Heizkörpertyps entscheiden muss. Seien Sie also kreativ und bringen Sie die gesamte Route mit in den Plan ein, einschließlich einer Abschätzung der fehlenden Informationen, der unsicheren Faktoren, dem Risikomanagement und den zu erwartenden Änderungen. Mehr hierzu zu einem späteren Zeitpunkt in diesem Buch.

Denken Sie in Szenarien
Als Projektmanager sind Sie also eigentlich ein *Scenario Creator*. Indem Sie stets vorausschauend nach Routen suchen, die zum Ziel führen können, behalten Sie die Kontrolle und schaffen sich die Möglichkeit auf Änderungen und Hindernisse zu reagieren.

Nutzen Sie das Denken in Szenarien auch, um in Situationen, in denen Sie keine Lösungen mehr sehen, nicht zu erstarren. Beispielsweise, weil es nicht gelingt, sowohl zeitlich als auch budgetbezogen das Ziel zu erreichen. Dann kann es vorkommen, dass Sie den Kontakt zu den Stakeholdern vermeiden wollen, denn Sie haben keine Lösung und somit auch keinen Gesprächsstoff. Lassen Sie dies nicht zu, sondern zeigen Sie die zwei Routen auf, die möglich sind, aber jeweils nur einer der beiden Anforderungen entsprechen. Eine Route, die innerhalb des Budgets bleibt, aber etwas verspätet ist, und die zweite Route, die rechtzeitig fertig ist, aber das Budget sprengt. Erklären Sie die unterschiedlichen Versionen und benennen Sie die erforderlichen Handlungen, um alles klar und deutlich darzulegen. Auf diese Weise verhindern Sie, dass die Dinge hinausgezögert werden, und transformieren das Problem in eine gemeinsame Herausforderung. Wer weiß, vielleicht werden Sie von dem Auftraggeber überrascht, weil er die Anforderungen aufgrund der von Ihnen erhaltenen Einsichten in das Projekt anpasst. Dieser Mechanismus wird in Kapitel 5 weiter ausgearbeitet und nennt sich die *10%-Konfrontationsregel*.

Übernehmen Sie also die Regie und handeln Sie aktiv, solange das Ziel noch nicht erreicht ist, auch (oder erst Recht dann) wenn etwas nicht so läuft, wie Sie erwartet haben! Dann geschieht das Beeinflussen fast wie von selbst.

Zusammenfassung

- Dies lernen wir vom TomTom über agile Führung:
  - Es dreht sich alles um das Ziel.
  - Nur der Weg zum Ziel ist wichtig, die bereits gefahrene Strecke gehört der Vergangenheit an.
  - Umplanen gehört zum Leben, suchen Sie also immer aktiv nach dem besten Weg zum Ziel.
  - Reagieren Sie nicht reflexartig, sondern agieren Sie zielorientiert und bewusst.
  - Strahlen Sie aktives Handeln aus, solange Sie das Ziel noch nicht erreicht haben. Dies bewirkt Vertrauen bei den Stakeholdern und Selbstvertrauen für Sie selbst.
  - Sorgen Sie dafür, dass der Auftraggeber jederzeit den aktuellen Status sowie die Konsequenzen für das Endziel kennt. Das Informieren Ihrer Stakeholder ist keine Verpflichtung, sondern eine Chance.
  - Kommunizieren Sie von Anfang an und bevor Probleme auftreten.
  - Agieren Sie laut einer abgestimmten Route, aber denken Sie in verschiedenen Szenarien.
  - Legen Sie schnell Ihren ersten Plan vor, um Ruhe, Klarheit, Feedback, Entschlussfähigkeit und aktives handeln zu ermöglichen.
  - Sorgen Sie dafür, dass der Plan - ungeachtet der Unsicherheiten - die Route und die Konsequenzen bis zum Endpunkt enthält.
- Die Stakeholderanalyse:
  1. Stakeholder identifizieren und auflisten.
  2. Macht und Interessen jedes Stakeholders analysieren.
  3. Positionierung der Stakeholder in Bezug auf Sie und das Projekt analysieren.
- Verwenden Sie das Stakeholdermanagement proaktiv. Betrachten Sie nicht nur die Problemfälle, sondern überraschen Sie jeden Stakeholder zu Beginn des Projekts mit einem Kommunikations- und Einflussmoment.

3 First time right: Das V-Modell und der kritische Parameter

- Was uns das V-Modell über den Entwicklungsprozess lehrt.
- Warum Fehler zu einem frühen Zeitpunkt im Projekt mehr Auswirkungen haben als Fehler zu einem späteren Zeitpunkt.
- Wie Design for X und Agile beim frühen Konfrontieren helfen.
- Mit Hilfe des kritischen Parameters den Projektfokus die ganze Zeit im Auge behalten.
- Wie das V-Modell das eigene Verhalten unterstützen kann.

Jetzt, wo Ihre Aufmerksamkeit auf dem Weg zum Ziel liegt, ist es wichtig, diesen Weg weiter zu strukturieren. Bei den meisten Projekten wird das Ergebnis durch einen Entwicklungspfad erreicht, indem zunächst ein Entwurf erstellt, dieser anschließend implementiert und abschließend das Resultat evaluiert wird. Dies gilt insbesondere bei Projekten zum Thema Produkt- und Dienstleistungsentwicklung. Das V-Modell (Abbildung 3.1) ist ein perfektes Werkzeug, um eine klare Übersicht über die Struktur eines solchen Projektes zu erhalten.[3]

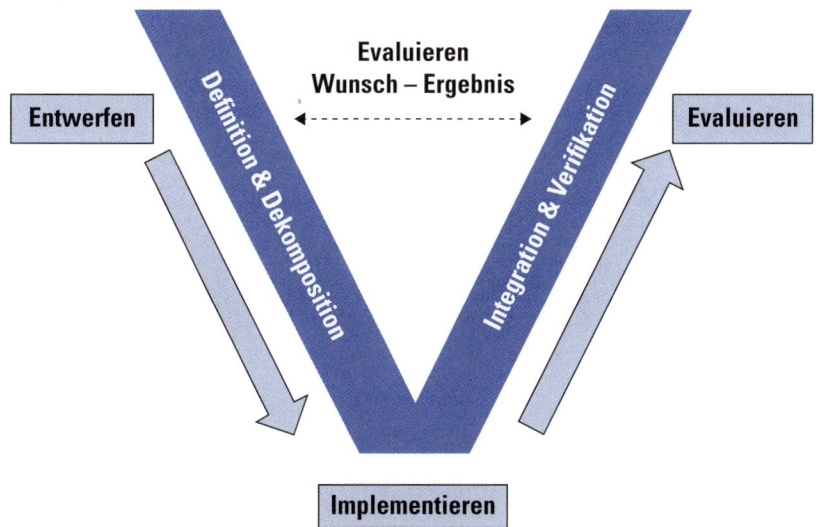

Abbildung 3.1   Das V-Modell: Entwerfen – Implementieren - Evaluieren

Das V-Modell von Paul Rook kommt aus dem Bereich der Softwareentwicklung und wurde ursprünglich von dem Wasserfallmodell abgeleitet. Es erklärt die Beziehung zwischen den zusammengehörigen Entwurfs- und Evaluationsaktivitäten. Somit ist das V-Modell ein ideales Hilfsmittel, um den ersten Schritt hin zum *First time right-Projektmanagement* zu

---

[3] Dieses Kapitel verbindet die folgenden Kompetenzen aus IPMA's ICB4: Strategy, Governance, Structures and processes, Leadership, Resourcefulness, Results orientation, Project design, Requirements and objectives, Quality.

gehen. Dies mit dem Ziel, ein Projektergebnis zu liefern, welches bereits im ersten Anlauf vollumfänglich gut ist. Ganz ohne ungeplante Korrekturen.

3.1 Einleitung V-Modell: Entwurf, Realisierung, Verifikation

Das V-Modell (Rook, 1986) ist eigentlich nichts anderes als eine andere Darstellung der in Kapitel 1 behandelten Phasen. Indem es die Integrations- und Testaktivitäten sozusagen nach oben klappt, wird die "rechte Seite vom V" gebildet. In diesem V befinden sich an der linken Seite die Aktivitäten des Definitions- und Gestaltungsprozesses (der Entwurf), an der Unterseite die Handlungen der Realisierung (die Implementierung) und an der rechten Seite die des Integrations- und Verifikationsprozesses (die Evaluation).

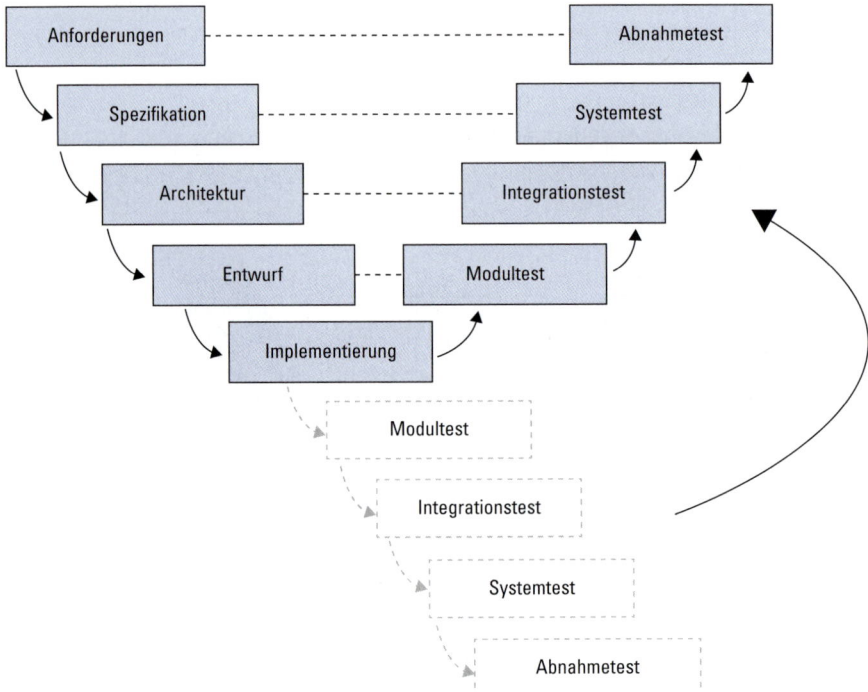

Abbildung 3.2   Erstellen des V-Modells durch das "Umklappen" der Integrations- und Testaktivitäten

Letztendlich ist das V-Modell eine vereinfachte Wiedergabe Ihres tatsächlichen Projekts. Hierin liegt auch die große Stärke. Die Projektion des V-Modells auf das eigene Projekt unterstützt die Strukturierung und Definition von proaktiven Handlungen, wie wir in Kapitel 3.2 sehen werden.

Horizontale Beziehungen
Die Beziehung zwischen der linken und rechten Seite des V-Modells umfasst mehr als die reine Unterscheidung zwischen der Entwurfs- und Testseite. Im V-Modell finden Sie nämlich für *jede* Spezifikations- oder Entwurfsphase auf der linken Seite genau *eine*

korrespondierende Testphase auf der rechten Seite. Die Anforderungen (Requirements) des eigentlichen Auftraggebers werden beispielsweise mit dem finalen Abnahmetest überprüft, die Systemspezifikationen mit einem Systemtest und die entworfenen Komponenten mit einem spezifischen Modultest. Es gibt also eine Menge an horizontalen Beziehungen zwischen Wunsch und Ergebnis, die sich, je weiter Sie in den unteren Teil des Vs gelangen, auf immer kleinere Teilbereiche des Projektes beziehen.

In Abbildung 3.3 ist das V-Modell in Beziehung zum Projektmodell abgebildet. Beide folgen derselben horizontalen Zeitachse. Das V-Modell ergänzt das Projektmodell mit technischen Entwurfs- und Verifikationsdeliverables. Diese inhaltlichen Deliverables befinden sich nicht im Projektmodell (Abbildung 1.6), da es keine Aspekte des Projektmanagements sind. Nur die Spezifikations- und Architekturdeliverables aus der Einrichtungsphase befinden sich unter dem gemeinsamen Nenner "Definitionsdokumente" im Projektmodell, da sie benötigt werden, um den Projektmanagementplan erstellen zu können.

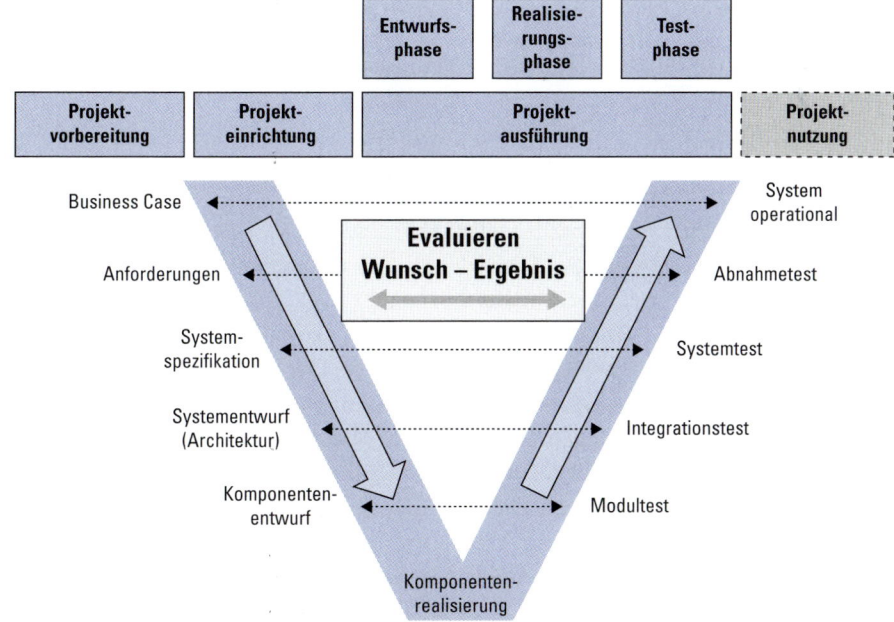

Abbildung 3.3   Beziehung des V-Modells zum Projektmodell

Die Begriffe in Abbildung 3.3 decken den größten Teil möglicher Projekte in der technischen Produktentwicklung, innerhalb der ICTs, sowie im Bereich von Bau- und Infrastruktur-Dienstleistungen ab. Aber Sie können das V-Modell auch in anderen Branchen einsetzen, solange diese auf einem Entwurfs-, Realisierungs- und Verifikationspfad basieren.

Integrationsebene
Die vertikale Achse des V-Modells stellt die *Integrationsebene* des Projekts dar. Entlang dieser Achse wird das System in Teilsysteme *unterteilt*, die wiederum aus mehreren Komponenten bestehen können. Diese Komponenten werden anschließend auf der rechten

Seite des V-Modells wieder *integriert*, bis Sie ein funktionierendes Endprodukt erhalten. In Abbildung 3.4 zeige ich dies anhand des Beispiels eines Autos. Das Denken in Systemen und die Zerlegung (Dekomposition) von komplexen Systemen zu einer Architektur fällt in den Fachbereich Systems Engineering. Ich bin für eine enge Verbindung zwischen Projektmanagement und Systems Engineering. Daher wird das Systems Engineering beim Besprechen des Planungsprozesses in Kapitel 5 und 6 vielfach diskutiert werden. Genauso, wie auch die Verbindung zwischen Projektmanagement und Führung weit oben auf meiner Liste steht: *Projektmanagement = strukturieren + beeinflussen.*

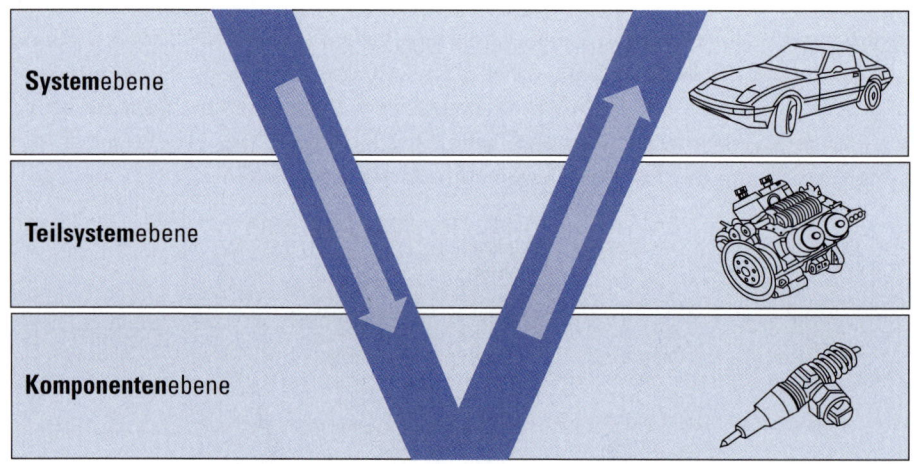

Abbildung 3.4   Dekomposition des Systems in Teilsysteme und Komponenten am Beispiel eines Autos

Die Dekomposition von komplexen Systemen erfordert Sachverstand und Geschick. Denn nur dann, wenn das Projekt in klare und stabile Schnittstellen aufgeteilt werden kann, können Teilbereiche hiervon an andere Abteilungen delegiert, an Lieferanten ausgelagert und in ein Endprodukt integriert werden. Daher glaube ich auch nicht an die dogmatische Trennung von Management und technischem Inhalt, wie sie oft empfohlen wird. Sie können Systeme zwar in Teilbereiche unterteilen, die entweder etwas weniger Management oder weniger technischen Inhalt enthalten, *allerdings nicht ohne gewisse Kenntnisse über beide dieser Elemente zu besitzen.*

3.2   Auswirkung von Problemen verstehen

Welcher Fehler hat schwerwiegendere Auswirkungen auf Ihr Projekt: ein Fehler, den Sie bei der *Erstellung des Business Case* machen oder ein Fehler, der Ihnen beim *Entwurf einer Komponente* unterläuft? Ohne Kontext können Sie diese Frage natürlich nicht mit absoluter Sicherheit beantworten, aber wenn Sie das V-Modell hinzunehmen und davon ausgehen, dass Sie Fehler beim Testen erkennen werden, dann sehen Sie schnell, dass die

Wahrscheinlichkeit erheblicher Auswirkungen höher ist, je früher Ihnen ein Fehler im Projekt unterläuft. Warum? Weil beispielsweise ein Fehler im Business Case erst nach der Markteinführung des Produktes entdeckt werden wird. Erst, wenn ein Produkt nicht ausreichend verkauft wird, merken Sie, dass Sie es für die falsche Zielgruppe entworfen haben. Wohingegen Sie einen Fehler im Entwurf, der Herstellung oder Bestellung einer Komponente sofort bei Erhalt oder während des Tests dieser Komponente erkennen und korrigieren können. Hierdurch wird die Korrekturphase wesentlich verkürzt (siehe Abbildung 3.5).

Das V-Modell zeigt auf, dass frühzeitige Fehler im Projekt mehr Auswirkungen haben als Fehler in einer späteren Projektphase.

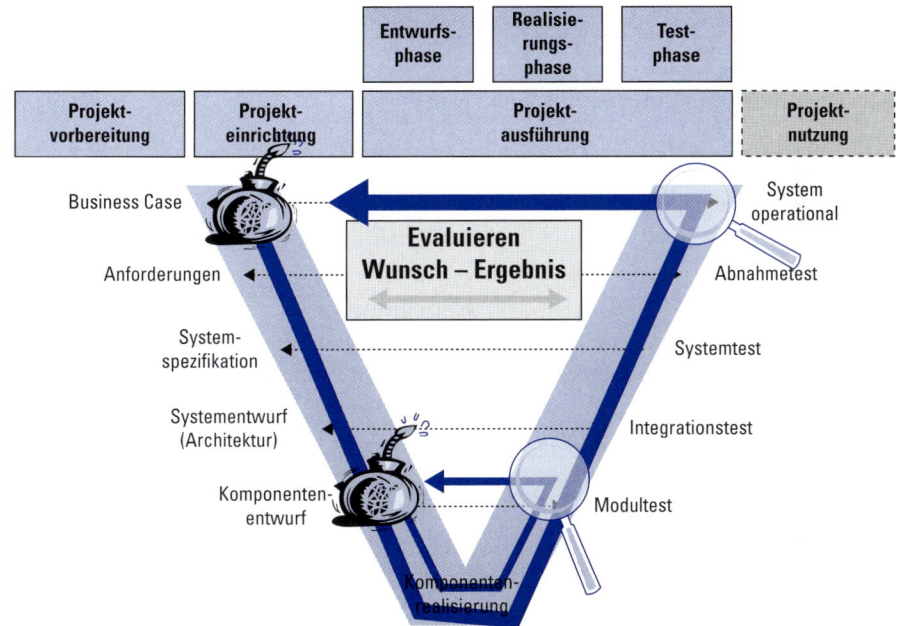

Abbildung 3.5   Das V-Modell und die Auswirkung von Problemen

Risikoreduktion im V-Modell

Das V-Modell zeigt, dass die Ausführung eines Projekts entlang eines linearen Wasserfallmodells voller Risiken steckt. Die Chancen stehen nämlich gut, dass Sie den gesamten Pfad, von der Idee bis zur Fertigstellung, bereits durchlaufen haben, bevor Sie beim Testen entdecken, dass Probleme vorhanden sind. Die Risiken des Projekts werden erst spät abgebaut und das ist natürlich nicht im Sinne des Projektmanagers. Dieser will ja gerade frühzeitig im Prozess die wichtigsten Probleme erkennen und die Projektrisiken aktiv abwehren (Abbildung 3.6).

Bei Projekten mit mehreren Integrationsebenen von Teilprojekten wird die späte Risikoreduktion noch problematischer. Erst wenn alle Systembereiche entwickelt und integriert sind, können die Systemtests anzeigen, ob das Endergebnis den ursprünglichen

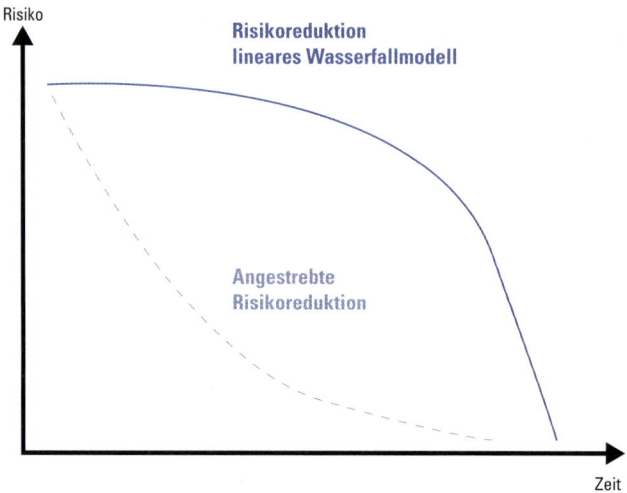

Abbildung 3.6   Risikoreduktion im linearen Wasserfallmodell

Wünschen entspricht. Sie erhalten also erst Feedback, nachdem ein großer Teil des Projektbudgets bereits ausgegeben wurde.

Das V-Modell zeigt also, dass das "Warten" auf Testergebnisse ein spätes Feedback und damit eine hohe Wahrscheinlichkeit einer Korrekturphase mit sich bringt. Um dieses zu verhindern, muss Ihnen das Feedback daher bereits in der Spezifikations- und Entwurfsphase links im V-Modell zur Verfügung stehen.

 Warten Sie bis zur Testphase oder versuchen Sie bereits in einer früheren Projektphase Feedback zu erhalten?

Frühzeitige Konfrontation

Zusätzlich zum Fokussieren auf den Weg bis hin zum Projektziel, ist es wichtig, dass Sie auch auf den *Aufbau des Pfades dorthin* achten. Denn dieser Aufbau bestimmt, zu welchem Moment Sie erstmalig Feedback hinsichtlich des von Ihnen angestrebten Pfades und der Ausführung des Projekts erhalten können. Das Testen des aktuellen Status hinsichtlich des finalen Projektziels nenne ich *konfrontieren*. Für das Beispiel TomTom war das leicht, denn hier wird immer die jeweilige GPS-Position ermittelt und mit dem Ziel abgeglichen. Als Projektmanager erhalten Sie dieses Geschenk leider nicht. Für ein frühzeitiges Feedback benötigen Sie eine proaktive Mentalität. Sie erhalten Feedback zum Beispiel durch die Durchführung von Messungen, das Stellen von relevanten Fragen an den Endnutzer, mittels zusätzlicher Untersuchungen oder durch das Testen von Prototypen. Dieses konfrontieren zeigt auf, was der tatsächliche Status der Produktentwicklung ist und welchen Wert Sie bereits geschaffen haben. Hierbei handelt es sich also um etwas anderes als eine Statusbestimmung aufgrund von abgeschlossenen Aktivitäten oder verbrauchtem Budget. Konfrontation im linken Bereich des V-Modells wird zu dem Folgenden führen:

1) **Build the right product**: Nicht warten, bis das Ergebnis beim Kunden abgeliefert wird, sondern den Business Case und die Anforderungen zu Projektbeginn testen.
2) **Build the product right**: Die Spezifikationen, noch bevor alle Teile entworfen worden sind, prüfen und den Entwurf der Teile bereits vor Beginn des Herstellungsprozesses so gut wie möglich verifizieren.

Ich setze mich daher dafür ein, dass Sie Ihren Fokus auf die linke Seite des V-Modells legen. Dies ist ein kultureller Wendepunkt. Es bedeutet, dass Sie aufhören daran zu glauben, dass Tests alle Probleme erfassen (was sie übrigens nicht tun) und Sie sich immer die Frage stellen: Was können wir jetzt schon tun, damit der spätere Test nur zu einer reinen Formalität wird? Die rechte Seite des V-Modells, die Testseite, ist dafür da anzuzeigen, dass die Qualität gut ist, nicht dazu, erst dann testend die fehlende Qualität aufzubauen.

Lassen Sie Qualitätsdenken mittels des V-Modells wieder attraktiv werden.

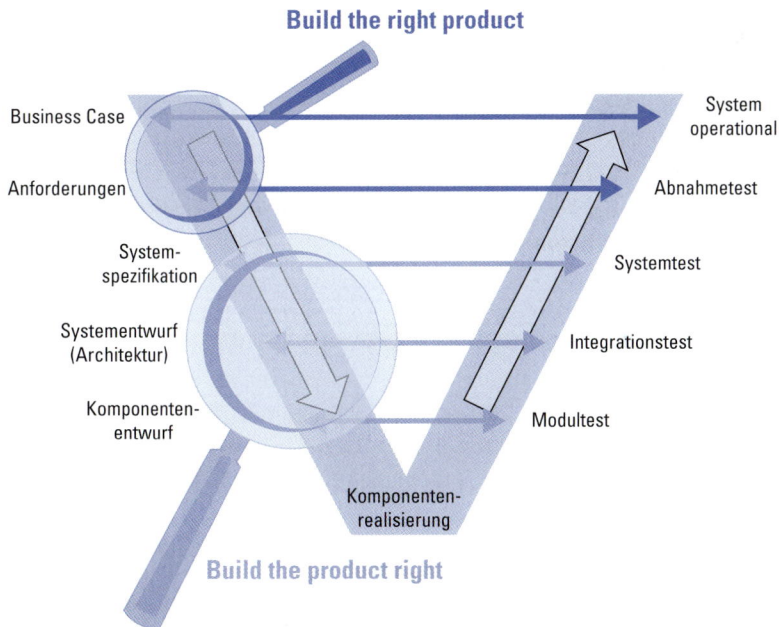

Abbildung 3.7   Risikoreduktion, indem links im V bereits Feedback vom Endnutzer abgefragt wird

Das Tolle am V-Modell ist, dass das *Wie* und *Warum* von Aktivitäten, die Qualität bringen, deutlich wird. Und in einer Projektwelt, in der Qualität oftmals durch ein blindes Abhaken von Checklisten erzeugt werden soll, ist dies eine willkommene Hilfe für den Projektleiter. Mit dem V-Modell können Sie das abgehobene, theoretisierende Qualitätsdenken aus den höheren Sphären in die Projektrealität zurückholen, in dem Sie die Ursache einer zusätzlichen, risikoreduzierenden Aktivität verdeutlichen. Jedes Problem, das Sie links im V abfangen, wird nämlich später während der offiziellen Testphase nicht mehr zu einer ungeplanten Korrektur führen. Außerdem bietet ein frühes Feedback des Endnutzers Einsicht in den

Status in Bezug auf das Endziel. Dies ermöglicht frühzeitige Adaptionen und Sie erhalten zusätzlich eine Kommunikationsmöglichkeit mit den Stakeholdern.

Eine frühzeitige Konfrontation im V können Sie erreichen, indem:
1. Sie Evaluationsmomente in der Spezifikations- und Entwurfsphase links im V-Modell hinzufügen. Dies besprechen wir im Detail in Abschnitt *Design for X* (Abschnitt 3.3).
2. Sie Teilfunktionalitäten in Iterationen entwickeln. Dies wird im Abschnitt *Agiles Projektmanagement* (Abschnitt 3.4) behandelt.

Beide Methoden sind komplementär und können in Ihrem Projekt gemeinsam angewendet werden. Sie erweitern das V-Modell zu einem Rahmen, in dem eine frühzeitige Konfrontation zu einem aktiven Risikoreduktion führt. Dieser basiert auf den folgenden Grundprinzipien:
- Proaktives anstatt reaktives Verhalten
- Ein frühes Feedback vom Auftraggeber/Endnutzer erfragen, um Entscheidungen zu treffen und den Fortschritt zu überprüfen
- Abbau von Risiken während des gesamten Projekts und nicht nur während der abschließenden Testphase
- Frühere Erkenntnisse im Feld sammeln, indem Zwischenergebnisse bereits vom Endnutzer getestet werden
- Das Testen des Entwurfs zusätzlich zum Testen der Implementierung
- Das "horizontale Verbinden" von Entwurf und Verifikation, bevor der Prozess von Realisierung und Integration durchlaufen wird. Denken Sie hierbei an Inspektionen, Analysen, Modellberechnungen und Simulationen

3.3 Frühzeitiges Feedback mit Design for X

Vielleicht denken Sie, dass eine frühzeitige Konfrontation kompliziert ist. Das stimmt glücklicherweise nicht. Es kommt sogar noch besser: Sie haben dies bereits regelmäßig, bewusst oder unbewusst, angewendet. Hier einige Beispiele:
- Modell beim Entwurf eines Neubaus erstellen
- Testprotokoll in der Entwurfsphase (anstatt in der Testphase) aufstellen
- Modell des Systems erstellen und Berechnungen durchführen
- Prototyp mit einem 3D-Drucker herstellen, um zu kontrollieren, ob alles passt
- Meinung der Endnutzer mit einer Befragung testen
- Realisierungsplan mit einer Organisation besprechen, die dieselbe Realisierung bereits zuvor durchgeführt hat
- Machbarkeitsstudie mit einem Testexemplar ausführen
- Selbst am Standort messen anstatt vom Input des Auftraggebers auszugehen
- Überprüfen eines Vorschlags mittels Wissensträgern und Experten

Es handelt sich also nicht um höhere Mathematik, aber dies bedeutet nicht, dass eine konsequente Anwendung einfach wäre. Denn worauf müssen Sie während der Spezifikations-,

Entwurfs- und Realisierungsphase achten? Diesen Fokus können Sie mit dem *kritischen Parameter* richtig setzen.

Kritische Parameter sind essentielle Elemente der zu entwickelnden Produkte, Dienstleistungen oder Organisationen, die beim Projektabschluss realisiert sein müssen oder die während des Projektes für das Erreichen von (Zwischen)Ergebnissen bestimmend sind.

Denken Sie beispielsweise an technische Aspekte, wie Produktionsoutput, Systemgenauigkeit, Energieverbrauch, Kostenpreis oder Lieferzeit, aber auch an nicht-technische Dinge wie Kundenzufriedenheit, das Kompetenzniveau von Projektmitarbeitern, die Reaktionsgeschwindigkeit des Auftraggebers, die Geschwindigkeit von HR bei Stellenausschreibungen, die Anzahl an Änderungswünschen oder die Entschlussfähigkeit des Auftraggebers. Ein Fachmann weiß, auf *welche kritischen Parameter* er während der Definition und Ausführung des Projekts achten muss. Er erzwingt außerdem, dass diese Parameter während des gesamten Projekts aktiv verfolgt werden. Also nicht nur in der finalen Testphase! Schließlich sorgt er dafür, dass bei festgestellten Abweichungen *sofortige* Maßnahmen zur Korrektur eingeleitet werden.

Der Straßenbauer

Vor zehn Jahren musste vor meiner neuen Wohnung eine Auffahrt angelegt werden. Die Vorbereitungen waren getroffen und es lag schon eine Sandschicht von einem halben Meter auf dem Boden. Der Straßenbauer konnte also loslegen. Nachmittags hatten wir einen Termin mit ihm, um das Verlegen des Pflasters zu besprechen. Wie es sich für jemanden mit einem akademischen Ingenieurstitel gehört, war ich selbstverständlich gut vorbereitet und hatte die gesamte Auffahrt auf 5 Millimeter Karopapier mit allen möglichen Details, Ecken und Kanten aufgezeichnet. Ich fühlte mich wie ein Top-Auftraggeber.

Lernen Sie von der Art und Weise, wie Fachleute ihr Projekt leiten.

Der Straßenbauer war genauso, wie ich ihn mir vorgestellt hatte. Wortkarg ließ er durchblicken, dass das Anlegen einer Auffahrt nichts Besonderes sei. Also holte ich meine Skizze hervor, merkte aber nach kurzer Zeit, dass die von mir aufgezeigten Details bei dem Handwerker auf kein Interesse stießen. Nach Ende meiner ausführlichen Erläuterungen stellte er nur kurz und knapp drei Fragen: "Wie viele Quadratmeter?", "Ist die Sandschicht dick genug?" und "Welche Steinart?".

Ich blieb begeistert, denn dies stand ja beinah alles auf meiner Skizze. Also, ähmmm, um ehrlich zu sein, die Quadratmeter musste ich schnell ausrechnen, indem ich die Kästchen addierte. Und welche Steine? Das wollten meine Frau und ich in dieser Woche eigentlich noch besprechen.

Abbildung 3.8 Kennen Sie die kritischen Parameter der Definitions- und der Ausführungsphase?

"Ich muss schon wissen, welche Steinsorte ich verwenden soll", sagte der Straßenbauer. "Ansonsten kann ich Ihnen kein Angebot unterbreiten". Also erklärte ich ihm engagiert, wie unser Auswahlprozess aussah und dass die Steine sicherlich zeitgerecht geliefert werden würden. Er unterbrach mich abrupt: "Wenn ich die Steinsorte nicht kenne, weiß ich nicht, wie oft ich abschneiden muss und kann Ihnen keinen Preis nennen!"

Mist! Das war wirklich eine Backpfeife! Als Auftraggeber hatte ich mich wohl direkt im ersten Fallstrick verheddert: Viele Informationen sind nicht gleichbedeutend mit den richtigen Informationen. Ich hatte es mit einem Fachmann zu tun, der sich nicht ablenken ließ und ganz genau die *kritischen Parameter* kannte, um ein Angebot unterbreiten zu können: *die Anzahl an Quadratmetern, die korrekte Dicke der Sandschicht und welche Steinsorte verwendet werden soll.*

 Kennen Sie die kritischen Parameter Ihres Projekts während der Definitionsphase?

Drei Tage vor Arbeitsbeginn klingelte mein Telefon. Noch bevor ich meinen Namen sagen konnte hörte ich meinen Straßenbauer: "So können wir nicht arbeiten. Es ist überall viel zu viel Unkraut." Natürlich, auf dem Weg hinter dem Tor lag genug Sand, doch dort hatte sich inzwischen viel Unkraut hinzugesellt. Ich erklärte, dass das Vernichten des Unkrauts bereits auf meiner Aktionsliste für das Wochenende stand. Reflexartig fügte ich hinzu: "Ich finde es übrigens gut, dass Sie dies überprüfen, aber wie konnten Sie das hinter unserem hohen Gartentor überhaupt sehen?" Er erwiderte, dass er immer vorab kontrolliere, ob alles in Ordnung sei und dass er einfach über die Mauer geklettert sei. Dieser Fachmann hielt nichts von Annahmen…

Nehmen Sie die kritischen Parameter Ihres Projekts auch so ernst, dass Sie kontrollieren anstatt von Annahmen auszugehen?

Am darauf folgenden Montag war es dann soweit. Als ich Kaffee und Kuchen nach draußen brachte, waren die Bauarbeiter schon ganz schön weit gekommen. Der Straßenbauer verlegte zügig die Steine, während er kniete. Sein Kollege füllte den Stapel der bereitliegenden Steine mit einer Schubkarre stetig neu an, aber donnerte die Steine so grob neben den Straßenbauer, dass ständig einige der Steine auf dessen rechten Schuh fielen. Das gibt noch was, dachte ich, und beschloss, das Ganze eine Weile aus der Nähe zu betrachten.

Ein Fachmann kennt die kritischen Parameter und schenkt so den richtigen Aspekten seine Aufmerksamkeit.

Und tatsächlich, es passierte wirklich noch etwas! Aber genau das Gegenteil von dem, was ich erwartet hatte! Der Straßenbauer wurde wütend, nachdem einige Male die Steine nicht auf seinem Schuh gelandet waren. Offenbar hatte er nach dreißig Jahren Arbeitserfahrung die Erwartungshaltung entwickelt, dass die Steine dicht genug neben ihm abgeworfen wurden. Gerade so, dass sie seinen Schuh berührten. Ein nicht berührter Schuh bedeutete, dass er weiter greifen musste und damit nicht schnell genug die Steine verlegen konnte. Für mich war klar: Dieser Fachmann kannte auch die kritischen Parameter der Ausführungsphase!

 Sie wissen sicherlich schon, welche Frage hierzu gehört: Kennen Sie die kritischen Parameter Ihres Projekts während der Ausführungsphase?

Die kritischen Parameter bieten einen *Fokus auf die Dinge, die wichtig sind*. Sie helfen also, bewusst zu handeln, anstatt ständig auf alle Projektreize zu reagieren. Das Steuern mit Hilfe der kritischen Parameter (oftmals *Leading Indicators*) ist also viel mehr als nur die Kontrolle über Zeit und Geld zu haben (was oft *Lagging Indicators* sind). Die kritischen Parameter zu kennen ist sehr nützlich, um in komplexen Situationen den Überblick über das Projekt zu behalten und einen (Team)Fokus zu schaffen. Gemeinsam mit dem

Fokus auf die kritischen Parameter bietet Kontrolle, ohne Mikromanagement einsetzen zu müssen.

situativen Führen sehe ich die Fokussierung auf die kritischen Parameter als *das* Mittel an, alles unter Kontrolle zu halten ohne gleichzeitig Mikromanagement anzuwenden. Dies gilt beim Erstellen der Planung, während der Projektausführung und auch bei der Statusberichterstattung. Kritische Parameter sind *messbar* und später in diesem Buch werden wir sehen, dass es wichtig ist, außer dem Sollwert der Endsituation auch den Sollwert der Zwischenergebnisse (beispielsweise einen Prototyp) zu kennen.

Abbildung 3.9   Beispiele kritischer Parameter

Es gibt übrigens viele Übereinstimmungen bei den kritischen Parametern des Projekts und dem *CTQ (Critical to Quality)* Qualitätsparameter von Six Sigma (eine Methode, die sich auf die Verringerung der Variation in Prozessen konzentriert). Bei Six Sigma sind die CTQs Qualitätseigenschaften, die für den Prozess wichtig sind und somit den Erfolg des ausführenden Teams bestimmen. Six Sigma kennt auch den *CTC (Critical to Customer)*, der angibt, welche Eigenschaften für den Kunden wichtig sind. Ein bekanntes Beispiel ist das Geräusch einer zuschlagenden Autotür als CTC für den Endnutzer, während die Maßtoleranzen und die Dämpfung der Tür ein CTQ für den Automobilhersteller sind (siehe Abbildung 3.10). In Six Sigma findet auch eine (CTQ-)Dekomposition statt, wobei das Endergebnis in Relation zu messbaren und beeinflussbaren Eigenschaften der Teilergebnisse gesetzt wird.

Die kritischen Parameter eines Projektes sind oft CTQs, müssen dies aber nicht unbedingt sein. Also versuchen Sie bei der Auswahl so praktisch wie möglich zu bleiben. Die Schwerpunkte in Ihrem Plan, Ansatz und dem Verhalten Ihres Teams richtig zu setzen ist für einen Projektmanager wichtiger als alle Details des Projekts mit einem validierten Messprozess abzudecken (was natürlich für einen Six Sigma Black Belt sehr wichtig ist). Während der Festlegung der kritischen Parameter Ihres Projekts können Sie also hervorragend in der CTQ-Dekomposition "shoppen" gehen, wenn diese zur Verfügung steht. Aber nutzen Sie vor allem Ihren gesunden Menschenverstand, damit alle für ein gutes Projektmanagement bestimmenden Elemente auf Ihrem Radar erscheinen. Und dabei kann es sich auch um Elemente handeln, die als CTQ etwas weniger offensichtlich sind, wie beispielsweise die Reaktionsgeschwindigkeit bei Änderungswünschen oder die Motivation des Teams nach einer größeren Reorganisation.

Design for X

Wenn Sie die kritischen Parameter kennen, können Sie die linke Seite des V-Modells dementsprechend anpassen. Dies nennt man *Design for X* (DfX), wobei X für die Eigenschaft (oder den kritischen Parameter) steht, die am Projektende realisiert sein muss.

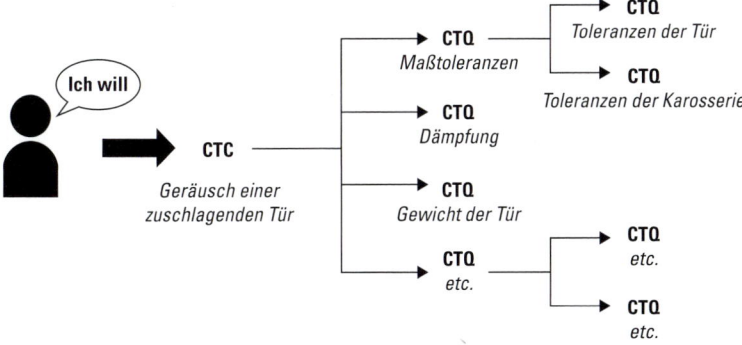

Abbildung 3.10   Übersetzen des Kundenwunsches (CTC) in Qualitätsparameter des Produktes (CTQs)

Beispiele:
- Design for Manufacturing (DfM): bereits während der Spezifikations- und Entwurfsphase dafür sorgen, dass die Produkte einfach produziert und zusammengebaut werden können.
- Design for Reliability (DfR): bereits während der Spezifikations- und Entwurfsphase sicherstellen, dass die Erwartungen in Bezug auf Zuverlässigkeit und Lebensdauer des Produkts erfüllt werden.
- Design for Testability (DfT): bereits während der Spezifikations- und Entwurfsphase sicherstellen, dass das Produkt einfach und effektiv getestet werden kann.
- Design for Six Sigma (DfSS): bereits während der Spezifikation sicherstellen, dass das Produkt oder die Dienstleistung den Wünschen des Kunden entspricht. Wobei bereits in der Entwurfsphase die Variation der kritischen Eigenschaften der Dienstleistung oder produzierten Produkte innerhalb einer spezifizierten Bandbreite begrenzt wird.

Sie realisieren Design for X also durch das proaktive Steuern der kritischen Parameter bereits zu Beginn des Projekts. Das bedeutet für Sie als Projektmanager, dass Sie sich bei allen Aktivitäten auf der linken Seite des V-Modells folgende Frage stellen: "Wie erhalte ich jetzt bereits Status-Feedback in Bezug auf das gewünschte Endresultat?" Dies bedeutet also mit der Kultur zu brechen, die Definitions-, Entwurfs- und Herstellungsphase als inhaltliche *Blackbox* zu sehen. Statt mit "Scheuklappen hindurch zu galoppieren" und damit erst in der Testphase zu erkennen, wo man sich eigentlich befindet, verändert DfX die Aktivitäten links im V in eine Art *Whitebox*. So erhalten Sie bereits während der Entwurfsphase erste Einsicht in die inhaltliche Qualität des Projekts. Dies gibt Ihnen sofort die Möglichkeit den Pfad auf der Grundlage der gemessenen kritischen Parameter kurzfristig zu korrigieren und somit frühzeitig nachzusteuern. Bei der Behandlung des Planungsprozesses in Kapitel 5 werden wir ausführlich auf die Integration von DfX in den Projektmanagementplan zurückkommen.

Durch den kritischen Parameter bringt DfX ein proaktives Element in greifbare Nähe. Dies passt gut zum roten Faden dieses Buches: Von reaktiv zu proaktiv und hin zum

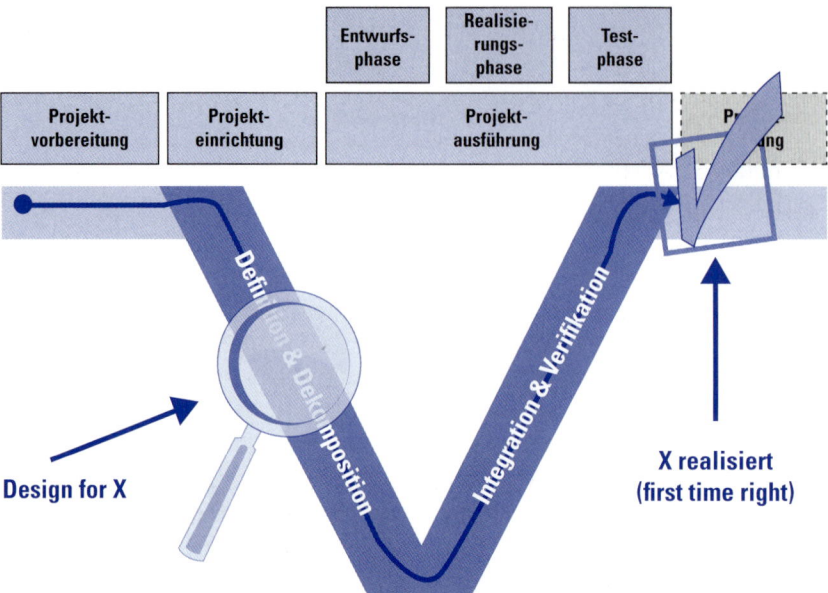

Abbildung 3.11   Design for X: während der Entwurfsphase darauf bestehen, dass X realisiert wird

Beeinflussen. Übrigens, ich selbst nenne proaktives Projektmanagement *Design for Execution*. Wenn Sie sich in der Einrichtungsphase bereits eine hervorragende Grundlage zur Umsetzung legen, wird die Ausführungsphase zu einem leichten Spiel. Selbstverständlich wird es auch in diesem Spiel manchmal heftig zugehen, aber das sind dann Themen, die im Vorhinein beim besten Willen nicht zu erkennen waren oder solche die sich durch veränderte äußere Umstände ergeben haben. Es ist allemal dankbarer unvorhersehbare Probleme lösen zu müssen, als solche, die bereits hätten bekannt sein können und gar nicht hätten auftreten müssen!

3.4   Frühzeitiges Feedback durch agiles Arbeiten

Außer DfX gibt es eine zweite Möglichkeit des frühzeitigen Feedbacks im Projekt: Agiles Arbeiten. Sind bezüglich der Projektziele viele Unsicherheiten vorhanden oder häufige Veränderungen zu erwarten, dann ist es nicht klug, das V-Modell einfach einmal von links nach rechts durchzuziehen, sondern mittels mehrerer Iterationen zu durchlaufen. Legten wir also unseren Fokus bei DfX auf die linke Seite des V-Modells, so arbeiten wir bei Agile einfach viele kleine Vs nacheinander ab. Wir arbeiten mit sogenannten Sprints. Agile und das Steuern eines Projekts hinsichtlich der kritischen Parameter mit Hilfe von DfX können hervorragend kombiniert werden und verstärken ihre Wirkung gegenseitig.

Jede Iteration ein V
Was Agile für das V-Modell bedeutet, ist in Abbildung 3.12 zu sehen. Die oberen Ebenen des Vs bleiben unverändert. Auch der Pfad bis hin zum Systementwurf muss in einem agilen Projekt durchlaufen werden, um die Architektur und den *Product-Backlog* aufstellen

und die Sprints planen zu können. Auf der rechten Seite des V-Modells verändern sich dementsprechend die obersten Ebenen auch nicht. Die Systemtests werden jedoch kürzer ausfallen, da die Sprintergebnisse bereits zuvor jeweils auf Systemebene getestet werden.

Die Unterschiede zwischen den beiden Ansätzen sind demnach in den unteren Ebenen des Vs zu finden. Der Pfad Entwurf-Realisierung-Test wird in einem agilen Projekt für jede Teilfunktion aus dem Product-Backlog als ein eigenes V ausgeführt. Am Ende eines jeden Sprints werden die Ergebnisse auf Systemebene getestet, da Agile verlangt, dass die Sprintergebnisse durch den Endnutzer beurteilt werden müssen. Dies sind gleichzeitig eben jene frühen Feedbackmomente, die wir anstreben. In Abbildung 3.12

Bei Agile durchläuft jede Teilfunktion sein eigenes V.

sind zur Übersichtlichkeit alle Vs der unterschiedlichen Teilfunktionen innerhalb eines Sprintzeitpunktes als ein einziges V dargestellt. Aber in Wirklichkeit durchlaufen die Teilfunktionen während des Sprints jeweils ihre eigenen Vs, die letztendlich zu einem Gesamtsprintergebnis (siehe Abbildung 1.10) integriert werden.

Nur zu Beginn eines Sprints ist es möglich, dessen Umfang anzupassen. Für diese Veränderungen wird dann der Spezifikations- und Planungspfad aus der oberen linken Seite des Vs (erneut) durchlaufen. Darum beginnt das V eines Sprints auf Spezifikationsebene.

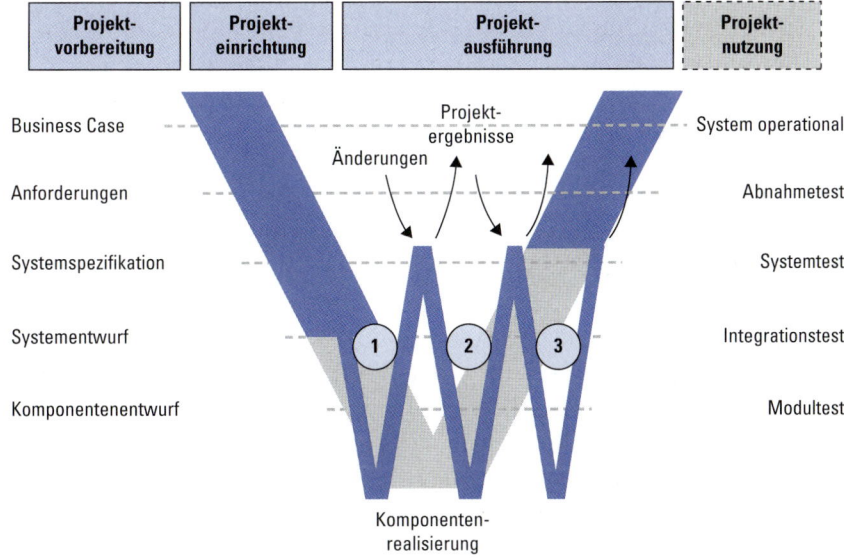

Abbildung 3.12 Das V-Modell und der Agile Prozess mit drei Sprints

Auswirkungen
Der Vorteil von frühzeitigem Feedback mit DfX und Agile sollte bereits deutlich geworden sein. Aber was erreichen die zwei Methoden im Vergleich zum Wasserfallmodell in Bezug auf Themen wie Risikoreduktion, Anpassungsvermögen, Sichtbarkeit und Wertschöpfung?

Dieser Vergleich ist in Abbildung 3.13 skizziert, wobei auch die Auswirkung der Kombination von Agile mit DfX dargestellt ist. Bedenken Sie hierbei, dass das inkrementelle Entwickeln (Agile) und Steuern in Richtung der kritischen Parameter (DfX) hervorragend zu kombinieren sind, aber dass Agile nicht bei jedem Projekttyp (sinnvoll) eingesetzt werden kann. Beispielsweise bei manchen Bau- oder Hardwareorientierten Projekten. DfX hingegen kann im Grunde bei allen Projekten eingesetzt werden.

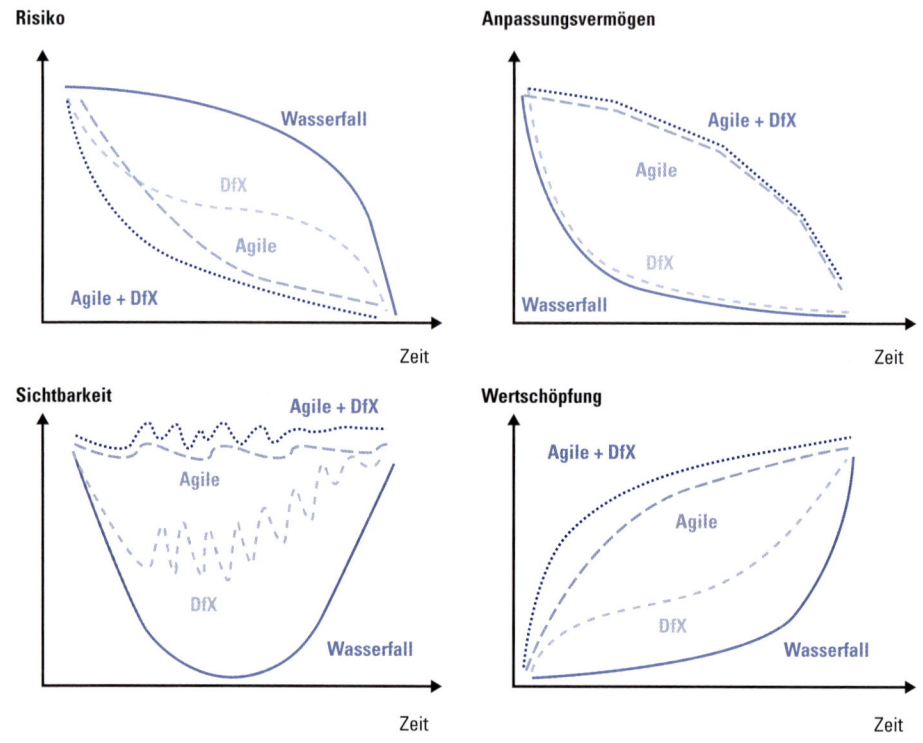

Abbildung 3.13   Die Auswirkung von Design for X und Agile (und deren Kombination) im Vergleich zum Wasserfallmodell

- **Risikoreduktion**: Die Entwicklung nach dem Wasserfallmodell bietet erst während der abschließenden Tests Risikoreduktion. DfX bietet aufgrund der Testmomente links im V-Modell bereits zu Beginn eine solide Reduktionsmöglichkeit. Bei Agile werden tatsächlich Zwischenprodukte geliefert, wodurch der Risikoreduktion hier am höchsten ist. Das Hinzufügen von DfX bietet vor allem in der Definitionsphase (bevor der erste Sprint begonnen hat) eine zusätzliche Reduzierung.
- **Anpassungsvermögen**: Dies ist beim Wasserfallmodell niedrig, denn Änderungen bedeuten, dass Sie im V "zurückgehen" müssen. DfX verändert hieran nichts. Agile jedoch schon. Pro Sprint sind Änderungen möglich. Je mehr Sprints noch übrig sind und je kürzer diese sind, desto flexibler sind Sie.
- **Sichtbarkeit**: Auch hier ist das Wasserfallmodell schwach. Im Grunde tauchen Sie zu Beginn des Projekts "mit dem U-Boot unter Wasser" und erst während der Integrations- und Testphase zeigen Sie Ergebnisse. DfX verbessert die Sichtbarkeit, indem Feedback-momente auch Kommunikationsmomente sind. Agile verfügt über die höchste

Sichtbarkeit, da jeder Sprint in mindestens einer Demo für den Auftraggeber endet und möglicherweise selbst in einem kommerziellen Zwischenprodukt. Das Hinzufügen von DfX vergrößert die Sichtbarkeit noch etwas mehr, da außer den Sprintergebnissen auch immer der Status der kritischen Parameter angezeigt wird.

- **Wertschöpfung**: Das Wasserfallmodell liefert erst während der abschließenden Testphase Ergebnisse und somit erst dann einen Wert für den Kunden. DfX liefert einen früheren Wert, da die Konfrontationsmomente einen Beweis dafür liefern, dass das Produkt oder die Dienstleistung hinsichtlich der kritischen Parameter Ergebnisse erzielt. Agile ist auch hier das Sahnehäubchen, da jede Iteration ein abgerundetes Zwischenprodukt erzielt. DfX vergrößert durch die ergänzende Validierung der Aktivitäten links im V diesen Effekt.

3.5 Das V-Modell und Ihr eigenes Verhalten

Als Auftakt für das folgende Kapitel, der Faktor 10, behandeln wir jetzt schon ein Faktor 10-Element. Den Gedanken an proaktives Handeln im V-Modell können Sie nämlich auch auf Ihr eigenes Verhalten anwenden. Betrachten Sie einmal eine wichtige Aktivität innerhalb Ihres Projekts nicht als *einen einzelnen Moment,* sondern als *ein mini-V mit dem Ergebnis in der oberen rechten Ecke.* Nun entstehen bereits "links im V" Konfrontationsmomente, mit denen Sie die eigentliche Ausführung der Aktivität effektiver gestalten können. Sie erhöhen also die Wahrscheinlichkeit eines guten Ergebnisses und schaffen bewusst einen (gesunden) Druck, um Entscheidungen und Beschlüsse zu treffen.

Die Besprechung
Stellen Sie sich vor, Sie müssen eine Besprechung organisieren, weil über das Vorgehen zum Lösen eines Problems Uneinigkeit herrscht. Natürlich haben Sie die Liste "effektive Besprechungstipps" schon oft irgendwo liegen gesehen, aber wie so oft, haben Sie zu viel um die Ohren und schicken erst einmal schnell mit Outlook eine Einladung.

Die Wahrscheinlichkeit ist groß, dass Sie von jetzt an bis hin zum Beginn der Besprechung unbewusst in einen reaktiven Modus verfallen. Sie reagieren auf Abmeldungen, auf Fragen zum Inhalt der Besprechung, auf einen eigenen Gedanken-Flash: "Oh, den muss ich auch noch einladen." oder auf die unruhigen Gedanken am Abend vor der Besprechung, ob man nicht doch besser noch ein paar Präsentationsfolien zum Eröffnen der Besprechung erstellen sollte. Und dieser reaktive Modus geht auch nahtlos in der Besprechung selbst

Proaktives Handeln wird einfacher, wenn Sie eine Aktivität als ein mini-V ansehen.

weiter. Sie ärgern sich nicht nur über Personen, die sich verspäten, sondern auch über solche Personen, die zwar pünktlich erscheinen, aber dann Bemerkungen fallen lassen, wie "Ich bin ja mal gespannt, worum es in dieser Besprechung wohl geht". Diese Art der Irritation zieht sich wie ein Band durch die gesamte Besprechung. Es gibt viele Nebendiskussionen über Informationen, die eigentlich vorab zur Verfügung hätten stehen können, und zu allem

Überfluss ist ein wesentlicher Entscheider dann doch nicht erschienen. Zwar versuchen Sie am Ende der Besprechung mit aller Macht noch konkrete Vereinbarungen zu treffen, aber Sie merken selbst: Das war wirklich keine effektive Besprechung!

 Wie oft denken Sie: Ich hatte nicht die Kontrolle, sondern lief Tatsachen hinterher?

Das oben Beschriebene kann bei Verwendung des V-Modells vermieden werden. Versuchen Sie die Besprechung nicht mehr als einen Moment anzusehen, sondern als kurzen V-Pfad. Überlegen Sie, was Sie als Vorbereitung für die Besprechung tun können, um diese im Vorfeld bereits als erfolgreich klassifizieren zu können. *Konfrontieren Sie und triggern Handlungen bereits bevor die Besprechung beginnt* (siehe Abbildung 3.14); beispielsweise mit folgenden Aktivitäten:

1. Sorgen Sie bei der Einladung für eine klar definierte Zielsetzung, einen guten Titel der Besprechung und am besten auch eine Tagesordnung. Wenn jemand die Einladung akzeptiert, muss dieser *inhaltlich getriggert worden sein* und nicht, weil der Termin zufällig zeitlich noch frei war. Wählen Sie die Einzuladenden bewusst aus und zeigen Sie Ihnen dies, indem Sie die Gründe der Teilnahme so gut es geht konkretisieren.
2. Senden Sie lange genug vor der Besprechung eine E-Mail, in der Sie angeben, warum gemeinsam eine Entscheidung getroffen werden muss. Verdeutlichen Sie auch, welche Maßnahmen noch vor der Besprechung erforderlich sind, um beispielsweise benötigte Informationen zu erhalten, sodass gemeinsam Entscheidungen getroffen werden können. So legen Sie die Latte hoch und die Teilnehmer sehen, dass zeiteffizient gehandelt wird. Dies wirkt ansteckend. Außerdem beginnen Sie mit diesen Aktivitäten ein *Warming-up*, wodurch jeder gut vorbereitet und mit Spannung geladen zur Besprechung erscheinen wird.
3. Kontrollieren Sie im Vorfeld, am besten durch persönlichen Kontakt, dass die wichtigsten Personen auch wirklich teilnehmen werden. Wenn jemand zweifelt, benennen Sie die Gründe, weshalb deren Teilnahme erforderlich ist. Terminkonflikte? Stimmen Sie in diesem Fall mit der betroffenen Person ab, dass diese beispielsweise nur die ersten 20 Minuten anwesend ist, und geben Sie deutlich an, was Sie in diesem Zeitraum erwarten. Kann die Person wirklich nicht teilnehmen, so erbitten Sie, dass diese noch vor der Besprechung ihre Vision oder Analyse an die anderen Teilnehmer versendet.

Sie können sich sicherlich vorstellen, was diese zusätzlichen Aktivitäten für Ihre Besprechung bedeuten. Die Sitzungsteilnehmer sind aktiver, motivierter und sich des engen Zeitrahmens bewusst. Ihre Gesprächspartner sind sowohl inhaltlich als auch mental vorbereitet, weil bereits seit Tagen auf diesen Moment hingearbeitet wurde und alle bereits im Vorfeld wichtige Informationen erhalten hatten. Außerdem versteht jeder, warum seine Anwesenheit gewünscht ist. Dies motiviert und sorgt dafür, dass die Teilnehmer alles tun werden, um auch wirklich dabei sein zu können.

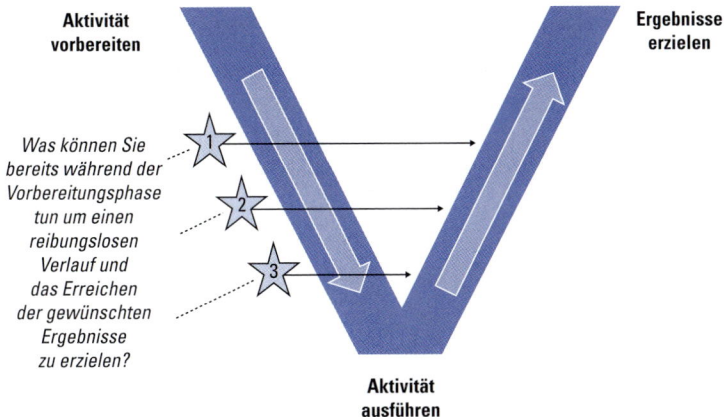

Abbildung 3.14   Bereiten Sie das Umfeld mit dem V-Modell noch vor dem Ausführen der eigentlichen Aktivität vor

Und kommt dennoch jemand zu spät? Dann gibt es keinen Grund zu verzweifeln. Sie müssen weder unbestimmt warten, bis die Person endlich erscheint, noch müssen Sie "Wir beginnen schon einmal" in den Gang hinein rufen, wissend, dass Sie nach dem verspäteten Erscheinen alles noch einmal wiederholen müssen. Durch Ihre Vorbereitung können Sie vielmehr selbstbewusst agieren: "Wir beginnen nicht ohne Carel. Er weiß, dass seine Anwesenheit erforderlich ist, um zu einer gemeinsamen Entscheidung zu kommen. Ich rufe ihn

mal eben an." Sie wissen nämlich, dass Carel sofort ans Telefon gehen wird, weil er angegeben hatte, dass die Besprechung für ihn wichtig sei. Fünf Minuten später stürmt er dann in den Meetingraum und ruft: "Sorry, sorry, ich bin zu spät. Aber das holen wir jetzt schnell auf!"

Ich nenne dies *Gratis-Zusatznutzen-Verhalten*; Sie machen eigentlich nichts zusätzlich, Sie machen es nur früher und mit dem richtigen Fokus. Sie investieren in die Vorbereitung und schaffen somit Randbedingungen, um das Team exzellente Leistungen erbringen zu lassen. So einfach kann es manchmal sein, die Kontrolle zu übernehmen! Erfahren Sie die Kraft des Handelns und sorgen Sie für proaktive Konfrontationsmomente "links im V" bei allen wichtigen Aktivitäten, wie Besprechungen, dem Erstellen von Angeboten, dem Halten von Präsentationen, dem Führen von Verhandlungen, dem Fällen einer schwierigen Entscheidung oder dem Vorbereiten eines Festes. Diese Form des Handelns wird in Kapitel 5 als die *10%-Konfrontationsregel* mit in den persönlichen Planungsprozess einbezogen.

Hinauszögern entgegenwirken
Konfrontation ist neben dem Warming-up bei wichtigen Aktivitäten auch ein gutes Mittel, um Druck und Motivation aufzubauen und dient als
- Waffe gegen Prokrastination ("Studentensyndrom")
- Mittel, um Entscheidungen zu treffen und Entschlüsse zu fällen.

Prokrastination, d.h. die Neigung zum Hinauszögern, lauert jederzeit und überall. Ich würde lügen, würde ich behaupten, dass ich dieses Verhalten noch nie bei mir selbst erlebt hätte. Auch ich schiebe Arbeit vor mir her und bemerke erst im Nachhinein, dass ich mit Dingen früher hätte beginnen müssen. Oft liegt das daran, dass der Pfad bis zur Fertigstellung nicht ohne weiteres überschaubar ist. Oder anders ausgedrückt: Der Fertigstellungstermin ist weiter entfernt als Ihr persönlicher Zeithorizont reicht. Schieben Sie die Arbeit vor sich her, erhalten Sie kein Signal, dass Ihnen nun weniger Zeit verbleibt. Vielmehr erscheint Ihnen die verbleibende Zeit noch unendlich lang zu sein.

Ein Lösungsweg ist es Zwischenziele innerhalb Ihres persönlichen Zeithorizonts einzuplanen. Sehen Sie den Pfad bis zum Fertigstellungstermin wieder als ein kleines V an und bauen Sie so noch vor Ablauf der finalen Frist entsprechende Konfrontationsmomente ein. Dadurch teilen Sie den unübersichtlichen Weg in kleinere Sprints auf und üben einen gesunden Druck auf sich selbst aus. Die jeweils dabei erhaltenen Zwischenergebnisse sind gleichzeitig auch Kommunikations- und somit Einflussmomente. Auch auf dieses Beispiel des Handelns kommen wir später bei der Beschreibung des Planungsprozesses zurück.

Wir kennen Prokrastination auch beim Treffen von *Entscheidungen*. Warum sollten Sie heute etwas entscheiden, wenn die Entscheidung doch erst in zwei Wochen benötigt wird? Wie oft warten Sie mit dem Treffen von Entscheidungen, nur um herauszufinden, dass zwei Wochen vergangen sind und Sie gar keine zusätzlichen Informationen erhalten haben? *Sie haben zwei Wochen einfach verbummelt.* Dies ist gefährlich, denn wie sagt man so schön: *Treffen Sie keine Entscheidung, so wird für Sie entschieden!* Prokrastination führt meist auch zu einer Entscheidung, allerdings einer, die nicht von Ihnen getroffen wurde.

Ich bin der Meinung, dass viele Entscheidungspunkte viel weiter entfernt erscheinen, als sie tatsächlich sind, da nicht hinreichend konfrontiert wird. Bringen Sie die richtigen Menschen miteinander in Verbindung, sorgen Sie dafür, dass diese wissen, welche Optionen vorhanden sind, und erklären Sie ihnen, was es bringt, wenn noch heute entschieden wird! Sie werden erkennen, dass viel möglich ist. Möchten Sie die Kontrolle behalten, dann ist es hilfreich, selbst die Entscheidungsmomente einzuplanen! Es ist wie bei einer Autofahrt in den Urlaub. Vorherzubestimmen, ob das ganze Gepäck ins Auto passen wird oder überhaupt alle Dinge nötig sind, sorgt oft für endlose Diskussionen. Beginnen Sie doch einfach mal mit dem Einladen. Wenn der Kofferraum voll ist, wird jedem von selbst die Dringlichkeit auffallen zu entscheiden, welche Dinge wirklich mit in den Urlaub müssen. *Konfrontieren bedeutet oftmals auch eine Entscheidung zu treffen.*

Ein praktisches Mittel zur Entscheidungsfindung ist meine *Entscheidungsfindungsmatrix* aus Abbildung 3.15. Es störte mich einfach, dass eine Entscheidungstabelle eigentlich oft eine Aufschubtabelle zu sein schien. Je ausführlicher die Tabelle ist, desto deutlicher wird, dass noch Informationen fehlen. Es ist offensichtlich, dass die Meinung entsteht, dass noch keine

Entscheidung getroffen werden kann. Die Entscheidungsfindungsmatrix ist eine Tabelle wie jede andere Entscheidungstabelle auch, jedoch mit einem essentiellen Zusatz: man ist dazu verpflichtet, entweder die *Entscheidung* einzutragen oder aber die *Handlung*, die zu Informationen führen wird, die eine Entscheidungsfindung ermöglichen.

Zu treffende Entscheidungen	Wahloptionen	Bewertung pro Kriterium (z.B. kritische Parameter)			Entscheidung oder Handlung, die zur notwendigen Information führt um eine Entscheidung zu treffen	
		Kriterium 1	Kriterium 2	Kriterium 3	Entscheidung	Handlung
Thema 1	Option 1: ...					
	Option 2: ...					
	Option 3: ...					
Thema 2	Option 1: ...					
	Option 2: ...					
Thema 3	Option 1: ...					
	Option 2: ...					
	Option 3: ...					
	Option 4: ...					

Abbildung 3.15   Entscheidungen herbeiführen mit der Entscheidungsfindungsmatrix

Ich habe die Entscheidungsfindungsmatrix oft in Teams angewendet, aber auch für mich selbst. Das bewusste Nachdenken über die (Aufschub)Handlung führt zu einem interessanten psychologischen Prozess, der Fluchtverhalten eliminiert. Nach einer leidenschaftlichen Auseinandersetzung darüber, was alles noch nicht bekannt ist und warum gewartet werden muss, kommt man oft zu dem Schluss: "Ach ja, dann wissen wir vielleicht mehr, aber Entscheidungen können wir trotzdem nicht treffen. Dann können wir auch genauso gut jetzt schon entscheiden." Wenn die Handlung jedoch sinnvolle Informationen einbringt, entsteht eine klare Route in Richtung Entscheidung. Sie kombinieren also Geschwindigkeit mit Qualität und verhindern ein "Warten ohne Handlung".

Selbstverständlich funktioniert dies nur, wenn eine Entscheidung erforderlich ist. Es gibt auch Situationen, in denen keine Entscheidung getroffen werden muss oder Sie bewusst zu einem möglichst späten Zeitpunkt entscheiden wollen. Auf diese Weise halten Sie die Freiheitsgrade länger offen und verhindern unnötige Korrekturarbeiten aufgrund von falschen Annahmen. Übrigens können Sie hiervor immer noch die Entscheidungsfindungsmatrix benutzen, indem Sie in der Handlungsspalte eintragen, bis wann Sie mit der Entscheidung warten möchten.

Zusammenfassung

- Das V-Modell stellt eine horizontale Beziehung zwischen den Definitionsaktivitäten und den korrespondierenden Testaktivitäten dar.
- Warten auf die Testphase resultiert in einem späten Feedback und möglicherweise signifikanter Korrekturarbeit. Um den Korrekturaufwand zu vermindern, erbitten Sie bereits während Spezifikation, Entwurf und Implementierung Feedback.
- Frühzeitiges Konfrontieren geschieht mit Design for X und agilem Projektmanagement. Diese Methoden können gemeinsam eingesetzt werden.
- Design for X realisieren Sie durch das Abfragen und Steuern bezüglich des kritischen Parameters X - bereits zu Beginn des Projekts.
- Bei Agile durchlaufen Sie das V für jede Teilfunktion separat. Diese Teilfunktionen integrieren Sie während des Sprints zu einem Sprintergebnis für den Kunden.
- Das Augenmerk während des Projekts auf die kritischen Parameter zu richten, liefert Kontrolle ohne Mikromanagement.
- Schärfen Sie Ihre eigene Aufmerksamkeit und die Ihres Teams, indem Sie einzelne Aktivitäten als mini-Vs ansehen. Verwenden Sie dies auch als Mittel gegen Prokrastination und um die Entscheidungsfähigkeit zu erhöhen. Genießen Sie die Kraft des Handelns!

4 Der Faktor 10

- Entdecken Sie das Potential des Faktor 10-Verhaltens.
- Wie Sie in schwierigen Momenten durch Umdenken die Regie übernehmen.
- Verstehen Sie Stephen Coveys Pfad in Richtung Unabhängigkeit und wechselseitiger Abhängigkeit.
- Die Aufgabenreife Ihrer Mitarbeiter bestimmt welchen Führungsstil Sie benutzen.

Den Schritt von reaktiv zu proaktiv und hin zum Beeinflussen können Sie auf unterschiedliche Weisen ausführen. Wenn Sie sich dafür öffnen, sehen Sie, dass es überall Möglichkeiten gibt. Das nenne ich den Faktor 10. Dabei ist es wichtig, dass Ihre Art und Weise der Beeinflussung zu Ihrem Stil und Ihrem Gefühl für Integrität passt. Ansonsten nutzen Sie Ihren Einfluss nicht, bleiben Sie nicht bei der Stange oder andere glauben Ihnen nicht.[4]

4.1 Kluges Führen und Verhalten ist der Faktor 10

Sie werden diese Bemerkung auf Festen sicherlich kennen: "Ich arbeite 70 Stunden die Woche!" Was denken Sie dann? "Das ist aber ein Arbeitstier" oder "Der ist mit seinem neuen Unternehmen aber erfolgreich"? Oder denken Sie: "Oh, das überlasse ich lieber ihm…". Ab und zu Überstunden zu machen ist völlig in Ordnung. Schließlich kennen wir alle die hektischen Arbeitstage vor einem Fertigstellungstermin. Den Fokus, die Spannung, das hochmotivierte Arbeitsverhalten, um alles abzuschließen - und die Euphorie, wenn es geschafft ist. Aber wenn dies über einen längeren Zeitraum anhält und Sie eigentlich nicht mehr ohne Überstunden auskommen, da ansonsten Arbeiten unerledigt liegen bleiben, dann befinden Sie sich in einer Abwärtsspirale. Eine Abwärtsspirale in Bezug auf Ihre Karriere, aber auch hinsichtlich Hobbys, Freunden, Beziehungen und auch der eigenen Gesundheit.

Wenn viel los ist, ist Überstunden zu machen ein normaler Reflex. Aber hierbei gibt es Grenzen! Ein Tag hat nun einmal nicht mehr als 24 Stunden. Außerdem sind Topleistungen nicht mehr möglich, wenn Arbeit und Ruhezeit nicht mehr ausgeglichen sind. *Hart zu arbeiten*, nenne ich den *Faktor 2*. Und das lästige an Faktor 2 ist, dass es keinen Faktor 3 gibt. Sie arbeiten im Grunde 24 Stunden am Tag und wenn dann

Hart zu arbeiten, ist der Faktor 2, klug zu arbeiten der Faktor 10.

---

4 Dieses Kapitel verbindet die folgenden Kompetenzen aus IPMA's ICB4: Power and interest, Culture and values, Self-reflection and self-management, Personal integrity and reliability, Personal communication, Relations and engagement, Leadership, Teamwork, Conflict and crisis, Resourcefulness, Negotiation, Risk and opportunity, Stakeholders, Change and transformation.

eine Situation ein noch höheres Arbeitspensum erfordern würde, kann ein hart arbeitender Mitarbeiter nicht noch mehr geben. Und das ist bitter!

In diesem Fall ist es einfach zu sagen, dass ich für den Faktor 10 plädiere. Insbesondere, wenn ich verkünde, dass ich *kluges Arbeiten* den Faktor 10 nenne. Genau 10? Jein, denn ich habe in Projekten auch schon einmal festgestellt, dass kluges Arbeiten einen höheren Faktor hervorbringt. Aber ich will hieraus keine Wissenschaft machen. Es geht lediglich darum, dass Sie mit klugem Arbeiten viel mehr erreichen können als nur mit hartem Arbeiten. Nur den Faktor 2 zu nutzen, ist für den (Projekt)Manager nicht ausreichend. Nicht ausreichend, um Ihre Arbeit gut erledigen zu können, nicht ausreichend, um ein erfülltes Leben neben der Arbeit haben zu können, und sicherlich nicht ausreichend, um sich persönlich weiter entwickeln zu können.

Aber was ist nun dieser Faktor 10? Ich nenne etwas *Faktor 10-Verhalten*, wenn Sie bewusst auf eine kluge Art arbeiten, wodurch alles viel schneller, besser oder mit weniger Energieaufwand als im Normalfall geschieht. Dies bedeutet: Bewusst klug entscheiden, bewusst handeln, bewusst beeinflussen, kritisch sein, Ihre eigene Erfahrung gut einsetzen, die richtigen Analysen erstellen, etc. Der Faktor 10 bezieht sich auf die Verwendung des richtigen Führens und eigenen Verhaltens. Dieses Führen ist bei der Projektvorbereitung, dem Managen der Stakeholder, dem Motivieren und Leiten des Teams, etc. unabkömmlich. Es ist somit eine notwendige Komponente für den Projektmanager, der gemeinsam mit dem Team Ziele erreichen und den Projektverlauf positiv beeinflussen will.

Nach diesem Kapitel werden wir dem Faktor 10 noch oft begegnen. Sie werden erkennen, dass ein integraler Ansatz von Führung und eigenem Verhalten (den *Soft Skills*) und den Methoden und Techniken (den *Hard Skills*) zu einem mächtigen Toolkit für den Projektmanager werden kann.

Beispiele für Faktor 10-Verhalten
Wir beginnen mit einigen Beispielen für den Faktor 10. Auf diese Weise erklärt sich der Faktor 10 fast wie von selbst und Sie werden erkennen, dass es sich dabei nicht um *höhere Mathematik* handelt. Ich habe in den Beispielen jeweils aus meiner Erfahrung heraus Angaben hinsichtlich des Zeitgewinns gemacht. Dabei ist es wichtig zu verstehen, dass der Zeitgewinn oft noch nicht einmal der größte Vorteil des Faktor 10-Verhaltens ist. Vorteile wie ein besseres Ergebnis, mehr Unterstützung, weniger (ungewünschte) Änderungen oder motiviertere Mitarbeiter sind noch gar nicht vermerkt.

Beispiele von Faktor 10:
- Für eine Aktivität einen Spezialisten mit den richtigen Kompetenzen einsetzen anstatt einen Mitarbeiter, der zufällig Zeit hat: eine Durchlaufzeit von 4 Stunden anstatt von 2 Wochen.

- Dem Auftraggeber das Gefühl geben, dass es seine Idee ist und nicht Ihre: 10 Minuten anstatt 2 Tage Überzeugungsarbeit leisten.
- Es wagen Teammitglieder loszulassen und sie stattdessen zu coachen, indem Sie ihnen gegenüber sichtbares Vertrauen zeigen und sie gleichzeitig für das Ergebnis verantwortlich machen: wöchentlich 30 Minuten begleiten anstatt täglich eine Stunde.
- Beim Erstellen eines Vorschlags zunächst einen Entscheidungspunkt erzwingen, um die Anzahl der zu beschreibenden Varianten zu reduzieren: Erstellungsdauer des Vorschlages: 3 Tage anstatt 2 Wochen.
- Zu Beginn eines Auftrages aktiv den Umfang und die Zielsetzungen definieren, anstatt zu warten, bis Diskussionen spätere Planänderungen bewirken: 2 Tage investieren anstatt 3 Wochen lang den Plan anpassen müssen.
- Eine Besprechung wie ein mini-V vorbereiten, siehe Abschnitt 3.5: eine Stunde Vorbereitungszeit anstatt 4 Stunden Nachsorge und Korrekturen.
- Während der jährlichen Budgetbesprechung nicht erst 20 Mitarbeiter anfragen, weil Sie diese benötigen und dann später alles umplanen müssen, weil Sie 4 weniger erhalten haben. Sondern vorab bereits pro Mitarbeiter den Plan einschließlich Targets aufstellen (16-18-20-22 Mitarbeiter). Auf diese Weise können Sie sofort aufzeigen, was Sie anbieten können, und müssen nur einmal einen Plan erstellen. 4 Tage anstatt 20 Tage am Plan (und den Änderungen) arbeiten.
- Recht bekommen aufgrund des richtigen Stakeholder-Managements anstatt Recht zu haben, indem Sie Ihren Vorschlag inhaltlich noch weiter im Detail beschreiben: 3 Gespräche von 30 Minuten gegenüber 3 Tage lang einen Vorschlag untermauern.

Bei diesen Beispielen sehen Sie auch die Themen aus den vorherigen Kapiteln wiederkehren. Nicht reagieren, sondern agieren (wie das TomTom), bereits bevor Probleme auftreten kommunizieren und ein durch das V-Modell inspiriertes Verhalten sind Beispiele des Faktor 10-Verhaltens. Bewusstes Handeln und dabei die Regie zu übernehmen bedeuten für das Projektergebnis einen kräftigen Rückenwind.

Führung versus Management
Sagen Sie auch schon einmal mit einem missbilligenden Ton: "Das ist zwar ein Manager aber ganz klar keine Führungspersönlichkeit"? Garantiert. Und doch möchte ich, noch bevor wir die Kompetenz zur Führung himmelhoch bejubeln, mich für das Thema Management einsetzen. Der amerikanische Führungsexperte Warren Bennis sagt es ganz treffend: "Manager machen die Dinge richtig, Führende tun die richtigen Dinge". Führung und Management sind also komplementär - Sie benötigen beides. Das eine konzentriert sich auf Wachstum und Entwicklung, das andere auf Beherrschung und Kontrolle, wie in Abbildung 4.1 gezeigt wird.

Führung bedeutet die richtigen Dinge zu tun, Management, die Dinge richtig zu machen.

Als Projektmanager benötigen Sie sowohl Führungs-, als auch Managementkompetenzen, um ein Projekt erfolgreich abschließen zu können. Sie kennen bestimmt Beispiele, in denen dieses Gleichgewicht nicht vorhanden ist. Menschen,

Führung	Management
Richtige Dinge tun	Dinge richtig machen
Ziel	Route
Was und warum	Wie und wann
Effektivität	Effizienz
Veränderung	Stabilität
Zukunft	Gegenwart
Arbeiten am Projekt	Arbeiten im Projekt
Inspirieren	Koordinieren
Motivieren	Instruieren
Fokus auf Organisieren	Fokus auf Organisation
Unterstützen	Erzwingen
Kreieren	Implementieren
Ziele erreichen	Ergebnisse erzielen
Neuerungen einführen	Probleme lösen
Neue Möglichkeiten	Standardisieren
Strategie	Verfahren
Herausfordern	Risiko reduzieren
Fokus auf Vertrauen	Fokus auf Kontrolle
Mitläufer	Mitarbeiter

Abbildung 4.1   Die Unterschiede und das Gleichgewicht zwischen Führung und Management

die eine hervorragende Vision haben, aber nicht in der Lage sind, die Umsetzung angemessen zu steuern. Und wiederum Führungskräfte, die das Team pünktlich die Aufgaben ausführen lassen, aber keinen Schimmer von Unterstützung und Motivation haben. Das Beherrschen und ins Gleichgewicht bringen von Führung und Management ist daher manchmal wie ein &-&-&-Paradoxon, das Ihnen das Äußerste abverlangt.

4.2   Umdenken und die Kraft des Handelns

Um das Faktor 10-Verhalten anzuwenden, verwende ich häufig die praktische Denktechnik des *Umdenkens*; entwickelt durch den Niederländer Berthold Gunster (Gunster, 2010). Umdenken ist Denken in Möglichkeiten und nicht in Problemen, wobei Sie die Wirklichkeit so akzeptieren, wie sie ist. Aber Achtung, dies ist etwas anderes als das Problem nicht erkennen zu wollen! Sie widersetzen sich also nicht dem Problem, sondern nutzen die Situation, in der Sie sich bereits befinden, um etwas Neues zu schaffen. Anstatt sich mit einem "Ja, aber" zu widersetzen, öffnen Sie sich den Möglichkeiten gegenüber mit einem "Ja, und"-Denken. Dies hilft, die Kontrolle zu behalten und andere kreative Lösungen zu finden.

Gerade in schwierigen Situationen ist es eine große Versuchung, aufzuhören die Initiative zu übernehmen, wodurch Sie nicht mehr von effektiveren Optionen profitieren können. Oder noch schlimmer wäre es, wenn Sie aus Angstgefühlen heraus das Problem für sich noch größer machen. Das ist dann wie beim Downhill-Radfahren. Bekommen Sie es mit der Angst zu tun, so bremsen Sie ständig und fahren langsamer. Aber indem Sie langsamer fahren, wird auch das Lenken viel schwieriger... Auch im Projektmanagement können Sie in ein reaktives Muster verfallen, wodurch Sie die Probleme nur noch größer machen. Oftmals sind Sie sich darüber gar nicht im Klaren. Das könnten Sie dann das *Faktor-½-Verhalten* nennen. Umzudenken, also ein scheinbar "entgegengesetztes" Handeln, kann in diesem Fall überraschend effektiv sein und eben gerade Faktor 10-Verhalten bewirken. Hierfür werde ich vier Beispiele behandeln:

1. Die Initiative übernehmen, wenn Sie für einen Fehler zur Rechenschaft gezogen werden.
2. Den Umfang (Scope) überwachen, indem Sie Änderungen anregen.
3. Mit Hilfe von Risikomanagement Chancen schaffen.
4. Zu Projektbeginn als die fordernde Partei auftreten.

1. Die Initiative übernehmen, wenn Sie für einen Fehler zur Rechenschaft gezogen werden

Das erste Beispiel bezieht sich auf das Umdenken, wenn Sie auf Probleme in Ihrem Projekt angesprochen werden, wobei Sie anstatt Initiative zu übernehmen, mit einer Standardreaktion wie Einspruch erheben oder schuldbewusst zu reagieren antworten. Vorteil eines Faktor 10-Verhaltens: das gegenseitige Bekämpfen verändert sich in eine konstruktive Zusammenarbeit.

> Ich war Programmmanager eines neuen Produktionssystems, von dem die erste Serie an einige Kunden in Asien geliefert worden war. Nach einer Woche harter Arbeit, in der ich sogar auch Samstags noch Berufliches erledigt hatte, war endlich Sonntag, unser Familientag. Wir wollten um 11 Uhr morgens zu unserem Familienausflug los. Um halb Zehn sah ich jedoch "zufällig" eine Eskalations-E-Mail auf meinem Smartphone. Mit vielen schreienden Großbuchstaben gab der Salesmanager aus Asien an, dass bei einem der Kunden alles mit der Maschine schiefgelaufen war, dass der Kunde kein Vertrauen mehr habe und dass wir noch vor Mittwoch 12.00 Uhr mit einem Plan anrücken müssten, wie das alles zu lösen sei. Der Salesmanager war wütend. Das war auch daran zu erkennen, dass die E-Mail an viele Personen adressiert war.
>
> Ich war es satt und war verärgert, dass mein Team mit dem Rücken an die Wand gestellt wurde. Ich sah auch, dass es gar nicht leicht werden würde, mit meinen Mitarbeitern zusätzliche Pläne erstellen zu müssen, da diese bereits bis über die Ohren in bestehenden Aufgaben steckten. Aber wenn ich nicht jetzt die Kontrolle übernehmen würde, würde das Problem den ganzen Tag lang durch meinen Kopf spuken. Da alles bereits breitgetreten

war, erkannte ich, dass Einspruch zu erheben keinen Sinn ergab. Dies half mir hin zum Schritt in Richtung Umdenken, da ich sowieso keine Wahl hatte: Wenn nicht ich, dann würden andere agieren, wodurch das Problem für mich nur noch größer werden würde.

Der Salesmanager war wütend. Ich auch. Trotzdem beschloss ich, nicht zu reagieren, sondern zu agieren. Mein Plan war über meine Wut hinwegsehen, mich nicht verteidigen und sofort eine E-Mail zurücksenden. In der E-Mail würde ich den Salesmanager in seiner Wut bestätigen und ich würde sofort Handlungen vorlegen, die zu seinem "Befehl" zur sofortigen Aktion passten, *aber auch mein eigenes Team unterstützen würden*.

Des Weiteren wollte ich den Salesmanager dadurch überraschen, dass ich mich sofort auf ihn zubewegte und direkt die Initiative ergriff. Mein Vorschlag war, dass Warten bis zum Mittwoch sicherlich nicht im Interesse des Kunden sei. Ich gab an, dass eigentlich schon *Montagmorgen* ein Plan vorliegen müsste. Auf diese Weise könnten wir den Kunden bei aller Misere positiv überraschen. Außerdem gab es Montagmorgen nur reguläre Besprechungen und daher arbeiteten meine Mitarbeiter sowieso nicht an dem Projekt. Aber diesen Grund brauchte der Salesmanager ja nicht zu erfahren. Ich bat den Salesmanager, mich mit seinem Einfluss zu unterstützen, um das erforderliche Team für Montagmorgen für diese Aufgabe zur Verfügung zu haben.

Machen Sie Gegner zu Verbündeten durch das Faktor 10-Verhalten.

Sie ahnen bestimmt schon, was jetzt kommt: Von diesem Augenblick an verlief der Prozess intern sehr geschmeidig. Der Salesmanager reagierte überrascht. Er war vor allem froh, dass er ernst genommen wurde und an diesem Sonntag nicht alleine das Problem in den Griff bekommen musste. Daher gab er auch alles, um das Team in der verbleibenden Zeit zu unterstützen. Innerhalb von 15 Minuten hatte ich einen Gegner in einen Verbündeten verwandelt! Montagmorgen wurden die Probleme besprochen. Dies kostete uns also keine Projektzeit. Und da wir schon eine Antwort am Montagnachmittag parat hatten, war auch der Kunde positiv überrascht und gewillt, mit uns mitzudenken. Umdenken hatte zu einer gemeinsamen Problemlösungsfindung geführt, anstatt dass wir uns mit gegenseitigen Schuldzuweisungen bekriegten.

 Haben Sie Beispiele parat, in denen Sie Ihren eigenen Willen dadurch bekommen haben, dass Sie sich zunächst auf andere zubewegt haben und diesen somit ihren Willen ließen?

2. Den Umfang (Scope) überwachen, indem Sie Änderungen anregen

Änderungen verhindern? Das Standardverhalten wäre, den Umfang diszipliniert zu überwachen und wenn notwendig Änderungsmanagement anzuwenden. Es ist dabei üblich, ein *Nein* durchzusetzen oder zusätzliche Kosten an den Kunden weiterzureichen. Das ist gar nicht verkehrt, aber ich möchte Ihnen aufzeigen, wie viel mehr Sie mit Umdenken erreichen können. Anstatt sich zu widersetzen, weil Änderungen zu erwarten sind, sollten Sie sich flexibel mit ihnen mitbewegen und "zwei Mal Ja und dann erst Nein sagen". Die Faktor 10-Auswirkung: Sie bauen eine Beziehung auf und überwachen den Umfang *gemeinsam*.

Dieses Umdenken basiert auf meiner Beobachtung, dass der Umfang für den Projektmanager klar ist, aber dass der Auftraggeber zu Beginn des Projekts noch diesbezüglich informiert und aufgeklärt werden muss. Denn oftmals ist es für ihn nicht ersichtlich, dass eine zusätzliche Anfrage auch mehr Projektzeit und Aufwand bedeutet oder vom vereinbarten Vertrag abweicht. Umdenken beinhaltet in diesem Beispiel zwei Elemente.

Das erste Element bezieht sich auf das Umdenken anhand von verfügbarer Flexibilität anstatt eine prinzipielle Rigidität an den Tag zu legen. Erstellen Sie im Vertrag ruhig eine Liste mit Elementen, die noch verändert werden dürfen mit einem dazugehörigen Datum, bis wann dies gilt. Selbstverständlich wählen Sie die Elemente aus, die Ihnen auch wirklich keine Probleme bereiten werden. Auf diese Weise zeigen Sie ohne Mühe ihre Flexibilität und außerdem Möglichkeiten auf, die eigentlich bereits vorhanden sind. Erbitten Sie im Anschluss eine Reaktion vom Auftraggeber. Oftmals stimulieren Sie so den Prozess des vorausschauenden Denkens in Bezug auf das, was sich noch verändern könnte. Sie selbst präsentieren sich als flexibel und bringen den anderen zum Nachdenken. Der Auftraggeber schließt daraus oftmals: "Oh, der Rest darf dann also nicht geändert werden, richtig?" Bingo, der Groschen ist gefallen!

Das zweite Element des erforderlichen Umdenkens wird in der folgenden Situation deutlich. Stellen Sie sich vor, dass der Auftraggeber zwei Tage nach Beginn der Ausführungsphase fragt, ob etwas auf eine andere Weise geschehen kann. Die Auswirkungen wären ziemlich groß und glücklicherweise können Sie dies auch untermauern. Sie sagen *Nein*. Selbst wenn der Auftraggeber Ihren sachlichen Einwand verstehen sollte, welchen Eindruck erwecken Sie damit? Genau. Den Eindruck eines starren Menschen, der Angst vor Risiken hat. Das ist weder gut für Ihr Image noch praktisch für den noch verbleibenden Projektzeitraum, denn dies ist der erste bleibende Eindruck, den der Auftraggeber von nun an von Ihnen haben wird. Es ist viel praktischer und logischer, zunächst das Spiel zweimal mitzuspielen. Verdeutlichen Sie, dass das, was der Auftraggeber von Ihnen neu verlangt, zwar viel zusätzliche Arbeit bedeutet, aber dass Sie gerne darüber nachdenken werden. Anschließend überraschen Sie den Auftraggeber mit einem *Ja*. Am besten auch noch kostenlos. Dies hat zur Folge, dass der Auftraggeber sich begünstigt fühlt und den Projektumfang besser kennengelernt hat. Agieren Sie auf diese Weise noch ein zweites Mal, aber schalten Sie bei der dritten Anfrage um. Zu diesem Zeitpunkt können Sie ohne Geschnörkel erklären, dass es nun nicht mehr professionell wäre, erneut flexibel zu sein, da Sie auch an Ihre eigenen Interessen denken müssten. Der Auftraggeber wird bereit sein auf Grund der schlüssigen Historie für weitere

Änderungen Mehrarbeit und extra Kosten zu akzeptieren. Er hat beide Seiten von Ihnen kennengelernt und den Projektumfang werden Sie von nun an gemeinsam überwachen.

Wenn ich diese Geschichte erzähle, erhalte ich oft die Reaktion, dass es bei diesem Ansatz natürlich wichtig ist, um welche zwei Änderungen es sich handelt, bei denen man *Ja* sagen soll. Meine Antwort ist dann, dass das Faktor 10-Verhalten selbstverständlich die ersten beiden Änderungswünsche steuern muss, bzw. sogar ein wenig hervorlockt. Es ist wichtig, die Initiative zu übernehmen! Holen Sie sich bei einem Autohändler oder einem anderen Verkäufer Ihre Inspiration. Diese ahnen bereits im Vorfeld exakt, um welche zusätzlichen Optionen (Änderungswünsche also) Sie bitten werden und welche sie Ihnen kostenlos anbieten können. Aber vergessen Sie nicht, wie wichtig es ist, hierbei auch wirklich die Interessen des Auftraggebers zu beherzigen (dieser darf sich im Nachhinein nicht ausgespielt fühlen); siehe Coveys Win-win-Denken später in diesem Kapitel. Viel Erfolg!

3 Mit Hilfe von Risikomanagement Chancen schaffen

Wir Westeuropäer, von Natur aus eher skeptisch, brauchen eine Weile bevor wir erkennen: "Eine Krise bietet auch Chancen!" Eine Krise bewirkt oft, dass Entscheidungen gefällt werden, die ohne diese Krise gar nicht getroffen worden wären. Unter Druck wird alles flüssig! Außerdem führt eine Krise fast immer zur Erneuerung: Der Entwicklung neuer Technologien, dem Bau von etwas Neuem oder dem Durchbruch alter Denkschemata.

Lassen Sie sich dadurch inspirieren, dass Sie den Risikomanagementprozess nicht nur zur Identifizierung von Risiken nutzen, sondern auch um Chancen zu erkennen. Eine Reihe von Projektmanagementmethoden thematisiert dies ausführlich, aber es ist sicherlich auch wesentlich ein mentaler Prozess. Lassen Sie sich nicht ins Bockshorn jagen und versuchen Sie, auch positive Auswirkungen zu entdecken! Risikomanagement ist eine Art des Unsicherheitsmanagements. Stellen Sie also nicht nur die Frage, was alles schieflaufen kann, sondern auch welche Möglichkeiten bestehen, um mehr zu erreichen. Denken Sie um - nutzen Sie das Chancenmanagement!

4 Zu Projektbeginn als die fordernde Partei auftreten

Die letzte Form des Umdenkens fühlt sich vielleicht nicht immer bequem an, aber kann zu einer wichtigen Änderung Ihres Verhaltens führen und hat viel Faktor 10-Potential. Damit meine ich Ihre Haltung während des Projektbeginns, der Projektvorbereitungsphase.

Begeben Sie sich mit Ihrer eigenen Haltung in die beste und günstigste Position.

Sobald Sie einen Projektauftrag erhalten, sind Sie natürlich froh über den neuen Auftrag. Und zu Dankbarkeit passt eigentlich keine kritische Haltung gegenüber dem Auftraggeber. Wir haben jedoch gesehen, dass der allererste Moment des Projekts genau der richtige Zeitpunkt ist, zu dem man die meisten Möglichkeiten zur Beeinflussung des Auftrages hat. Eine interessante Form des Umdenkens ist, dass Sie nicht nur als Projektmanager auftreten, der den Auftrag "als Geschenk" empfangen hat, sondern auch als Projektmanager, der den Auftrag professionell und kritisch bewertet.

Machen Sie sich klar, dass es auch andere Optionen gibt und es nur dann sinnvoll ist mit dem Projekt zu beginnen, wenn dieses auch erfolgreich abgeschlossen werden kann. Dadurch gelangen Sie in eine stärkere Position, werden Sie andere Fragen stellen und das Gespräch mit dem Auftraggeber wird eine andere Wendung erhalten. Das bereits in Kapitel 1 besprochene "Zurückweisen des Projekts" passt in diese Umdenk-Philosophie. Beachten Sie, dass Sie dabei das Projekt nicht wirklich zurückgeben müssen; es geht vielmehr um Ihre Haltung.

Diesen Mechanismus können Sie auch hervorragend bei anderen Situationen anwenden, beispielsweise während eines Jobinterviews. Indem Sie sich nicht an dem Gedanken "Ich hoffe, die wollen mich" aufhängen, sondern vielmehr denken "Mal sehen, ob *ich* diesen Auftrag wirklich will", positionieren Sie sich stärker und unabhängiger. Es entstehen andere Diskussionen und Sie werden eher als gleichwertiger Gesprächspartner wahrgenommen.

Natürlich hängt Ihr Erfolg von Ihrer aktuellen Position ab. Umdenken erfordert ein Gefühl von Unabhängigkeit und Mut. Das zuvor genannte wird nicht gelingen, wenn Sie rundum ausstrahlen, dass Sie diesen Auftrag absolut brauchen. Denn schließlich bleiben die Marktkräfte gleich, ganz egal, ob Sie nun umdenken oder nicht. In diesem Fall handelt es sich um das *Knappheitsprinzip*, eines der sechs grundlegenden Prinzipien, die durch den Beeinflussungswissenschaftler Robert Cialdini (Cialdini, 1984) beschrieben wurden. Wenn ein Produkt, in diesem Fall Sie als Projektmanager, selten vorhanden ist, wird es gefühlsmäßig mehr wert sein und Sie können Verlustängste Ihnen gegenüber erwarten. Ein anderes brauchbares Prinzip von Cialdini ist *Gegenseitigkeit* (Reziprozität): Haben Sie etwas für jemanden anderen getan, wird dieser das Gefühl haben, Ihnen etwas zu schulden. Dieses Prinzip können Sie mit dem Umdenken bei "die ersten zwei Male *Ja,* und dann erst *Nein*" bei der Umfangsüberwachung verknüpfen, worauf wir im folgenden Abschnitt bei der Beschreibung von Coveys emotionalem Beziehungskonto noch einmal zurück kommen werden.

4.3   Die Schatzkammer von Stephen Covey

Arbeiten Sie an Ihrer Unabhängigkeit und an Ihrem Vermögen zur wechselseitigen Abhängigkeit.

Wenn wir über den Faktor 10 sprechen, können wir Stephen R. Coveys Gedankengut wirklich nicht vernachlässigen. Zum einen nicht, weil er mit seinem Buch *Die sieben Wege zur Effektivität* (Covey, 1989) das Arbeits- und Familienleben von Millionen Menschen verändert hat. Und zum anderen nicht, da die sieben dort genannten Prinzipien die Grundlage für den Projektmanager bilden, der im Realisieren seiner Zielstellungen effektiver werden möchte. In Rahmen meiner Masterclasses merke ich, dass Covey noch nicht von jedem verinnerlicht wurde. Da die sieben Prinzipien so wichtig und wirklich hilfreich sind, möchte ich sie kurz besprechen, wobei jederzeit der Bezug zur Welt des Projektmanagers betrachtet wird:

1. Proaktiv sein
2. Schon am Anfang das Ende im Sinn haben
3. Das Wichtigste zuerst tun
4. Win-win-Denken
5. Erst verstehen, dann verstanden werden
6. Synergien schaffen
7. Die Säge schärfen

Diese Prinzipien beinhalten individuell gesehen bereits viele Lebensweisheiten, aber die Kombination und Verbindung miteinander rundet das Bild erst wirklich ab. Die ersten drei Prinzipien behandeln das Ziel der inneren *Unabhängigkeit*. Unabhängige Personen sind effektiv, da sie ihr eigenes Ziel wählen, aus ihrem eigenen Denken heraus handeln und sich nicht durch Handlungen anderer ablenken lassen. Dadurch übernehmen sie die Verantwortung für ihren Kurs und geben bei eventuellem Versagen nicht externen Faktoren die Schuld. Das vierte, fünfte und sechste Prinzip behandelt das Erkennen von *wechselseitiger Abhängigkeit* (Interdependenz). Hierbei erkennen Sie, dass Sie andere Menschen benötigen, um erfolgreich zu sein, und dass Sie selbst auch zum Erfolg der Anderen beitragen können. Der Glaube an Zusammenarbeit führt zu besseren Leistungen. Interdependenz gelingt jedoch erst dann, wenn Sie selbst unabhängig sind. Unabhängigkeit und wechselseitige Abhängigkeit werden durch das siebte Prinzip komplettiert; sich auch um sich selbst kümmern und sich verbessern wollen, sowie das Vermögen, andere zu inspirieren.

1. Proaktiv sein
Covey sagt, dass Sie für Ihr eigenes Leben verantwortlich sind: "Ich bin das Produkt meiner Entscheidungen." Reaktive Menschen legen gerne die eigene Verantwortung ab und geben anderen oder externen Ereignissen die Schuld. Proaktive Menschen konzentrieren sich vor allem auf das eigene Verhalten und realisieren, dass dieses Verhalten von ihren eigenen Entschlüssen und nicht von den Umständen abhängt.

Covey verdeutlicht das proaktive Verhalten mit *dem Einflussbereich* (Circle of influence) und *dem Interessenbereich* (Circle of concern), abgebildet in Abbildung 4.2. In dem Interessenbereich befinden sich die Dinge, die wir nicht beeinflussen können, wie die Außenwelt, unsere Abstammung, Erziehung und unsere Vergangenheit. Mit diesen Dingen müssen wir uns nicht beschäftigen. Unser Augenmerk muss vollständig auf den Einflussbereich gelegt werden. Proaktive Menschen konzentrieren sich auf das, was sie selbst beeinflussen können!

Handlungen im Einflussbereich lassen diesen wachsen.

Über den äußersten Kreis sagt Covey noch etwas Interessantes: "Sie haben keinen Einfluss auf den Interessenbereich, wohl aber auf Ihre Reaktion darauf." Also nicht reagieren, sondern agieren. Stecken Sie Ihre Energie also in sinnvolle Initiativen. Dies zu tun und stets dabei zu bleiben, ist übrigens schwierig genug. Aber was, wenn es gelingt? Ihr Einflussbereich wird wachsen! Sie werden also doppelt belohnt. Auch die Stakeholderanalyse aus Kapitel 2 bot eine Verhaltensempfehlung, die den

Einflussbereich einbezieht. Keine Energie in Gegner stecken (Interessenbereich) sondern sie beispielsweise mittels eines Verbündeten ansprechen (Einflussbereich). Es handelt sich um ein mächtiges Hilfsmittel, sodass Sie Ihre Energie auf das richten, was beeinflussbar ist.

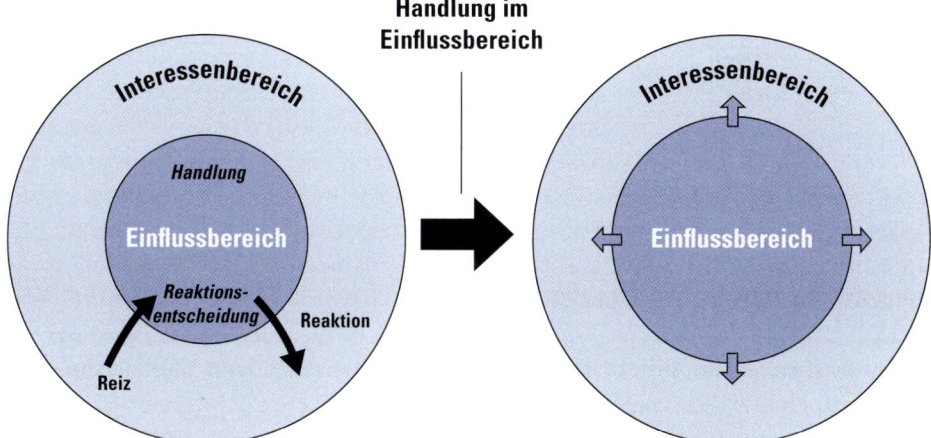

Abbildung 4.2   Handlungen im Einflussbereich haben eine Auswirkung und vergrößern diesen Kreis

> **?**   *In welcher Situation haben Sie Energie vergeudet, weil Sie innerhalb des Interessenbereichs handelten? Welche Aktion aus dem Einflussbereich hätten Sie stattdessen ausführen können?*

Das Modell des Interessen- und Einflussbereiches kann auch beim Agieren innerhalb eines Mikromanagement-Umfelds helfen, das wir beim &-&-&-Paradoxon besprochen haben (Kapitel 1). Sie kennen diese Bemerkung ganz sicher: "An meiner Arbeitsstelle *dreht* sich alles nur noch ums Messen und um die KPIs. Es gibt kein kollegiales Miteinander mehr!" Eine kontrollierende Atmosphäre kann tatsächlich sehr demotivierend sein. Aber diese Reaktion verschwendet Energie, denn Sie fokussieren Ihr Handeln auf den Interessenbereich und geben damit einfach "den Anderen" die Schuld. Es klingt hart, aber wenn Sie sich kontrollieren lassen, dann sind Sie eigentlich passiver als derjenige, der Sie kontrolliert. Besser ist es, die Initiative zu ergreifen, Ihre eigenen Messungen durchzuführen, Ihre Ergebnisse zu zeigen und Entscheidungen zu fällen, die Ihnen helfen Ihre Zeit effektiver zu nutzen. Schauen Sie sich einmal um und Sie werden sehen, dass andere Mitarbeiter in derselben Situation es managen Zeit für wichtige, andere Dinge erübrigen zu können. Ihr Einflussbereich hat sich wahrscheinlich bereits durch proaktives Handeln vergrößert. Dies nahm Zeit in Anspruch und benötigte Sachverstand, Geschick und Kreativität. So einfach es auch erscheint, das Modell des Interessen- and Einflussbereiches benötigt Ihre Entschlossenheit und Ihr Durchsetzungsvermögen.

2. Schon am Anfang das Ende im Sinn haben
Covey sagt: "Sie können hart arbeiten, um die Leiter hinaufzusteigen, nur, um am Ende Ihres Lebens zu entdecken, dass die Leiter an der falschen Mauer lehnte." Effektive Menschen wissen, wohin sie wollen und arbeiten kontinuierlich am Erreichen Ihres Ziels. Sie sind in

Lassen Sie bereits zu Beginn des Projekts die Landebahn sichtbar werden.

der Lage ihre täglichen Aktivitäten in einem breiteren Kontext der größeren Zielsetzungen zu sehen und den Fokus aufrecht zu halten.

Covey zielt hierbei auf das Vorhandensein eines Kompasses im persönlichen Leben ab, aber dieses Prinzip passt natürlich auch hervorragend zum Fach des Projektmanagements. Beginnen Sie mit dem Ende, also mit dem *Warum* vor Augen, dann folgt das Ziel automatisch. Effektive Menschen arbeiten "von hinten nach vorne", sie beginnen vom Ziel aus und arbeiten sich vor, das heißt zurück in Richtung Gegenwart. Beispielsweise beim Erstellen eines Plans. Später in diesem Buch werden wir eine Brücke zur Projektausführung schlagen, indem wir das Projektende als eine "Landebahn" sehen. Der Tipp besteht dann darin, *vom ersten Moment* des Projekts an die Landebahn sichtbar zu machen, wodurch sich jeder auf die verbleibende Route bis zum Ziel konzentrieren kann. Bei der Berichterstattung resultiert dies darin, dass in Time-to-go, Costs-to-go, Hours-to-go, etc. kommuniziert wird.

3. Das Wichtigste zuerst tun

Ging es bei den ersten beiden Prinzipien vor allem um das, was Sie erreichen und tun möchten, so bezieht sich das letzte auf das Individuum gerichtete Prinzip auf wie sie Ihre Ziele am besten erreichen können. Dabei geht es darum, *Prioritäten* zu setzen, was einen interessanten Einblick in das Zeitmanagement bietet. Die von Covey erdachte *Zeitmanagement-Matrix* (Coveys Quadranten) basiert übrigens auf dem *Eisenhower-Prinzip* von Dwight D. Eisenhower, das besagt: "Dringende Aufgaben sind selten wichtig und wichtige Aufgaben selten dringend."

Coveys Zeitmanagement-Matrix besteht aus vier Quadranten, die zwei Gegensätzen darstellen: wichtig versus nicht wichtig und dringend versus nicht dringend (Abbildung 4.3). Wenn Sie Ihre Arbeiten auf diese Quadranten aufteilen, erhalten Sie Einsicht in Ihre Prioritäten:

1. **Wichtig & dringend:** Aufgaben, die ein sofortiges Agieren erfordern (reaktives Verhalten)
2. **Wichtig & nicht dringend:** Aufgaben, die sich auf das Erreichen Ihrer Zielsetzungen beziehen (proaktives Verhalten)
3. **Unwichtig & dringend:** unnötige Unterbrechungen (Ablenkung)
4. **Unwichtig & nicht dringend:** Aufgaben, die Spaß machen, aber wenig einbringen (Vergeudung)

Außer dem Aspekt des Zeitmanagements geben die Quadranten an, worauf Sie sich konzentrieren müssen, um Ihre Ziele zu erreichen. Dies ist Quadrant 2, der die *proaktiven* Aktivitäten enthält. Daher ist es wichtig, möglichst viel Zeit auf Quadrant 2 zu verwenden. *Tun Sie wichtige Dinge noch bevor sie dringend werden.* Dies bedeutet, die Sache in die Hand zu nehmen und Entscheidungen zu treffen, denn ansonsten werden dringende reaktive Aktivitäten stets zuerst ausgeführt. Es ist also sinnvoll, bewusst Zeit für Quadrant 2 einzuplanen, beispielsweise, indem Sie Zeitblöcke in Ihrer Agenda blockieren. Auf diese

Weise planen Sie doch auch Ihren Urlaub, oder? Nehmen wir das V-Modell hinzu, dann sehen Sie, dass die Aktivitäten auf der linken Seite des Vs hauptsächlich im Quadrant 2 vorzufinden sind. Also seien Sie gewarnt. Wenn Sie diese Aktivitäten nicht bewusst einplanen, so erreichen Sie auch nichts...

4. Win-win-Denken

Auf der Basis von Win-win zu agieren ist das erste Prinzip, das sich auf die wechselseitige Abhängigkeit bezieht. Die wechselseitige Abhängigkeit setzt auf den Aufbau langjähriger Beziehungen und basiert auf gegenseitigem *Vertrauen*. Covey hat sich eine schöne Metapher ausgedacht, um die Menge an aufgebautem Vertrauen zu beschreiben: das *emotionale Beziehungskonto*. Auf diesem Beziehungskonto, das wir bereits kurz beim Stakeholdermanagement in Kapitel 2 gestreift haben, können Sie ähnlich wie bei einem echten Bankkonto etwas einzahlen oder abheben. Ist das Saldo ausreichend, dann ist das Vertrauen hoch und die Kommunikation läuft untereinander einfach und effektiv ab. Sie dürfen sogar Fehler begehen und der andere wird es Ihnen nicht verübeln. Andersherum geht es natürlich auch. Ist Ihr Saldo niedrig oder befindet es sich sogar im Minus, dann ist wenig Flexibilität vorhanden und Sie müssen vorsichtig zu Werke gehen, um den anderen nicht zu enttäuschen. Sie investieren in die Beziehung zueinander, indem Sie auf das Konto des anderen einzahlen: indem Sie Versprechen erfüllen, höflich und ehrlich sind, sich in den anderen vertiefen, Ihre Erwartungen offen aussprechen und professionell handeln. Ein Abheben des Saldos geschieht, wenn Sie das Gegenteil tun, sich beispielsweise unhöflich oder unehrlich benehmen, den anderen ignorieren, Fehler begehen oder die Erwartungen nicht realisieren.

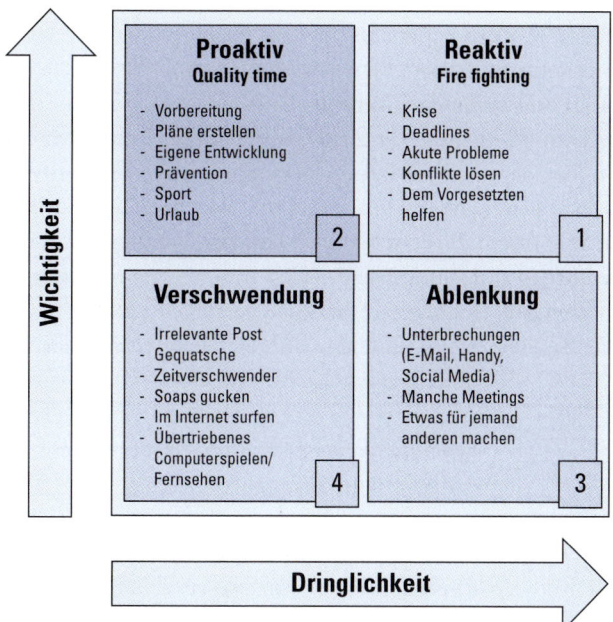

Abbildung 4.3 Coveys Zeitmanagement-Matrix mit der Unterscheidung von wichtig und dringend

Arbeiten Sie aktiv an gegenseitigem Vertrauen mit Ihren Stakeholdern? Üben Sie die Verwendung des emotionalen Beziehungskontos: Zahlen Sie bewusst ein und heben Sie bewusst ab, um die Auswirkung eines positiven Saldos zu erfahren.

Wenn sich Ihr emotionales Beziehungskonto im Plus befindet, kann der andere mehr von Ihnen tolerieren.

Das Arbeiten am Win-win-Denken ist wichtig, wenn Sie Beziehungen aufbauen. Menschen agieren oft aus einer Gewinn-Verlust-Mentalität heraus: Verliert der andere, dann gewinnen Sie. Langfristig gesehen bedeutet Gewinn-Verlust jedoch Verlust-Verlust, da Sie ständig von dem emotionalen Beziehungskonto des anderen abheben. Um langfristig effektiv zusammenarbeiten zu können, müssen Sie daher nicht in Begriffen wie Konkurrenz, sondern in Win-win denken. Übrigens gibt Covey an, dass diese Variante eigentlich "Win-win or No Deal" ist. Sie vereinbaren nämlich nur dann etwas, wenn beide Parteien davon profitieren. Ist dies nicht möglich, so gibt es auch keinen Deal. Hierdurch setzen Sie die Beziehung zugunsten von zukünftigen Plänen nicht aufs Spiel.

Win-win-Denken ist eine Haltung, die Führung benötigt. Es bedeutet, dass Sie während Interaktionen immer wieder den Profit für beide Parteien suchen. Sie müssen bereit sein, etwas für den anderen zu tun, voneinander zu lernen und einander zu beeinflussen. Es erfordert vom Projektmanager Weisheit, Selbstbewusstsein, Empathie, Gewissen, einen unabhängigen Willen, Kreativität und Stärke. Um beispielsweise nicht alle Energie in die luftdichte, Risiko vermeidende Einzäunung eines Vertrages zu stecken, sondern diese Energie für das Vergrößern des Projektergebnisses für beide Parteien aufzuwenden. Der Fokus liegt also nicht auf dem Verteilen des Kuchens, sondern auf der Investition, diesen größer zu gestalten.

5. Erst verstehen, dann verstanden werden
Genauso wie beim Win-win-Denken ist auch Coveys fünftes Prinzip für den Projektmanager beim Aufbau von Beziehungen wichtig. Covey sagt, dass die meisten Menschen nicht zuhören, um zu verstehen, sondern um selbst das Wort ergreifen zu können. Wir hören den anderen zwar, aber filtern die Geschichte anhand unseres eigenen Referenzrahmens und lesen in den Worten des anderen also eigentlich unsere eigene Geschichte ab. Darum ist Zuhören mit der Intention, den anderen wirklich verstehen zu wollen, wichtig. Dies nennt Covey *empathisches Zuhören*. Empathisches Zuhören bedeutet, dass Sie sich in den anderen hineinversetzen, die Welt so sehen, wie er sie sieht, und verstehen, was der andere fühlt. Dies alles, ohne Ihre eigene Persönlichkeit wegzuschieben, denn diese ist erforderlich, um ein gutes Verhältnis aufzubauen.

Langfristige Beziehungen sind nur dann möglich, wenn Sie dem anderen etwas gönnen.

Konzentrieren wir uns auf den Projektmanager, so ist Coveys fünftes Prinzip von wesentlichem Belang, um effektiv zu kommunizieren. Verstehen, wie die Welt des anderen aussieht, hilft zu verstehen, wie Sie Ihre eigene Geschichte oder Ihr eigenes Verhalten verpacken müssen. Darüber hinaus ist das Verstehen des anderen eine essentielle Rahmenbedingung, wenn Sie Ihr Team mithilfe von situativem Führen leiten. Diese Form der Führung wird im folgenden Abschnitt behandelt.

6. Synergien schaffen

Wenn Sie sich die ersten fünf Prinzipien zu Eigen gemacht haben, sind Sie für die sechste bereit. Warum? Da Sie hier alles bereits Bestehende im Bereich von individueller Effektivität und Zusammenarbeit kombinieren werden. Synergie erreichen Sie, wenn das Ganze mehr als die Summe seiner Teile ergibt. Hierbei geht es darum, dass Sie Unterschiede akzeptieren und nutzen, um neue Einblicke zu erhalten. Es ist dann nicht mehr Ihr Entschluss oder der des anderen, sondern eine neue Variante. Covey nennt dies *die dritte Alternative*. Synergie führt also zu kreativen Ergebnissen, indem die Stärke der Individuen und die der Gruppe vereint wird.

Es ist wichtig, dass Sie als Projektmanager diesen Prozess leiten und entscheiden, welches Maß an Synergie Sie erreichen möchten. Oft werden Sie zu Beginn des V-Modells andere Wünsche haben als zum Schluss. Zu Beginn werden kreative Ideen und Durchbrüche benötigt, was eine Interaktion von Menschen mit unterschiedlichen Ansichten erfordert. Während der Projektumsetzung ist jedoch ein intensives Zusammenspiel bei der Ausführung des Plans nötig, was dann einfacher zu erreichen ist, wenn alle am selben Strang ziehen.

Synergie erreichen Sie, wenn das Ganze mehr ist als die Summe seiner Teile.

7. Schärfe die Säge

Das letzte Prinzip behandelt die Pflege und die Verbesserung Ihres kostbarsten Besitzes: Sie selbst. Das Arbeiten an sich selbst wird im hektischen Alltag oft auf die Probe gestellt. Covey beschreibt dies mit einem Beispiel, in dem es ein Holzarbeiter mit einer stumpfen Säge versäumt diese zu schärfen, da er noch so viele Sägearbeiten vor sich hat. Die Botschaft: Indem wir uns ab und zu Zeit für uns selbst nehmen, also uns "schärfen", können wir danach viel effektiver sein. Covey unterscheidet hierbei vier Dimensionen, in denen wir uns schärfen können:

1. **Die physische Dimension**: Nahrung, Bewegung, Ruhe und Entspannung (Achten Sie auf die Verbindung zum Quadrant 2 in Abbildung 4.3).
2. **Die spirituelle Dimension**: das Streben nach klaren Werten, geistiger Entwicklung und einem Selbstbild (wichtig für Prinzip 2).
3. **Die mentale Dimension**: das Vermögen lesen, analysieren, schreiben und planen zu können.
4. **Die sozial-emotionale Dimension**: empathisches Vermögen, Hilfsbereitschaft und Synergie erreichen (wichtig für Prinzipien 4 bis 6).

4.4 Situatives Führen

Situatives Führen ermöglicht gemeinsam mit dem kritischen Parameter Kontrolle ohne Mikromanagement.

Menschen in Bewegung zu versetzen ist eine der wichtigsten Qualitäten des Projektmanagers. Wie gut Sie hierin sind, bestimmt zu einem großen Teil Ihren Erfolg. Covey zeigte bereits, dass effektive Führung Einsicht in sich selbst, das Verständnis darüber, wie Mitarbeiter und Stakeholder denken, und das Wissen, wie Sie diese Kenntnis richtig einsetzen können, erfordert. Ihre Projektmitarbeiter auf die richtige Weise zu leiten, heißt *situatives Führen*. Genau wie Coveys sieben Prinzipien ist auch dieses Thema überall in vielen Büchern und Veröffentlichungen wiederzufinden. Und doch finde ich es sinnvoll, die Bedeutung und Anwendung des situativen Führens separat zu behandeln. Denn wenn Sie bei diesem Thema die Essenz nicht erkennen, kann der grundlegende Gedanke nur schwer in Ihren eigenen Stil integriert werden. Das jedoch wäre ärgerlich, denn gemeinsam mit dem Steuern mit Hilfe der kritischen Parameter bildet situatives Führen den Rahmen, um die Details in Ihrem Projekt unter Kontrolle zu halten und dennoch nicht in Mikromanagement zurückzufallen.

Situatives Führen erkläre ich in drei Schritten. Zum einen aus didaktischen Gründen, aber vor allem, weil jeder Schritt einen einprägsamen *Take away*-Moment darstellt, mit dem Sie in der Praxis punkten können:
1. **Quinns Konkurrierende-Werte-Modell**: Verschiedene Rollen einnehmen können.
2. **Das Managerial Grid-Modell von Blake & Mouton**: Zwischen aufgabenorientiertem und mitarbeiterorientiertem Führungsverhalten unterscheiden können.
3. **Situatives Führen von Hersey & Blanchard**: Ihren Führungsstil an die Aufgabenreife Ihrer Mitarbeiter anpassen.

1 Quinn: verschiedene Rollen einnehmen können
Es ist wie bei der Zusammenstellung des Werkzeugkasten eines Fachmanns: Das Werkzeug stimmen Sie auf die Art der Arbeit ab, nicht andersherum. Auf diese Weise funktioniert es auch bei Führung. Es ist wichtig, die verschiedenen Führungsstile zu beherrschen und diese zum richtigen Moment anzuwenden. So werden Sie effektiver und verhindern, dass Ihr Verhalten vorhersehbar und langweilig wird.

Bei diesem Thema werde ich schon mal gefragt: "Aber ich soll doch in erster Linie ich selbst bleiben, oder?" Das ist tatsächlich ein wichtiger Aspekt. Verschiedene Führungsrollen anzunehmen, ist nicht mit der Aufgabe der eigenen Persönlichkeit zu verwechseln. Das Führen anderer beginnt mit dem Wissen darüber, wer Sie selbst sind, und das hat selbstverständlich Einfluss auf Ihre persönliche Art des Führens. Dies ist gerade die Herausforderung: innerhalb Ihres persönlichen Stils in verschiedenen Rollen agieren zu lernen und bewusste Entscheidungen zu treffen, wann Sie welche Rolle einnehmen möchten. Dass Sie dabei Vorlieben haben ist normal. Denn das hat ja gerade etwas mit Ihrer Persönlichkeit zu tun.

Wenn Sie ein Gefühl für verschiedene Führungsrollen erhalten möchten, empfiehlt es sich, sich in das Konkurrierende-Werte-Modell von Robert Quinn (Quinn, 1994 und 2005) zu vertiefen. Quinn unterscheidet in diesem Modell zwischen vier klassischen Managementmodellen, die einander ergänzen. Ein Modell ist nicht besser als das andere, es funktioniert einfach in einer entsprechenden Situation besser als ein anderes. Quinn fordert uns heraus, ein möglichst großes Repertoire an Rollen zu meistern. Er steckt die Modelle und Rollen in eine Abbildung und vergleicht sie anhand zweier Dimensionen:
1. Die Dimension mit der größten *Flexibilität* und *Stabilität*
2. Die Dimension mit dem größten *internen* und *externen* Fokus

In Abbildung 4.4 können Sie sehen, dass dies insgesamt acht Rollen ergibt, die einander sehr ähneln, wenn sie nebeneinanderstehen. Platzieren Sie diese jedoch gegenüber voneinander, so ergeben sich gegensätzliche Eigenschaften (konkurrierende Werte).

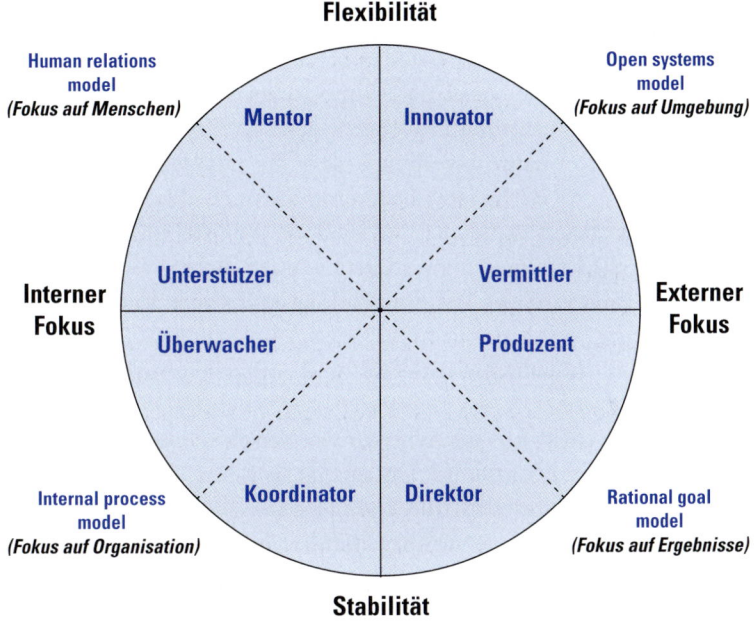

Abbildung 4.4 Quinns Konkurrierende-Werte-Modell

Versuchen Sie sich vorzustellen, wie Sie selbst innerhalb einer Reihe von Aktivitäten die Rolle verändern können, um effektiver zu sein. Beispielsweise während eines Vorschlages an den Lenkungsausschuss:
1. Direktor: Sie formulieren die Zielsetzung und entwerfen eine Vision, um den richtigen Entschluss zu erlangen.
2. Koordinator: Sie planen die Besprechung und sorgen dafür, dass die richtigen Teilnehmer anwesend sein können.
3. Vermittler: Vorab kontaktieren Sie einige Teilnehmer persönlich, um Dinge zu besprechen und deren Meinungen zu sondieren.

4. Produzent: Sie arbeiten sicher und solide an einer begründeten und überzeugenden Präsentation.
5. Innovator: Während der Präsentation tragen Sie Sorge dafür, dass die Stimmung gut ist, und Sie gehen mit Fragen und Bemerkungen flexibel um.
6. Unterstützer: Nach Ihrer Präsentation sind die Gruppenmitglieder an der Reihe, sodass diese aktiv mitdenken können und nicht das Gefühl erhalten, dass sie zu einer bestimmten Entscheidung genötigt werden.
7. Koordinator: Wenn die Entscheidung gefällt wurde, fassen Sie alles kurz und bündig zusammen und kommunizieren Sie die Vereinbarungen und Handlungen.
8. Überwacher: Danach überprüfen Sie die Ausführung der Handlungsaspekte.

Kreieren Sie bewusst Abwechslung in Ihrem Spiel.

Sie können hier eine Vielzahl von Führungsstilen erkennen, die zu einer höheren Effizienz führen; selbst innerhalb der Ausführung einer einzelnen Reihe von Aktivitäten. Wählen Sie beispielsweise nur die Rolle als Produzent, so werden Sie zwar eine wundervolle Präsentation abgegeben, aber verpassen die positiven Auswirkungen der vorherigen informellen Abstimmung über gewisse Themen. Außerdem besteht dann das Risiko, dass Sie innerlich von einem "Ich habe Recht, also bekomme ich auch dieses Recht zugesprochen" ausgehen, wodurch Sie bei Widerspruch während der Besprechung durch eine unnötige Verteidigungshaltung die Entscheidung verzögern würden. Achten Sie also darauf, dass Sie, genauso wie ein guter Tennisspieler, viel Abwechslung in Ihr Spiel bringen...

2 Blake & Mouton: aufgabenorientiertes und mitarbeiterorientiertes Führungsverhalten

Ging es bei Quinn vor allem um die Synergie von verschiedenen Führungsrollen, so ist bei Robert Blake und Jane Mouton die Umsetzung in Bezug auf die Führung von Mitarbeitern entscheidend. Hierbei wird die Trennung zwischen aufgabenorientiertem und mitarbeiterorientiertem (oder beziehungsorientiertem) Führungsverhalten gemacht (Abbildung 4.5).

Führungspersönlichkeiten, die im hohen Maße mitarbeiterorientiertes Führungsverhalten zeigen, schenken vor allem der relationalen Seite der Arbeit ihre Aufmerksamkeit. Sie erklären, *warum* Dinge notwendig sind, zeigen Interesse und berücksichtigen persönliche Wünsche. Aufgabenorientierte Führende legen den Fokus auf die inhaltlichen Aspekte der Arbeit, *wie* die Ausführung auszusehen hat und wie die Qualität der Ergebnisse ist. Blake und Mouton haben dies im Managerial Grid-Modell zusammen gefasst (Blake & Mouton, 1964) und haben die Führungsstile unterschiedlich benannt: *commander* (Befehl-Gehorsam-Management), *country club chairman* (Samthandschuhmethode), *easy rider* (Überlebensmanagement) und *team leader* (Teammanagement). Letzteres lenkt in Richtung Engagement und Motivation (mitarbeiterorientiert), aber kann auch inhaltlich (aufgabenorientiert) die Richtung weisen. Laut Blake und Mouton ist dieser Stil am effektivsten, aber genauso wie bei Quinn geht es hier vor allem um das *bewusste Umschalten* zwischen mitarbeiterorientiertem und aufgabenorientiertem Führungsverhalten.

> Betrachten Sie einmal Ihren eigenen Führungsstil. Trennen Sie das aufgabenorientierte und das mitarbeiterorientierte Führungsverhalten ganz bewusst?

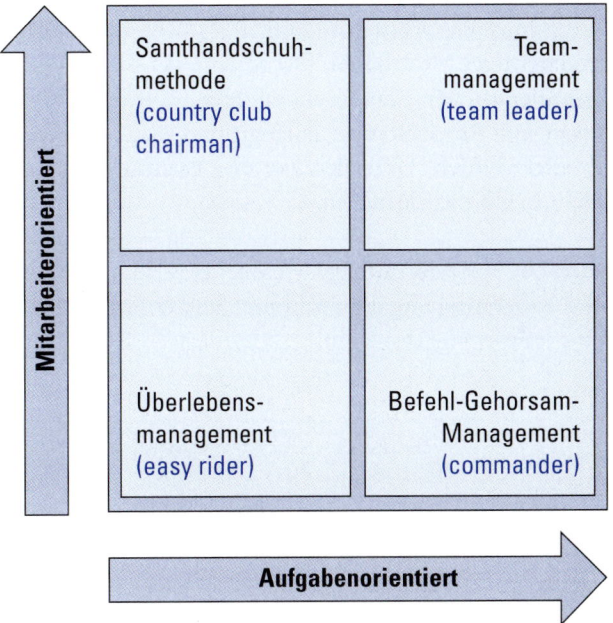

Abbildung 4.5 Das Managerial Grid-Modell von Blake und Mouton

3 Hersey & Blanchard: Die Aufgabenreife der Mitarbeiter bestimmt den Führungsstil

Die Führungsstile zu kennen ist nur ein Teil der Geschichte, um das Beste aus Ihren Mitarbeitern zu kitzeln. Denn wann setzen Sie welchen Führungsstil ein? Die Antwort hierauf gaben Paul Hersey und Ken Blanchard in ihrer Theorie des *situativen Führens* (Hersey und Blanchard, 1977), indem sie das Managerial Grid-Modell um den Entwicklungsstand der Mitarbeiter erweiterten.

Um den richtigen Führungsstil einsetzen zu können, müssen Sie nämlich zunächst den Entwicklungsstand Ihrer Mitarbeiter einschätzen, der aus zwei Aspekten besteht:
1. **Fähigkeit**: das *Können*, verbunden mit Wissen, Fertigkeiten und Erfahrung.
2. **Engagement**: der *Wille*, verbunden mit Begeisterung, Selbstvertrauen, Mut und Motivation.

Ein Mitarbeiter wird in seiner Entwicklung einen Wachstumsprozess durchlaufen. Hersey und Blanchard unterscheiden in diesem Wachstumsprozess zwischen vier Entwicklungsstufen, die zu einer hohen Aufgabenreife führen:

E1 Begeisterter Anfänger: ein neuer Mitarbeiter mit neuen Aufgaben. Dieser Mitarbeiter ist motiviert, alles zu tun, aber verfügt noch nicht über die erforderlichen Fähigkeiten und unter- oder überschätzt sich selbst.

E2 Desillusionierter Anfänger: nach einem guten Anfang entstehen Zweifel und Frustration. Blanchard nennt dies: "*The honeymoon is over*". Der Mitarbeiter hat einige Fähigkeiten aufgebaut, aber ist noch unsicher. Er hat die ersten negativen Erfahrungen gesammelt, hat sich zu viel Arbeit aufgeladen oder ist verärgert, dass er nicht frei agieren darf.

E3 Fähiger, aber vorsichtiger Mitarbeiter: Der Mitarbeiter verfügt jetzt über ausreichende Fähigkeiten, um die Aufgaben selbstständig auszuführen. Aber das Eis ist noch immer dünn. Das Selbstvertrauen ist vom Arbeitskontext abhängig und wird bei unerwarteten Problemen zu Zögern oder Zweifeln führen. Unterstützung und Feedback von Seiten des Leitenden sind gefragt, um nicht in C2 zurückzufallen.

E4 Eigenverantwortliche Spitzenkraft: Der Mitarbeiter verfügt über genügend Fähigkeiten und ist bereit, Aufgaben selbstständig durchzuführen und kontrolliert sich selbst, sodass das gewünschte Ergebnis realisiert werden kann.

Abbildung 4.6   Entwicklungsstufen laut Hersey und Blanchard

Sie können sich vorstellen, dass Mitarbeiter, abhängig von ihrer Fähigkeit mehr oder weniger (aufgabenorientiertes) steuerndes Verhalten und abhängig von ihrem Engagement mehr oder weniger (mitarbeiterorientiertes) unterstützendes Verhalten benötigen. In Abbildung 4.7 sind die Entwicklungsstände nochmals in vier Quadranten angegeben, wobei die Achsen Fähigkeit und Engagement bewusst umgedreht wurden. Sie beginnen hoch und enden niedrig. Dies bietet die Möglichkeit, die Achsen steuerndes Verhalten und unterstützendes Verhalten mit den vier Stilen des situativen Führens hinzuzufügen: instruieren, überzeugen, partizipieren und delegieren.

S1 Instruieren: viel steuerndes, wenig unterstützendes Verhalten. Der Projektmanager schreibt das *Wie* vor und gibt dem Mitarbeiter klare Anweisungen. Dazu kontrolliert er die Ausführung und das erreichte Ergebnis. Unterstützendes Verhalten legt er nicht wirklich an den Tag, denn dies kann geradezu als Schwäche oder als das Belohnen von unzureichenden Leistungen gesehen werden. Die Verantwortung für das Ergebnis liegt beim leitenden Projektmanager. Falls der Projektmanager inhaltlich nicht selbst steuern kann, organisiert dieser die Hilfe durch andere.

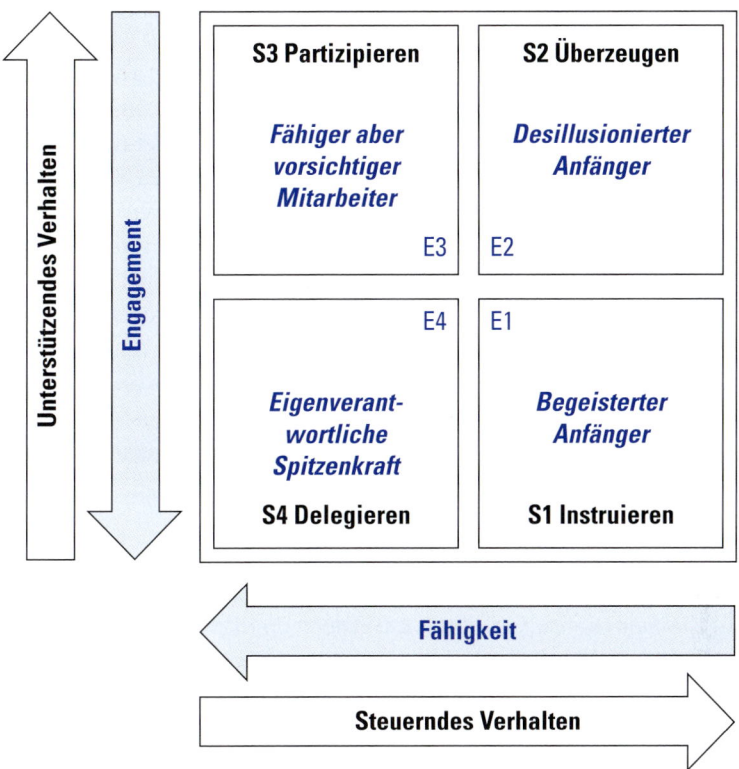

Abbildung 4.7   Der Entwicklungsstand und die dazugehörigen Führungsstile

S2 Überzeugen: Der Projektmanager erklärt mehr zum *Was* und *Warum*, um die Mitarbeiter in die Arbeiten mit einzubeziehen. Die Aufgabenausführung (das *Wie*) wird noch immer vorgeschrieben und die Ausführung wird kontrolliert, aber die Kommunikation verschiebt sich in Richtung von aktivem Stellen von Fragen, Erklären, Stimulieren und Motivieren.

S3 Partizipieren: dieser Führungsstil wird auch *Unterstützen* genannt. Der Mitarbeiter verfügt über ausreichende Fähigkeit, um selbst das *Was* in ein *Wie* zu verwandeln. Der Projektmanager lässt mehr los, ist vor allem der Resonanzboden und unterstützt den Mitarbeiter bei Bedarf. S3-Führen bedeutet also vor allem, dem Mitarbeiter aktive Aufmerksamkeit zu schenken und Unterstützung zu bieten.

S4 Delegieren: Die Ergebnisverantwortung ist bei diesem Führungsstil vollständig an den Mitarbeiter übertragen worden. Der leitende Projektmanager delegiert die erforderlichen Befugnisse an den Mitarbeiter, der selbst die Art der Aufgabenausführung bestimmt und den Fortschritt überwacht. Der Projektmanager sorgt als Endverantwortlicher vor allem für gute Bedingungen und agiert nicht mehr steuernd und kontrollierend.

Beim situativen Führen wird der Erfolg des Projektmanagers also nicht mehr durch seinen eigenen bevorzugten Stil bestimmt, sondern durch das Vermögen, die Qualitäten der Mitarbeiter einzuschätzen und hiernach zu handeln. Coveys wechselseitige Abhängigkeit

Beim situativen Führen tun Sie, was erforderlich ist, und nicht das, was Sie am liebsten tun.

und "erst verstehen, dann verstanden werden", gehören auch dazu. Bedenken Sie weiterhin, dass das Prüfen des Entwicklungsstandes der Mitarbeiter ein dynamischer Prozess ist. Es hängt von der Aufgabe ab, aber dieselbe Aufgabe kann für einen Mitarbeiter in verschiedenen Situationen (Höhe der Komplexität, Unsicherheit, das unterstützende Umfeld) zu einem anderen Entwicklungsstand führen und somit eine andere Art des Managements erfordern. Des Weiteren erfordert das situative Führen viel Fingerspitzengefühl des Projektmanagers und das Vermögen, zur richtigen Zeit zu leiten oder loszulassen. Letzteres gelingt nur, wenn Ihr Selbstmanagement in Ordnung ist. Siehe auch Coveys erste drei Eigenschaften. Aber wenn das einmal gelungen ist, ist situatives Führen eine unbestreitbare Faktor 10-Kompetenz. Manager, die diese Kunst beherrschen, sind effektiver, arbeiten effizienter, verfügen über motiviertere Mitarbeiter und wissen besser, wie sie die Kreativität aus ihrem Team herauskitzeln können.

 Platzieren Sie Ihre individuellen Teammitglieder auf der Grundlage ihres Entwicklungsstands E1-E4 in die passenden Quadranten. Stellen Sie die Frage, ob Sie jeden mit dem richtigen situativen Führungsstil S1 bis S4 leiten.

Coachender Führungsstil
Sie werden inzwischen sicherlich verstanden haben, dass das Beherrschen des situativen Führens ein wichtiges Hilfsmittel ist, um "die Kontrolle zu behalten, ohne dabei Mikromanagement einsetzen zu müssen". Beim Steuern in Richtung Ergebnis tun Sie nämlich nur das Nötigste und dies auch noch auf die effektivste Art und Weise. Es ermöglicht Ihnen genaue Beobachtung, ohne dass dies von Ihrem Mitarbeiter als störend oder bevormundend erfahren wird. Dabei sollten Sie sich in jedem der Quadranten auf unterschiedliche Details konzentrieren, z.B. geben Sie intensive Resonanz in S3 oder bieten Sie in S1 sorgfältige Anleitungen an.

In Abbildung 4.8 ist das gesamte Modell des situativen Führens zusammengefasst, in dem wir bereits auf die Anwendung während der (Projekt-)Ausführungsphase eingehen. Hier wird auch der Begriff *coachender Führungsstil* benutzt, was bedeutet, dass Sie mit dem richtigen situativen Führen dem Mitarbeiter in seiner Entwicklung und seinem Wachstum helfen. Manch einer nennt die S2 und S3 Quadranten Coaching-Quadranten, aber persönlich finde ich, dass Sie den coachenden Führungsstil für jeden Quadranten einsetzen können. Mit einem coachenden Führungsstil stärken Sie Ihre Mitarbeiter, wenden das richtige situative Führen an und entwickeln die Qualitäten Ihrer Mitarbeiter, sodass deren Aufgabenreife verbessert wird.

Man hört oft: *Delegieren ist schwierig.* Das ist jetzt gut zu verstehen, denn es erfordert sowohl S4-Führen des Leitenden, aber auch ein E4-Entwicklungsstand des Mitarbeiters. Allerdings habe ich beobachtet, dass *der Übergang* von S2-"bestimmen, wie der Mitarbeiter seine

Aufgaben ausführt" zu S3-"sich den Präferenzen des anderen stellen und doch Kontrolle über das Ergebnis halten" für den Manager vielleicht noch schwieriger ist. In der Praxis werden Sie mit dem Mitarbeiter oftmals zwischen S2 und S3 schwanken und erfahren, dass es zwischen den zwei fundamental verschiedenen Führungsstilen auch eine Grauzone gibt.

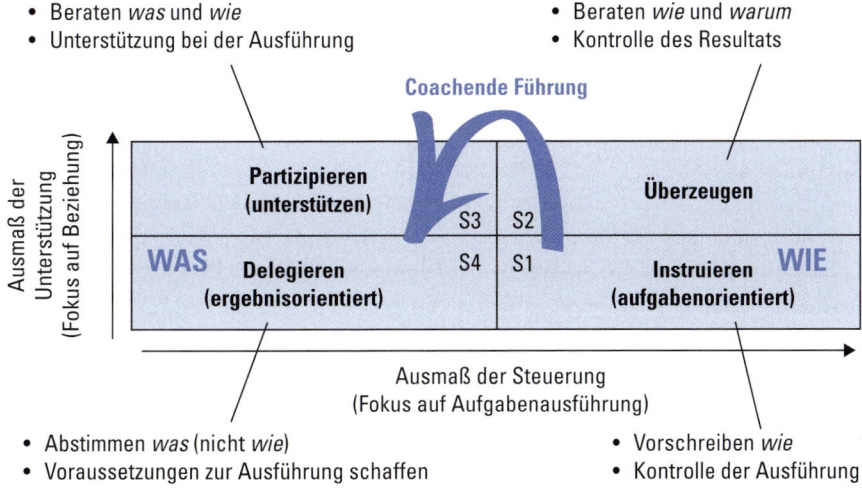

Abbildung 4.8 Situatives und coachendes Führen

Abschließend einige Beispiele, bei denen situatives Führen *nicht* richtig angewendet wird:
- *Eine eigenverantwortliche Spitzenkraft (E4) instruierend führen (S1)*: Der Mitarbeiter wird Sie als Mikromanager erfahren und demotiviert werden. In Kapitel 7 über den Projektmotivator werden wir sehen, dass sich der Mitarbeiter sogar an den (verkehrten) Führungsstil anpassen wird und auf ein E2-Niveau zurückfallen kann.
- *Den E1-Mitarbeiter überschätzen und ungerechtfertigt wie eine eigenverantwortliche Spitzenkraft führen (S4):* Der Mitarbeiter wird hin und her schwenken oder den falschen Weg einschlagen. Außerdem ist die Wahrscheinlichkeit groß, dass Sie zu spät die Fehleinschätzung bemerken, da Sie (ungerechtfertigt) von einem "Keine Nachricht ist eine gute Nachricht" ausgegangen sind.
- *Ein Mitarbeiter, der sich selbst als eigenverantwortliche Spitzenkraft (E4) sieht, dies aber eigentlich nicht ist:* Wenn nur Unterstützung benötigt wird (der Mitarbeiter ist also eigentlich E3), dann kann der Schaden einfach wiedergutgemacht werden. Es muss dann leitend eingegriffen werden, obwohl sich nicht alle mit einem überschätzten Selbstbild unterstützen oder begleiten lassen wollen. Sollten auch steuernde Maßnahmen erforderlich sein (E1 oder E2), kann dies zu einem Problem werden, falls die anstehende Aufgabe von dem Mitarbeiter ein großes Maß an Selbstständigkeit erfordert.

4.5 Der Faktor 10 des Projektmanagers

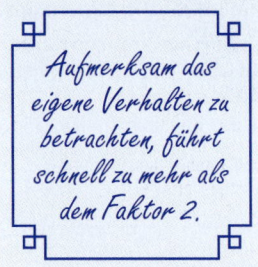
Aufmerksam das eigene Verhalten zu betrachten, führt schnell zu mehr als dem Faktor 2.

Der Projektmanager verfügt also über viele Möglichkeiten effektiver zu werden. Klug agieren, umdenken, Korrelationen finden, den richtigen Typ des situativen Führens anwenden, wachsam sein und die sieben Prinzipien von Covey bieten Ihnen ein Arsenal an Mitteln, mit denen Sie mehr erreichen können als mit harter Arbeit, dem Faktor 2, alleine. Und wenn die genannten Ratschläge schwer ausführbar erscheinen, bedenken Sie bitte, dass ein *bewusstes* Anwenden wichtiger ist als ein *perfektes* Anwenden. Indem Sie immer aufmerksam agieren und über die Wirksamkeit Ihres Handelns nachdenken, wird Ihr gesunder Menschenverstand bereits viele Faktor 10-Momente schaffen. Beispielsweise, indem Sie bewusst Ihren Sitzplatz während einer Sitzung wählen. Oder einige Minuten vor einer Verhandlung bewusst darüber nachdenken, was die Mindestziele sind und was Sie der Gegenpartei bieten können. Ein bewusstes Agieren ist bereits die halbe Miete und Ihre Erfolge werden Sie motivieren, stetig weitere Schritte zu gehen.

Am Organisieren oder an der Organisation arbeiten
Den Faktor 10 können Sie nicht nur für Ihr eigenes Verhalten anwenden, sondern auch für die von Ihnen gewählten Lösungswege. Anstatt Ihre Energie automatisch auf Vorschriften zu verwenden, versuchen Sie beispielsweise mehr in Logik und menschliches Verhalten zu investieren.

Trauen Sie sich in Verhalten anstatt in Regeln zu investieren.

In Kapitel 1 schlussfolgerten wir bereits, dass oftmals zusätzliche Regeln angewendet werden, um Veränderungen durchzuführen. Aber es geht auch anders. Dies ist in Abbildung 4.9 dargestellt. Sie sehen, dass es drei Arten Regeln gibt: *aufgeschriebene Regeln, logische Regeln und implizite Regeln*. Neue Vorschriften fallen unter die aufgeschriebenen Regeln. Die logischen Regeln sind nicht aufgeschrieben, sondern ergeben sich aus der Struktur der Organisation oder des Systems. Implizite Regeln sind letztendlich im Verhalten der Mitarbeiter und der Kultur der Organisation verankert.

Sie können es mit dem Fußballsport und dessen Spielregeln vergleichen. Die Anzahl an Spielern, die Größe des Spielfeldes, was Abseits ist und wie Sie entscheiden, wer gewonnen hat, sind alles aufgeschriebene Regeln. Das Zusammenspiel jedoch ist die Taktik, die sich aus der Logik ergibt, dass Sie die Stärken des Teams im wechselseitigen Zuspiel effektiv nutzen. Das müssen Sie also nicht offiziell in Regeln festhalten - ein gutes Team setzt dieses automatisch um. Dasselbe gilt für das individuelle Spielverhalten der Spieler. Auch das wird nicht aufgeschrieben, sondern Sie bauen auf die Kreativität und das Spielverständnis des Individuums.

Der Faktor 10

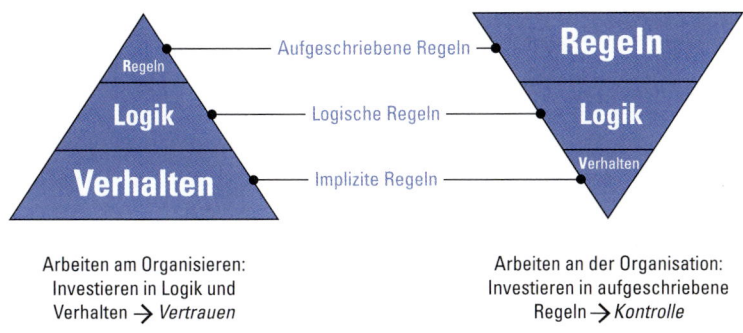

Abbildung 4.9   Die impliziten Regeln und die aufgeschriebenen Regeln

Wenden Sie diesen Mechanismus einmal in Ihrem Projekt an. Möchten Sie in Vertrauen (Verhaltenskultur, links in Abbildung 4.9) oder in Kontrolle (Vorschriften, rechts in der Abbildung) investieren? Versuchen Sie nicht in zusätzliche Regeln zu investieren, sondern stecken Sie Ihre Energie in ein verändertes Teamverhalten oder nutzen Sie die Logik. Das folgende Beispiel kennen wir alle: Eine Sitzung, die um 9.00 Uhr beginnt, dauert oftmals den ganzen Morgen, während um 11.00 Uhr zu beginnen automatisch bedeutet, dass die Teilnehmer darauf fokussiert sind effektiv zu tagen, damit die Sitzung noch vor dem Mittagessen beendet werden kann. Ähnlich könnten Sie vorgehen, wenn Sie Input von Menschen aus Ihrer Organisation benötigen. Sie könnten in diesem Falle Regeln aufstellen, indem Sie Fristen kommunizieren und anschließend immer wieder Erinnerungen versenden. Sie können aber auch die Lieferung von Input an eine kurze Plenarsitzung koppeln, in der jeder 5 Minuten erhält, um den jeweiligen Input darzustellen und eine persönliche Zusammenfassung abzugeben. Glauben Sie mir. Hier müssen Sie nichts weiter tun, damit die Mitarbeiter den Fertigstellungstermins einhalten. Menschen, die präsentieren müssen, geben ihr Bestes, um dies möglichst gut zu tun. So einfach kann der Faktor 10 manchmal sein.

Der Faktor 10 ist für jeden anwendbar, ganz ungeachtet des persönlichen Stils!

Zusammenfassung

- Harte Arbeit ist der Faktor 2. Kluges Führen und Verhalten bilden den Faktor 10.
- Führung bedeutet die richtigen Dinge zu tun; Management die Dinge richtig zu machen. Sie benötigen beides!
- Nutzen Sie Umdenken, um mit scheinbar entgegengesetztem Handeln die Regie zu übernehmen. Kämpfen Sie nicht gegen die Realität, sondern schaffen Sie Neues. Auch dies ist eine Form zu agieren anstatt zu reagieren.
- Wenden Sie Coveys sieben Prinzipien des effektiven Führens an. Verwenden Sie vor allem:
  - Den Einflussbereich und Interessenbereich
  - Coveys Zeitmanagement-Matrix (wichtig ⇔ dringend)
  - Das emotionale Beziehungskonto
- Coveys zweites Prinzip ist "Schon am Anfang das Ende im Sinn haben". Zeigen Sie schon zu Beginn des Projekts die Landebahn auf, sodass sich ein jeder auf die noch zurückzulegende Route bis hin zum Ziel konzentrieren kann. Bei der Berichterstattung resultiert dies in der Kommunikation in Time-to-go, Costs-to-go, etc.
- Für den Faktor 10 benötigen Sie situatives Führen:
  - Es gibt keine "beste" Art des Führens. Effektive Führung hängt von der Situation ab. Trauen Sie sich zu variieren!
  - Unterscheiden Sie aufgabenorientiertes und mitarbeiterorientiertes Führungsverhalten.
  - Stimmen Sie Ihren Stil auf die Aufgabenreife des Mitarbeiters ab:
    - S1 Instruieren (aufgabenorientiert)
    - S2 Überzeugen
    - S3 Partizipieren
    - S4 Delegieren (ergebnisorientiert)
- Der Faktor 10 ist für jeden anwendbar. Ein bewusstes Anwenden ist wichtiger als ein perfektes Anwenden.

5 Der Plan Teil I: Projektstruktur

- Wie die 10%-Konfrontationsregel U-Boot-Verhalten verhindert.
- Schaffen Sie mit der Project Charter einen ersten Einflussmoment.
- Wieso Sie klar zwischen "die Projektgröße verstehen" und "steuern der Ausführung" unterscheiden sollten.
- Erstellen Sie mit dem Produktstrukturplan (Product Breakdown Structure) einfach eine vollständige Übersicht von testbaren und zu delegierenden Teilergebnissen.
- Wie Sie mit dem V-Modell und DfX das Fundament Ihres Projekts verbessern und Ihr Projekt proaktiv gestalten können.

Verfügen Sie über eine stabile Methode, wie Sie einen zuverlässigen und vom Team und Auftraggeber unterstützten Plan aufstellen? Oder ist der Planungsprozess für Sie eine intuitive Handlung, die Sie immer wieder anders handhaben? Meine persönliche Erfahrung ist, dass ich während meiner ersten Jahre als Projektleiter oft lange die leere Vorlage des Projektmanagementplans anstarrte. Wo sollte ich nur anfangen? Als ich erst einmal angefangen hatte, kam ich in Fahrt, aber auch dann konnte ich Reize verpassen, mich zwischenzeitlich mit

Ich hatte keinen Plan, um den Plan zu erstellen.

den Stakeholdern abzustimmen. *Das muss ich beim nächsten Mal aber anders machen*, dachte ich dann und versuchte, den Scherbenhaufen wieder zusammenzukitten. Meistens ging das auch gut, aber ich wollte eine strukturiertere Vorgehensweise für diesen Planungsprozess, die das Team am Prozess beteiligt und die mir hilft die Stakeholder kontinuierlich zu informieren und zu beeinflussen.[5]

5.1 Die 10 Schritte zur Erstellung eines Plans

Vielleicht hadern Sie auch mit der Erstellung eines Projektmanagementplans. Trösten Sie sich. Sie sind nicht alleine. Viele Organisationen kämpfen mit der Frage, wie Plan und Planung nun eigentlich zustande kommen sollen. Und das sind nicht nur Organisationen, die Neulinge im Bereich der Projektarbeit sind. Oft gibt es keine fundierten Verfahren, an denen sich (beginnende) Projektmanager orientieren können. Pläne zu erstellen heißt scheinbar zu einem hohen Maß "Finde-es-selbst-heraus". Was eine variable Qualität, begrenztes gegenseitiges Feedback und eine große Mischung von Stilen und Ansätzen innerhalb von Organisationen zur Folge hat. Es gibt zwar eine Vorlage, aber eine Anleitung zum Ausfüllen ist nicht vorhanden. Und hierbei beachten wir die Tatsache auch gar nicht, dass der Planungsprozess viel mehr als das Erstellen des

---

[5] Dieses Kapitel verbindet die folgenden Kompetenzen aus IPMA's ICB4: Strategy, Results orientation, Project design, Requirements and objectives, Scope, Quality, Resources, Procurement, Select & balance.

Projektmanagementplans ist. Das Dokument ist ein Endergebnis, dem unterschiedliche Informations-, Analyse-, Entscheidungs- und Gestaltungsschritte vorangestellt sind. Können Projektmanagementmethoden wie PRINCE2 und *PMBOK Guide* oder der ICB Kompetenzrahmen von IPMA dann nicht dabei helfen? Teilweise schon, aber diese Methoden beschreiben vor allem, *was* in einem Plan vorkommen muss. Doch *wie* man dahin kommt, wird weniger klar dargestellt. In diesem Bereich haben der Projektmanager und seine Organisation einen hohen Freiheitsgrad.

Bei nicht genügend Leitung oder Begleitung innerhalb des Planungsprozesses können folgende Gefahren auftreten:
- Der Projektmanager vergisst Schritte oder bleibt im Prozess stecken.
- Der Projektmanagementplan hat keine Struktur oder ist fernab vom wahren Arbeitsleben, wodurch dieser nicht zu pflegen ist oder überhaupt nicht verwendet wird.
- Ohne die richtige Vorgehensweise hat der Projektmanager Schwierigkeiten seine Teammitglieder beim Erstellen des Plans mit einzubeziehen.
- Um sich während des Planungsprozesses mit den Stakeholdern abstimmen zu können, benötigt man Zwischenergebnisse. Wenn es keinen strukturierten Ansatz gibt, dann fehlen oftmals diese Zwischenergebnisse oder die zugehörigen Belegdokumente.
- Ein Wissensaustausch wird schwieriger. Aber was wenigstens ebenso wichtig ist: Die Schnittstellen und Verbindungen der (Teil)Pläne werden weniger explizit sichtbar, was die Synchronisation der Teilprojekte während der Ausführungsphase negativ beeinflusst.

In diesem und dem folgenden Kapitel erkläre ich, wie Sie einen Projektmanagementplan erstellen und wie Sie Ihr Team und die Stakeholder in diesem Prozess maximal einbinden können. Aber zunächst möchte ich Ihnen die 10%-Konfrontationsregel vorstellen. Ein wichtiges Hilfsmittel während aller Aktivitäten in der Definitionsphase.

Die 10%-Konfrontationsregel
Ich muss Ihnen etwas gestehen. Ich nenne sie die 10%-Konfrontationsregel, aber eigentlich könnte ich sie genauso gut die 8%-, 15%- oder 20%-Konfrontationsregel nennen. Die Regel baut auch auf keiner wissenschaftlichen Grundlage auf, sondern ist ein Hilfsmittel, das ich selbst verwende, um *U-Boot-Verhalten* zu verhindern. U-Boot-Verhalten legen Sie dann an den Tag, wenn Sie zu Beginn einer Aktivität "ins Wasser abtauchen", hart arbeiten und erst, wenn alles erledigt und abgeschlossen ist, "wieder auftauchen". U-Boot-Verhalten bedeutet also, dass man während der Aktivität nicht sichtbar ist oder keine Abstimmung mit den Stakeholdern stattfindet. Fokussiert sein ist gut, aber kann auch dazu führen, dass Dinge übersehen werden.

 Leiden Sie auch hin und wieder an U-Boot-Verhalten?

Mit der 10%-Konfrontationsregel verhindere ich U-Boot-Verhalten, indem ich zu Beginn der Aktivität das Commitment eingehe, nach ungefähr 10% der Durchlaufzeit der Aktivität wieder "aufzutauchen", sodass ich den Stakeholdern Zwischenergebnisse anbieten kann. In

Abbildung 5.1 sind drei Aktivitäten mit einem Beispiel für den 10% Konfrontationsmoment dargestellt. Es ist wichtig zu wissen, dass dieser Moment nicht optional ist. *Sie warten also nicht, bis Sie etwas zu melden haben, sondern vereinbaren vorab, dass Sie etwas zu melden haben werden.* Das ist aufregend, denn oftmals wissen Sie zu diesem Zeitpunkt noch nicht einmal, was Sie kommunizieren könnten. Das geschieht ganz von alleine. Das Commitment sorgt nämlich dafür, dass Sie sofort eine Übersicht schaffen und die wichtigsten (proaktiven)

Aspekte klar und deutlich definieren müssen. Das wiederum kostet oft nicht mehr als eine Stunde Ihrer Zeit. Sie werden überrascht sein, was Sie in dieser kurzen Zeit alles erreichen können, wenn Sie ein Commitment eingehen und sich mit zu Ihrem Umfeld beschäftigen. Das ist das Faktor 10-Verhalten!

Außer der Tatsache, dass er Ihnen bei der Kommunikation mit Ihren Stakeholdern hilft, unterstützt der 10%-Konfrontationsmoment auch dabei, rechtzeitig Entscheidungen zu treffen. Es verhindert beispielsweise, dass Sie zu lange in die Vorbereitung eines Elements investieren oder an den falschen Aspekten arbeiten. Egal, wie wichtig eine gute Vorbereitung auch ist, sie darf niemals dazu führen "Scheuklappen aufzuziehen". Das Ziel steht immer an erster Stelle, also nutzen Sie die 10%-Konfrontationsregel zu Ihrem Vorteil!

Wahrscheinlich ist Ihnen bereits bewusst geworden, dass der 10%-Konfrontationsmoment eine praktische Interpretation des mini-Vs aus Abschnitt 3.5 ist. Indem Sie sich selbst auferlegen, bei der Bestimmung der Frist auch einen ersten Feedbackmoment anzukündigen, legen Sie den Grundstein für eine frühzeitige Vereinbarung. Das ist aufregend und fordernd, aber Sie erhalten auch automatisch einen Tritt in den Hintern, wonach das Ganze in

Abbildung 5.1   Der 10%-Konfrontationsmoment mit den Zwischenergebnissen für drei Aktivitäten

Schwung kommen wird und Sie sich nicht mehr verstecken können. *So machen Sie selbst den Schritt von reaktivem zu proaktivem und hin zu beeinflussendem Verhalten.*

Der Plan, um einen Plan zu erstellen

Zur Erstellung des Projektmanagementplans können Sie die zehn Schritte befolgen, die in Abbildung 5.2 beschrieben sind. Hiermit sammeln Sie die essentiellen Projektinformationen und erreichen die richtige Struktur für eine zuverlässige Route bis zum Ziel. Außerdem bietet Ihnen jeder Schritt die Möglichkeit, das Team (oder einen Teil davon) mit in die Umsetzung einzubeziehen. Die Schritte funktionieren sowohl bei einer traditionellen Phaseneinteilung als auch bei einem agilen Ansatz und sogar bei einer Kombination der beiden, wenn Ihr Projekt aus Teilprojekten mit Wasserfall- und Agile/Scrum-Prozessen besteht.

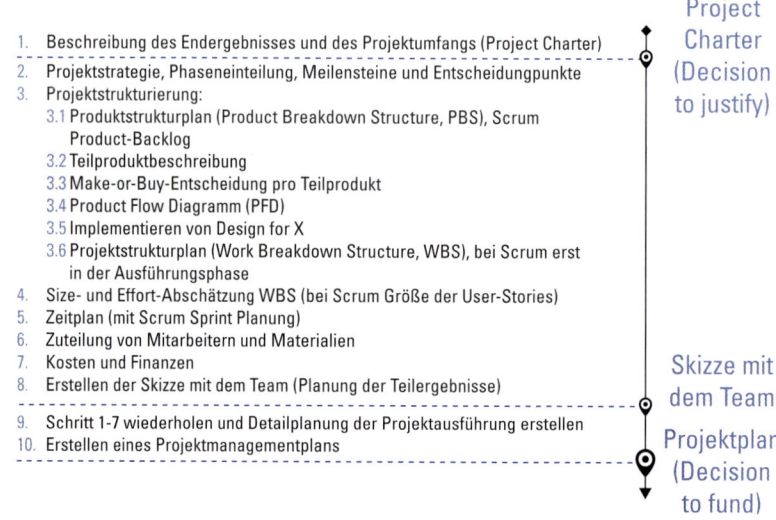

Abbildung 5.2 Die 10 Schritte des Planungsprozesses

Im Ablaufplan kommt die 10%-Konfrontationsregel sogar *zweimal* vor; in Schritt 1 und Schritt 8. Die Erstellungsdauer eines vollständig abgerundeten Projektmanagementplans ist einfach zu lang, um sie ohne Kontakt zu den Stakeholdern durchlaufen zu können. Das U-Boot-Verhalten liegt hier auf der Lauer, samt der Gefahr, dass Ihr Auftraggeber unruhig wird oder sich fragt, ob Sie sinnvoll agieren und das Vertrauen zu Ihnen verliert. Besonders, wenn der Auftraggeber eine Machermentalität hat. Selbstverständlich möchten Sie genau das Gegenteil erreichen und den Auftraggeber proaktiv beeinflussen. Dies führt zu zwei wichtigen frühzeitigen Feedbackmomenten:

1. **Project Charter**: Auf einem A4-Blatt den Projektumfang, das Projektziel und die wichtigsten zu liefernden Ergebnisse benennen. Ergänzt mit der Nennung der Stakeholder, Teammitglieder, Projektrisiken und der Kommunikationsart. *Die Project Charter bietet die perfekte Möglichkeit, schon frühzeitig mit Ihrem Umfeld in Interaktion zu treten.*
2. **Skizze mit dem Team:** Ein grundlegender Plan, der genügend Details enthält, um Timing und Kosten des Projekts, die zu liefernden Teilergebnisse (Deliverables) und

die Zuteilung von Mitarbeitern und Materialien untermauern zu können. Diese hilft beim *Verständnis der Projektgröße* und unterscheidet sich vom späteren Detailplan unter anderem dadurch, dass sie noch keine Richtlinie zur Ausführung der Handlungen enthält. Die Skizze mit dem Team ist eine Planung von Teilergebnissen, nicht von Aktivitäten.

Abbildung 5.3   Der Planungsprozess weist zwei 10%-Konfrontationsmomente auf

Genauso wie bei der ersten Raumskizze eines Malers entscheiden Sie bei der Skizze mit dem Team die Umrisse des Projekts, sodass Sie die Erwartungen in Richtung der Stakeholder managen können. Sie durchlaufen hierbei in kürzester Zeit viele Schritte. Diese Schritte werden beim Erstellen der *Detailplanung* wiederholt und verfeinert, indem Sie zusätzliche Informationen, Machbarkeitsstudien und die gelieferten (oftmals inhaltlichen/technischen) Deliverables aus der Einrichtungsphase hinzufügen. Weiterhin werden Details auf Handlungsebene hinzugefügt, um den Plan als *Leitfaden für die Ausführungsphase* nutzen zu können. Indem Sie diese Informationen erst bei Start der Ausführungsphase erfassen, vermeiden Sie unnötiges Änderungsmanagement. Die Detailplanung wird oftmals in einem Planungsprogramm ausgearbeitet, beispielsweise Microsoft Project. Für ein Projekt mit einer Durchlaufzeit von 18 Monaten dauert der Skizzierpfad ungefähr eine Woche und der Rest der Definitionsphase zwei Monate. Für ein zweimonatiges Projekt wird oft innerhalb einer Woche ein Projektplan (mit Angebot) erwartet, wodurch die Skizze mit dem Team innerhalb eines halben Tages realisiert werden muss.

5.2   Schritt 1: Project Charter

Die Schritte des Planungsprozesses decken die vollständige Vorbereitungs- und Einrichtungsphase ab. Das wichtigste Ergebnis der Projektvorbereitung ist die *Project Charter*. Das ist vielleicht etwas verwirrend, denn im Projektmodell in Kapitel 1 steht *Projektauftrag*. Der Name Project Charter, entnommen aus dem *PMBOK Guide*, passt meines Erachtens besser zum Inhalt und wird auch bei anderen Methoden, wie Six Sigma, verwendet. Übrigens, bei PRINCE2 wird hierfür der Begriff *Project Brief* verwendet.

Die anderen Deliverables der Vorbereitungsphase sind der *Business Case* und der *Projekteinrichtungsplan*. Der Business Case ist äußerst wichtig, aber liegt im Grunde im Verantwortungsbereich des Auftraggebers. Als Projektmanager werden Sie den Business Case gründlich durcharbeiten und zu einer Verbesserung beitragen, indem Sie Fragen hierzu stellen und Änderungsmöglichkeiten vorschlagen. Die Project Charter können Sie als Ihre Antwort auf den Business

Case betrachten. Der Projekteinrichtungsplan wird benutzt, um die Einrichtungsphase durchlaufen zu können, und wird unter anderem die zehn Schritte des Planungsprozesses beinhalten. Dieser Plan ist wichtig, weil Sie hiermit die Erwartungen in Bezug auf die Dauer und Kosten der Einrichtungsphase abstimmen, aber auch, um die richtigen Mittel für die Projekteinrichtung zur Verfügung gestellt zu bekommen. Aber bitte bleiben Sie pragmatisch und beschränken Sie den Projekteinrichtungsplan auf nur wenige A4-Seiten.

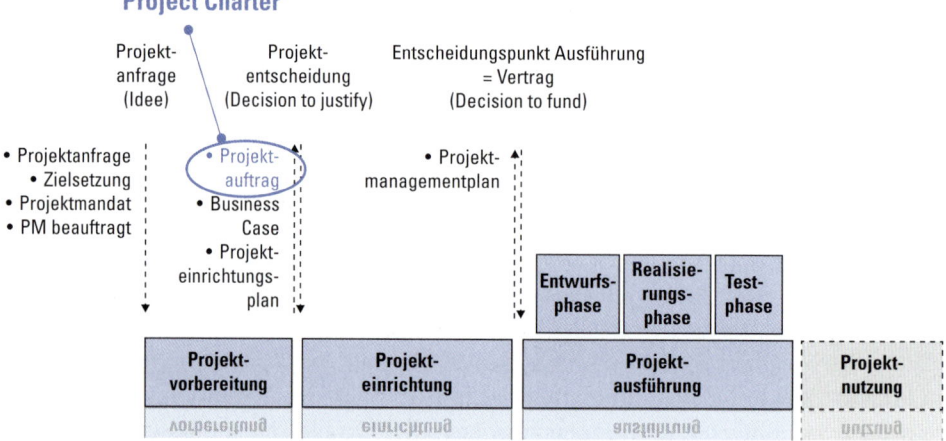

Abbildung 5.4   Die Project Charter als wichtigstes Ergebnis der Vorbereitungsphase

Inhalt Project Charter

Die Project Charter enthält die Informationen und Vereinbarungen, die für den Start des Projekts benötigt werden. Denken Sie hierbei bitte an die folgenden Elemente:

- Hintergrund (Kontext und Motivation)
- Projektdefinition:
  - Projektziel
  - Wichtigste Projektergebnisse
  - Umfang und Abgrenzung (was nicht im Projektumfang enthalten ist)
  - Schnittstellen
  - Einschränkungen
- Geschäftliche Rechtfertigung (Business Case)
- Anforderungen des Kunden in Grundzügen
- Projektorganisation in Grundzügen
- Projektstrategie
- Wichtigste Risiken
- Projektplan in Grundzügen

Diese Informationen können natürlich in jeder erdenklichen Form aufgeschrieben werden, aber ich persönlich bevorzuge *ein Format, das auf ein A4-Blatt passt*; siehe auch Abbildung 5.5. Warum? Zunächst, weil eine Seite die Ausrede entkräftet, das Aufstellen sei eine große Sache, die Sie dann vor sich herschieben können. Des Weiteren zwingt Sie ein einziges A4-Blatt, die komplette Materie auf ihre Essenz einzudampfen. In der Beschränkung zeigt sich erst der Meister. Letztendlich passt ein gefaltetes A4-Blatt in Ihre Hosentasche, wodurch Sie es jederzeit bei sich haben und bei allen Gesprächen herausholen und nutzen können. Aber natürlich können Sie dieses Ergebnis auch auf jede andere Art und Weise erreichen. Im Internet gibt es viele Vorlagen.

Möglichst frühzeitig eine erste Version erstellen
Die Project Charter ist eine der drei Deliverables, zu deren Erstellung meiner Meinung nach ein Projektmanager immer selbst die Initiative ergreifen muss. Die anderen beiden Aspekte sind der *Produktstrukturplan* und der *Heartbeat*, die später behandelt werden. Eine Project Charter stellen Sie in erster Linie für sich selbst auf, denn hiermit schaffen Sie schon frühzeitig ein formelles Zwischenergebnis, durch das Sie enorm viele Erkenntnisse erhalten. Diese Erkenntnisse können

Sie während der (Beeinflussungs-)Gespräche mit den Stakeholdern nutzen. Es ist ratsam, in dieser Phase auch die *Stakeholderanalyse* auszuführen (siehe Abschnitt 2.3), da diese angibt, wie mit den Betroffenen kommuniziert werden muss.

Projektname:	Projektmanager:	
	Auftraggeber:	
Projektbeschreibung (Kontext und Motivation)	Projektziel und finanzielle Auswirkung (Business Case)	
Projektumfang (und Abgrenzung)	Stakeholder	
Projektergebnisse (wichtigste Deliverables, KPIs)	Wichtigste Aktivitäten, Timing	
Teammitglieder	Wichtigste Risiken	
Review- und Kommunikationsplan	Genehmigung Name: Funktion: Signatur: Datum:	
	....	

Abbildung 5.5   Die Project Charter

Die Project Charter verfügt über eine einfache Struktur, doch der Schein trügt. Aufgrund Ihrer ersten Eindrücke die Essenz des Projekts zu formulieren, ist nicht einfach. Damit hat die Project Charter alle Eigenschaften eines 10%-Konfrontationsmoments: Sie haben das Gefühl, dass Ihnen wichtige Informationen fehlen, Sie erkennen Schwächen und wollen die Charter weiter perfektionieren. Hier liegen Prokrastination und ausbleibende Kommunikation bereits auf der Lauer! Ich empfehle Projektmanagern daher, maximal zwei Stunden für die erste Version ihrer Project Charter aufzuwenden, mit der Bedingung, dass sie *alle* Felder ausfüllen (also nicht beim Perfektionieren des Feldes Projektbeschreibung hängenbleiben). Deswegen können sie also nur die Informationen aus dem ersten Gespräch, ihre eigenen Erfahrungen und einzelne Fragen an andere Wissensträger verwenden. Das reicht jedoch absolut aus, um den Grundstein für ein solides Bauwerk zu legen und die Anschlussgespräche mit einer 1:0 Führung zu beginnen. Wenn Sie nicht mit der Project Charter begonnen hätten, wären die nächsten Schritte sicherlich anders und weniger effektiv verlaufen. Die Zeit wäre mit viel Nachdenken und Analysieren, aber aufgrund von U-Boot-Verhalten ohne aktive Handlungen dahingegangen...

 Möchten Sie Ihre Auftraggeber überraschen? Ergreifen Sie selbst die Initiative bereits kurz nach dem ersten Gespräch das Projekt in der Form einer Project Charter zu präsentieren. Oft erhalten Sie dann Komplimente zu Ihrem professionellen Ansatz.

5.3 Schritt 2: Projektstrategie und -phaseneinteilung

Mit der fertigen Project Charter kann die wirkliche Arbeit beginnen. Versuchen Sie jedoch zunächst erst den Entscheidungspunkt *Decision to justify* explizit vor dem Lenkungsausschuss oder dem Auftraggeber zu bestehen. Selbst wenn diese das nicht so wichtig finden, was übrigens gar nicht so ungewöhnlich ist! Überlegen Sie sich einfach einen Ansatz, der der Kultur der Organisation entspricht: Planen Sie eine offizielle Besprechung, besuchen Sie die Stakeholder und lassen diese etwas unterzeichnen oder wenden Sie sich per E-Mail an Ihren Auftraggeber und beschreiben, wofür dieser ein *Go* gegeben hat.

Warum ist dies so wichtig? Weil dies der Augenblick ist, um ein explizites Mandat zu erhalten. Sie bekommen nichts geschenkt! Als Projektmanager werden Ihnen automatisch Zuständigkeiten auferlegt, aber um die notwendigen Befugnisse müssen Sie kämpfen. Ziehen Sie hierfür bitte noch einmal das Umdenken aus Abschnitt 4.2 als Erinnerungsstütze hinzu: Geben Sie sich am Projektbeginn kritisch und sehen Sie den Decision to justify-Moment als die Übergabe vom Auftraggeber zum Projektmanager an. Bis zu diesem Zeitpunkt kann verhandelt werden, danach sind *Sie* offiziell für die Projektrealisierung verantwortlich.

Strategischer Ansatz
Was ist der beste Ansatz, um die Projektzielsetzungen zu realisieren? Denken Sie hierbei an Fragen, wie:
- Welche Phaseneinteilung wähle ich und mit welchen wichtigen Zwischenergebnissen?
- Wann verwende ich den agilen Ansatz, wann nutze ich das traditionelle Wasserfallmodell?

- Wie lerne ich die Endnutzer kennen?
- Wie behandele ich die Stakeholder?
- Was tue ich selbst, was übergebe ich meinen Partnern?
- Wie manage ich die Risiken?
- Wo befinden sich die zu erwartenden Änderungen?
- Wie teste ich die Spezifikationen möglichst früh?
- Wie motiviere ich das Team?

Das Formulieren der Strategie erfordert Verständnis. Verständnis, das Sie während der Vorbereitungsphase gewonnen haben. Die Strategie detaillieren Sie zu einer Projektphaseneinteilung mit den dazugehörigen Themen pro Phase aus. Hierbei können Sie vom Projektmodell oder der Standard-Phaseneinteilung aus starten, die in Ihrer Organisation verwendet wird. Mit Hilfe Ihrer Strategie können Sie diese Phaseneinteilung verfeinern, indem Sie zum Beispiel eine zusätzliche Phase hinzufügen, weil Sie ein Zwischenergebnis mit dem Endnutzer evaluieren wollen. Entscheiden Sie auch, welche Projektbereiche agil und welche als Wasserfall ausgeführt werden sollen. Aber halten Sie bitte alles so einfach wie möglich: *Die Projektstrategie sollte einfach, logisch und in eine Projektphaseneinteilung übersetzbar sein.*

Phaseneinteilung und Meilensteine
Im Projektmodell sind die elementaren Phasen bereits enthalten. Phaseneinteilung bedeutet ein Projekt in separate Teile mit jeweils einem vorab definierten Ergebnis zu unterteilen. Sie können die Phaseneinteilung anwenden, um Folgendes zu erreichen:
- Strukturieren eines Projekts
- Kontrolle eines Projekts (in kleinere Schritte aufteilen)
- Mit Unsicherheiten umgehen (z.B. Definitionsphase versus Ausführungsphase)
- Entscheidungsfindung stimulieren

Die Bedeutung einer frühen Entscheidungsfindung wird oft unterschätzt. Insbesondere in der Einrichtungsphase kann es wertvoll sein, diese aufzuteilen, um eine rechtzeitige Entscheidungsfindung zu erzwingen. Beispielsweise, um die Stakeholder zwischen Konzepten entscheiden zu lassen oder um eine Machbarkeitsstudie oder eine Lieferantenauswahl durchzuführen. Mittels einer zusätzlichen Phase bewirken Sie, dass die wichtige Entscheidung nicht die gesamte Einrichtungsphase hindurch aufgeschoben wird und so der Planungsprozess unnötig verkompliziert wird (siehe Abbildung 5.6).

An jedem *Phasenübergang* findet eine Phasenbeurteilung statt. Das bedeutet, dass evaluiert wird, ob alle Zwischenergebnisse (Deliverables) aus der Phase korrekt abgeschlossen wurden. Solch ein Moment wird auch *Meilenstein* genannt. Hierbei werden der Status der Managementaspekte, wie Zeit, Geld, Ressourcen und Qualität, sowie die kritischen Parameter in Bezug auf den Plan getestet. Ein Meilenstein muss theoretisch gesehen kein Phasenübergang sein, aber es ist klug, sich hierfür zu entscheiden. Einen Meilenstein, bei dem eine wichtige Entscheidung stattfinden muss, nennen wir einen *Entscheidungspunkt*.

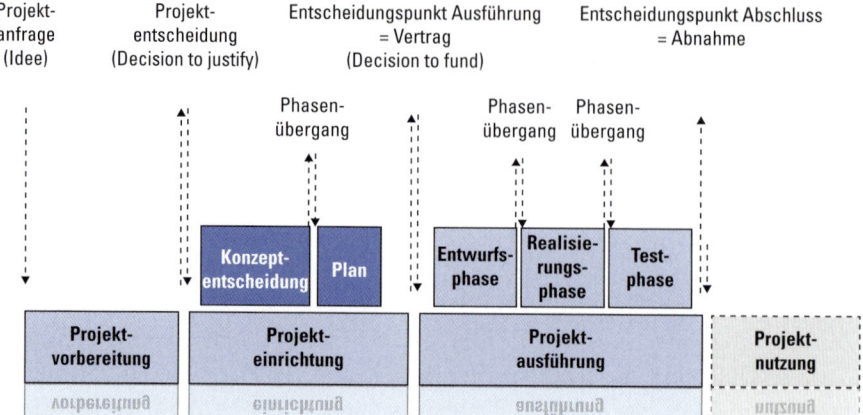

Abbildung 5.6   Aufteilung der Projekteinrichtungsphase in zwei Phasen, um Entscheidungsfindung zu stimulieren

5.4   Schritt 3.1 und 3.2: Produktstrukturplan

Wie können Sie wissen, ob sich alles, was zum Erreichen des Projektziels benötigt wird, im Plan befindet? Mit dem im Plan enthaltenen Wissen bestimmen Sie die Durchlaufzeit, das benötigte Budget und die gewünschten Ressourcen. Aber was wissen Sie außerdem noch nicht? Wer einen Plan erstellt, muss ein Bild von dessen Vollständigkeit vor Augen haben. Denn ansonsten können Sie sich nicht auf ihn verlassen und betrachten lediglich einen Teil des Projekts. Das Identifizieren von "allem" resultiert oftmals in einer enorm langen Liste an Elementen. Um vor lauter Bäumen den Wald noch sehen zu können, ist es sinnvoll, das Projekt klug aufzuteilen und zu strukturieren: *Projektstrukturierung* führt zu Übersicht und Details.

Keine Einkaufsliste

Sie erkennen die Situation garantiert wieder. Sie sitzen mit Ihrem Team zusammen, um den Plan eines neuen Projekts zu erstellen. Nach einigen Diskussionen werden Sie unruhig. Sie wollen nämlich keine Diskussionen, sondern Ergebnisse sehen. Wer muss letztendlich eine Schlussfolgerung ziehen und dem Auftraggeber Commitment bieten? Sie! Also stehen Sie auf, gehen zum Whiteboard und sprechen die legendären Worte aus: "Was muss alles erledigt werden?"

Eine To-do-Liste hat keine Struktur und Verknüpfungen.

Das Gute hieran ist, dass Sie in Bewegung kommen. Und das, was Sie ausstrahlen, kommt auch wieder zu Ihnen zurück: innerhalb kürzester Zeit steht das Whiteboard voller Aktionen. Sie haben es geschafft, eine Besprechung, die im Sande zu verlaufen drohte, in einen Sturm aus Ideen umzuwandeln. Von überall her ertönen "To-dos". Sie müssen Ihr Äußerstes geben, um alles, was nun aus der eben noch passiven Gruppe hervorsprudelt, überhaupt aufschreiben zu können. Dieser Ansatz hat aber leider auch eine Kehrseite. Die Liste der

Aktionen auf dem Whiteboard hat keinen zugrundeliegenden Zusammenhang. Und das wird Ihnen später noch auf die Füße fallen, da Sie gerade nur eine "Einkaufsliste" erstellen…

Einkaufslisten sind natürlich in Ordnung, wenn Sie einkaufen gehen. Eine Einkaufsliste ist auch sehr praktisch als *Endübersicht*, um die Projektausführung auf der Handlungsebene zu leiten. Aber es gibt einen Mangel an Verknüpfungen zwischen den Aktivitäten untereinander und eine unzureichende Beziehung zwischen den Aktivitäten und dem zu realisierenden Endergebnis. Daher können Sie nicht wissen, ob die Liste komplett ist und bei Änderungen müssen Sie alle Aktivitäten erneut durchleuchten. Beginnen Sie daher mit der Inventarisierung der erforderlichen Zwischenergebnisse und deren gegenseitiger Beziehung zueinander: dem *Produktstrukturplan*.

Der Produktstrukturplan (Product Breakdown Structure)
Wenn Sie zu Projektbeginn noch nicht wirklich wissen, welche Zwischenergebnisse Sie abliefern müssen, ist die Ausarbeitung des Produktstrukturplans (Product Breakdown Structure, PBS) ein hervorragendes Mittel, um Einsicht in das Projekt zu erhalten. Sie erstellen die PBS, indem Sie das gewünschte Endergebnis schrittweise in Teilprodukte (Sub-Deliverables, Zwischenergebnisse) aufteilen und dies so oft wiederholen und verfeinern, bis alle erforderlichen Teilprodukte identifiziert sind. Dies wird auch produktorientiertes oder ergebnisorientiertes Planen genannt. Es bewirkt, dass alle erforderlichen Zwischenergebnisse, die benötigt werden, um das Projektziel zu realisieren, identifiziert und beschrieben werden.

Durch produktorientiertes Planen mit der PBS erhalten Sie neben einer vollständigen Projektübersicht auch die folgenden Vorteile:
- Es lässt das Projekt ergebnisorientiert werden.
- Es bietet ein deutliches und visuelles Bild des Projektumfangs.
- Es handelt sich um eine Arbeitsweise, die der Lebenswelt des Kunden und der Arbeitsweise ihrer Systemarchitekten und Spezialisten entspricht.
- Durch die visuelle Struktur ist es für andere einfach, diese auf Vollständigkeit zu prüfen und zu ergänzen.
- Die Struktur wird der Ausgangspunkt für den Projektzeitplan und die Bestimmung der benötigten Mittel und Kosten.
- Indem die Teilprodukte mit Teilspezifikationen und Testvorschriften versehen werden, können diese individuell ausgeführt und realisiert werden. Sie können also delegiert werden.
- Mit dieser Dekomposition können auch viele andere Eigenschaften des Endprodukts, wie Gewicht, Energieverbrauch und Kostenpreis, für die Teilprodukte budgetiert werden.
- Es besteht hiermit eine Möglichkeit, das Projekt in Teilprojekte zu unterteilen - mit deutlichen Schnittstellen untereinander und mit der Projektumgebung.
- Die Struktur kann auch als Ausgangspunkt für die Projektinformations- und Dokumentationssysteme und operationellen Systeme, wie Logistik, Einkauf und Service, dienen.

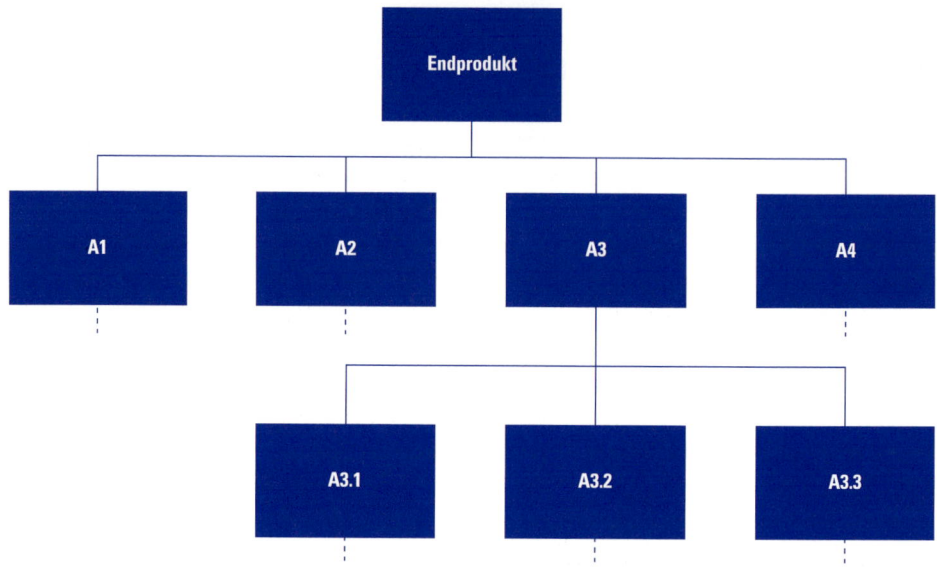

Abbildung 5.7   Beispiel eines Produktstrukturplans (Product Breakdown Structure, PBS)

Die PBS ist also ein hierarchischer Baum, wie in Abbildung 5.7 dargestellt. Dieser Baum muss möglichst komplett sein, da dieser später die Grundlage für den Projektmanagementplan sein wird. Die Anzahl der hierarchischen Ebenen, in die Sie das Endergebnis aufteilen, ist von zwei Aspekten abhängig:

1. **Zielgruppe**: Das gewünschte Detailniveau wird pro Teilprodukt vom Verantwortlichen oder Ausführenden abhängen. Der Auftraggeber wird vor allem an der obersten Reihe der Teilprodukte interessiert sein, denn diese Reihe zeigt meist den Projektumfang (Project Scope) auf. Komponenten, die Sie auf der Grundlage von Ergebnisverpflichtung an Dritte auslagern, sollten Sie nicht weiter ausdetaillieren. Teilprodukte, die Ihre eigenen Teammitglieder ausführen, sollten Sie aufteilen, bis das individuelle Arbeitsniveau erreicht wird. Hierbei spielt die Aufgabenreife des Individuums auch eine Rolle; S1-Führung benötigt mehr Details als S4-Führung.
2. **Möglichkeit des Spezifizierens und Testens**: Unterteilen Sie das Produkt, sodass individuell spezifiziert und getestet werden kann. Eine Aufteilung in Details, die nicht spezifiziert und getestet werden können, ist nicht interessant und sogar ein wenig irreführend.

Mit der PBS zerlegen Sie den Berg in viele kleine Maulwurfshügel.

Mehr als eine Übersicht von Komponenten

Es ist wichtig zu verstehen, dass die PBS nicht nur eine Aufzählung derjenigen Teilprodukte ist, die Teil des vollständigen Endproduktes sind. Auch zwischenzeitliche Produkte und Zwischenergebnisse, die zur Ausführung des Projekts notwendig sind, müssen darin aufgenommen werden. Die PBS ist also viel mehr als nur eine ausgebreitete Ansicht (*exploded view*) des Endergebnisses. Denken Sie zum Beispiel an Managementdokumente, Spezifikationen,

Machbarkeitsstudien, Prototypen, Testdokumentationen, Qualitätsdokumente, etc. Vergessen Sie dabei nicht, dass auch die *Intakes*, die extern zum Projekt hinzukommen (PRINCE2 nennt sie *externe Produkte*) einen Platz erhalten müssen; auch wenn sie nicht von Ihrem eigenen Team erbracht werden. Die Regel lautet: Jedes Zwischenergebnis muss irgendwo in der PBS einen Platz erhalten, denn ansonsten ist es auch kein Bestandteil des Projekts. Es ist daher hilfreich, den Produktstrukturplan als *Ergebnisstrukturplan* zu betrachten. Und doch werden genau an dieser Stelle Denkfehler begangen, wodurch die PBS nur physische Teilprodukte enthält. Um dies besser erklären zu können, benutze ich ein Beispiel, mit dem sich sicherlich alle identifizieren können. Betrachten Sie Abbildung 5.8: Der Umzug von Möbeln von einem Büroraum in einen anderen.

Sollten Sie beispielsweise den Denkfehler begehen und die PBS auf die physischen Elemente des Endergebnisses reduzieren, dann müsste in der obersten Zeile nur der Block "Umzug der Möbel in den neuen Raum" abgebildet sein. Folge: Das Projekt enthält lediglich einen Teil des Umfangs und wenn der Umzug beginnen soll, stellt sich heraus, dass der neue Raum noch nicht leergeräumt und renoviert wurde. Außerdem sind die Möbel noch nicht für den Umzug verpackt. Stress für den Projektmanager also und viel Improvisation während der Projektausführung. Daher müssen *alle* Teilergebnisse eingetragen sein, also auch das Leeren und Renovieren des neuen Raums, das Aufräumen und Einpacken der Möbel und die Installation und Inbetriebnahme der Möbel nach dem Umzug. *Die PBS ist das Fundament für alle Handlungen!*

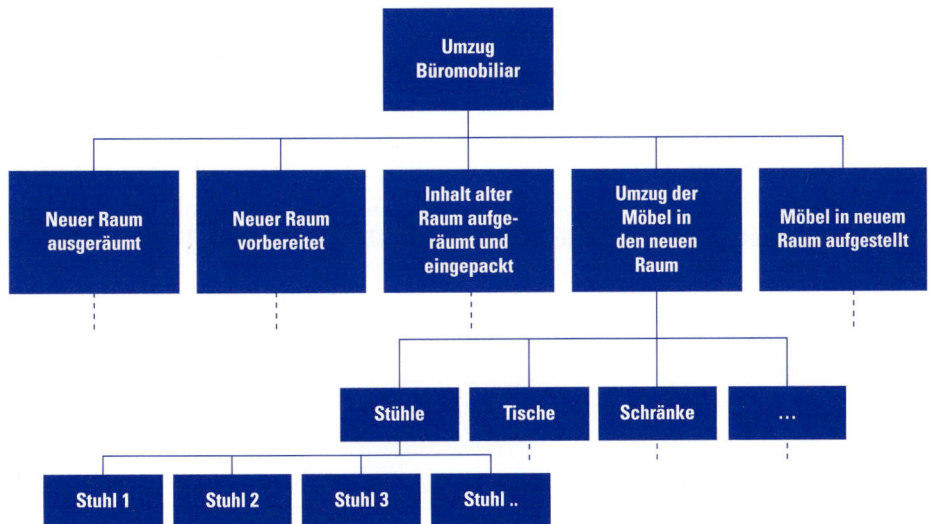

Abbildung 5.8   PBS eines Möbelumzugs zwischen zwei Räumen

In Abbildung 5.8 ist deutlich sichtbar, dass die oberste Zeile der PBS den *Projektumfang* verdeutlicht. Diese Zeile zeigt beispielsweise an, dass das Renovieren des alten Raums nach dem Umzug nicht zum Projekt gehört. Beachten sie weiterhin, dass der Projektplan auf der Grundlage dieser PBS automatisch auch *zwischenzeitliche Erfolgsmomente* anzeigt. Auch wenn noch kein Umzug stattgefunden hat, aber der neue Raum bereits renoviert und gestrichen worden ist, kann dem Auftraggeber bereits ein ansehnliches Ergebnis gemeldet werden.

Die PBS funktioniert auch dann, wenn Sie keine Produkte entwickeln.

Die PBS kann auch für Projekte angewendet werden, die nichts mit der Entwicklung von Produkten oder Dienstleistungen zu tun haben. Stellen Sie sich vor, Sie wären für die HR-Aktivitäten in einem Unternehmen verantwortlich. Der HR-Jahresplan könnte in der Dekomposition als Elemente der obersten Ebene die folgenden Ergebnisse beinhalten: Erhöhung der Mitarbeiterzufriedenheit, Rekrutierung neuer Mitarbeiter, Erhöhung der Aufgabenreife der Mitarbeiter. Diese Elemente können Sie mit Ihrem Team anschließend weiter in Teilergebnisse aufteilen. Sie werden überrascht sein, welche Elemente und Ideen in diesem Gruppenprozess zutage treten.

 Zweifeln Sie noch an den Vorteilen der PBS? Zwingen Sie sich selbst dazu, bei der Erstellung eines Plans mit der PBS zu beginnen, und erfahren Sie nach nur einer Stunde die Vorteile, die Sie mit einer Struktur von Teilergebnissen erhalten.

Produktbeschreibungen und Requirements-Management

Die PBS besteht also aus Teilergebnissen und nicht aus Aktivitäten. Dies kann ganz einfach überprüft werden: Schauen Sie, ob die einzelnen Elemente mit Substantiven bezeichnet sind. Aktivitäten (Verben) werden erst später mit dem *Projektstrukturplan* hinzugefügt. Sie beschreiben in der PBS also, *was* erreicht wird und nicht, *wie* dies umgesetzt wird.

Der Produktstrukturplan wird demnach erst dann brauchbar, wenn auch die Spezifikationen des Endprodukts in Spezifikationen der Teilprodukte umgesetzt worden sind. Hiermit runden Sie die Dekomposition ab und lassen die Teilprodukte SMART und delegierbar werden. Pro Teilprodukt beschreiben Sie:

- Produktname, Code, etc.
- Spezifikationen, denen das Teilprodukt entsprechen muss
- Spezifikationen, wie das Teilprodukt realisiert werden muss
- Zusammenstellung
- Lieferkonditionen (beispielsweise die Verpackung)
- Messbare Qualitätskriterien, Abnahmeprotokoll, Testanforderungen, etc.

Mit der PBS beschreiben Sie das Was und nicht das Wie.

Die Umsetzung der Spezifikationen des Endprodukts in unterliegende Teilprodukte ist Teil des *Requirements-Managements*. Sie schaffen hiermit die Möglichkeit einer *bidirektionalen Nachverfolgbarkeit (Traceability) von Spezifikationen* durch das System. Hiermit ist gemeint, dass Sie während der Projektausführung garantieren können, dass die gelieferten Zwischenergebnisse den erforderlichen

Anforderungen entsprechen, um in Summe zum gewünschten Endergebnis zu gelangen. Die Aufteilung des Projekts in Teile mit Teilspezifikationen *(Requirements-Breakdown)* macht den Status während des Durchlaufens des V-Modells transparent und nachverfolgbar. Dies entspricht exakt dem TomTom-Verhalten, jederzeit sichtbar zu machen, was bereits erledigt wurde und was noch geschehen muss. Bidirektionale Nachverfolgbarkeit erfordert eine deutliche PBS-Struktur und lässt komplizierte Aspekte übersichtlich und beherrschbar werden. Oft wird hierfür eine *Traceability-Matrix* verwendet, in der die Kopplung zwischen den Anforderungen der Teilergebnisse und des Endergebnisses aufgezeigt wird.

Die Gestaltung der Teilproduktbeschreibungen hängt von der Anwendung ab. Produzieren Sie beispielsweise Teile für ein Flugzeug oder für den Medizinbereich, so hat die Teilbeschreibung leicht den Umfang eines dünnen Buches und die Traceability-Matrix ist eine komplexe Datenbank. Aber lassen Sie sich nicht abschrecken und gestalten Sie alles möglichst praktisch. Die PBS in Tabellenform kann hervorragend als Grundlage für eine Traceability-Matrix, wie in Abbildung 5.9 gezeigt, dienen. Mit ein wenig Phantasie sehen Sie bereits vor Ihrem geistigen Auge die zusätzlichen Spalten mit eingetragenen kritischen Parametern wie Kosten, Gewicht und Energieverbrauch aufgeteilt pro PBS-Element.

PBS Ebene 1	PBS Ebene 2	Spezifikationen des Endprodukts									
		R1	R2	R3	R4	R5	R6	R7	R8	R9	R10
Ergebnis A1		X		X		X				X	
	Ergebnis A1.1	X									
	Ergebnis A1.2					X					
	Ergebnis A1.3	X		X						X	
	Ergebnis A1.4			X						X	
Ergebnis A2			X		X			X			X
	Ergebnis A2.1		X					X			X
	Ergebnis A2.2				X						X
Ergebnis A3		X		X		X					
	Ergebnis A3.1			X							
	Ergebnis A3.2	X		X							
	Ergebnis A3.3						X				

Abbildung 5.9   Traceability-Matrix auf der Grundlage der PBS und der Spezifikationen des Endprodukts

Scrum und die PBS

Und wie wird die PBS bei Scrum angewendet? Wir konnten bereits erkennen, dass der *Product-Backlog* die Liste der Teilprodukte enthält, die vom Team geliefert werden müssen. Hiermit könnten Sie die dargestellten Elemente in dem Produkt-Backlog als die kleinsten (untersten) Elemente in der PBS ansehen. Diese Elemente werden in Scrum auch *User-Stories* genannt. Eine User-Story ist eine Funktionalität des Produktes, die für den Nutzer einen Wert darstellt. Hinsichtlich der Implementierungszeit muss diese in die Durchlaufzeit eines Sprints passen. Die Beschreibung hat einen festen Satzaufbau, der erzwingt, dass die User-Story aus dem Gesichtspunkt des Nutzers geschrieben wird:

Als <Rolle des Nutzers> möchte ich <ein Ziel> erreichen, damit <ein Nutzen> entsteht.

User-Stories sind auch die unterste Ebene des *Requirements-Breakdowns* (Spezifikationsstruktur) des Produkts. Auf einer höheren Ebene schließen sie sich zu den *Epics* zusammen. Epics sind Funktionalitäten, die für die Stakeholder interessant sind und die meist in einer Reihe von aufeinander folgenden Sprints geliefert werden. Bei Scrum gibt es noch eine weitere Ebene über den Epics, die *Versions*. Dies sind offizielle Releases, die dem Kunden geliefert werden. In Abbildung 5.10 ist ein Beispiel der Spezifikationsstruktur bei Scrum zu sehen. Die dazugehörige PBS ist in Abbildung 5.11 dargestellt.

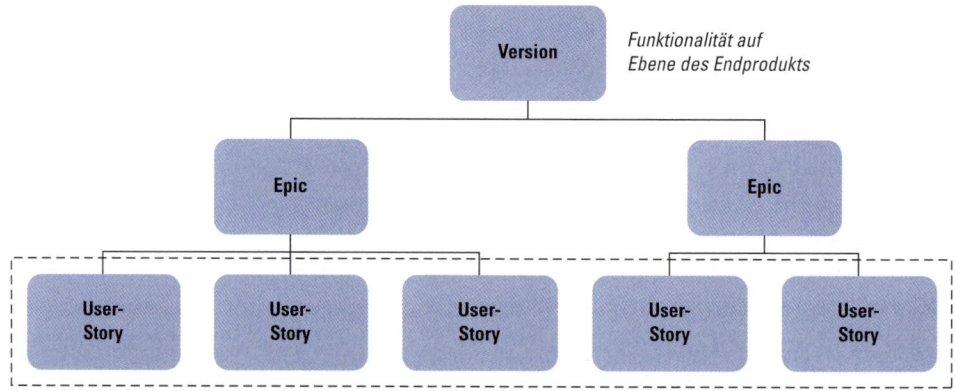

Abbildung 5.10   Scrum Requirements-Breakdown (Spezifikationen)

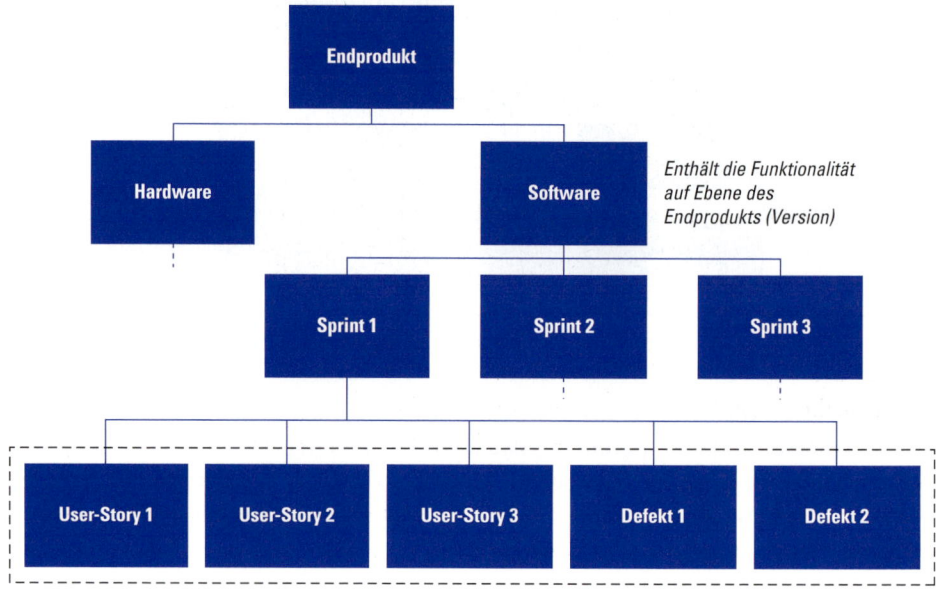

Abbildung 5.11   Scrum Produktstrukturplan (Deliverables)

So, wie es sich gehört, beinhaltet die PBS aus Abbildung 5.11 Teilergebnisse und somit die zu durchlaufenden Sprints mit den dazugehörigen User-Stories. Weiterhin enthält der

Product-Backlog außer den User-Stories auch *Defekte* (oder Bugs). Dies sind die beim Test gefundenen Probleme, die behoben werden müssen und die auf die To-do-Liste des Entwicklungsteams gehören. Da Defekte dem Kunden keinen zusätzlichen Nutzen erbringen, befinden sie sich nicht im Requirements-Breakdown.

5.5 Eine Achterbahn bauen

Eine Achterbahn. Selbst wer noch nie mit einer gefahren ist, hat sicherlich schon mal das bunte Treiben begeistert beobachtet! Die Erstellung der PBS will ich im weiteren am Beispiel einer Achterbahn konkretisieren. Dies ist ein Projekt mit einer tollen Mischung aus Disziplinen und Projektphasen. Des Weiteren ist eine Achterbahn sehr visuell und damit auch sehr gut für Laien verständlich.

Erklärung des Achterbahn-Projekts

Ihr Auftrag, eine Achterbahn zu bauen, steht in Abbildung 5.12 beschrieben. Sie müssen übrigens nicht alle technischen Aspekte verstehen. Ich nenne Sie eher aus Unterhaltungsgründen. Ob die Bahn nun eine maximale 3G- oder 4G-Beschleunigung bietet, ist für den Kontext dieses Buches irrelevant.

> Ihr Unternehmen soll im Auftrag eines Freizeitparks eine Achterbahn entwerfen, bauen und in Betrieb nehmen.
>
> Die Achterbahn soll Besucher anziehen und State-of-the-art-Funktionalitäten enthalten. Natürlich muss sie auch die diversen Sicherheitsnormen erfüllen.
>
> Der Freizeitpark möchte nicht nur, dass der Einkaufspreis den Erwartungen entspricht, sondern stellt auch Forderungen in Bezug auf die Kosten nach der Inbetriebnahme (Energie, Wartung, etc.).
>
> Offizielles Eröffnungsdatum ist in 22 Monaten, das Budget beträgt 12 Millionen Euro.

Abbildung 5.12 Auftrag des Achterbahn-Projekts

Wie Sie sehen, hat das Projekt einen weitreichenden Umfang – vom Entwurf bis hin zur Inbetriebnahme. Außerdem stellt der Auftraggeber – durch vorherige Projekte weiser geworden – nicht nur Anforderungen hinsichtlich der Lieferzeit und des Kostenpreises, sondern auch in Bezug auf die Kosten während der Lebensdauer der Achterbahn. Dies hat für das Projekt natürlich seine Folgen. Der Auftraggeber hat noch mehr Informationen zu seinen Wünschen mitgeteilt, siehe Abbildung 5.13.

Ich habe angegeben, dass es bei diesem Beispiel unwichtig ist, ob es einen oder zwei *Loopings* gibt. Es ist jedoch wichtig zu verstehen, dass der Auftraggeber eine Reihe von Innovationen einführen möchte. Sowohl für die Erlebniswelt des Passagiers als auch für Marketingzwecke und Öffentlichkeitsarbeit. So wird über 4D-Audio gesprochen, was bedeutet, dass es einen Surround-Sound im Wagen (Lautsprecher vor und hinter den Passagieren) und Sound von

- Länge der Achterbahn: 1200 m
- Maximale Höhe: 45 m
- Anzahl Wagen: 10
- Anzahl Passagiere pro Wagen: 4 (2x2)
- Topgeschwindigkeit: 110 km/h
- Maximale Beschleunigung: 3,8 G
- Anzahl Inversionen: 4 (2 Loopings, 1 Korkenzieher, 1 freier Fall)
- Fahrtdauer: 2 Minuten
- Lebensdauer: 30 Jahre (3 Millionen Fahrten)
- 4D Audio mit Musik und FX (in den Wagen und entlang der Bahn)
- Verknüpfung zum Facebook-Login über WLAN und 3 Punkte auf der Bahn, an denen Fotos gemacht werden (plus 1 Foto vom Wagen aus)

Abbildung 5.13   Spezifikationen des Achterbahn-Projekts

der Achterbahn selbst gibt. Aber das Innovativste ist die Verbindung mit Social Media. Der Auftraggeber will mehr als den derzeitigen Standard, beim Verlassen der Achterbahn ein Foto kaufen zu können. Er hat die Idee, dass der Passagier sich vor dem Einsteigen mit seinem Facebook-Konto einloggen und die Zustimmung erteilen kann, vier Fotos auf seiner eigenen Facebook-Seite platzieren zu lassen. Diese Fotos werden während der Fahrt an verschiedenen Position der Bahn und aus dem Wagen heraus aufgenommen. Beim Verlassen der Achterbahn ist diese Fahrt also bereits weltberühmt - naja, bei seinen Facebook-Freunden jedenfalls. Ein wunderbares Werbemedium, denkt sich der Auftraggeber.

Um Ihnen einmal aufzuzeigen, was bei der Entwicklung solch einer Achterbahn alles passieren muss, sind die wichtigsten Komponenten und Projektphasen in Abbildung 5.14 beschrieben.

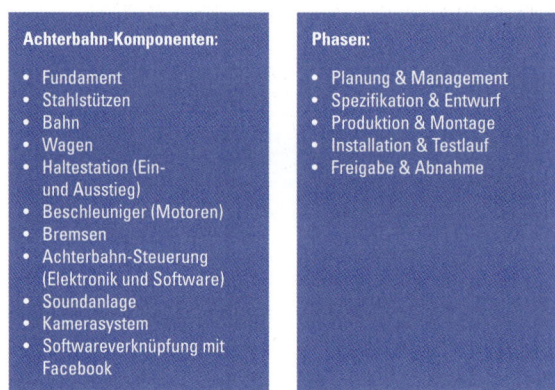

Abbildung 5.14   Komponenten und Phasen des Achterbahn-Projekts

Project Charter des Achterbahn-Projekts
Abbildung 5.15 zeigt die initiale Version der Project Charter des Achterbahn-Projekts. Hierin befinden sich Informationen, die Sie als Projektmanager auf der Grundlage von einigen Gesprächen mit dem Auftraggeber und Mitarbeitern Ihrer eigenen Organisation sammeln können. Aber aufgepasst: *Die Informationen sind fiktiv*; ich habe dieses Projekt noch nie in der Praxis ausgeführt. Was nicht ausschließt, dass ich mich mit dieser Project Charter voller Vertrauen in dieses Projekt hineinwagen würde.

Die Stärke der Project Charter liegt darin, *frühzeitig im Projekt* Informationen zu sammeln und den *gesamten Zyklus*, vom Kontext bis hin zu Kommunikationsvereinbarungen, zu beschreiben. Dadurch halten Sie sich nicht durch Ausdetaillieren von nur einem Teilgebiet auf. Das Ausdetaillieren folgt später im Planungsprozess ganz von alleine. Verwenden Sie für die erste Version der Project Charter nicht mehr als zwei Stunden und somit für jedes Thema nicht mehr als zehn Minuten. Mit nicht mehr als zwei Stunden und nur einer A4-Seite haben Sie keine Entschuldigung mehr, dies als enormes Hindernis zu sehen und es daher vor sich herzuschieben.

Mit der ersten Version der Project Charter können Sie sofort mit dem Auftraggeber in ein Gespräch eintreten. Durch das Verwenden der 10%-Konfrontationsregel gehen Sie mit 1:0 in Führung! Sie können beispielsweise die Risiken besprechen, wie etwa das letztgenannte Element "die Facebook-Einbindung wird von den Besuchern nicht akzeptiert". Sie schaffen dadurch eine gute Beziehung zum Auftraggeber, dem diese Funktionalität als Projektziel sehr am Herzen liegt. So könnten Sie beispielsweise vorschlagen, dass jene Personen, die ihre Zustimmung erteilen, den VIP-Eingang nutzen können, wodurch sich deren Wartezeit enorm verringern würde. Mit der Project Charter sind Sie also vom ersten Tag an mit der "Bearbeitung" des Ihres emotionalen Beziehungskontos beim Auftraggeber beschäftigt. Gleichzeitig bauen Sie ein solides Fundament für Ihr Projekt auf.

Projektname: Achterbahn	Projektmanager: Auftraggeber:			
Projektbeschreibung (Kontext und Motivation)	**Projektziel und finanzielle Auswirkung (Business Case)**			
Entwurf, Produktion und Installation einer Achterbahn. Die Achterbahn soll durch ihr Design und die Integration von Social Media ein Besuchermagnet werden. Neben Einkaufspreis und Lieferzeit sind die Betriebskosten (Equipment Operating Costs, EOC) ein wichtiges Thema.	Einführung einer neuen Achterbahn, die durch ihr Design und die Verbindung zu Social Media ein Besuchermagnet wird. Ziel ist 10% Wachstum bei Besuchern im Alter von 16-30 Jahre. Eröffnung in 20 Monaten, Einkaufspreis 12 Mio. Euro + EOC Ziel.			
Projektumfang (und Abgrenzung)	**Stakeholder**			
Im Umfang: Entwurf, Produktion, Installation, Lieferung und Wartung. Parzelle freimachen inkl. Anlegen der Infrastruktur. Nicht im Umfang: PR und Marketing, Nutzung und Betrieb der Achterbahn nach Freigabe. Zurverfügungstellung der Parzelle.	• Auftraggeber: Kaufmännischer Direktor Freizeitpark • Übrige 2 Direktoren Freizeitpark • Betriebspersonal Achterbahn (Freizeitpark) • Zielgruppe Achterbahnbesucher • Lieferanten und Partner Entwicklung und Produktion			
Projektergebnisse (wichtigste Deliverables, KPIs)	**Wichtigste Aktivitäten, Timing**			
• Entwurf und künstlerische Darstellung für Park PR • Parzelle inkl. Infrastruktur fertiggestellt • Prototyp Wagen verfügbar und getestet • Musik und Sound FX verfügbar • Freigabe Achterbahn nach Abschluss aller Tests	• Erstellen Systemarchitektur • Verträge mit Zulieferern abschließen • Entwurf Achterbahn inkl. Check der Spezifikationen der Teile • Produktion und Montage der Teilsysteme • Installation, Test und Freigabe des Systems vor Ort			
Teammitglieder	**Wichtigste Risiken**			
Kernteam (Teamleiter): Systemarchitekt, Unterauftragsmanager, Hardware-Projektleiter, Software-Projektleiter, Test-Projektleiter, Projektleiter Installation & Support	• Entwicklung startet verspätet aufgrund von Entwurfsentscheidungen • Systemleistung nicht mit Standardteilen realisierbar (bereits freigegeben und verfügbar) • Facebook-Verknüpfung nicht von Besuchern akzeptiert			
Review- und Kommunikationsplan	**Genehmigung**			
	Name:	Funktion:	Signatur:	Datum:
• Intern: wöchentliche Meetings • Extern: zweiwöchentliche Meetings mit Auftraggeber	....	....	....	....
	....	....	....	....

Abbildung 5.15   Initiale Version der Project Charter des Achterbahn-Projekts

Strategie und Phaseneinteilung des Achterbahn-Projekts

Auf der Grundlage der Project Charter ist Schritt 2, Strategie und Phaseneinteilung, schnell gemacht. Die Phaseneinteilung ist für dieses Entwicklungsprojekt recht gewöhnlich und findet sich bereits teilweise ausgearbeitet auf der Project Charter unter dem Punkt *wichtigste Aktivitäten* wieder. Hinsichtlich der Strategie müssen aber noch einige Entscheidungen getroffen werden. Beispielsweise, ob Sie traditionell oder agil entwickeln werden. Natürlich ist die Entwicklung einer Achterbahn für ein Unternehmen, das sich auf diese technische Entwicklung spezialisiert hat, nichts Besonderes. Viele der Elemente gelten als Wiederholung früherer Projekte. Lassen wir unseren Spürhund Cynefin von der Leine, dann sehen wir, dass es ein überwiegend *kompliziertes* Projekt mit relativ wenigen Unsicherheiten ist (siehe Abschnitt 1.3). Eine Reihe von Elementen ist jedoch *komplex*. Beispielsweise die Art der Implementierung der Fotoverbindung mit Social Media und die Machbarkeit der Zielsetzungen im Bereich von Energieverbrauch und anderer Betriebskosten während der Lebensdauer der Achterbahn.

Es wurde beschlossen, die Software agil zu entwickeln. Nicht aufgrund der vielen Unsicherheiten im Bereich von Softwarefunktionalität, sondern weil Sie in einer frühen Projektphase bereits Antworten zur Machbarkeit des Foto-Uploads auf Facebook ermöglichen möchten. Außerdem können Sie mit den Sprint-Zwischen-Releases die Hardwareteilsysteme, die überwiegend nach dem Wasserfallmodell entwickelt werden, testen. Um einen Schwerpunkt auf Sicherung der Energie- und Wartungskosten des Systems zu setzen, wird DfX für eine Reihe von kritischen Parametern verwendet. Es ist nämlich nicht ratsam, diese erst während der Systemtests am Projektende zu testen. In Abbildung 5.16 ist die Projektstrategie ausgearbeitet. Auch diese passt auf ein A4-Format, genauso wie die Project Charter.

Sie fragen sich jetzt wahrscheinlich: *Wissen Sie das alles schon zu Projektbeginn?* Die Antwort ist: Jein. Vieles ist noch unklar, Sie haben noch keine PBS und sicherlich noch keine Planung. Aber Coveys zweite Eigenschaft "Schon am Anfang das Ende im Sinn haben" hilft enorm. Oder besser gesagt, es zeigt Ihnen, dass Sie gar nicht so viel auszuwählen haben. Die Abbildung zeigt vor allem, wie das Projekt verlaufen muss, um die Zielsetzungen zu erreichen, und das ist etwas, was Sie mit ein wenig Phantasie schon zu Beginn festlegen können. Es handelt sich also nicht um eine Untermauerung der Projektmachbarkeit, denn diese folgt später mit dem Projektplan. Es handelt sich um ein Mittel, mit dessen Hilfe - als Ergänzung zur Project Charter – der Projektansatz mit dem Team und Ihren Stakeholdern besprochen werden kann. Ein Mittel übrigens, das Sie den gesamten Projektverlauf über verwenden können, um den Projektstatus grafisch übersichtlich darzustellen.

 Wann und wie machen Sie die Projektstrategie und -phaseneinteilung sichtbar?

Sie werden merken, dass sich Auftraggeber über diese Art von Informationen schon frühzeitig im Projekt freuen werden. Sie zwingen sich selbst und Ihr Umfeld gleich mit, nicht an einzelnen Details hängen zu bleiben, sondern das Ganze von vorne bis hinten zu durchdenken. Wir haben ja die Empfehlung vom TomTom nicht vergessen, die Route

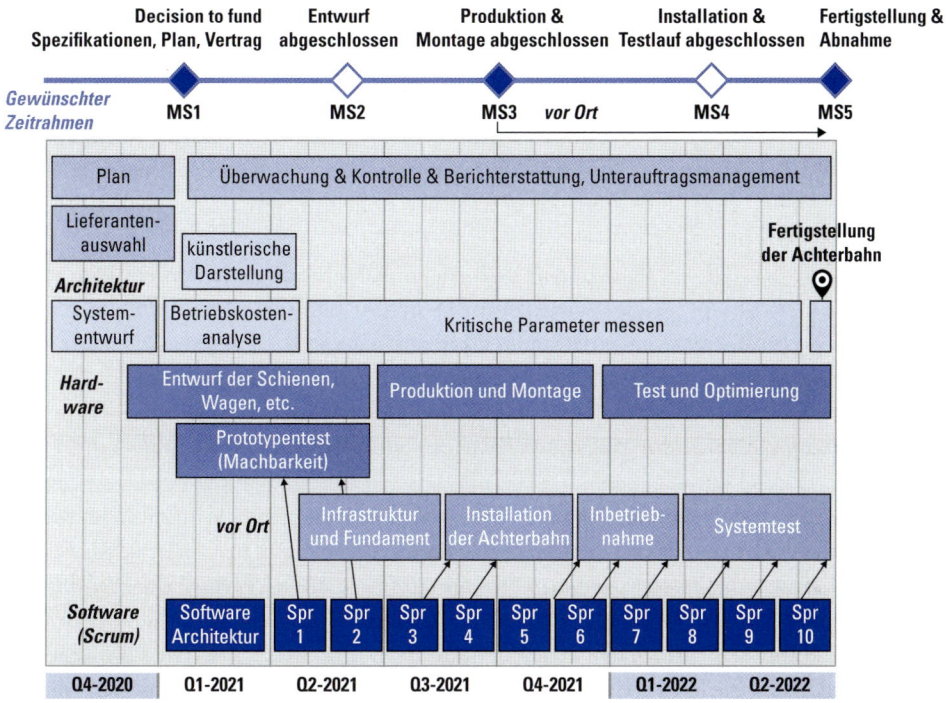

Abbildung 5.16   Die Projektstrategie des Achterbahn-Projekts

und die Konsequenzen - ungeachtet der Unsicherheiten - bis hin zum Endpunkt immer darzustellen! Damit die Strategie nicht als ein fester Plan gesehen wird, steht auf der Zeitachse mit Meilensteinen "gewünschter Zeitrahmen". Während des Gesprächs bezeichne ich diesen Zeitrahmen auch schon einmal als *die Naturgesetze des Projekts*. Es handelt sich nämlich um Meilensteine, die, wenn Sie sich auf den Endpunkt beziehen, mehr oder weniger gegeben sind. Sie sind also keine Erfindung des Projektmanagers, sondern eine Folge der Anforderungen des Auftraggebers. Diese Übersicht in einem frühen Stadium zu zeigen unterstützt dabei, schnell auf den Punkt zu kommen und die Spreu vom Weizen zu trennen. Indem die Stakeholder recht schnell einen Überblick über die Folgen ihrer Wünsche erhalten, schaffen Sie eine Umgebung, in der gemeinsame Entscheidungen getroffen werden können. In Kombination mit der Project Charter ist dies also eine perfekte Gelegenheit, sich als proaktiver und beeinflussender Projektmanager zu positionieren.

Der Produktstrukturplan

Nachdem die Project Charter und die Projektstrategie mit den Stakeholdern besprochen sind, können Sie mit der PBS[6] beginnen. Diese kann wie in Abbildung 5.17 aussehen. Natürlich kann nicht die gesamte PBS abgebildet werden. Es wird jeweils eine vollständige Zeile gezeigt, wobei dann die weitere Aufteilung durch Auswahl in Bezug auf ein Teilprodukt erfolgt. Dazu kommt, dass das hier abgebildete Beispiel nur drei Zeilen

---

[6] Möchten Sie die komplette PBS des Achterbahn-Projektes ansehen, so können Sie diese auf www.roelwessels.com herunterladen.

Eine gute PBS passt zum Inhalt und der Organisation.

enthält. Bezüglich der PBS-Struktur können Sie verschiedene Entscheidungen treffen. In dieser Abbildung wurde mit einer *funktionalorientierten* Einteilung in Projektphasen begonnen, worauf pro Phase alle Achterbahnteile genannt werden. Dies ist für dieses Projekt logisch, da Sie selbst das gesamte System integrieren und für alle Projektphasen verantwortlich sind.

Sie können auch wie in Abbildung 5.18 vorgehen. Hier stehen die Achterbahnteile in der obersten Zeile und die Phaseneinteilung wird pro Element auf einer unteren Ebene wiederholt. Diese *produktorientierte* Art der Beschreibung passt wiederum besser zu einer Situation, bei der Sie auf einer hohen Ebene alle Elemente an Dritte auslagern. Sie überreichen diesen Partnern den gesamten Baum mit dem vollständigen Entwicklungspfad, wie "Wagen" oder "Controls & Software".

Die funktional- und produktorientierten Strukturen unterscheiden sich zwar, verwenden aber dieselben Bausteine. Diese befinden sich lediglich an einer anderen Stelle in der PBS, da die Projekte anders organisiert werden. *Eine gute PBS passt also nicht nur zum Projektinhalt, sondern auch zur Projektorganisation.* Die Verantwortung für Projektteile können Sie nämlich dann besser delegieren, wenn diese Projektteile als begrenzte Struktur in der PBS stehen. In diesem Fall können sie als selbstständige Teilsysteme entworfen und getestet werden und es herrscht Klarheit in Bezug auf die Produkt- und Projektschnittstellen.

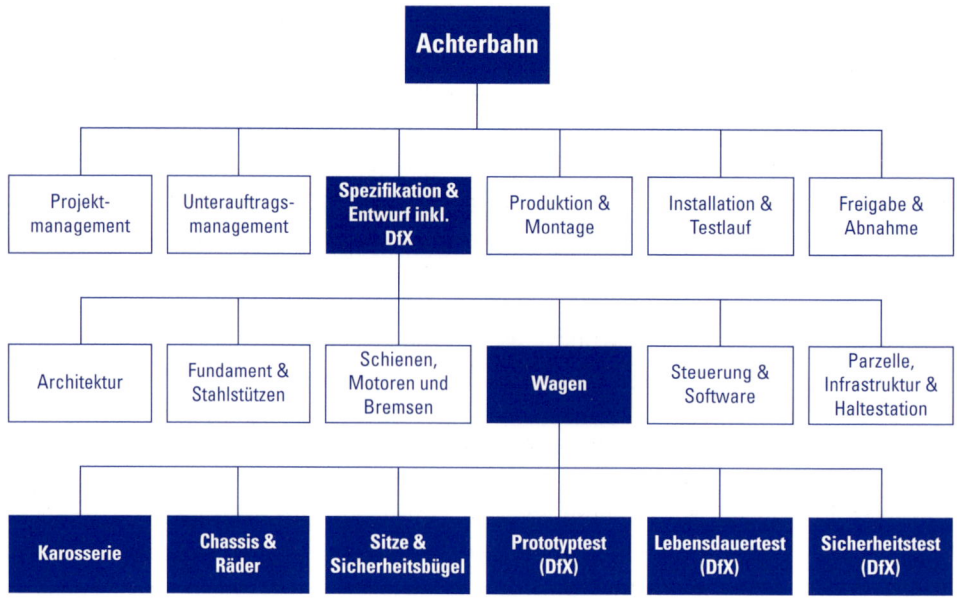

Abbildung 5.17 Produktstrukturplan (PBS) des Achterbahn-Projekts (funktionalorientiert)

Wax on... wax off...

Sie kennen vermutlich das berühmte Zitat aus dem Film *Karate Kid* aus dem Jahr 1984: "*Wax on... wax off...*". In diesem Film will der Jugendliche Daniel Karatemeister werden und holt

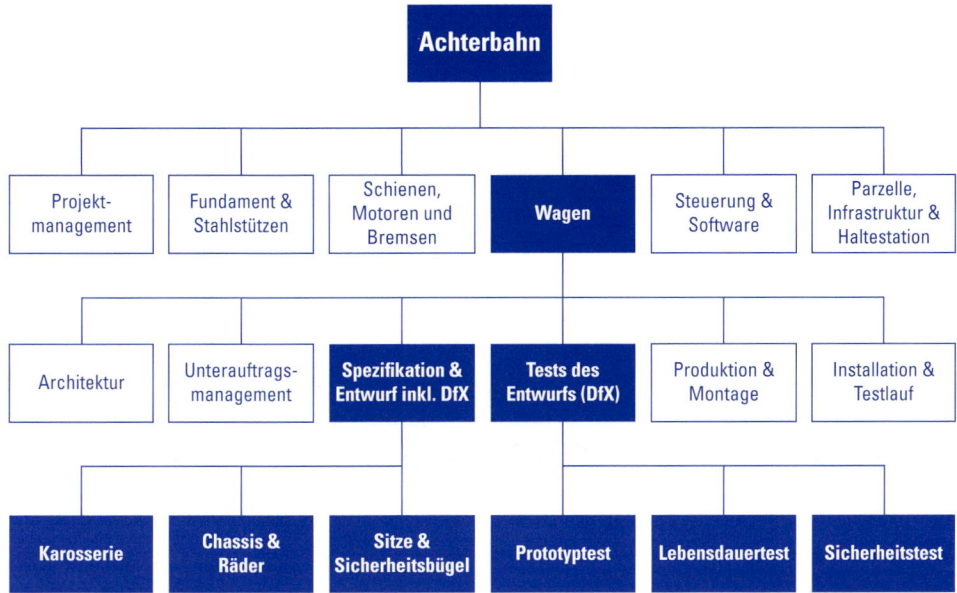

Abbildung 5.18   Andere Wahl der PBS-Struktur des Achterbahn-Projekts (produktorientiert)

sich dabei die Hilfe des ehemaligen Karatelehrers Miyagi ein, der sich im Film zu einer Vaterfigur entwickelt. Die Ausbildung, die er Daniel dabei auferlegt, ist sehr eigensinnig, wie beispielsweise das Wachsen von Autos, Bohnern des Bodens und das Anstreichen eines Zauns. *Wax on… wax off…*, wiederholen und wiederholen. Jede Übung ist dabei an eine spezifische Bewegung gebunden, mit dem Ziel Kraft aufzubauen und diese Bewegung soweit zu automatisieren, dass sie später beim Karate angewendet werden kann. Doch der Schüler Daniel sieht diese Verbindungen nicht und ist frustriert, da er denkt, nichts über Karate zu lernen. Er durchläuft alle Phasen der Entwicklung hin zur Aufgabenreife, auch die Phase des desillusionierten Anfängers. Später entdeckt er, wie diese angeblich einfachen Übungen in Kombination mit einem täglichen Rhythmus der Übungen zu großem Können führen. Er wird Karatemeister!

Auf diese Weise funktioniert auch der Planungsprozess. Dem letztendlichen Detailplan mit Aktivitäten, Ressourcen und Fertigstellungsterminen müssen viele Übungseinheiten und manchmal scheinbar irrelevante Aktivitäten vorangehen. Das Erstellen der Project Charter und der PBS sind Aktivitäten mit einem hohen Wax on… wax off…-Gehalt. Erst wenn Sie Ihr Fach beherrschen, können Sie alle Vorteile wahrnehmen. In Ihrem Umfeld werden Sie dazu oft keine Miyagi-Figur zur Verfügung haben, die Sie zum Durchhalten motiviert. Von Ihrem Auftraggeber ist normalerweise nichts zu erwarten, von Ihrem Vorgesetzten oftmals auch nicht, und Ihr Team will am liebsten sofort mit der Aktivitätenebene beginnen.

Oft verstehen Sie erst dann den Nutzen von etwas, wenn Sie es beherrschen.

Abbildung 5.19   Karate Kid, Wax on... wax off...

Zweifeln Sie also nicht zu lange hinsichtlich des Nutzens der Project Charter und der PBS, sondern fangen Sie einfach an! Erst wenn Sie etwas auf Papier gebracht haben, wird Ihr Team die Vorteile sehen. Beispielsweise, da Teilergebnisse erkannt werden, die ansonsten vergessen worden wären. Oder weil eingesehen wird, dass ein frühzeitiges Nachdenken in Bezug auf die Testbarkeit Folgen für die Definition eines Teilprodukts nach sich zieht. Ein Projektmanager muss den Planungsprozess also nicht nur beherrschen, sondern auch die Fähigkeit besitzen, das Umfeld zu motivieren und es bei diesem Prozess aufgabenorientiert zu unterstützen.

5.6   Schritte 3.3 – 3.5: Produktflussdiagramm und DfX

Sobald die PBS erstellt ist, wird es Zeit für den nächsten Schritt: Die Identifikation der Abhängigkeiten der Teilprodukte über die Zeit, denn diese Informationen sind in der PBS nicht enthalten. Dies bietet eine sofortige Möglichkeit, die PBS auf der Grundlage des V-Modells und Design for X zu verbessern, sodass Risiken zu einem früheren Projektzeitpunkt abgebaut werden können.

Make or buy pro Teilprodukt (Schritt 3.3)

Doch zuerst ist es ratsam, in der PBS anzugeben, welche Teilergebnisse Sie mit Ihrem Projektteam realisieren wollen und welche durch Partner oder Lieferanten geliefert werden sollen. Dies unterstreicht nochmals, dass die PBS so vollständig wie möglich sein sollte: *Auch die Teilergebnisse, die Sie nicht selbst erbringen, aber die für das Endergebnis benötigt werden, müssen vermerkt werden.* Denn auch bei diesen Teilergebnissen müssen Sie den Fortschritt und die Qualität weiterhin überwachen.

Achten Sie darauf, dass Sie nur klar abgegrenzte Teilprodukte auslagern.

Die Entscheidung "*make or buy*" fällen Sie meist bereits integral während der Erstellung der PBS, weil es klug ist einen *kompletten Produktbaum* innerhalb der PBS auszulagern, für den die Spezifikationen und Schnittstellen zum Rest des Projekts deutlich sind. Make or buy hat also Einfluss auf die Struktur der PBS. Außerdem werden Sie von den ausgelagerten Teilergebnissen selbst keine Detailausarbeitung erstellen. Die Verantwortung (und Freiheit) legen Sie in die Hände des jeweils Ausführenden. Sie beschreiben das *Was*, der Lieferant das *Wie*. Die Konsequenzen von make or buy für die PBS sind in Abbildung 5.20 gut zu erkennen.

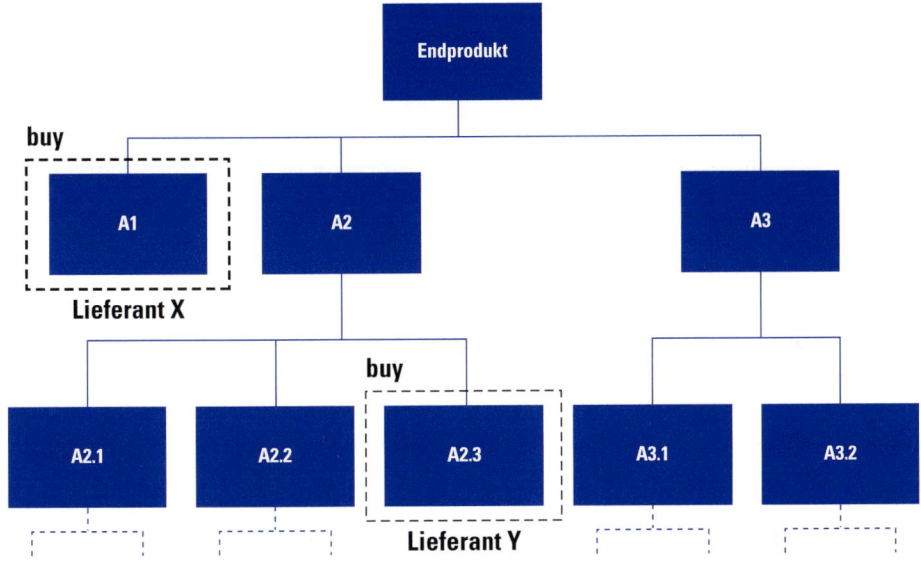

Abbildung 5.20   Make or buy-Entscheidungen in der PBS

Das Produktflussdiagramm (Schritt 3.4)

Die PBS bietet viele Informationen, aber nicht, in welcher Reihenfolge die Teilergebnisse geliefert werden. Daher wird ein *Produktflussdiagramm (Product Flow Diagram, PFD)* als Ergänzung aufgestellt. Dieses Flussdiagramm, das hervorragend von PRINCE2 beschrieben wird, zeigt, wie die Teilergebnisse aus der PBS mit ihren Querverbindungen hin zum Projektergebnis führen. Die Reihenfolge der Realisierung wird durch Pfeile angezeigt und im Grunde werden alle PBS-Teilergebnisse, außer periodischen Managementprodukten, wie beispielsweise Fortschrittsberichte, miteinbezogen. Zu viele Details sollten es allerdings auch nicht sein, denn das wichtigste in dieser Phase des Planungsprozesses ist es, Einblick in die wechselseitigen Abhängigkeiten zu erhalten. Bei der Erstellung des PFD werden Sie höchstwahrscheinlich Teilergebnisse entdecken, die noch nicht in der PBS stehen. Ergänzen Sie die PBS hiermit, denn die PBS-Struktur muss die Grundlage Ihres Plans bleiben. Das PFD ist somit auch ein guter Check auf Vollständigkeit der PBS.

Eine interessante Ausarbeitung des Produktflussdiagramms ist das *Integrationsschema*. Dieses beschreibt die Integrationsphase auf der rechten Seite des V-Modells, in der Teilprodukte zu einem Endprodukt zusammengeführt werden. Die Integrationsphase ist oft ein vernachlässigter Teil der Projektplanung, was zu Überraschungen und Rückschlägen führen kann. Das Integrationsschema bietet im Voraus eine Übersicht und zeigt Möglichkeiten auf, die PBS zu verbessern. Wir schauen uns hierfür Abbildung 5.21 an. Sie sehen, dass das anfängliche Integrationsschema meist erst gegen Projektende zu einer Zusammenfügung der Teilprodukte führt. Dies wird auch die *Urknall-Integration* genannt (dargestellt durch durchgezogene Pfeile in der Abbildung). Hiermit sind Sie als proaktiver Projektmanager natürlich nicht zufrieden. Es ist nun die Kunst, bereits zu einem früheren Zeitpunkt gemeinsame Testmomente von Teilprodukten zu schaffen (gestreifte Pfeile). Dies kann Anpassungen in Bezug auf die Spezifikationen der Teilprodukte oder sogar zusätzliche PBS-Elemente erfordern. Aber dieser zusätzliche Aufwand wird meist durch die Abnahme von Integrationsrisiken mehr als wettgemacht. In der Abbildung ist auch zu erkennen, dass die agilen Sprintergebnisse zum frühen Testen anderer Systemteile verwendet werden können. Die Herausforderung liegt hierbei in der Definition und Zuordnung der richtigen Product-Backlog-Funktionen zum entsprechenden Sprint, um die gewünschten Tests zu ermöglichen.

Umsetzung von Design for X

Nachdem wir die PBS mit des PFD verbessert haben, können wir nun auch mit der Umsetzung von Design for X beginnen. Legen Sie dazu das V-Modell über das PFD und bestimmen Sie, zu welchen Momenten die kritischen Parameter Ihres Projekts getestet werden. Für das Achterbahn-Projekt sind diese kritischen Parameter unter anderem:

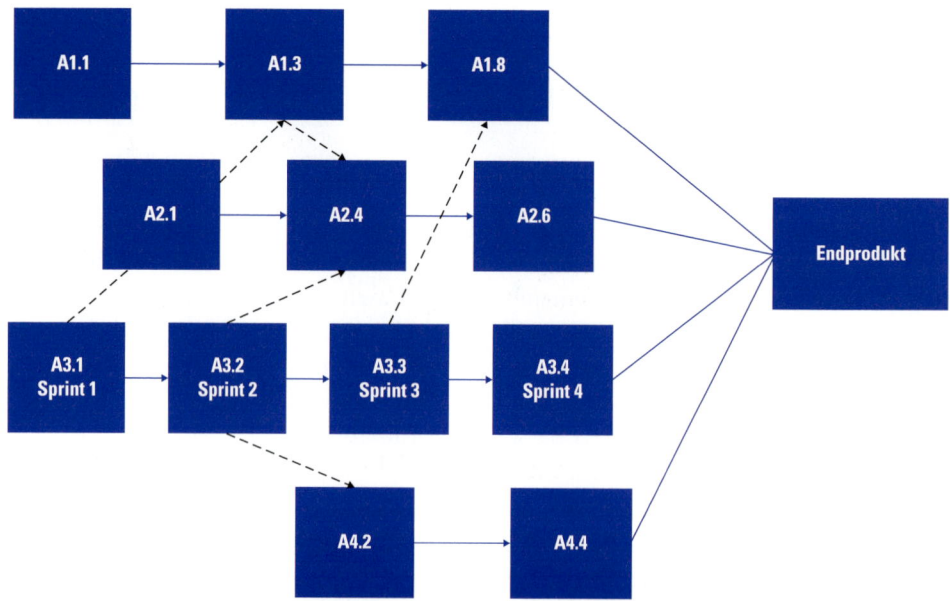

Abbildung 5.21   Integrationsschema mit gestreiften Pfeilen als Hinweis auf frühere Integrations- und Testmöglichkeiten

- Produktkosten
- Maximale Beschleunigung (G-force)
- Betriebskosten – Energieverbrauch
- Betriebskosten – Wartung
- Systemzuverlässigkeit (Reliability)

Wahrscheinlich finden in der anfänglichen Version die meisten Testzeitpunkte auf der rechten Seite des V-Modells statt. *Suchen Sie daher gemeinsam mit Ihrem Team Möglichkeiten, um bereits früher im V die kritischen Parameter zu verifizieren.* Auch dies führt zu zusätzlichen Teilprodukten für die PBS. In Abbildung 5.22 sind für den kritischen Parameter Energieverbrauch des Achterbahn-Projekts einige zusätzlich definierte Deliverables wiedergegeben. Auf diese Weise entwickelt sich Ihr Projekt in mehreren Schritten zu einer vollständigen PBS mit Elementen, die proaktives Verhalten und eine frühzeitige Risikoverringerung bedingen.

Verbessern Sie die PBS mit DfX, um früher die kritischen Parameter zu messen.

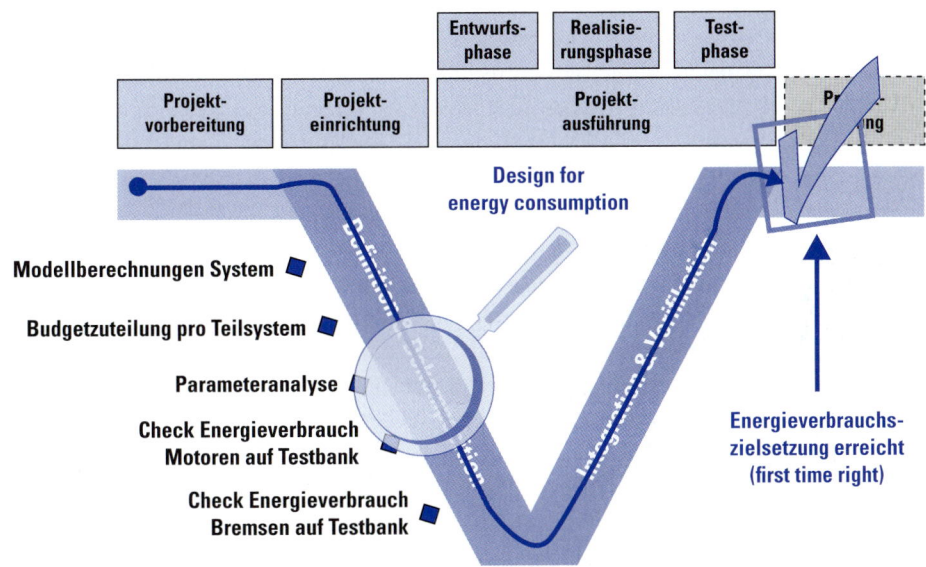

Abbildung 5.22 Erweitern der PBS mithilfe von Design for X (Energieverbrauch)

5.7 Schritt 3.6: Projektstrukturplan (Work Breakdown Structure)

Dieses Kapitel schließe ich mit dem Projektstrukturplan und vor allem mit einem eigensinnigen Gedankengang ab. Hierbei meine ich den Unterschied zwischen dem *Produktstrukturplan (Produkt Breakdown Structure, PBS)* und dem *Projektstrukturplan (Work Breakdown Structure, WBS)*.

WBS versus PBS

Gibt es überhaupt einen Unterschied zwischen WBS und PBS? Ich gebe schon einmal von mir: *Erst wenn Sie den Unterschied der beiden kennen, dürfen Sie sagen, dass sie dasselbe sind.* Die WBS ist genauso wie die PBS eine hierarchische Dekomposition des Projekts. Jedoch nicht in Teilprodukte, sondern in ausführbare Arbeitspakete. Theoretisch gesehen ist dies ein Unterschied. Die PBS erklärt, welche *Teilergebnisse* geliefert werden müssen, um das Endergebnis zu realisieren. Die WBS gibt an, wie die Arbeit in *Arbeitspaketen* organisiert werden muss, um zum selben Endergebnis zu gelangen. Daher haben Puristen, die sagen, dass Sie zunächst eine PBS erstellen müssen und erst im Anschluss eine WBS, sicherlich Recht.

Mit ein wenig Geschick kombinieren Sie Ihre PBS und WBS zu einer einzigen Struktur.

Persönlich finde ich das jedoch nicht praktisch, weil ich der Meinung bin, dass man auf die Suche nach einer einzelnen Grundstruktur für das Projekt gehen sollte. Daher bin ich ein Anhänger des Kombinierens beider, indem die PBS mit Aktivitäten in der untersten Zeile erweitert wird und die Struktur so gewählt wird, dass auch der organisatorische Kontext gut wiedergegeben werden kann. Somit fassen Sie sowohl die Fertigstellung der Teilergebnisse als auch die Organisation in einer einzigen PBS/WBS-Abbildung zusammen. Sie können auch andersherum arbeiten und eine WBS erstellen, wobei die Struktur letztendlich ergebnisgetrieben ist.

Obwohl PBS und WBS also eigentlich unterschiedliche Dekompositionen desselben Projektes sind, kombiniere ich sie einfach in einer einzigen PBS/WBS-Dekomposition. Dies erreiche ich, *indem ich die WBS als Erweiterung der Unterseite der PBS ansehe*, wie in Abbildung 5.23 dargestellt. Die PBS zeigt die (Zwischen-)Ergebnisse an und somit das, *was* Sie leisten. Die WBS füllt die unterste Ebene der PBS mit Aktivitäten, die zur Realisierung dieser Ergebnisse erforderlich sind, also damit, *wie* Sie es leisten. So bilden diese gemeinsam *eine* Übersicht, die sowohl ergebnisorientiert als auch arbeitsorientiert ist. Wenn Sie sich vorstellen, dass Sie diese um 90 Grad gegen den Uhrzeigersinn drehen, ähnelt sie sehr einem Gantt-Diagramm (Detailplan). Dieses Gantt-Diagramm mit WBS-Aktivitäten besitzt eine fundierte Struktur, weil es auf der PBS basiert. Außerdem wird die saubere Trennung der PBS-Ergebnisse (*was*) und WBS-Aktivitäten (*wie*) die Anwendung situativen Führens während der Projektausführung unterstützen.

Die WBS in der traditionellen und in der agilen Umgebung

Bevor wir die WBS in Kapitel 6 intensiver betrachten, ist die Frage sinnvoll, wofür Sie die WBS eigentlich erstellen. Ich nenne zwei wichtige Gründe:
1. Um die *Größe* (Kosten, Durchlaufzeit) der Realisierung der Teilergebnisse in der PBS (oder dem Scrum Product-Backlog) zu bestimmen. Die WBS kann hierbei als Hilfsmittel dienen.
2. Um die *Aufgaben* (Aktivitäten, Tasks) zu definieren, die während der Ausführungsphase umgesetzt werden müssen. Hierbei ist die WBS also selbst das gewünschte Ergebnis.

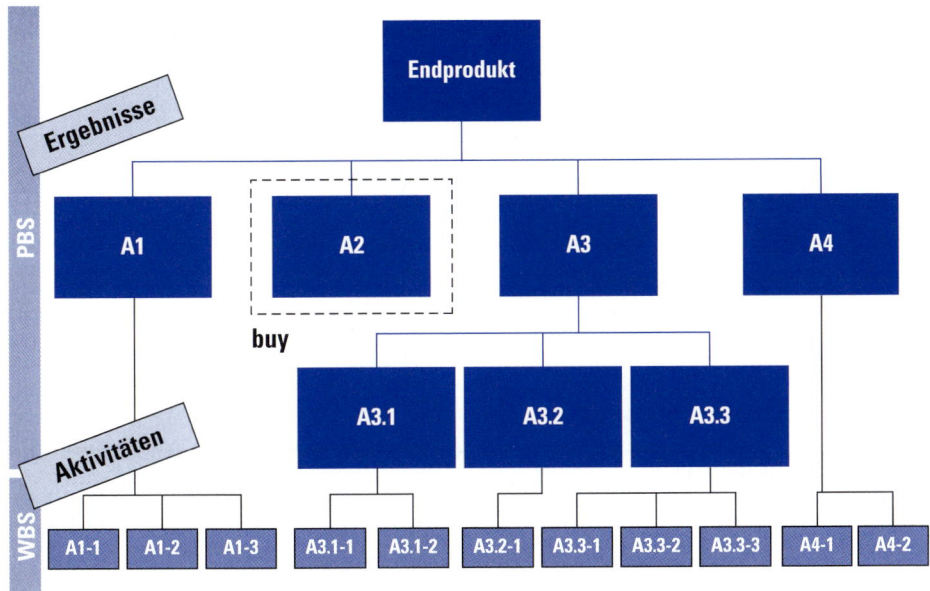

Abbildung 5.23   Erweiterung der PBS mit den WBS-Aktivitäten, die die PBS-Teilergebnisse erbringen

Über den ersten Punkt möchten Sie in der Regel frühzeitiger etwas erfahren als über den zweiten Punkt. Die Größe der Teilergebnisse zu kennen, hilft beim Managen der Erwartungen, bei Entscheidungen und bei der Aufstellung des Projektbudgets. Je früher Sie dies wissen, desto besser. Der zweite Punkt ist ebenfalls wichtig, aber hierüber müssen Sie erst dann etwas wissen, wenn die Ausführung tatsächlich beginnt. *Daher muss der erste Punkt in der Skizze mit dem Team abgedeckt sein, wohingegen das Festlegen der Aktivitäten in der späteren Detailplanung erfolgen kann.* Die Skizze mit dem Team und der Detailplan werden beide im folgenden Kapitel behandelt.

Bei Scrum ist es noch etwas nuancierter. Die Aktivitäten der WBS werden erst vor Beginn des entsprechenden Sprints in der Sprint-Planungssitzung bestimmt (siehe Pl in Abbildung 1.12) und werden später in den Daily-Scrum-Meetings weiter ausdetailliert. Dies findet also während der Ausführungsphase statt und wird durch das Entwicklungsteam selbst - unter Begleitung des Scrum-Masters - durchgeführt. Darum werden Sie die WBS der Scrum-Teilprojekte auch nicht im Detailplan des Projektmanagers finden. Natürlich ist eine gute Einschätzung der Größe des Product-Backlogs eine Bedingung, um die Sprints planen zu können. Der oben aufgeführte erste Punkt ist daher auch ein wichtiger Schritt bei Scrum, um zur Skizze mit dem Team zu gelangen, obwohl Sie bei Scrum meist keine WBS benötigen, da die Product-Backlog-Elemente bereits klein genug sind, um ihre Größe sofort abschätzen zu können. Auch dies wird in Kapitel 6 behandelt.

Größe einer Aktivität in der WBS bestimmen
Mit der Bestimmung aller WBS-Aktivitäten haben Sie die Dekomposition Ihres Projekts vollendet. Jetzt fehlt nur noch der Schritt, diese in einen Zeitplan zu verwandeln. Das wird

in Kapitel 6 beschrieben, worin ich den zweiten Teil des Planungsprozesses behandele. Zum Abschluss dieses Kapitels möchte ich noch den Parameter besprechen, der die Größe einer WBS-Aktivität bestimmt: die *Stundenanzahl*, die benötigt wird, um eine Aktivität auszuführen (in Planungstools oft *Arbeit*, *Work* oder *Effort* genannt). Also nicht die Dauer, denn diese können Sie erst dann bestimmen, wenn bekannt ist, wie viel Kapazität/Teammitglieder Sie für die Aktivität einsetzen können. Genauso wie die PBS folgt auch die WBS der 100%-Regel: Alle (internen) Aktivitäten zusammen müssen das vollständige Projektbudget in Stunden wiedergeben. Das Einschätzen der Arbeitslast in Stunden ist ein wichtiger Prozess mit einer rationalen und einer psychologischen Seite, denn es hat starke Auswirkungen auf Ihre Teammitglieder.

Damit verschiebt sich unsere Aufmerksamkeit im Planungsprozess vom analytischen Strukturieren in Teil I zur psychologischen Seite des Leitens und Motivierens in Teil II.

Zusammenfassung

- Verhindern Sie U-Boot-Verhalten, indem Sie bei wichtigen Aktivitäten die 10%-Konfrontationsregel verwenden.
- Planen ist vor allem Strukturieren und sollte zu Unterstützung und Abstimmung mit Ihrem Team und den Stakeholdern führen.
- Lassen Sie sich durch die 10 Schritte des Planungsprozesses inspirieren und machen Sie die Erfahrung, dass diese - nach etwas Übung - zum Folgenden führen:

- Die Project Charter ist eine Übersicht Ihres Projekts im A4-Format und bietet die perfekte Möglichkeit, frühzeitige Interaktionen mit Ihrem Umfeld zu haben.
- Sie kombinieren frühe Konfrontation, Übersicht, Details und Beweglichkeit, in dem Sie im Planungsprozess klar unterscheiden zwischen:
  1. **Die Projektgröße verstehen:** Um die Erwartungen managen zu können, müssen Sie so früh wie möglich die Größe des kompletten Projekts kennen. Dies resultiert in der Skizze mit dem Team, welche auf den Teilergebnissen der PBS und/oder des Scrum Product-Backlogs aufbaut. Die WBS kann ein nützliches Hilfsmittel sein um die Größe dieser Teilergebnisse zu bestimmen, ihre Verwendung ist jedoch optional.
  2. **Die Projektausführung steuern:** aufgabenbezogene Informationen werden erst benötigt, sobald die Projektausführung beginnt und können separat pro Phase oder Sprint ermittelt werden, um unnötiges Änderungsmanagement zu verhindern. So erhalten Sie einen Detailplan, der die WBS-Aktivitäten enthält. In Scrum verwalten die Teammitglieder ihre Aktivitäten normalerweise auf einem scrum-board, sodass kein offizieller Detailplan existiert
- Die Skizze mit dem Team ist eine Planung in Grundzügen, aber mit ausreichenden Details, um Timing und Kosten, die zu erreichenden Teilergebnisse und den Einsatz von Mitarbeitern und Mitteln untermauern zu können. Die Skizze mit dem Team ist eine Planung von Teilergebnissen, nicht von Aktivitäten, und somit ist sie auch kein Leitfaden für die Projektausführung.
- Verwenden Sie den Produktstrukturplan (Product Breakdown Structure, PBS), um das Projekt in eine vollständige Übersicht von Teilergebnissen aufzuteilen: in das *Was* Ihres Projektes.
- Der Scrum Product-Backlog enthält User-Stories (und Defekte). Diese User-Stories können Sie auch auf der untersten Ebene der PBS als kleinste spezifizierte Teilergebnisse wiederfinden.

- Die PBS ist eine lebende Projektdatenbank. Verbessern Sie die PBS -noch bevor Sie den Detailplan erstellen - mit DfX, frühen Integrationsmomenten und mittels der Abstimmung mit den Stakeholdern.
- Eine gute PBS passt zu dem Inhalt und der Organisation.
- Die PBS können Sie mit den WBS-Aktivitäten erweitern, die benötigt werden, um die PBS-Teilergebnisse zu erreichen. Bei Scrum geschieht dies erst während der Ausführungsphase zu Beginn eines jeden Sprints.
- Die WBS unterstützt beim Bestimmen der Größe der zu realisierenden Teilergebnisse aus der PBS (für die Skizze mit dem Team) und legt fest, welche Aktivitäten in der Ausführungsphase ausgeführt werden müssen (für den Detailplan).

6   Der Plan Teil II: Die Skizze mit dem Team und der Detailplan

> - Wie verwenden Sie das Wissen Ihres Teams, um die PBS/WBS-Größe zu bestimmen?
> - Warum Sicherheitsmargen zu zeitlichen Überschreitungen führen.
> - In vier Schritten von Abschätzung zu erfolgreicher Ausführung.
> - Warum eine frühzeitige Skizze mit dem Team im agilen und traditionellen Projektmanagement so wichtig ist.
> - Entdecken Sie, wie Sie die Planungstools für sich arbeiten lassen können.

Mit der Erstellung einer guten PBS und WBS haben Sie eine wichtige Grundlage für eine erfolgreiche Projektausführung gelegt. Sie verfügen jetzt über eine vollständige Teilergebnis- und Aktivitätenübersicht, die logisch nach Inhalt und Organisation strukturiert ist. Vielleicht ist Ihnen bereits aufgefallen, dass das schrittweise Erstellen eines Plans zu vielen Abstimmungsmöglichkeiten führt. Dies sind Kontaktmomente mit Ihren Teammitgliedern und Stakeholdern, um Informationen für Entscheidungsfragen und -findungen zu erhalten. Dies alles sind Möglichkeiten, um nicht in den U-Boot-Modus zu verfallen und weiterhin den Projektverlauf beeinflussen zu können.[7]

Suchen Sie konkrete Hinweise, wie diese Kontaktmomente aussehen könnten, so verweise ich Sie auf Abbildung 6.1. Hierbei wird von einem etwas größeren Projekt mit Teilprojekten ausgegangen, wobei die Teilprojekte durch Teamleiter (auch Teilprojektleiter genannt) geführt werden. Nach dem Bestimmen der obersten Zeile der Teilprodukte in der PBS können Sie den Teamleitern ihre Verantwortung übertragen, sodass diese ihren Teil der PBS mit dem Team ausarbeiten können. Dieses *Organisieren um zu delegieren* ist für Sie selbst effizient und Sie können das Wissen des Teams maximal ausschöpfen. Ein vergleichbarer Schritt findet später beim Erstellen der WBS statt, wobei Sie die Verantwortung wieder eine Ebene tiefer platzieren. Nämlich bei dem Teammitglied (oder dem Scrum-Team), das die Aktivitäten auch tatsächlich ausführen wird. *Auf diese Weise wird auch der Planungsprozess zu Teamwork* und Sie schaffen für die Projektausführung ein unterstützendes Umfeld. Bei einem kleineren Projekt ohne Teilprojekte funktioniert dies auch, jedoch beziehen Sie dann die Teammitglieder selbst in die Erstellung der PBS mit ein, da keine weitere Zwischenebene vorhanden ist.

Nach Abschluss der PBS/WBS-Erstellung muss die Größe der Arbeit bestimmt werden, sodass die Aktivitäten in eine Zeitplanung umgesetzt werden können. Die Zeitplanung verarbeite ich zunächst in der Skizze mit dem Team. Zu einem späteren Zeitpunkt übertrage ich diese in den letztendlichen Detailplan, mit dem die Projektausführung geleitet werden kann.

---

7   Dieses Kapitel verbindet die folgenden Kompetenzen aus IPMA's ICB4: Negotiation, Time, Organisation and information, Finance, Resources, Plan and control, Select and Balance.

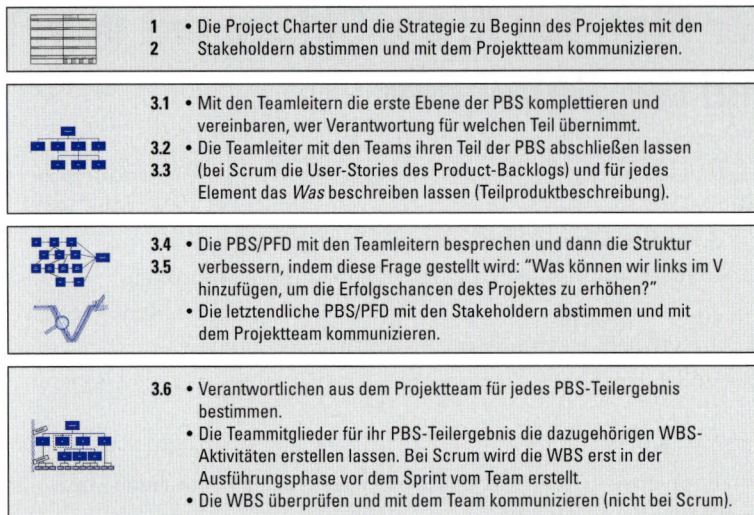

Abbildung 6.1   Den Planungsprozess mit Delegier- und Feedbackmomenten zu Teamwork werden lassen

6.1   Schritt 4: Size- und Effort-Abschätzung

Eine gute Stundenabschätzung zu erstellen ist für den Projektmanager essentiell, um sowohl die Zeit als auch das Projektbudget unter Kontrolle zu halten. Indem die PBS mit der WBS erweitert wird und hiermit anschließend aufzuwendende Arbeitsstunden verknüpft werden, erhalten Sie eine vollständige Übersicht der Projektgröße und legen hier das Fundament für einen guten Plan. Die Stundenabschätzung ist auch ein Mittel, um Unterstützung und Commitment vom Team zu erhalten… aber Sie können hier auch beides verlieren…

Abschätzungen sind nie separat zu betrachten, egal, wie gerne Sie dies auch wollen.

Die Bestimmung der Größe der Arbeit im Bereich des Projektmanagements kann eine verwirrende Aufgabe sein. Dies kann dazu führen, dass Sie als Projektmanager die Methoden möglicherweise nur unvollständig verstehen und in den "Ich fange einfach mal an-Modus" geraten. Eine Situation, die an Aussagen wie "Mit der Realisierung der Zeitplanung haben alle meine Teammitglieder Probleme." oder "Das ist ein Teammitglied, bei dem ich alle meine Abschätzungen verdoppeln muss." erkannt werden kann. Ich denke mir dann oft im Stillen: An wem liegt es denn jetzt?

 Verwenden Sie für die Stundenabschätzung den Input des Teams oder haben Sie das bereits aufgegeben?

Ist eine Abschätzung der Größe der Arbeit schwierig? Hierauf gibt es meines Erachtens zwei Antworten. *Nein*, weil es sich eigentlich um nichts anderes handelt, als um das Aufteilen von

Arbeiten in verständliche Aufgaben und das Berechnen in Stundeneinheiten. *Ja*, weil Sie während Ihrer Abschätzung mit herausfordernden Fragen konfrontiert werden:
- Wie bestimme ich die Größe der Arbeit bei traditionellen und bei agilen Methoden?
- Wie gehe ich während der Abschätzung der Größe der Arbeit mit unterschiedlichen Ansätzen der Teammitglieder um?
- Wie erreiche ich, dass Abschätzungen weniger abhängig von den Mitarbeitern sind, die diese Arbeiten ausführen werden?
- Wie beziehe ich das Risikomanagement bei den Abschätzungen ein?
- Wie integriere ich während der Erstellung der Abschätzungen das Wissen des Teams?
- Warum heben sich Erfolge und Rückschläge bezüglich der Dauer nicht gegenseitig auf?
- Wie verhindere ich, dass Mitarbeiter in den Abschätzungen zusätzliche Zeit einbauen und durch diese Puffer keine Dringlichkeit mehr verspüren?
- Wie erhalte ich die Unterstützung meiner Teammitglieder, wenn "Bottom-up"-Abschätzungen durch "Top-down"-Begrenzungen beeinträchtigt werden?
- Wie erreiche ich auch weiterhin ein Commitment der Mitarbeiter, auch wenn diese von externen Einflüssen (zu später Input durch andere, Änderungen des Umfangs, etc.) abhängig sind?

Das Erstellen von Abschätzungen ist kein eigenständiges Ergebnis. Abschätzungen hängen vom Kontext ab. Darüber hinaus suchen Sie eine Ausgewogenheit von Elementen, die sich aneinander reiben: Die Abschätzungen müssen *realistisch* und *herausfordernd* sein, da ansonsten das Projektbudget zu hoch angesetzt wird. Dies alles zeigt, dass Sie während der Abschätzung der Größe der Arbeit automatisch mit dem eigentlichen Wesen der Mitarbeiter und der Praxis der Projektausführung konfrontiert werden. Es ist wichtig, hierfür ein gutes Verständnis zu entwickeln, um sich wirklich auf den Input des Teams verlassen zu können und von der Motivation der Teammitglieder profitieren zu können, damit die Planung auch erreicht wird.

Abschätzungen erhalten Sie, indem Sie die Arbeit immer weiter unterteilen, bis Sie verstehen, was deren Größe ist.

Für das Abschätzen der Größe der Arbeit des Projekts gibt es bei den traditionellen und agilen Methoden Unterschiede im Ansatz. Dennoch sind diese Unterschiede kleiner als manchmal gedacht. Abschätzungen erhalten Sie, indem Sie das gewünschte Teilergebnis so lange in kleinere Einheiten unterteilen, bis Sie erkennen können, was die Größe dieser Einheiten ist. Bei traditionellen Methoden handelt es sich bei diesen kleinen Einheiten meist um WBS-Elemente, bei Scrum sind es die User-Stories aus dem Product-Backlog im unteren Bereich der PBS. Da diese User-Stories relativ klein sind (sie müssen innerhalb eines Sprints realisiert werden können), können sie meistens relativ einfach eingeschätzt werden, beispielsweise mit dem *Planning Poker*. Die WBS wird also nicht vom Projektmanager für die Erstellung des Plans benötigt, sondern wird durch das Scrum-Team selbst erstellt, um die Aufgaben zu definieren, die die Teammitglieder in dem Sprint ausführen müssen. Da die Größe der User-Stories ohne WBS abgeschätzt werden kann, ist es bei Scrum also tatsächlich möglich, die WBS erst zu Beginn der Ausführung des

Sprints zu bestimmen. Selbstverständlich ist dies auch bei traditionellen Methoden möglich, wenn Sie die PBS weit genug aufgliedern.

Einige Begrifflichkeiten

Bevor wir fortfahren, möchte ich einige Begrifflichkeiten kurz erläutern. Diese Begrifflichkeiten bilden die Grundlage des Planungsprozesses und Sie werden ihnen in den meisten Planungstools begegnen. Daher nenne ich auch bewusst die englischen Begriffe. Die Beziehung der Begrifflichkeiten zueinander finden Sie in Abbildung 6.2.

Size beschreibt die Größe der Aufgabe. Beispielsweise ist dies beim Anstreichen einer Wand die Angabe der Quadratmeter. Size sagt demnach etwas über den Umfang der zu leistenden Aufgabe aus und ist von den Ressourcen unabhängig. Size wird gemeinsam mit *Effort* an das WBS-Element gekoppelt.

Effort/Work beschreibt den (Arbeits-)Aufwand, der bei der Ausführung der Aufgabe anfällt. Beim Anstreichen einer Wand also, die Anzahl der Arbeitsstunden, die zum Auftragen der Farbe benötigt wird. Effort ist das wichtigste WBS-Element, das abgeschätzt werden muss, wenn die Aktivität *Effort-driven* ist.

Duration ist die Dauer (Durchlaufzeit) für die Erledigung einer Aufgabe. Beim Beispiel des Anstreichens wären dies beispielsweise drei Tage, die benötigt werden um die gesamte erste Etage anzustreichen. Bei Effort-driven-Aktivitäten ist die Dauer an den *Effort* und die Höhe der eingesetzten *Ressourcen* (*Kapazität*) gebunden. Bei *Duration-driven*-Aktivitäten wird stattdessen die Dauer direkt festgelegt.

Effort-driven. Die meisten Aktivitäten sind *Effort-driven*. Dies bedeutet, dass die Größe primär durch die Arbeitsstundenanzahl bestimmt wird. Das Anstreichen ist beispielsweise Effort-driven: Wenn die Arbeit 24 Stunden für eine Person beträgt, dann wird diese Person drei Arbeitstage benötigen. Mit drei Personen benötigt man für die Arbeit immer noch 24 Stunden, aber die Dauer beträgt nur noch einen Arbeitstag. Der *Effort* steht also fest, die *Duration* dagegen wird durch die Menge der eingesetzten Ressourcen (Kapazität) bestimmt.

Duration-driven sind Aktivitäten, die nicht Effort-driven sind, sondern bei denen die Dauer fix ist. Beispielsweise beim Transportieren des Streichzubehörs mit einem Fahrzeug oder beim Trocknen der Farbe: die Dauer wird auch dann nicht kürzer, wenn mehr Personen eingesetzt werden.

Costs sind die Kosten, die mit der Projektausführung verbunden sind. Diese Kosten haben mehrere Komponenten: Personalkosten, Materialien, Auslagerungen, etc. Die Personalkosten werden vom mit dem Stundentarif multiplizierten Effort abgeleitet.

Capacity/Units (Kapazität) beschreibt die Anzahl der Ressourcen; oftmals in einem Prozentsatz ausgedrückt. Zwei Vollzeitanstreicher haben eine Kapazität von 200%. Berücksichtigen Sie hierbei, wie viele Stunden jemand pro Woche für das Projekt maximal zur

Verfügung steht (40 Stunden oder beispielsweise 36, da auch noch eine Weiterbildung oder Abteilungssitzung außerhalb des Projekts ansteht).

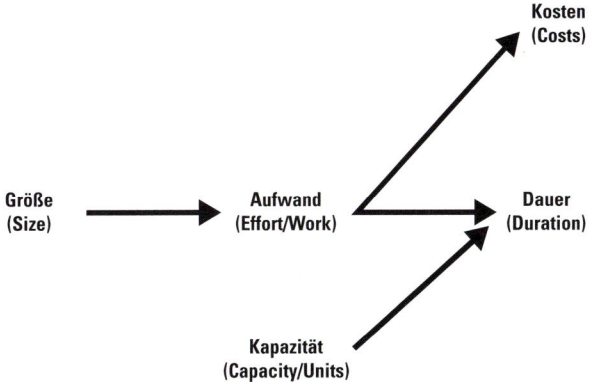

Abbildung 6.2   Die Beziehung von Size, Effort, Duration (vorausgesetzt Effort-driven), Capacity und Costs

Bestimmen Sie zunächst die Größe (Size)

Wie verlockend es auch ist, sofort die Stundenanzahl des Aufwandes beim Schätzen der Arbeitsstunden aufzuschreiben, ist es ratsam, zunächst die Größe, bzw. Size, der Aufgabe zu bestimmen. Warum? Weil Sie mit der Bestimmung der Größe auch den Umfang der Aktivität festlegen. Wahrscheinlich ist dies mit der Erstellung der PBS bereits implizit geschehen, aber nur mit einer zusätzlich hinzugefügten Spalte in der Aktivitätenübersicht wird es auch explizit deutlich. Welche Vorteile dies bewirken kann, werde ich erneut mit dem Anstreicher-Beispiel erklären. Stellen Sie sich vor, Sie seien ein Anstreicher und in der Angebotserstellung noch ein wenig unerfahren. Sie gehen mit dem Auftraggeber durch das Gebäude und besprechen, welche Wände gestrichen werden müssen. Im Angebot geben Sie an, dass die Malerarbeiten 40 Stunden betragen und Sie nennen den Preis auf der Grundlage Ihres Stundentarifs. Zu Beginn der Arbeiten fordert Ihr Auftraggeber Sie auf, nicht den besprochenen Raum, sondern einen anderen, größeren zu streichen. Wenn im Angebot die Quadratmeter deutlich angegeben sind, so ist dieser Änderungswunsch schnell eingefügt. Ist dies nicht der Fall, so kann die Diskussion schnell "persönlich" werden. Der Auftraggeber könnte denken, dass die zwei Räume kaum einen Unterschied darstellen und dass daher einfach nur etwas schneller gearbeitet werden muss. *Effort ist Personengebunden, Size ist es nicht.*

Grenzen Sie eine Aufgabe zunächst mit der *Size* ab, so erhalten Sie ein Maß,
- um das gegenseitige Verständnis bezüglich einer Aufgabe abzugleichen, bevor der Mitarbeiter Zeitabschätzungen vornimmt.
- um für den Auftraggeber den Umfang der Aufgabe festzulegen.
- um die Größe der Aufgabe unabhängig vom Ausführenden festzustellen.
- um die Auswirkung einer Änderung objektiv bewerten zu können.

- das als Referenz dient, um den Effort auf der Grundlage der Informationen von früheren Projekten abzuschätzen. Beispielsweise die benötigten Arbeitsstunden (Effort) beim Anstreichen pro Quadratmeter (Size).

Mittels des Festlegens der *Size* erhöhen Sie also die Qualität der Abschätzung von Arbeiten. Beispiele der Size befinden sich in Abbildung 6.3. In dieser Abbildung steht auch die Einheit, mit der Sie die Größe einer Scrum User-Story festlegen können: der *Story-Point*. Wie dies geschieht, erfahren Sie im folgenden Abschnitt.

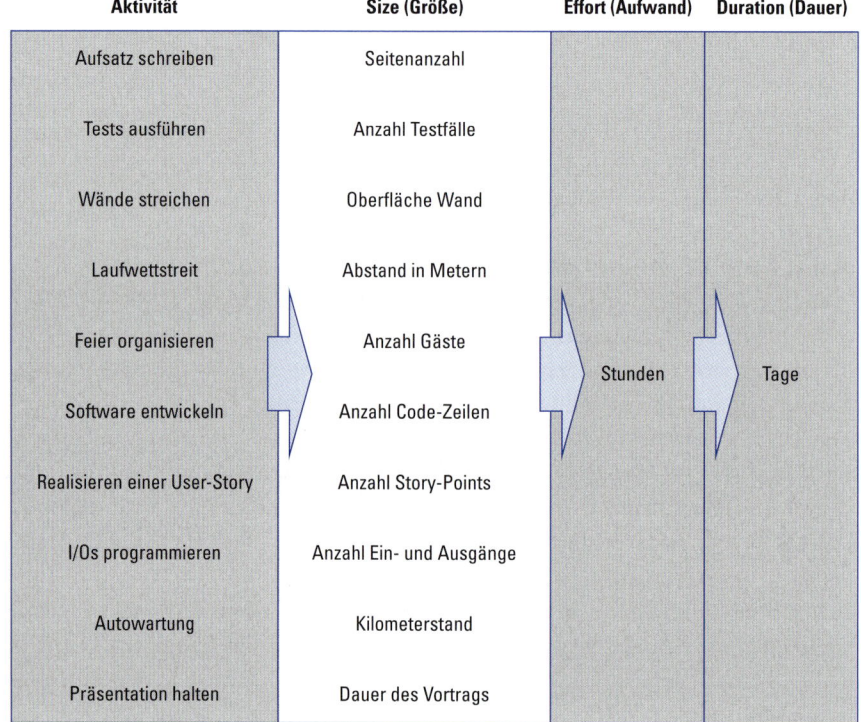

Abbildung 6.3   Beispiele der Größe (Size) von Aktivitäten

Die Delphi-Methode (allgemein)

In wissensintensiven Projekten ist es wichtig, das Wissen von möglichst vielen Personen zu verwenden. Aber wie erhalten Sie dieses? Wenn sich mehrere Personen mit der Größe der Arbeit auskennen, können Sie die *Delphi-Methode* (Helmer, 1963) anwenden. Diese Methode wird verwendet, wenn keine wissenschaftlich untermauerte Antwort vorhanden ist, aber man dennoch über Wissen, Erfahrung und Intuition von Experten verfügt. Bei der Delphi-Methode wird eine sorgfältig ausgewählte Gruppe von Experten in einigen Runde gebeten, ihre Meinung in Bezug auf eine Frage kundzutun. Dies geschieht oft anonym. Jede Fragerunde wird mit einer Rückkopplung der Ergebnisse abschlossen, wodurch die Experten die Meinungen der anderen Experten einsehen können.

Dies nährt ihre Vision und kann zu Veränderungen führen. Nach einigen Runden werden die unterschiedlichen Sichtweisen zu einer von der Menge getragenen Antwort konvergiert sein.

Die Delphi-Methode wurde zum ersten Mal in den fünfziger Jahren des letzten Jahrhunderts beschrieben und in der amerikanischen Verteidigungsindustrie eingesetzt. Derzeit wird die Methode in vielen Bereichen angewendet. Der Name verweist auf das Orakel von Delphi, was ungewöhnlich ist, weil nichts "Orakelhaftes", sondern viel mehr vorhandenes Wissen angewendet wird.

Wie verwenden Sie diese Methode bei der Erstellung der Size- und Effort-Abschätzungen in Projekten? Das Prinzip der Anonymität soll den sozialen Druck auf die Experten verringern, ist aber in der praktischen Anwendung meist nicht nötig. Oftmals reichen daher zwei Runden aus: eine individuelle Runde und eine gemeinsame Runde mit der Gruppe der Experten.

Runde 1 (individuell): Händigen Sie die Excel-Datei mit PBS/WBS aus und lassen Sie jeden Experten individuell eine Abschätzung des benötigten Efforts pro WBS-Aktivität erstellen.[8] Achten Sie darauf, dass nur Aktivitäten, die sich im Wissensbereich der jeweiligen Experten befinden, von diesen bearbeitet werden.

PBS Ebene 1 (Deliverable)	PBS Ebene 2 (Deliverable)	WBS (Aktivität)	Effort-Abschätzung (Stunden)						
			Runde 1 (individuell)					Runde 2 (Gruppe)	
			Experte 1	Experte 2	Experte 3	Durchschnitt	Standard-abweichung	Wahl	Bemerkungen
Ergebnis A1									
	Ergebnis A1.1								
		Aktivität A1.1-1	16	12	15	14	2	14	
		Aktivität A1.1-2	12	10	10	11	1	12	
		Aktivität A1.1-3	4	4	6	5	1	5	
		Aktivität A1.1-4	4	5	6	5	1	5	
	Ergebnis A1.2								
		Aktivität A1.2-1	12	40	32	28	14	30	besseres Inhaltsverständnis
		Aktivität A1.2-2	4	2	4	3	1	4	
Ergebnis A2									
	Ergebnis A2.1								
		Aktivität A2.1-1	4	24	6	11	11	24	Risiken erkannt
		Aktivität A2.1-2	6	4	6	5	1	5	
	Ergebnis A2.2								
		Aktivität A2.2-1	10	12	12	11	1	12	
		Aktivität A2.2-2	20	16	36	24	11	20	Risiko Ausreißer 36 niedrig
		Aktivität A2.2-3	20	16	16	17	2	16	
Ergebnis A3									
		Aktivität A3-1	32	8	8	16	14	8	Umfang unklar
		Aktivität A3-2	12	10	8	10	2	12	
		Aktivität A3-3	8	8	8	8	0	8	
		Aktivität A3-4	6	8	8	7	1	8	

Abbildung 6.4 Effort-Abschätzung für die WBS-Elemente mit der Delphi-Methode

---

8 Natürlich können Sie die Delphi-Methode auch direkt auf höhere Ebenen des PBS/WBS anwenden.

Runde 2 (Gruppe): Fügen Sie den Input zu einer Übersicht zusammen, wie in Abbildung 6.4 gezeigt. Sofort werden die Unterschiede, wie in der Abbildung markiert, deutlich. Nur diese Elemente müssen besprochen werden. Eine Erklärung des Experten, der eine große Abweichung bezüglich des Rests darstellt, wird bei den anderen Experten oft neue Einsichten bewirken. Die Gruppe bestimmt anschließend die Abschätzung und diese wird im Plan aufgenommen. Außer für die Kombination des Wissens mehrerer Personen ist dieser Ansatz auch ein gutes Beispiel für ein effizientes Zeitmanagement der Gruppe. Nur die Aspekte, die von der Gruppenarbeit profitieren, werden auch von der Gruppe gemeinsam besprochen, während der Rest automatisch aus den individuell vorbereiteten Eingaben abgeleitet werden kann.

Planning Poker
Bei Scrum wird eine von der Delphi-Methode abgeleitete Technik verwendet, um Schätzungen im Teamverband auszuführen. Der zugehörige Name: *Planning Poker*.

Bevor ich das Planning Poker erkläre, folgt zunächst die Erläuterung der Abschätzung im Scrum-Ansatz. Da bei Scrum die Zeiteinheit für einen Sprint feststeht, so ist pro Sprint die Dauer und damit auch der verfügbare Effort des Teams (selbstverständlich in Abhängigkeit von der Anzahl der Teammitglieder) bereits bekannt. Daher müssen Sie bei der Erstellung des Plans nicht bestimmen, wie viel Effort die Implementierung einer User-Story kostet. Es reicht aus zu wissen, wie viele User-Stories in einen Sprint passen. Dies erreichen Sie, indem Sie die Größe der User-Stories (und die Kapazität des Sprints) bestimmen. Die Bestimmung des Efforts der einzelnen WBS-Aktivitäten (Aufgaben) findet bei Scrum erst in der Ausführungsphase vor dem jeweiligen Sprint statt, wenn der Sprint-Backlog erstellt wird (siehe Abbildung 6.5). Das ist auch logisch, denn Sie möchten den Aktivitätenplan so spät wie möglich erstellen, um mögliche Änderungen im Inhalt der Sprints miteinbeziehen zu können.

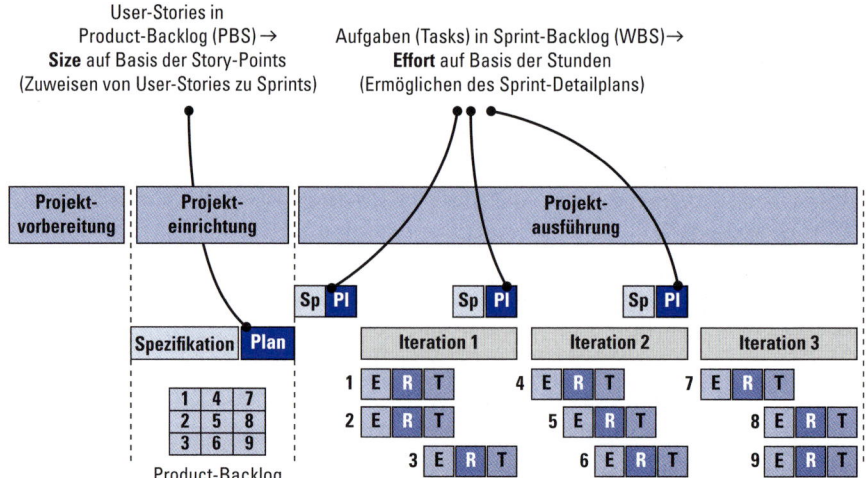

Abbildung 6.5   Die Momente der Size- und Effort-Abschätzung bei Scrum

Die Größe der User-Stories wird meist in *Story-Points* ausgedrückt. Ein Story-Point ist eine abstrakte und *relative* Einheit, um die Größe der User-Story auf ein bekanntes Arbeitselement zu beziehen. Story-Points sind also nicht direkt auf Stunden zu beziehen und teamabhängig. Das "Ausfüllen" der Sprints ist das wichtigste Ziel. Mit dem Planning Poker schätzt das Team während der Projekteinrichtung auf spielerische Art und Weise die Größe der User-Stories mittels eines Kartensets, einer Software oder einer App ein. Auf den Karten befinden sich folgende Zahlen: 0, 0.5, 1, 2, 3, 5, 8, 13, 20, 40 und 100. Diese Zahlen basieren auf der Fibonacci-Zahlenfolge, die die Tatsache berücksichtigt, dass die Unsicherheit bezüglich der Realisierbarkeit proportional mit der Größe der User-Story wächst.

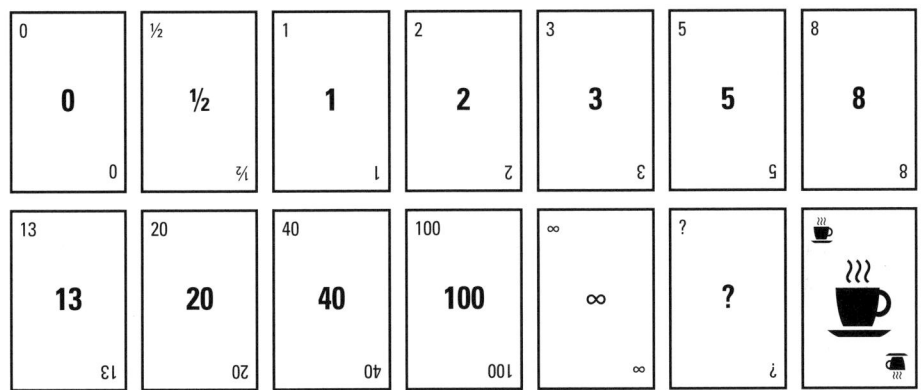

Abbildung 6.6   Planning Poker

Die Vorgehensweise hat viele Gemeinsamkeiten mit der Delphi-Methode:
1) Der Product-Owner erklärt die User-Story.
2) Die Teammitglieder stellen Fragen, besprechen Annahmen und Risiken und bestimmen die erforderlichen Aufgaben (sie denken also über die WBS nach…).
3) Der Scrum-Master bittet jedes Teammitglied, eine Abschätzung der Arbeit vorzunehmen und eine Karte aus dem eigenen Kartenset zu wählen.
4) Die Teammitglieder drehen gleichzeitig ihre Karten um und die Personen mit der höchsten bzw. der niedrigsten Abschätzung erklären, wie sie zu dieser Abschätzung gelangt sind.
5) Schritt 3 und 4 werden wiederholt, bis ein Konsens erreicht ist.

Planning Poker sorgt also für eine adäquate Abschätzung, einen effizienten Prozess und fördert eine aktive Haltung aller Teammitglieder. Bedenken Sie hierbei, dass es das Ziel ist, die Größe der User-Stories (der Teilergebnisse) in dem Product-Backlog in relativen Story-Points zu bestimmen, nicht den Effort der zugehörigen Scrum-Aufgaben. Letzteres geschieht erst später in der Sprint-Planungssitzung vor den Sprints und im Daily-Scrum-Meeting. Dort werden die WBS-Aktivitäten festgestellt, wobei eine Abschätzung der Arbeitsstunden ratsam ist; genauso wie beim traditionellen Projektmanagement.

Drei-Punkt-Schätzung

Aber wie gehen Sie damit um, wenn Ihre Teammitglieder verschiedene Wissensgebiete haben und somit nicht als Gruppe eine Delphi-Analyse ausführen können? Dafür gibt es unterschiedliche Methoden, wobei ich die *Drei-Punkt-Schätzung* aus der Netzwerkplanungsmethode PERT bevorzuge. Bei dieser Technik bietet das Teammitglied drei Zeitabschätzungen pro Aktivität an. Die *optimistischste* Zeit, die Zeit, die zum *pessimistischsten* Szenario passt, und die *wahrscheinlichste* Zeit (Durchschnittsdauer, wenn der Mitarbeiter die Aufgabe öfters ausführen soll). Indem diese drei Zahlen erfragt werden, erhalten Sie mehr Informationen, als wenn der Ausführende nur eine Schätzung abgibt. Denn welcher Kontext ist mit dieser einen Abschätzung gemeint? Mitarbeiter haben oft eine andere Präferenz, ob und wie sie einen Risikopuffer in Ihre Abschätzung miteinbeziehen oder nicht. Außerdem wird ein Mitarbeiter bei der Drei-Punkt-Schätzung automatisch nachdenken, was schieflaufen kann und was geschehen muss, um die Aktivität in kürzester Zeit abschließen zu können. Dies ist alles für die Qualität des endgültigen Plans von Vorteil.

Aber welche der drei Abschätzungen verwenden Sie dann für den Plan? Um dies zu verstehen, ist es wichtig, sich in die Wahrscheinlichkeitsverteilung von Aufwand und Dauer einer Aktivität zu vertiefen. Diese verläuft nämlich nicht symmetrisch! Der Physiker und Ökonom Eliyahu Goldratt erklärt dies gut in seinem Buch *Die Kritische Kette* (Goldratt, 1997). Zunächst bespricht er darin das Schießen mit einem gut kalibrierten Gewehr auf die Mitte einer Zielscheibe und analysiert die Wahrscheinlichkeit, mit der der Schütze ins Schwarze trifft. Diese ist nicht 100%, aber größer als die Wahrscheinlichkeit, irgendeinen anderen zufälligen Punkt auf der Zielscheibe zu treffen. Die Wahrscheinlichkeitsverteilung folgt der Normalverteilung; der klassischen Glockenform. Je besser der Schütze, desto schmaler und höher ist die Normalverteilung rund um die Mitte. Anschließend wendet er diesen Gedankengang auf die Heimfahrt eines seiner Studenten aus der Universität an. Er fragt den Studenten, wie lange es dauert, bis er zu Hause ankommt. Der Student antwortet reflexartig: "35 Minuten". "Worauf basiert deine Antwort?" Der Student erwidert, dass die Antwort nur im Kontext gesehen werden könne. Zur Abendzeit sei es ruhig auf der Wegstrecke und die Distanz könne innerhalb von 10 Minuten geschafft werden. Jedoch würde es während der "Rushhour" länger dauern und unvorhergesehene Ereignisse wie ein platter Reifen oder "noch kurz auf ein Getränk mit Freunden irgendwohin fahren" würden die Dauer noch einmal unabsehbar verlängern. Dann könne es auch schon einmal drei Stunden dauern. Letztendlich erweist sich dann die resultierende Wahrscheinlichkeitsverteilung nicht als Normalverteilung, sondern als asymmetrische Verteilung wie in Abbildung 6.7 zu sehen ist.

Sie können viel mehr Zeit verlieren, als Sie dazugewinnen können!

Und das will was heißen! Menschen neigen dazu bei ihren Abschätzungen deutliche Sicherheitsmargen einzubauen, um sich selbst vor den Folgen unvorhersehbarer Umstände zu schützen, außer sie sind noch unerfahren oder naiv und denken begeistert, dass sie jederzeit das optimistischste Szenario realisieren können. *Die Zeit jedoch, die Sie in einem pessimistischen Szenario verlieren können, ist viel größer als die Zeit, die Sie dazugewinnen können, wenn alles gut läuft.* Dies

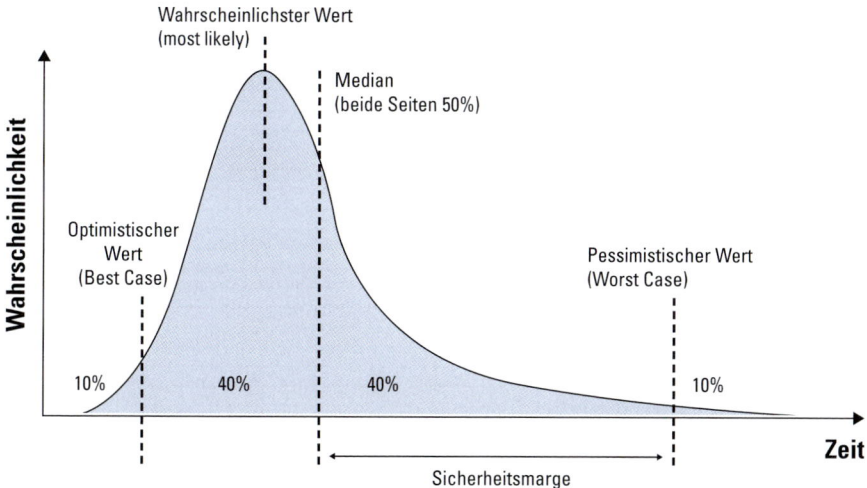

Abbildung 6.7 Asymmetrische Wahrscheinlichkeitsverteilung der Dauer einer Aktivität

ist ein Phänomen, das ein erfahrener Projektmanager, entweder intuitiv oder durch frühere Fehler, häufig kennt, aber dieses nur schwer im Abschätzungsprozess verarbeiten kann. Indem die Drei-Punkt-Schätzung angewendet wird, wird die Meinung des Mitarbeiters zu diesen Risiken deutlich und die eingeplante *Sicherheitsmarge* wird erkennbar. Aus den auf diese Weise erhaltenen Angaben können Sie den Median der Verteilung berechnen, den Sie anschließend als Abschätzung in Ihrer Planung verwenden können:

Median = (optimistisch + (4 x wahrscheinlichst) + pessimistisch) / 6.

Vielleicht möchten Sie auch gerne erfahren, wie präzise diese Berechnung ist. Dafür können Sie die Standardabweichung ausrechnen. Liegen die optimistische und pessimistische Abschätzung fern voneinander, so sehen Sie dies in einer hohen Standardabweichung. Es ist ein Signal dafür, dass die Aktivität risikoreich ist oder viele Unsicherheiten vorhanden sind. Dies benötigt zusätzliche Aufmerksamkeit, indem risikoreduzierende Maßnahmen ergriffen werden oder ein zusätzlicher Puffer eingeplant wird. Die Formel für die Abschätzung der Standardabweichung ist:

Standardabweichung = (pessimistisch − optimistisch) / 6.

In Abbildung 6.8 ist zu sehen, wie Sie die Drei-Punkt-Schätzung in Ihre WBS-Aktivitätenübersicht integrieren können.

PBS Ebene 1 (Deliverable)	PBS Ebene 2 (Deliverable)	WBS (Aktivität)	Effort-Abschätzung (Stunden) Abschätzungen der einzelnen Personen				
			Optimistisch (Best Case)	Pessimistisch (Worst Case)	Wahrscheinlichst (most likely)	Median (Wahl)	Standard-abweichung
Ergebnis A1							
	Ergebnis A1.1						
		Aktivität A1.1-1	8	16	10	11	1.33
		Aktivität A1.1-2	6	20	10	11	2.33
		Aktivität A1.1-3	3	6	4	4	0.50
		Aktivität A1.1-4	4	6	6	6	0.33
	Ergebnis A1.2						
		Aktivität A1.2-1	16	40	24	25	4.00
		Aktivität A1.2-2	4	10	6	6	1.00
Ergebnis A2							
	Ergebnis A2.1						
		Aktivität A2.1-1	16	40	32	31	4.00
		Aktivität A2.1-2	4	6	4	4	0.33
	Ergebnis A2.2						
		Aktivität A2.2-1	8	20	14	14	2.00
		Aktivität A2.2-2	16	40	20	23	4.00
		Aktivität A2.2-3	12	20	16	16	1.33
Ergebnis A3							
		Aktivität A3-1	6	20	10	11	2.33
		Aktivität A3-2	8	12	10	10	0.67
		Aktivität A3-3	6	12	8	8	1.00
		Aktivität A3-4	6	8	6	6	0.33

Abbildung 6.8   Effort-Abschätzung der WBS-Elemente mit der Drei-Punkt-Schätzung

6.2   Die rationale und psychologische Seite der Stundenabschätzungen

Ich habe es bereits am Ende des vorherigen Kapitels gesagt. In diesem Kapitel werden wir es mit einem interessanten, aber gleichzeitig auch sehr komplizierten Spieler zu tun bekommen: dem Menschen. Unser menschliches Verhalten beeinflusst die Abschätzungen, die wir machen. *Je schwerer der Druck des Commitments auf einem liegt, desto mehr Sicherheitsmargen bauen wir ein.* Murphys Gesetz liegt nämlich immer auf der Lauer... Aber auch bei der Projektausführung werden wir mit dem Menschen hinter den Zahlen zu tun haben. Wenn wir dies nicht in unseren Ansatz einbauen, schaffen wir theoretisch zwar einen machbaren Plan, aber auf Grund fehlender Dringlichkeit haben wir das Projekt letzendlich dennoch nicht unter Kontrolle. Dann haben wir ein Problem!

Sie haben dann ein Problem!
Stellen Sie sich vor, Sie seien ein Projektmanager, der davon ausgeht, dass die Mitarbeiter ihre Zeit selbst am besten einteilen können und dass ihre getroffenen Abschätzungen ernstgenommen werden müssen. Ein Projektmanager, der mit Vertrauen und einem großen Herzen den Mitarbeitern die Zeit gibt, die diese für die Realisierung einer Aufgabe fordern. Denn wenn Sie ihnen auseichend Zeit zür verfügung stellen, um selbst das pessimistische Szenario realisieren zu können, dann müsste die Aufgabe doch sicherlich bis zur angegebenen Frist realisiert sein, oder?

Dieser Projektmanager fragt Montagmorgens einen Mitarbeiter, wie lange die Aufgabe im optimistischen und pessimistischen Szenario dauert. Der Mitarbeiter gibt an, dass das alles im besten Falle wohl innerhalb von 4 Stunden machbar sein sollte. Aber dass es auch einige

Tage dauern könnte, weil eine Reihe von externen Unsicherheitsfaktoren hinzu kommen könnten. Der wohlwollende Projektmanager vereinbart anschließend, dass er damit rechnet, dass die Aufgabe bis Freitag abgeschlossen ist. Mit einem guten Gefühl und vollstem Vertrauen begibt sich der Projektmanager an andere Aufgaben. Wer sät, wird später auch ernten...

Beginnt dieser Mitarbeiter sofort fanatisch seine Aufgabe, hoch motiviert durch das Vertrauen seines Managers? Wahrscheinlich nicht. Es gibt noch so viele andere dringliche Dinge, die erst einmal abgearbeitet werden müssen. Und wenn dann am Dienstag ein anderer Projektmanager fragt, ob der Mitarbeiter noch Zeit für eine dringende Sache hat, dann gelingt es diesem nicht, Nein zu sagen. Denn schließlich ist bis Freitag noch ausreichend Zeit vorhanden - für eine Aufgabe, die eigentlich nur 4 Stunden dauern sollte. Wie von selbst ist es auf einmal

Die Sicherheitsmarge wird oft als "Flexibilitätsmarge" genutzt.

Donnerstag, und jetzt wird es wirklich Zeit, die Aufgabe zu bearbeiten. Aber oh nein, es werden noch erforderliche Informationen benötigt und der diesbezügliche Kollege arbeitet an diesem Tag nicht. Das fühlt sich nach höherer Gewalt an. Und wie ärgerlich! Am Dienstag hätte eigentlich ein Teil bestellt werden müssen, um heute wirklich weiterzukommen. Das hätte nur 20 Minuten in Anspruch genommen, wurde aber leider nicht getan. Am Freitag gibt es dann auch noch einige kleinere Hürden zu überwinden, für die der Mitarbeiter selbst jedoch nichts kann. Das kostet drei zusätzliche Arbeitsstunden. Wieder ein Gefühl von höherer Gewalt. Auf einmal ist es Freitag, 17.00 Uhr, und der Mitarbeiter hatte versprochen, rechtzeitig mit dem Wochenende zu beginnen, da am Abend ein Familienfest geplant ist. Er entscheidet sich also dafür, "dann halt dem Projektmanager am Montag zu erklären, dass die Aufgabe aufgrund von verschiedenen externen Umständen noch nicht fertiggestellt ist...".

Höhere Gewalt? Ein Außenstehender empfindet das wahrscheinlich nicht, aber Ihr Teammitglied ist davon überzeugt: Es handelte sich um eine ärgerliche Aneinanderreihung von Umständen. Die Ursache der Verspätung lag also nicht an ihm. Aber was bedeutet das für Sie als Projektmanager? Tja, Sie haben ein Problem! Ganz konkret, denn Sie haben in das Schlechtwetter-Szenario investiert und haben dennoch keine Ergebnisse erhalten. Und auch im emotionalen Sinne, da Sie zu gutgläubig und naiv waren. Das erinnert mich an Werner, den Sozialarbeiter aus dem Film *Flodder - Eine Familie zum Knutschen*; ein niederländischer Film aus den achtziger Jahren. Auch Werner will nur das Beste für die Familie Flodder und *verwöhnt* sie auf jede erdenkliche Weise. Ich sehe es jetzt noch vor mir, wie er dem Gemeinderat erzählt, dass sich die Familie Flodder von nun an gut benehmen wird und vertrauenswürdig ist, während die Kids der Flodders draußen die Reifen seiner grünen Ente kaputt stechen. Werner schafft Sicherheit und die Flodders nutzen sie weidlich aus. Auf eine ähnliche Weise hat Ihr Mitarbeiter die Sicherheit und den Raum, die Sie ihm gegeben haben, ausgenutzt. So läuft es oft mit der Sicherheitsmarge von Projektaktivitäten. Unbewusst wird diese als *Flexibilitätsmarge* verwendet, denn der zusätzliche Puffer raubt dem Mitarbeiter das Gefühl der Dringlichkeit. Es wird noch immer an die optimistische Abschätzung gedacht und die bewirkt erst dann einen Arbeitsdruck, wenn die Sicherheitsmarge verbraucht ist.

Aber dann gibt es keine Möglichkeiten mehr, Rückschläge abzufedern (siehe Abbildung 6.9). Die Prokrastination kann uns alle treffen…

 Rauben Sie manchmal als Projektmanager unbewusst Ihren Mitarbeitern das Gefühl der Dringlichkeit?

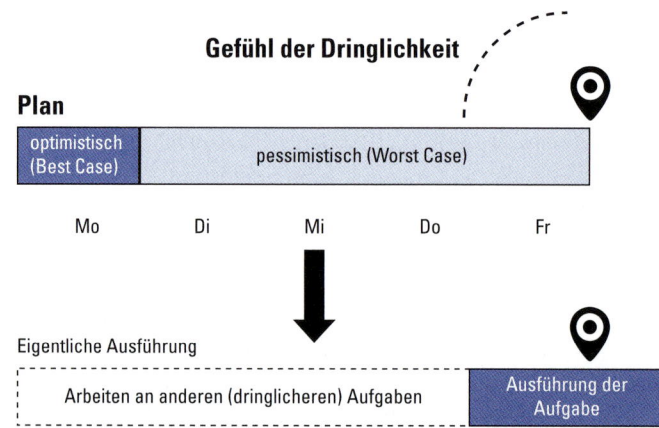

Abbildung 6.9 Das Arbeiten mit Sicherheitsmargen kann tatsächlich die Chancen auf eine Verspätung vergrößern

Die Ausführung ist noch wichtiger als die Abschätzung
Sie sehen, dass das Erstellen von Abschätzungen wichtig ist, aber dass die Ausführung bestimmt, ob alles wirklich zu einem Erfolg wird. Als Projektmanager sind Sie sogar doppelt gefährdet, wenn die Ausführung einer Aufgabe nicht gut verläuft. Sie gaben Ihrem Mitarbebiter eine zusätzliche Marge, die sowohl Zeit als auch Geld kostete - aber dennoch wurde die Aufgabe nicht rechtzeitig fertiggestellt.

Ist das Erstellen von Abschätzungen dann überhaupt sinnvoll? Glücklicherweise ja. Sie müssen nur noch etwas Zusätzliches machen, um die Früchte zu ernten. Und glücklicherweise muss dies den Mitarbeiter auf keine Art und Weise negativ beeinflussen und Sie können sogar gleichzeitig die Unterstützung, die Sie aus Ihrem Team heraus erhalten, weiter vergrößern. Ich habe den Ansatz in Abbildung 6.10 ausgearbeitet. Zuallererst ist es ratsam, Ihre betrachtende in eine handlungsorientierte Haltung zu verändern. Es ist sicherlich hilfreich, mittels eines numerischen Einblicks den Unterschied zwischen optimistischem und pessimistischem Szenario zu verdeutlichen, aber warum sollten Sie es hierbei belassen? Fragen Sie Ihr Teammitglied, was der Grund für die großen Unterschiede ist, und finden Sie gemeinsam *Risikominderungsmaßnahmen*, um die pessimistische Abschätzung zu verringern. Diese Aktionen fügen Sie der PBS/WBS neu hinzu. Denken Sie hierbei beispielsweise an einen Kontrollmoment, um Input vorab sicherzustellen, oder an Unterstützung während der Ausführung des risikoreichen Aspekts.

Für die verbleibende Sicherheitsmarge ist es zusätzlich ratsam, diese nicht schon im Voraus dem Ausführenden zu gewähren, sondern erst dann, wenn es tatsächlich zu Rückschlägen kommt. *Erstellen Sie aus den individuellen Puffern also besser einen Projektpuffer, dessen Besitzer Sie selber bleiben,* und platzieren Sie diesen Puffer insgesamt ans Ende der Projektphase (oder des Projekts), anstatt einzeln nach der jeweiligen Aktivität. Dies ist eine wichtige Schlussfolgerung von Goldratts Theorie, zu der wir in Kürze mehr erfahren werden. Schließlich können Sie das anwenden, was wir bereits in Abschnitt 3.5 besprochen haben: *Bedenken Sie frühzeitigere Zwischenergebnisse für Ihre Aktivität.* Hiermit verhindern Sie das Studentensyndrom und erzwingen Sie eine zwischenzeitliche Konfrontation und Kommunikation.

Warum jedes Minus zählt

Ich kann mich noch gut erinnern. In einer Periode, in der sich Projekt nach Projekt verzögerte, ging ich ins Büro des (damaligen) Leiters der Produktentwicklung. In dieser Zeit gab es auf dem Markt viel Unruhe und dadurch wurden viele Änderungen in den Projektumfängen notwendig. Der Produktentwicklungsleiter war verzweifelt und fragte: "Roel, wie kann es sein, dass sich derzeit alle Projekte systematisch verzögern?" Er war der "Rationales-Leiten-anhand-von-Fakten"-Typ und ich hatte häufiger mal das Gefühl, dass er selbst das menschliche Verhalten "mathematisch" zu verstehen versuchte. Meine Antwort lautete daher: "Minus wird im Projektmanagement leider addiert, Plus nicht. Wir müssen also den Gürtel enger schnallen und während des gesamten Projekts dafür sorgen, dass der Fortschritt nicht durch allerlei kleine Rückschläge oder Änderungen am Umfang unbemerkt wieder aufgefressen wird."

Rückschläge addieren sich, Glücksfälle nicht.

1 Drei-Punkt-Schätzung

WBS (Aktivität)	Optimistisch (Best Case)	Pessimistisch (Worst Case)	Wahrscheinlichst (most likely)
Aktivität A1.1-1	8	16	10
Aktivität A1.1-2	6	20	10
Aktivität A1.1-3	3	6	4
Aktivität A1.1-4	4	6	6

2 Risikoreduzierende Aktionen mit dem Mitarbeiter definieren

3 Individuelle Puffer in Projektpuffer umwandeln

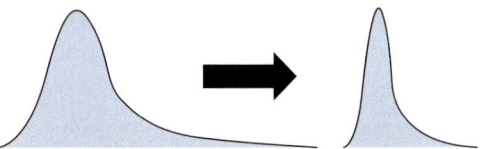

4 Frühzeitigere Zwischenergebnisse pro Aktivität ausdenken

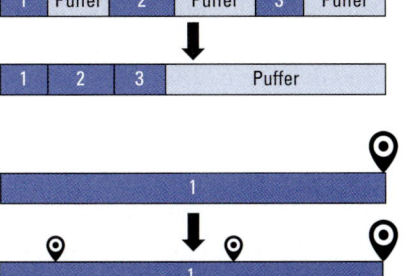

Abbildung 6.10 Von der Abschätzung zur erfolgreichen Realisierung in 4 Schritten

Ich meinte hiermit, dass alle Aktivitäten innerhalb eines Projekts im Grunde miteinander in Verbindung stehen. Wenn sich eine Aktivität verzögert, so bringt dies für die folgenden Aktivitäten zwangsläufig Konsequenzen mit sich. Verzögern sich sequenziell aneinandergereihte Aktivitäten, dann werden die Verzögerungen sich addieren. Aber was geschieht, wenn Aktivitäten frühzeitig fertig sind? Beginnt die Folgende dann auch früher? Meist nicht, denn die entsprechende Person hält sich logischerweise an ihren eigenen Plan. Außerdem ist es oft üblich, dass die Person, die frühzeitig fertig wird, dies gar nicht meldet. Warum nicht? Weil sie hierfür nicht belohnt und manchmal sogar bestraft wird. Nach dem Motto: "Sie sind schon fertig? Dann helfen Sie den anderen doch mal beim Reinemachen!" Ein frühzeitiges Fertigstellen kann auch den Eindruck erwecken, dass Ihre Abschätzungen zu großzügig waren, wodurch Sie beim nächsten Projekt weniger Zeit erhalten. Also übergeben wir das Ergebnis lieber ziemlich genau zum vorab bestimmten Zeitpunkt. Als Projektmanager war es daher meine Präferenz, sofort und von Anfang an bei einem Projekt den Fortschritt genauestens zu überwachen, da jedes Minus ein Teil der Verzögerung des Enddatums bedeuten wird. Hierdurch entdeckte ich, wie viel Zeit unbemerkt in der Anfangsphase des Projektes verloren ging, wenn ich nicht ganz genau aufpasste. Es regnete unbemerkt ein Minus nach dem anderen auf uns herunter!

Wenn Sie nur in Richtung Frist denken, werden Sie niemals früher fertig sein.

Obige Weisheit basierte lediglich auf meinem gesunden Menschenverstand. Später las ich genau dasselbe in einem vollständigeren Kontext. Im Buch *Die Kritische Kette* von Goldratt. Zu diesem Zeitpunkt wurde mir auch klar, dass *Abschätzungen immer Sicherheitsmargen enthalten* und dass dies - wie widersprüchlich es auch klingt - für den Projekterfolg nicht automatisch gut ist. Es stellte sich sogar als noch schlimmer als angenommen heraus: Eigentlich hat die Benennung von Fristen immer und automatisch zur Folge, dass sich die Mitarbeiter auf diese Fristen konzentrieren und sich nicht mehr anstrengen so früh wie möglich Ergebnisse zu liefern. Das ist aus ihrer Sicht übrigens oft nicht falsch, denn wahrscheinlich bearbeiten sie zunächst Aktivitäten, die dringlicher sind. Aus diesem Grund alleine ist es schon gefährlich, das Projekt nur auf der Grundlage von Meilensteinen mit Zwischenperioden von beispielsweise acht Wochen zu managen. Genauso wie beim vorherigen Beispiel mit der Frist bis Freitag, wird dann ein jeder die acht Wochen als Standard verwenden und die zugewiesene Aufgabe wird "gerade nicht" rechtzeitig fertiggestellt sein…

Wie gehen Sie hiermit um? In Kapitel 8 über den *Heartbeat* werden wir sehen, dass es während der Ausführungsphase wichtig ist auf andere Aspekte als auf die Frist zu achten. Aber während der Erstellung des Plans können Sie schon einen großen Schritt machen, indem Sie die individuellen Aktivitätenpuffer in einen gemeinsamen Projektpuffer verwandeln. Damit verhindern Sie, dass pro Aktivität automatisch sofort alle Reserven aufgebraucht werden. Der Projektpuffer wird durch den Projektmanager verwaltet und wird nur dann benutzt, wenn ein Rückschlag tatsächlich eintritt. *Übrigens dies sollte geschehen, ohne dass der Mitarbeiter eines "Scheiterns" angeklagt wird, da dieser sich traute, mit einem engen Zeitplan ohne Puffer zu arbeiten.*

In Abbildung 6.10 können Sie sehen, dass die Projektmitglieder die Aktivitäten wie eine Art Staffel abarbeiten. Die Aktivitäten sind zeitlich so eng geplant (auf der Grundlage des optimistischen oder wahrscheinlichen Szenarios), dass abgegebene Fristen weniger wichtig als die gegenseitige Abstimmung sind. Das Kommunizieren mit Ihren Teammitgliedern ist wichtiger als das Festlegen von Anfangs- und Endzeiten mit Sicherheitsmargen; genauso wie bei einer echten Staffel. Der Projektmanager erhält auf diese Weise ein Team, dass plant, früher als die abgegebene Frist fertig zu sein, und passt seine Kommunikation daran an. Es dreht sich nicht mehr um "Wann ist das Projekt fertig?", sondern um "Wie groß ist der Projektpuffer noch?" Wenn dieser zwanzig Tage beträgt, so wird - ohne zusätzlichen Rückschlag - das Projekt auch zwanzig Tage früher als geplant fertig gestellt werden.

Seien Sie nicht transparenter, als die andere Partei damit umgehen kann!

Sie müssen sich darüber im Klaren sein, dass es nicht leicht ist, diesen Prozess als Projektmanager zu leiten. Sie werden erklären können müssen, dass das Aufgeben der persönlichen Zeitpuffer letztendlich den Projektmitgliedern zugute kommt. Dabei kann es helfen, einen Teil des übriggebliebenen Projektpuffers am Ende des Projekts für tolle und interessante neue Aufgaben an das Team "zurückzugeben". Eine Win-win-Situation für alle! Darüber hinaus sollten Sie nicht zu naiv gegenüber dem Lenkungsausschuss und den Stakeholdern sein. Es stellt sich nämlich die Frage, ob die Mitglieder des Lenkungsausschusses für diese Arbeitsweise bereit sind. Es wäre nicht das erste Mal, dass der Lenkungsausschuss dem Projektmanager den Projektpuffer abnimmt und für andere Ziele einsetzt (sprich: das Enddatum des Projekts nach vorne versetzt). *Ob Sie den Puffer dem Lenkungsausschuss gegenüber transparent halten, hängt vom Niveau des Lenkungsausschusses und dem gegenseitigen Vertrauen ab.* Hierbei ist mein Tipp: Sie müssen nicht transparenter sein, als die andere Partei damit umgehen kann!

Der agile Scrum-Prozess
Und wie funktioniert dies bei Scrum? Das Vorherige ist bereits automatisch im Scrum-Prozess enthalten. Die Stärke von Agile ist unter anderem die Tatsache, dass nicht alle zu erreichenden Funktionen auf dem Product-Backlog *Must-haves* sind. Dort befindet sich der Spielraum, um Rückschläge aufzufangen, und auf diese Weise schaffen Sie den Projektpuffer in den letzten Sprints wie von selbst. Dazu sorgt das *Daily-Scrum-Meeting dafür,* dass der Staffel-Prozess automatisch zustande kommt. Sie sprechen täglich auf der Grundlage des optimistischen Szenarios ab, was Sie als Team tun werden. *Fristen innerhalb des Sprints zu besprechen ist unnötig, und somit gibt es auch keine Sicherheitsmargen und keine individuellen Puffer, die das Gefühl der Dringlichkeit verringern könnten.* Und wenn es Rückschläge gibt? Dann wird es wohl einige Backlog-Elemente weniger im Sprint geben. Das ist nicht so schlimm, solange die Rückschläge nicht die Größe der optionalen Backlog-Elemente in den letzten paar Sprints (dem Puffer) übertreffen.

In traditionellen Organisationen, die zum ersten Mal mit Scrum arbeiten, erhalte ich manchmal die Bemerkung, dass man die Methodik in Bezug auf Commitment nicht

Scrum beinhaltet automatisch Projektpuffer und Staffel-Verhalten.

überzeugend findet, da die Entwicklung einer Funktionalität einfach auf den nächsten Sprint verschoben werden kann. Ich versuche dann, diesen Verdacht zu zerstreuen, indem ich erkläre, dass bei Scrum dadurch, dass in den Sprints keine individuellen Puffer enthalten sind, am Ende als Projektpuffer Raum für (zusätzliche) optionale Elemente geschaffen wird. Das Team versucht also ohne Reserven das maximale Ziel zu erreichen, und je besser dies funktioniert, desto mehr zusätzliche Funktionalität kann in den letzten Sprints implementiert werden. Dieser Abnahmeprozess beim Management kann sehr langsam sein und dabei stark der Diskussion über das transparente Kommunizieren des Projektpuffers aus dem letzten Abschnitt ähneln. Seien Sie bitte nicht naiv und bedenken Sie, dass ein solcher Veränderungsprozess am schnellsten abläuft, wenn Sie die guten Ergebnisse aus dem Scrum-Prozess betonen. Konzentrieren Sie sich auf die positiven Dinge!

6.3   Schritt 5-8: Skizze mit dem Team aufstellen

Wie arbeiten Sie das bislang Besprochene nun konkret zu einem Plan aus? Indem Sie der bestehenden PBS/WBS-Tabelle zwei Spalten bei Effort hinzufügen: *Plan* und *Puffer*. *Plan* ist die Abschätzung, die Sie letztendlich in der Planung verwenden. Wenn Sie die Tipps aus Abbildung 6.10 verwendet haben, ist dies nicht die pessimistische Abschätzung und Sie haben der PBS/WBS bereits zusätzliche risikoreduzierende Aktionen hinzugefügt. Die Differenz zwischen den Zahlen in den Spalten *pessimistisch (p)* und *Plan* reservieren Sie entweder ganz oder teilweise für den (Projekt)*Puffer*. Hierbei steht es Ihnen natürlich frei, die jeweilige Zuordnung selbst zu entscheiden. Diese wird von der Art der Aktivität, von den Präferenzen der Ausführenden, von der Größe des Drucks auf das Projektbudget und von Ihren eigenen Präferenzen abhängen. In Abbildung 6.11 befindet sich für einige Aufgaben des Achterbahn-Projekts die Drei-Punkt-Schätzung mit den letztendlich gewählten Werten für Plan und Puffer. Beachten Sie bitte, dass die Review-Aktivitäten keine Stunden zugewiesen bekommen, da diese Stunden als seperate Gruppenaufgabe zusammengefasst und im endgültigen Plan budgetiert werden.

Auf diese Weise entsteht ein Stundenbudget, das ambitioniert ist, von den Teammitgliedern unterstützt wird, das Studentensyndrom verhindert und durch die Projektpuffer Platz für Rückschläge bietet. Dem aufmerksamen Leser ist sicherlich die Spalte *sonstige Kosten* aufgefallen. Diese Spalte wurde hinzugefügt, um der 100%-Zielsetzung der PBS/WBS zu entsprechen. Letztendlich möchten wir nämlich die Kosten vollständig aus der Tabelle ableiten können. Wenn sich alle Teilprodukte und Aktivitäten hierin befinden, dann sind die Personalkosten einfach aus dem Stundenbudget abzuleiten. Die Teilprodukte, die ausgelagert werden, werden jedoch nicht auf der Grundlage von internen Stunden bezahlt. Indem die Kosten für Auslagerung in einer separaten Spalte aufgeführt werden, erscheinen diese Kosten auch in der Tabelle.

PBS Ebene 1-3 (Deliverables)	WBS (Aktivität)	Sonstige Kosten	Größe der Aktivität	Effort (Stunden)				
				o	p	w	Plan	Puffer
Spezifikation und Entwurf								
Systemarchitektur								
- Systemkonzept								
	Konzeptstudie mit verschiedenen Achterbahnkonzepten erstellen		3 Konzepte	16	32	20	20	12
	Achterbahnkonzepte analysieren		6 kritische Parameter	16	24	20	20	4
	Review der Konzeptstudie						0	
	Konzept dem Auftraggeber präsentieren und Konzept wählen			4	6	3	4	0
	Update der Konzeptstudie basierend auf der Konzeptwahl			4	6	4	4	0
- Systemarchitektur								
	Systemarchitektur erstellen		32 Seiten	32	50	40	40	10
	Review der Systemarchitektur						0	
	Update & Release der Systemarchitektur			8	12	8	8	0
- Kritische Parameter pro Teilsystem								
	Kritische Parameter definieren		4-8 kritische Parameter	4	6	4	4	0
	Systembudget pro Teilsystem zuteilen		4-8 Parameter/ 11 Teilsysteme	8	8	8	8	0
	Review und Kommunikation der Budgetzuteilung						0	
Bahn								
- Modellierung der Bahn (inkl. Validierung)								
	Modell erstellen, um die Systemleistung zu simulieren		60% Wiederverwendung	12	20	16	16	4
	Modell validieren (basierend auf existierenden Achterbahnen)		2 Achterbahnen	8	12	8	8	4
	Parameterstudie ausführen, um das Systemverhalten zu verstehen		6-10 Parameter	12	16	12	12	0
- Bahnentwurf								
	Bahnentwurf erstellen (CAD-Modell)		historische Daten	32	48	40	40	8
	Systemleistung mithilfe des Bahnmodells simulieren		historische Daten	16	32	24	20	8
	Analyse der mechanischen Belastbarkeit		historische Daten	16	24	20	20	4
	Durchführen einer FMEA (Failure Mode and Effects Analysis)			16	24	16	16	0
	Testprotokoll und Qualitätskontrollplan erstellen			8	12	8	8	0
	Wartungsplan erstellen und Serviceteile auswählen			8	10	8	8	0
	Review des Bahnentwurfs						0	
	Update und Freigabe des Bahnentwurfs			8	8	8	8	0
Soundanlage (buy)								
- Entwurf der Soundanlage (durch Lieferant)								
	Entwurf der Soundanlage (von Lieferant) erhalten	€ 115.000					0	
	Review Entwurf der Soundanlage			8	8	8	8	0
	Genehmigung des Entwurfs der Soundanlage			4	4	4	4	0

Abbildung 6.11 PBS/WBS-Tabelle mit Abschätzungen und gewählten Werten für Plan und Puffer

Zeitplan und Einsatz von Mitarbeitern, Mitteln und Kosten

Der Schritt zur Skizze mit dem Team ist jetzt schnell erreicht. Indem Sie Spalten mit Wochennummern und Monaten hinzufügen, fügen Sie ein Zeitraster zu den bestehenden Informationen hinzu. In Abbildung 6.12 ist dies für einen Teil des Achterbahn-Projektes zu sehen. In der Tabelle wurden drei weitere Spalten hinzugefügt, die sich mit der Übersetzung von Effort in Dauer beschäftigen:
- der Ausführende (Wer)
- die eingesetzte Kapazität

PBS Ebene1-3 (Deliverables)	Sonstige Kosten	Effort (Stunden)	Wer?	Kap. (FTE)	Stunden (Tage)
Spezifikation und Entwurf					
Bahn					
- Spezifikation der Bahn		16	ME2	1	2
- Modellierung der Bahn (inkl. Validierung)		36	ME2	1	5
- Bahnentwurf		120	ME2	1	15
Wagen					
- Spezifikation der Wagen		16	ME4	1	2
- Entwurf des Wagens		52	ME5	1	7
- Entwurf der Chassis		92	ME4	1	12
- Entwurf der Sitze und Bügel		72	ME6	1	9
- Test des Wagen-Prototyps		100	TE1	1	13
- Entwicklung des Prüfstands		40	ME6	1	5
- Sicherheitstest		60	TE2	1	8
- Lebensdauertest		60	TE3	0.25	30
- Update von Spezifikationen und Entwurf der Wagen		16	ME4	1	2
Software (M)					
- Spezifikation der Software		28	SW-Arch	0.5	7
- Software-Architektur		108	SW-Arch	1	14
- Software Sprint-Planung		16	SW-Arch	1	2
- Vorbereitung des nächsten Sprints		850	SW-Arch	0.5	213
- Sprint 1 (Machbarkeit + FB-Funktionalität)		960	SW-Team	5	24
- Sprint 2 (grundlegende Kontrollelemente + Foto-Upload)		960	SW-Team	5	24
- Sprint 3 (volle Funktionsfähigkeit aller Kontrollelemente)		960	SW-Team	5	24
- Sprint 4 (Beginn der Installation vor Ort)		576	SW-Team	3	24
- Sprint 5 (Installationsprobleme behoben)		576	SW-Team	3	24
- Sprint 6 (Freigabe aller Funktionalitäten)		576	SW-Team	3	24
- Sprint 7 (Testprobleme behoben)		576	SW-Team	3	24
- Sprint 8 (Beginn der Systemoptimierung)		384	SW-Team	2	24
- Sprint 9 (System optimiert, Probleme behoben)		384	SW-Team	2	24
- Sprint 10 (Finale Version für Abnahme)		384	SW-Team	2	24
Facebook-Verbindung					
- Spezifikation der FB-Verbindung		20	SW-Arch	0.5	5
- Entwurf und Machbarkeit WLAN Log-in		20	SW-Arch	0.5	5
- Entwurf und Machbarkeit Foto-Synchronisation		36	SW-Arch	0.5	9
- Entwurf und Machbarkeit Foto-Upload		20	SW-Arch	0.5	5
Produktion & Montage					
Bahn-Produktion durch Lieferanten	1.150.000,00 €	80			
Produktion des Wagen-Prototyps					
- Produktion der Karosserie (buy)	18.000,00 €	37	Lieferant	0	
- Produktion der Chassis (buy)	35.000,00 €	39	Lieferant	0	
- Produktion der Sitze und Bügel (buy)	22.000,00 €	41	Lieferant	0	
- Montage des Wagen-Prototyps		72	Werkstatt	5	2
Produktion der Wagen (10 + 2)					
- Produktion der Karosserie (buy)	84.000,00 €	78	Lieferant	0	
- Produktion der Chassis (buy)	150.000,00 €	78	Lieferant	0	
- Produktion der Sitze und Bügel (buy)	60.000,00 €	78	Lieferant	0	
- Montage von 12 Wagen		272	Werkstatt	5	7
Aufbau & Testlauf					
Grundaufbau der Bahn					
- Aufbau der Stahlstützen (buy)	170.000,00 €		Lieferant	0	
- Aufbau der Bahn (buy)	240.000,00 €	4236	Lieferant	0	
Total	1.929.000,00 €	13125			

PBS Ebene1-3 (Deliverables)	Dez.				Jan.				Feb.				März					Apr.				Mai				Jun.					Jul.				Aug.			
	49	50	51	52	1	2	3	4	5	6	7	8	9	10	11	12	13	14	15	16	17	18	19	20	21	22	23	24	25	26	27	28	29	30	31	32	33	34
Spezifikation und Entwurf																																						
Bahn																																						
- Spezifikation der Bahn	1																																					
- Modellierung der Bahn (inkl. Validierung)		1																																				
- Bahnentwurf					1	1	1																															
Wagen																																						
- Spezifikation der Wagen	1																																					
- Entwurf des Wagens		1																																				
- Entwurf der Chassis		1			1																																	
- Entwurf der Sitze und Bügel					1	1																																
- Test des Wagen-Prototyps																		1	1	1																		
- Entwicklung des Prüfstands		1																																				
- Sicherheitstest																1	1																					
- Lebensdauertest																		0.2	0.2	0.2	0.2	0.2	0.2															
- Update von Spezifikationen und Entwurf der Wagen																								1														
Software (M)																																						
- Spezifikation der Software		0.5																																				
- Software-Architektur					1	1	0.5																															
- Software Sprint-Planung							0.5																															
- Vorbereitung des nächsten Sprints											0.5	0.5	0.5	0.5		0.5	0.5	0.5	0.5	0.5	0.5	0.5	0.5	0.5	0.5	0.5	0.5	0.5	0.5	0.5	0.5	0.5				0.5	0.5	0.5
- Sprint 1 (Machbarkeit + FB-Funktionalität)													5	5		5	5	5	5																			
- Sprint 2 (grundlegende Kontrollelemente + Foto-Upload)																				5	5	5	5	5	5													
- Sprint 3 (volle Funktionsfähigkeit aller Kontrollelemente)																										5	5	5	5	5	5							
- Sprint 4 (Beginn der Installation vor Ort)																																3				3	3	3
- Sprint 5 (Installationsprobleme behoben)																																						
- Sprint 6 (Freigabe aller Funktionalitäten)																																						
- Sprint 7 (Testprobleme behoben)																																						
- Sprint 8 (Beginn der Systemoptimierung)																																						
- Sprint 9 (System optimiert, Probleme behoben)																																						
- Sprint 10 (Finale Version für Abnahme)																																						
Facebook-Verbindung																																						
- Spezifikation der FB-Verbindung		0.5																																				
- Entwurf und Machbarkeit WLAN Log-in								0.5												0.5																		
- Entwurf und Machbarkeit Foto-Synchronisation									0.5												0.5																	
- Entwurf und Machbarkeit Foto-Upload										0.5																0.5												
Produktion & Montage																																						
Bahn-Produktion durch Lieferanten																										0	0	0	0	0	0	0				0	0	0
Produktion des Wagen-Prototyps																																						
- Produktion der Karosserie (buy)								0	0	0	0	0	0	0																								
- Produktion der Chassis (buy)								0	0	0	0	0	0	0																								
- Produktion der Sitze und Bügel (buy)								0	0	0	0	0	0	0																								
- Montage des Wagen-Prototyps																5																						
Produktion der Wagen (10 + 2)																																						
- Produktion der Karosserie (buy)																										0	0	0	0	0	0	0				0		
- Produktion der Chassis (buy)																										0	0	0	0	0	0	0				0		
- Produktion der Sitze und Bügel (buy)																										0	0	0	0	0	0	0				0		
- Montage von 12 Wagen																																					5	5
Aufbau & Testlauf																																						
Grundaufbau der Bahn																																						
- Aufbau der Stahlstützen (buy)																																0				0	0	0
- Aufbau der Bahn (buy)																																						
Total	2	5	0	0	4	3	2	1	1	1	1	1	6	6	0	12	7	7	7	7	6	6	6	7	6	6	6	6	6	6	6	4	0	0	0	4	9	9

Abbildung 6.12 Skizze mit dem Team für einen Teil des Achterbahn-Projekts

- die Dauer (bei Scrum ist die Dauer pro Sprint selbstverständlich fix und hier geht es darum, welche Backlog-Elemente welchem Sprint zugewiesen wurden)

Tragen Sie ein, wer mit welcher Kapazität an dem Deliverable arbeitet und berechnen Sie die Dauer. Indem Sie auf Wochen aufrunden, können Sie im Zeitraster einen Balken pro Deliverable zeichnen, worin Sie die eingesetzte Kapazität wiederholen, sodass diese unter dem Plan addiert werden kann (möglicherweise für jede Disziplin separat). *Auf diese Weise erstellen Sie eine Übersicht aller zu erbringenden Teilprodukte, der Reihenfolge, der Fristen, der Ressourcenplanung, der veranschlagten Arbeitsstunden und der Kosten.* Beachten Sie, dass in Abbildung 6.12 – in Hinsicht auf die einfachere Lesbarkeit - nur die relevanten Spalten angegeben sind. Die Spalten zum Zweck der Abschätzung von Size und Effort aus den vorherigen Abschnitten befinden sich natürlich auch in der Excel-Datei, sind aber hier ausgeblendet. *Das Ziel ist es alle Daten in einer einzelnen, umfassenden Übersicht zu erfasen.* Die komplette Skizze mit dem Team vom Achterbahn-Projekt können Sie auf www.roelwessels.com nachlesen.

Sie sehen, dass die Skizze mit dem Team auf detaillierten Informationen beruht, aber nicht mehr Informationen als nötig anzeigt. *Daher werden nur die Deliverables wiedergegeben, nicht jedoch die Aktivitäten.* Auf diese Weise bleibt alles praktisch und anpassbar und die Skizze kann für sowohl das traditionelle als auch das agile Planen verwendet werden. Die Informationen der Aktivitäten werden übrigens als Summe des Efforts bei dem entsprechenden Deliverable einbezogen (selbstverständlich nicht bei Scrum, wo die Größe auf der Grundlage von Story-Points bestimmt ist). Die Aktivitätenebene benötigen Sie erst dann, wenn die Ausführungsphase beginnt. Es wird im späteren Detailplan aufgenommen, *aber erst dann, wenn die Skizze mit dem Team die wichtigsten Diskussionspunkte des Projekts geklärt hat.*

Die Skizze mit dem Team kombiniert Geschwindigkeit, Details und Vollständigkeit.

In der Abbildung ist zu erkennen, *dass das 100%-Prinzip beibehalten wird.* Nehmen Sie die Produktion des Prototyps der Achterbahnwagen, die durch Lieferanten ausgeführt wird, als Beispiel. Sie könnten auf die Idee kommen, diese Elemente nicht in Ihren eigenen Plan aufzunehmen. Doch damit verlieren Sie den Überblick über Kosten, Timing und Abhängigkeiten. Indem diese Kosten unter *sonstige Koste* aufgelistet und das zugehörige Deliverable mit einer Kapazität von 0 FTE dargestellt wird, können ausgelagerte Aktivitäten vollständig in Ihrem Plan abgebildet werden. Sie können die Tabelle auch selbst erweitern. Beispielsweise mit Teilproduktmerkmalen, wie dem Zielwert der kritischen Parameter. Die Skizze mit dem Team wird somit zu einer wertvollen Projektdatenbank.

Die Skizze mit dem Team lässt auch erkennen, dass agile Softwareaktivitäten einfach mit den nach dem Wasserfallmodell geplanten mechanischen Aktivitäten kombiniert werden können. Sie müssen nur noch wählen, ob Sie die Sprints, die Entwurf, Realisierung und Test kombinieren, unter "Spezifikation & Entwurf" oder "Produktion & Montage" einreihen

Mit einigen wenigen, schlauen Entscheidungen kombinieren Sie Agile- und Wasserfallmodelle.

möchten. Da der wichtigste Teil von Softwareentwicklung in den Bereich des Entwurfes fällt, wähle ich meist ersteres. Bei Produktion & Montage können Sie die Ergebnisse der Sprints übrigens erneut auftauchen lassen, solange Sie deutlich angeben, dass es sich um keine zusätzliche Aktivität handelt. Dies erreichen Sie, indem Sie einen Eigentümer hinzufügen, jedoch keine Kapazität in Stundenform. Weiterhin benenne ich die Sprints meist auf eine Weise, die klar aufzeigt, welche Funktionalität erreicht werden soll. Dies zeigt sofort die Beziehung mit den Hardware-Zwischenergebnissen an, mit denen sie gemeinsam getestet werden müssen. Sprint 1 und Sprint 2 enthalten beispielsweise die Softwarefunktionalität, mit denen "links im V" Konzeptentscheidungen und die Facebook-Verbindung getestet werden können. Falls Sie dem Scrum-Prozess nicht vollständig folgen möchten, so können Sie die Iterationen dennoch auf dieselbe Weise einplanen. Hierbei es dann jedoch ratsam ist, nicht den Namen "Sprint" zu wählen, sondern beispielsweise *Delivery Pack*. Auf diese Weise sind Sie nicht an eine fixe Sprintdauer gebunden, allerdings verdeutlichen Sie immer noch, dass Sie planen abgeschlossene Pakete der Teilfunktionalitäten iterativ zu liefern.

Das Bestimmen des kritischen Pfades
Bei der Skizze mit dem Team haben wir die PBS/WBS-Struktur mittels unseres gesunden Menschenverstandes in eine Zeitplanung umgewandelt. Später im Detailplan werden Sie ein Planungstool verwenden können, das Ihnen bei der Zeitplanung behilflich ist. Bedeutet dies, dass Sie überhaupt nichts über Flussdiagramm-Techniken wissen müssen? Eigentlich doch. Auch wenn Sie diese nicht aktiv einsetzen, so ist es ratsam, mindestens einmal eine Methode der Netzplantechnik, wie den *Vorgangsknoten-Netzplan*, gelernt zu haben. Auf diese Weise werden Sie verstehen, wie Ihr Planungstool "denkt" und wie beispielsweise der kritische Pfad bestimmt wird.

Der Vorgangsknoten-Netzplan ist eine *Activity on node*-Methode. Dies bedeutet, dass die Aktivitäten durch Knoten dargestellt werden und dass die Interdependenzen durch Pfeile zwischen den Knoten abgebildet werden. Pro Knoten wird auf der Grundlage der Dauer (D) festgestellt: der Früheste Anfangszeitpunkt (FAZ), der Früheste Endzeitpunkt (FEZ), der Späteste Anfangszeitpunkt (SAZ), der Späteste Endzeitpunkt (SEZ) und der Gesamtpuffer (GP). Sie füllen den Netzplan aus, indem Sie erst den FAZ und FEZ (Oberseite) aller Aktivitäten ausrechnen. Hierbei beginnen Sie mit der ersten Aktivität links und tragen schrittweise die folgenden Aktivitäten ein, bis Sie bei der letzten rechts enden. Auf diese Weise tragen Sie analog auch die Unterseite (SAZ und SEZ) ein, aber beginnen jetzt bei der letzten Aktivität und enden am Beginn. Den Gesamtpuffer können Sie pro Aktivität bestimmen, indem Sie SAZ-FAZ oder SEZ-FEZ berechnen. In Abbildung 6.13 ist ein Beispiel zu sehen.

Sie bestimmen den *kritischen Pfad*, indem Sie alle Aktivitäten mit einem Gesamtpuffer von 0 markieren. Der Gesamtpuffer ist die Zeitmenge, um die eine Aktivität sich verzögern darf, ohne, dass dies zu Folgen für die Dauer des Gesamtprojekts führt. Das Wissen um den kritischen Pfad ist für den Projektmanager essentiell. Dies ist der Engpass Ihres Projekts und verdient damit alle Aufmerksamkeit. In Planungstools (siehe Schritt 9, Detailplanung) wird der kritische Pfad automatisch berechnet und angezeigt.

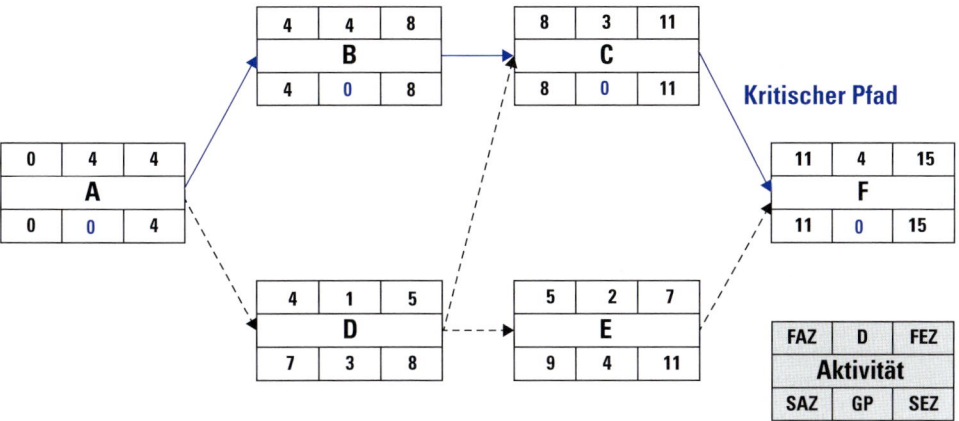

Abbildung 6.13   Beispiel eines Vorgangsknoten-Netzplans

Herausforderungen durch die Skizze mit dem Team erkenntlich machen
Die Erstellung der endgültigen Skizze mit dem Team (Abbildung 6.12) führen Sie als Projektmanager entweder alleine oder gemeinsam mit Ihrem Team aus. Welchen Weg Sie auch wählen, es werden sicherlich Herausforderungen deutlich, da alles zum ersten Mal zusammengefügt wird. Oft überschreiten die vom Team erstellten Bottom-up-Abschätzungen das Top-down auferlegte Projektbudget oder die gewünschte Dauer. Und wahrscheinlich werden die ersten Signale von Lieferanten sein, dass diese nur später als gewünscht oder zu höheren Kosten als abgeschätzt liefern können. Wenn die erste Version der Skizze mit dem Team abgeschlossen wurde, ist es daher ratsam, die wichtigsten Teammitglieder zu versammeln und gemeinsam Aktionen zu bedenken, um die Dauer zu reduzieren und die Kosten zu verringern. Denken Sie hierbei an die Durchführung von parallelen Prozessen, das Finden von klugen Lösungen, andere Entscheidungen in Bezug auf den Entwurf, zusätzliche Wünsche, die den Lieferanten vorgelegt werden müssen, Änderungen des Umfangs, die dem Kunden vorzuschlagen sind, etc.

Die Skizze mit dem Team ist somit ein enorm starkes Mittel, um in einem frühen Stadium die Herausforderungen des Projekts zu erkennen und gemeinsam mit Ihrem Team zu bewältigen. Hierdurch können die Erwartungen in Richtung Stakeholder bereits proaktiv gemanagt werden noch weit bevor ein formeller Detailplan vorliegt. Die Übersicht über Delegations- und Abstimmungsmomente bis hin zum Zeitpunkt der Skizze mit dem Team ist in Abbildung 6.14 zusammengefasst. Momente, die Sie vielleicht übersehen hätten, wenn Sie sofort mit einer komplexen Detailplanung begonnen hätten und - ob Sie wollen oder nicht – einige Wochen lang U-Boot-Verhalten gezeigt hätten.

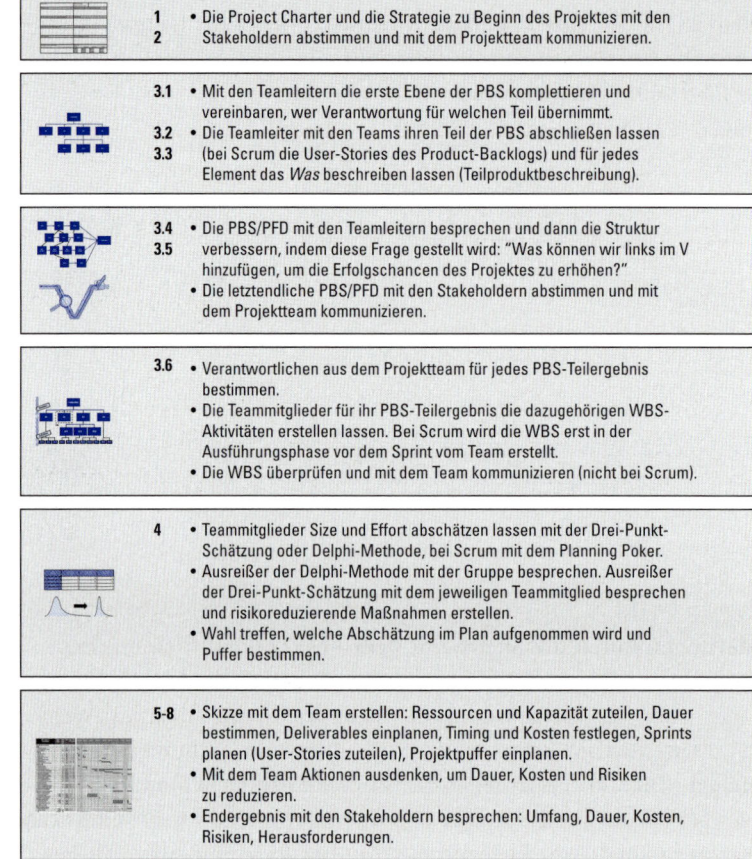

Abbildung 6.14   Delegations- und Abstimmungsmomente in der Zeit bis hin zur Skizze mit dem Team

6.4   Schritt 9: Tipps & Tricks für die Detailplanung

Mit dem Abschluss der Skizze mit dem Team haben Sie eine wichtige Grundlage für den Projekterfolg gelegt. Sie haben im Projekt für Ruhe gesorgt und haben ausreichend Informationen gesammelt, um die Stakeholder maximal zu managen. *Schon wieder ein Schritt von reaktiv zu proaktiv und hin zum Beeinflussen.*

Somit sind wir bei den verbleibenden neunzig Prozent der Projekteinrichtungsphase angelangt: Aufstellen der Architektur, Ausarbeiten der technischen Spezifikationen, Durchführen von Machbarkeitsstudien, Auswahl von Lieferanten, Vertragsverhandlungen, Ausarbeitung der Projektorganisation und… die *Detailplanung* sowie der *Projektmanagementplan*.

In der Detailplanung werden Sie die WBS-Aktivitätenebene, die für die Leitung der Ausführungsphase benötigt wird, weiter ausarbeiten (außer bei Scrum-Teilprojekten). Die PBS/WBS-Struktur, die Sie bereits erstellt haben, kann hier erneut angewendet werden. Kopieren Sie diese in Ihr Planungstool, sodass Sie nicht ganz von vorne beginnen müssen!

Im Gegenteil, die PBS/WBS-Struktur repräsentiert sogar bereits vollständig den technischen und organisatorischen Kontext! Außerdem ist diese aufgrund der Diskussionen mittels der Skizze mit dem Team weitgehend ausgereift und stabil. *Die Umrisse Ihres Projekts sind klar und jetzt müssen Sie im übertragenen Sinne die skizzierten Konturen nur noch ausmalen.*

Abbildung 6.15   Projektvorbereitung und -einrichtung für den Projektmanager

Zur Erstellung und Verwaltung von Detailplanungen wird oft eine spezielle Software, wie z.B. MS Project, verwendet. Mit solch einem Tool kann die Planung als Netzwerkdiagramm (PERT) angezeigt werden, wobei aber meist der *Gantt Modus* verwendet wird. Darin erhält jede Aktivität eine separate Zeile und wird als Zeitleiste dargestellt. Viele Anwender absolvieren hierfür Einführungstrainings, haben aber dann immernoch zahlreiche Fragen zum effizienten Einsatz im eigenen Arbeitsprozess. Also bedenken Sie, so wie das Beherrschen von Word als Schriftverarbeitungsprogramm Sie nicht automatisch zu einem guten Autor werden lässt, so gilt dasselbe auch für die Nutzung von Planungstools.

Verwender von Planungstools geben an, oft mit folgenden Herausforderungen kämpfen zu müssen:
- Sie verlieren sich im Detail und arbeiten für das Tool anstatt anders herum.
- Es gibt zu viele Unsicherheiten, sodass eine Planung noch nicht stattfinden kann.
- Es ist nicht genügend Zeit vorhanden, um einen Detailplan zu erstellen.
- Es gibt zwar eine Planungsvorlage, aber keine Vision innerhalb der Organisation, wie diese in Projekten eingesetzt werden muss.
- Der Detailplan steht aufgrund von Veränderungen ständig im Widerspruch zu sich selbst.
- Der Detailplan wird zwar erstellt, aber nicht verwendet.
- Der Detailplan hilft nicht, Commitment vom Team zu erhalten.
- Der Detailplan hilft nicht bei der Kommunikation mit den Stakeholdern.

Beginnen Sie erst dann mit der Detailplanung, wenn die wichtigsten Probleme gelöst sind.

Dazu kommt noch, dass die Planungen durch alle Verbindungen oft so voluminös werden, dass es schwierig ist, die Übersicht zu halten. Sie können nur einen kleinen Teil der Planung auf dem Bildschirm sehen und es fühlt sich manchmal so an, als würden Sie versuchen ein Buch durch ein Schlüsselloch hindurch zu lesen. Diese Unübersichtlichkeit bringt nur noch mehr Frustrationen mit sich. Wie das Beispiel, dass Sie eine Aktivität um drei Tage verschoben haben und erst später entdecken, dass damit das Enddatum des Projekts um zwei Wochen verschoben wurde...

 Arbeiten Sie für Ihr Planungstool oder arbeitet Ihr Planungstool für Sie?

Ich habe nachfolgend drei Tipps für Sie, mit denen Sie Planungstools praktischer in Ihren eigenen Arbeitsprozess einbauen. Diese führen zu den folgenden Vorteilen:

A. Detail und Flexibilität: *Viele Details dürfen zu keinem Mühlstein werden und nicht zu Update-Angst führen.*

B. Simulationsmöglichkeiten: *Die Planung muss ein Modell des Projekts darstellen, mit der Möglichkeit, den Effekt von Alternativen deutlich darstellen zu können.*

C. Kommunikationsmittel zum Team und Auftraggeber: *Die Planung muss ein Kommunikationsmittel für mehrere Zielgruppen sein und die Grundlage für Tracking und Control bilden.*

D. Problempunkte anzeigen, nicht nur die Folgen: *Aneinandergereihte Planungen geben Verzögerungen automatisch an die nachfolgende Aktivität weiter, aber möchten Sie dies wirklich als Projektmanager?*

E. Der Projektmanager entscheidet, nicht das Tool: *Das Tool muss die richtige Einsicht bieten und dem Projektmanager ermöglichen, auf die effektivste Weise eingreifen zu können.*

Obwohl die Beispielplanung des Achterbahn-Projekts in MS Project ausgeführt wurde, ist die präsentierte Arbeitsweise in den drei Tipps unabhängig von der gewählten Planungssoftware.

Tipp 1: Hören Sie auf alles verbinden zu wollen!
Aufhören mit dem Verbinden? Das ist ein seltsamer Tipp. Denn das Herstellen von Verbindungen ist ein Grundprinzip in einem jeden Planungstool. Es gibt eine gewisse zeitliche Abfolge zwischen den Aktivitäten. Indem die erste Aktivität zeitlich festgelegt wird, bestimmen Sie automatisch auch die nachfolgenden Aktivitäten. Verschiebt sich eine Aktivität, so verschiebt sich der Rest auch. Das ist logisch und wünschenswert.

Wenn die Planung jedoch wächst, besteht die Möglichkeit, dass sich die Verbindungen als ein unübersichtliches Spaghetti-Wirrwarr entpuppen. Und das kann ein ziemlich unvorhersehbares Gesamtbild mit sich bringen. Die Verschiebung von Aufgaben auf Ihrem Bildschirm, kann beispielsweise zu ungewünschten Folgen für Aufgaben, die Sie derzeit gar nicht im Blick haben, führen. Meine Empfehlung ist daher, nur die Aktivitäten *direkt* miteinander zu verbinden, die nicht auf eine andere Art gemeinsam ausgeführt werden können. Das ist beispielsweise das Vorbereiten, Schreiben, Überprüfen und Aktualisieren eines Dokuments oder bei Aktivitäten, die nur durch eine Person ausgeführt werden können und daher immer in derselben Reihenfolge stattfinden.

Abbildung 6.16   Verbinden Sie Aktivitäten in der Detailplanung nur, wenn deren Ausführung nicht auf eine andere Weise stattfinden kann.

Jetzt denken Sie bestimmt bereits: "Aber dann entstehen doch viele separate Blöcke mit Aktivitäten, oder?" Das stimmt und das wollen wir nicht. Oder, eigentlich doch?! Die separaten Blöcke werden wir nämlich auf eine andere Weise verbinden. Und zwar mittels der "Oberen Ebene der Planung", siehe hierfür Abbildung 6.17. Indem Sie die Zeilen "oben in der Planung" nämlich nicht als Aktivität verwenden, sondern sie als *Input* oder *Output* benutzen, können Sie eine Art *Bedienpaneel* erstellen. Hiermit können Sie den Beginn der Blöcke im

Detailplan manuell einstellen und das Ende der Blöcke aus dem Detailplan als Ergebnis sichtbar machen. Natürlich können Sie diese Ein- und Ausgänge auch oben miteinander verbinden. Dann erhalten Sie denselben Effekt wie wenn Sie dies unten im Detailplan machen würden, nur wird es so übersichtlicher und Sie können die Verbindungen bei Bedarf einfacher lösen oder durch andere Entscheidungen ersetzen.

Auf diese Weise erstellen Sie aus einem vollständig verbundenen Plan eine übersichtlichere und einfach anzupassende Variante. Die Ein- und Ausgänge spiegeln somit die Beziehung mit der Außenwelt wieder. Dies in Form der *Projektschnittstelle*. Bei den Eingängen können Sie beispielsweise die Abgabetermine der Lieferanten oder *Intakes* von anderen Projekten eingeben. Bei den Ausgängen liegt die Kunst darin, die Momente aus der Planung zu verbinden, die als Lieferungen an die Außenwelt betrachtet werden können. Teilergebnisse also, die beispielsweise ein Feedback bewirken. Daher nenne ich diese auch gerne *auslieferbare Produkte* (*Shippable Products*), in Analogie zu dem Namen von Resultaten der Sprints bei Scrum.

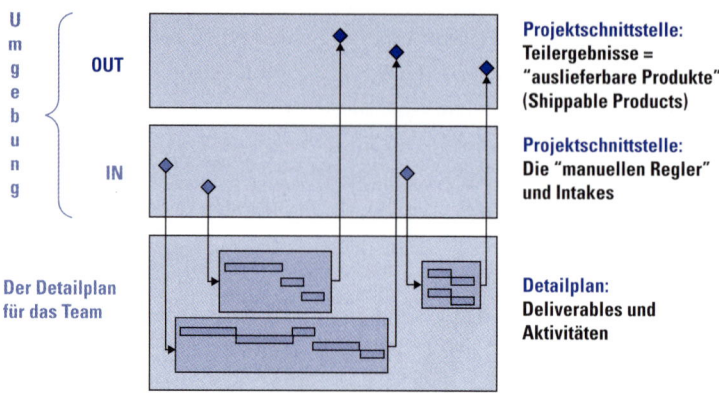

Abbildung 6.17   Erstellen Sie Bedienelemente und Anzeigeninstrumente oben in der Planung.

Mit den separaten, manuellen Reglern können Sie einfach alternative Szenarien analysieren. Sie können beispielsweise den Effekt auf die Dauer untersuchen, indem Sie zwei Pfade parallel nebeneinander platzieren, die eigentlich nacheinander stattfinden sollten. Selbstverständlich lässt auch dies Folgen für die eingesetzte Kapazität entstehen, die sofort in der Ressourcenübersicht deutlich werden. Sie können auch besser reagieren, wenn ein Lieferant meldet, dass sich die Lieferung eines Lieferobjekts um eine Woche verzögert. Es ist viel besser, die Folgen für einen wichtigen Meilenstein oder das Enddatum des Projekts benennen zu können, als nur zu melden, dass solche Verzögerungen unerwünscht sind.

Die Projektschnittstelle hilft beim Simulieren und bei der Kommunikation.

Den Gedanken des Verbindens von Punkten aus dem Detailplan zur Oberseite hin können Sie auch verwenden, um den Status mit den Projektzielsetzungen zu vergleichen. Erstellen Sie pro Meilenstein zwei Zeilen, verbinden Sie eine Zeile mit dem Meilenstein-Zeitpunkt in der Detailplanung und tragen Sie in die andere Zeile den abgesprochenen Liefertermin ein. Auf dieselbe Art und Weise können Sie die Prüfzeitpunkte der kritischen Parameter verdeutlichen. Hiermit erhalten Sie die Situation aus Abbildung 6.18: Der Detailplan ist unter der Motorhaube versteckt, während die Oberseite der Planung zum Armaturenbrett und Lenkrad wird. Auf diese Weise können Sie die Kommunikation mit der Außenwelt pro Zielgruppe in der Projektschnittstelle spezifizieren. Pro Stakeholder können Sie nämlich andere Teilergebnisse in die Liste aufnehmen. Sie können auch wählen, wie das Ergebnis angezeigt wird, beispielsweise den Meilenstein mit oder ohne Projektpuffer. Schließlich können Sie die Intakes pro Lieferanten sortieren, wodurch Sie diese wöchentlich einfach telefonisch überprüfen können. Besuchen Sie www.roelwessels.com, um im Detail zu erfahren, wie diese Methode für den Detailplan des Achterbahn-Projekts angewendet wurde.

Die Projektschnittstelle ist schließlich auch ein Mittel, um die Teilprojektleiter ihre eigenen Planungen verwalten zu lassen, ohne dass dies auf Kosten der Verbindung zwischen den Teilprojekten geht. Die Teilprojektleiter müssen nur die jeweiligen Schnittstellen miteinander abstimmen (als der gegenseitige Kunde/Lieferant). Dies wird in Abbildung 6.19 deutlich,

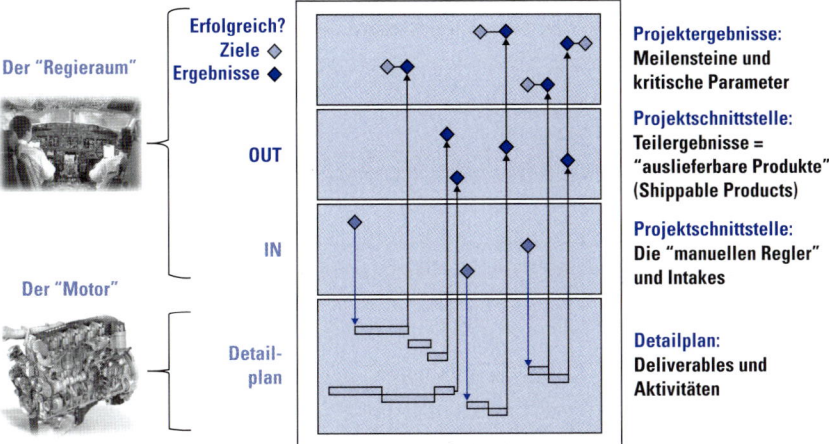

Abbildung 6.18   Steuern und berichten Sie aus dem "Regieraum" Ihrer Planung.

in der die gestrichelten Linien die Abhängigkeiten zwischen den Planungen darstellen, die aufeinander abgestimmt werden müssen. So verhindern Sie, dass alles in einer großen, unübersichtlichen Planung untergebracht werden muss. Dies garantiert auch, dass sich das Eigentum des Teilprojekts nicht bei Ihnen, sondern bei dem jeweils verantwortlichen Teilprojektleiter befindet.

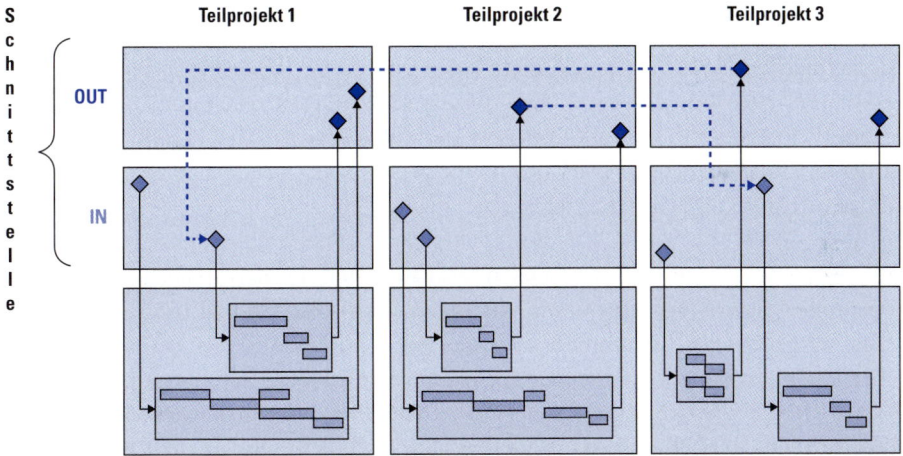

Abbildung 6.19   Das Synchronisieren von separaten Planungen über die Projektschnittstelle

Tipp 2: Lassen Sie die Problempunkte und nicht die Folgen deutlich werden

Das Verbinden von taktischen Punkten an den Projektschnittstellen - anstatt versteckt in der Detailplanung - bringt noch zusätzliche Vorteile. Stellen Sie sich vor, Sie haben ein Projekt mit einer Dauer von einem Jahr. In der ersten Projektwoche gibt es auf dem kritischen Pfad eine Verzögerung von drei Tagen. Was meldet ein Planungstool dann? Genau.

Starre Verbindungen erlauben automatisch das Auftreten von Verzögerungen.

Eine dreitägige Verzögerung des Projektenddatums. Und wir können dem Tool keinen Vorwurf machen, denn würden Sie nicht eingreifen, dann wäre genau dies die richtige Vorhersage. Aber damit kommen wir auch zu dem entscheidenen Punkt. Natürlich werden Sie eingreifen! Und Sie haben noch mehr als 300 Tage, um die Verzögerung von drei Tagen irgendwie auszubügeln. Selbst wenn Sie als Projektmanager Verständnis für diesen Ansatz des Planungstools haben - der durchschnittliche Auftraggeber versteht dies nicht! Dem schmeckt das natürlich gar nicht, wenn Project Control bereits nach einer Woche auf Grundlage Ihrer Planung meldet, dass sich das Projekt verzögern wird. Und das kann nicht in Ihrem Interesse sein, oder?

Ersetzen Sie eine Verzögerung am Ende durch einen Reibungsmoment im Projekt.

Mittels des Arbeitens mit der Projektschnittstelle schlagen Sie zwei Fliegen mit einer Klappe. In Abbildung 6.20 können Sie sehen, welche Auswirkungen eine Verzögerung zu Beginn eines Projekts hat, das aus einem Entwicklungs- und einem Testpfad besteht. Wenn alles miteinander verbunden ist, meldet das Planungstool aufgrund der Verzögerung, dass sich das Enddatum verzögern wird (Variante A). Eine Verzögerung zu Beginn eines Projekts wird oft (unbewusst) von der Organisation akzeptiert. Man leitet beispielsweise das Projekt auf Fristen fokussiert und vergeudet die Sicherheitsmargen, wie wir es in Abschnitt 6.2 besprochen haben. Es scheint noch genug Zeit vorhanden zu sein, um das Problem (später) zu lösen. Die Folge: Die Testabteilung muss zu Ende des Projekts die Verzögerung wiedergutmachen, denn Tester sind nicht ohne Grund die "Überstunden-Macher" in der Organisation. Hier hilft also weder die Führung in der Organisation noch das Tool. Denn das Tool meldet stumpf, dass alles miteinander Verbundene einfach später beginnen und enden wird. Und bevor Sie sich versehen, berücksichtigen die späteren Spieler im Projekt die kommunizierte Verzögerung in Ihrer eigenen Planung!

Indem bei einer Reihe von essentiellen Meilensteinen in der Projektschnittstelle die automatische Verbindung weggenommen wird, verhindern Sie, dass das Tool die Verzögerung automatisch genehmigt. Es kommt noch besser! Auf diese Weise können Sie das Tool sichtbar machen lassen, wo es zu Engpässen kommen kann, nämlich bei den Entwicklungsaktivitäten (Variante B). Als Projektmanager können Sie berichten, dass es einen Rückschlag zu Beginn des Projekts gibt, aber dass Sie diese Verzögerung noch nicht akzeptieren. Es handelt sich demnach nicht um eine Verzögerung für den Endpunkt, sondern um einen *Reibungsmoment zwischen der Entwicklungs- und Testphase*. Anstatt die Verzögerung zu akzeptieren, erstellen Sie Aktionen mit dem entsprechenden Team, um die Problematik zu lösen. Und zwar genau dort, wo das Problem auch entstanden ist - in der Entwicklungsphase. Auf diese Weise verhindern Sie, dass durch das Planungstool bereits zu Beginn des Projekts (unbewusst) der Plan degradiert wird. In Kapitel 8, *Heartbeat*, werden Sie weitere Hilfe erhalten, um dieses Phänomen zu killen.

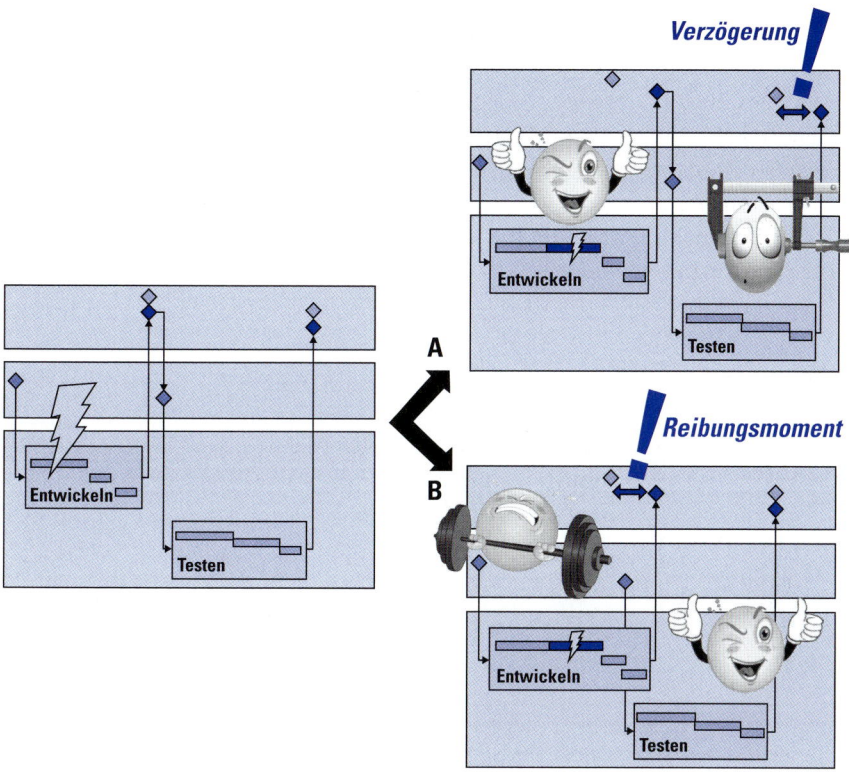

Abbildung 6.20   Machen Sie die Problemfelder sichtbar, solange Sie noch eingreifen können.

Tipp 3: Verhindern Sie den "Gruppenfoto-Effekt"
Was geschieht, wenn Mitglieder einer Gruppe zum ersten Mal ein Gruppenfoto gezeigt bekommen? Wird dann gedacht: "Oh, was für ein tolles Gesamtbild und wie gut sieht die ganze Gruppe doch aus"? Ich glaube nicht. Der erste Gedanke ist meist: "Wo bin ich?"

Denselben Effekt sehen Sie auch dann, wenn Sie eine umfassende *Gantt Chart* vorlegen. Dort gibt es so viele Zeitleisten mit Namen von Ausführenden, dass Sie nicht erwarten können, eine fundierte Antwort auf folgende Frage zu erhalten: "Vertrauen Sie diesem Plan?" Denn ein jeder ist zunächst damit beschäftigt, sich selbst und seine eigenen Aufgaben zu finden, was in solch einer Übersicht gar nicht so einfach ist. Aber wie kommunizieren Sie dann die Planung mit Ihren Teammitgliedern am geschicktesten? Die Antwort wird Sie vielleicht überraschen: Als Einkaufsliste! An dieser Stelle ist dies nämlich erlaubt und sogar sehr praktisch.

Ich selbst erstelle wöchentlich einen Download aus dem (aktualisierten) Detailplan von MS Project nach Excel und filtere darin anhand eines festgelegten Formats die auszuführenden Aufgaben. Anschließend lasse ich die Aufgaben auf der Grundlage von Fristen sortieren, am liebsten in Form einer Wochennummer. In Abbildung 6.21 können Sie

Jetzt kommt die Einkaufsliste endlich zum Zuge.

solch eine Einkaufsliste sehen. In diesem Fall ist sie für ein Teammitglied gefiltert: den Architekten. Darüber hinaus verfügen Planungstools im Allgemeinen über die Möglichkeit, zusätzliche "customized" Spalten hinzuzufügen, wodurch Sie für die Aufgaben auch andere Eigenschaften benennen können, wie beispielsweise welches Teilprojekt, welcher Sprint, welcher Kunde, etc. Sie können also auch Einkaufslisten erstellen, die Sie auf diese Eigenschaften hin filtern können.

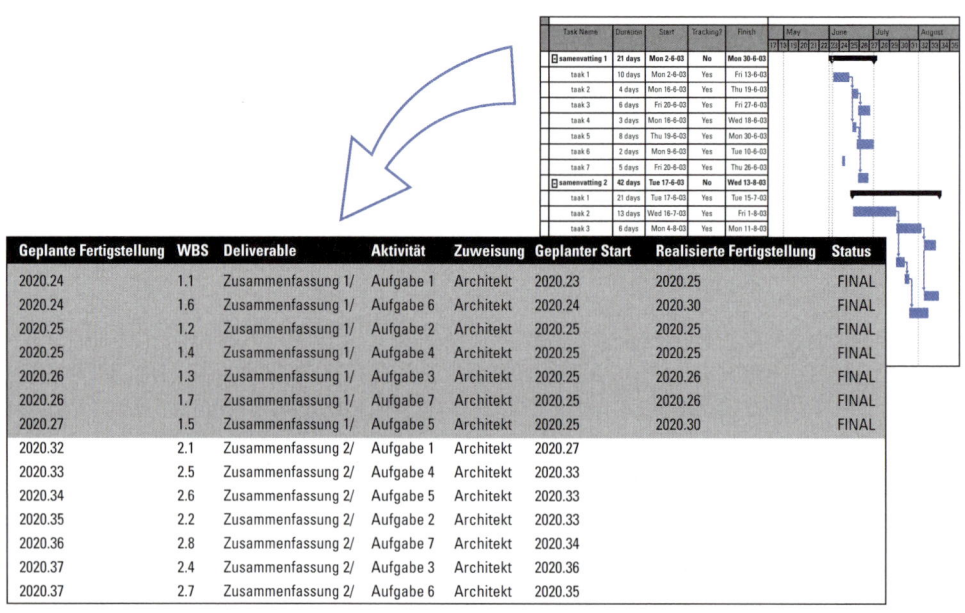

Abbildung 6.21 Extraktion von Aufgaben für eine ausgewählte Zielgruppe

Diese Extraktion hat alles, was benötigt wird, um *TomTom-minded* zum Endpunkt des Projekts hinzuarbeiten: eine sortierte Countdown-Liste, die immer die verbleibenden Aktivitäten und Deliverables anzeigt. Weiterhin können Sie in der Abbildung bei Status das Wort *FINAL* stehen sehen. Dieses Wort erscheint, wenn eine Aufgabe zu 100% fertiggestellt ist. In Kapitel 9, *Das Blinde Abhaken*, wird deutlich werden, warum es meine Präferenz ist, Aufgaben nur zu 0 oder zu 100% fertiggestellt erscheinen zu lassen. Alles dazwischen ignoriere ich, da es sich oft um Wunschdenken handelt. Die einzige Art und Weise, eine Aufgabe abhaken zu können ist also: indem diese wirklich vollständig fertiggestellt wird…

6.5 Schritt 10: Projektmanagementplan und go

Nach dem oben Beschriebenen ist der abschließende Schritt, das Niederschreiben des Projektmanagementplans, nur noch eine Frage des Machens. Alle essentiellen Diskussionspunkte sind nämlich während des Erstellens der Project Charter, der Skizze mit dem Team und der Detailplanung gelöst worden. Es handelt sich also vor allem um eine Schreibaktivität, bei der alles strukturiert in einem Dokument zusammengefasst wird.

Projektmanagementplan (PMP)

Wie weitreichend Sie den Projektmanagementplan erstellen, wird vom Umfang Ihres Projekts, Ihrer eigenen Vorliebe, den Wünschen der Stakeholder und der Kultur in der Organisation abhängen. Es ist sogar möglich, dass Sie für kleine Projekte überhaupt kein Dokument erstellen oder beispielsweise alle Informationen in einem Angebot unterbringen. Es handelt sich um eine Abwägung zwischen Ihrer eigenen Zeitinvestition und dem Nutzen, den Sie aus einem übersichtlichen Dokument für die Kommunikation und Ausführung ziehen können.

In Abbildung 6.22 befindet sich eine Übersicht der Elemente des Projektmanagementplans. Sie können ihn auf zwei Weisen betrachten: "Oh Mann, was muss ich viel aufschreiben!" oder "Wow, was habe ich schon viele Informationen sammeln können!" Wobei Letzteres

Allgemein
- Änderungshistorie und Autorisierungstabelle

Einführung
- Zielsetzung des Projekts
- Projekthistorie
- Anfrage des Auftraggebers/ der Stakeholder
- Umfang und Abgrenzung des Projekts
- Referenzdokumente

Der Auftrag
- Zu liefernde Projektergebnisse *(eventuell als Scrum Product-Backlog)*
- Prioritäten

Projektansatz und -strategie
- Kunden (intern und extern), die Deliverables erhalten
- Phaseneinteilung und Projektansatz (z.B. Scrum, V-Modell)
- Liste aller Deliverables (PBS): Kunde, Projektphase, Lieferzeitpunkt
  (muss zur Projektschnittstelle der Detailplanung und dem Scrum Product-Backlog passen)
- Projekt-Intakes: Lieferant, Projektphase, Lieferzeitpunkt
  (muss zur Projektschnittstelle der Detailplanung passen)
- Timing und Kosten pro Phase, Gesamtbudget
- Annahmen

Organisation
- Teamzusammenstellung
- Teameinteilung auf Monats-/ Wochenbasis
- Zusammenstellung des Lenkungsausschusses
- Nicht-menschliche Ressourcen (Testsysteme, Equipment, etc.)

Risikomanagement
- Risikotabelle: Risiko, Wahrscheinlichkeit, Folgen, Präventivmaßnahme, Korrekturmaßnahme bei Eintreten des Risikos
  (inkl. Verbindung dieser Aktivitäten mit der Detailplanung)

Detailplanung
- Verweis an die Detailplanung im Planungstool

Qualitätsplan (manchmal als separates Dokument)
- Art der Qualitätssicherung
- Art des Reviews und der Überprüfung der Ergebnisse
  (inkl. Verbindung dieser Qualitätsaktivitäten mit der Detailplanung)

Konfigurationsmanagementplan (manchmal als separates Dokument)
- Releases (Sprints) mit geplanten Deliverables
- Konfigurationseinheiten, Identifizierung, Lebenszyklus Status, Überwachung und Auditierung/ Reporting
  (inkl. Verbindung dieser KM-Aktivitäten mit der Detailplanung)

Kommunikationsplan (manchmal als separates Dokument)
- Interne Meetings und Art der Kommunikation (wann, mit wem, welches Medium)
- Externe Meetings und Art der Kommunikation (wann, mit wem, welches Medium)

Abbildung 6.22 Inhalt eines Projektmanagementplans

tatsächlich zutrifft. Denn wenn Sie den 10-Schritte-Plan durchlaufen haben, werden Sie alle notwendigen Informationen zur Verfügung haben, um den Projektmanagementplan zu erstellen. Und das macht den entscheidenden Unterschied! Ich kann mich noch daran erinnern, wie ich bei meinem ersten Projekt mit der Vorlage des Projektmanagementplans kämpfte. Ich starrte zwei Stunden lang auf den Abschnitt "Intakes" und hatte keine Ahnung, was ich eintragen sollte. Später verstand ich, dass man einen Projektmanagementplan nicht erstellen kann, wenn man nur auf die leere Vorlage starrt. Es handelt sich nicht um eine Eintragungs-Aufgabe, sondern um den zusammenfassenden Abschluss der Suche nach Übersicht, Struktur und den richtigen Aktionen, um das Projekt so auszuführen, dass die Zielstellungen realisiert werden können.

Behandlung des Entscheidungspunktes Decision to fund

Mit dem Fertigstellen des Projektmanagementplans sind Sie in der Lage, mit der Projektausführungsphase zu beginnen. Der Projektmanagementplan ist ein wichtiges Ergebnis für den Lenkungsausschuss, um den Phasenübergang *Decision to fund* zu genehmigen. Natürlich müssen auch alle anderen Deliverables aus der Einrichtungsphase fertiggestellt sein, nicht zuletzt weil sie Input für Teile des Projektmanagementplans waren. Mit der Entscheidung Decision to fund verpflichten sich sowohl Auftraggeber als auch Auftragnehmer und die Projektausführung kann voller Vertrauen beginnen.

Zusammenfassung

- Bestimmen Sie die Größe Ihres Projekts, indem Sie Size- und Effort-Abschätzung zum WBS hinzufügen. Nutzen Sie:
  o Die Delphi-Methode (Gruppe von Spezialisten)
  o Drei-Punkt-Schätzung (Individuum)
- Die Bestimmung von *Effort* (Stundenanzahl) ist Ihr Endziel, aber verstehen Sie zunächst die Größe der Aufgabe, indem Sie die *Size* feststellen.
- Abschätzungen hängen vom Kontext ab und bestehen teilweise aus einer Sicherheitsmarge, um Rückschläge auffangen zu können. Verhindern Sie, dass Ihr Projekt trotz Sicherheitsmargen doch eine Verzögerung hinnehmen muss. Folgen Sie den folgenden vier Schritten:
  1. Drei-Punkt-Schätzung
  2. Risikominderungsmaßnahmen hinzufügen
  3. Individuelle Puffer durch einen Projektpuffer ersetzen
  4. Frühzeitigere Zwischenergebnisse hinzufügen
- Auch ein agiles Projekt können Sie mit dem 10-Schritte-Plan planen. Den Product-Backlog können Sie auf die PBS beziehen, da beide Teilergebnisse enthalten. Die Größe der User-Stories in dem Product-Backlog können Sie mit dem Planning Poker (abgeleitet aus der Delphi-Methode) bestimmen, wobei Sie die relative Einheit Story-Points verwenden. Die WBS-Aktivitätenebene wird bei Scrum nicht im Detailplan festgelegt, sondern erst vom Team während der Definition des Sprint-Backlogs in der Ausführungsphase vor jedem Sprint bestimmt.
- Die Skizze mit dem Team liefert einen Zeitplan für alle Deliverables inklusive der Zuteilung der Ressourcen und der Kosten. Nutzen Sie diese, um die Erwartungen Ihrer Stakeholder proaktiv zu managen, und beginnen Sie die Arbeit an dem auf den Aktivitäten basierten Detailplan nicht, bevor die wichtigsten Probleme gelöst wurden.
- Verwenden Sie die folgenden Tipps, um eine Detailplanung zu erstellen die Ihnen wirklich bei der Projektausführung hilft:
  o Verbinden Sie strategische Punkte mittels der Projektschnittstelle oben in der Planung.
  o Verdeutlichen Sie die Problemfelder und nicht nur die Folgen, indem Sie Reibungsmomente in Iher Planung integrieren, anstatt Verzögerungen blind zu akzeptieren.
  o Kommunizieren Sie den Plan während der Projektausführung mittels einer auf die Zielgruppe gefilterten To-do-Liste (Einkaufsliste).

7 Der Projektmotivator

- Warum der Unterschied zwischen autonomer und fremdbestimmter Motivation so wichtig ist.
- Was Sie säen, werden Sie ernten. Aber wie setzen Sie dies am Besten ein?
- Die temporäre Projektorganisation und der Lenkungsausschuss.
- Warum Sie als Projektmanager auch immer Veränderungsmanager sind.
- Wie Kreativität funktioniert und wie Sie eine kreativitätsorientierte Führung einsetzen.

Jetzt, wo der Plan erstellt und genehmigt ist, muss er "nur noch" ausgeführt werden. Wenn dies mit einem motivierten Team geschieht, dann verfügen Sie als Projektmanager über ein wichtiges Faktor 10-Element. Motivierte Personen um sich herum zu haben, schenkt Kraft und bewirkt ein ultimatives Aufschwung-Gefühl: das Delegieren funktioniert einfacher, das Anpassungsvermögen ist höher, bei Herausforderungen ist die erste Reaktion nicht ein "ja, aber...", und Rückschläge sind leichter zu verkraften. Als Projektleiter sind Sie also von einem motivierten Team abhängig, aber wir werden sehen, dass Sie auf diesen Prozess glücklicherweise auch viel Einfluss haben.[9]

7.1 Deci und Ryans Selbstbestimmungstheorie

Im Bereich von Motivation und Engagement wurde viel Forschung betrieben. Eine der einflussreichsten Theorien ist die *Selbstbestimmungstheorie* von Edward Deci und Richard Ryan (Deci & Ryan, 2002). Diese Theorie konzentriert sich auf die Motivation von Schülern und deren Lerneffizienz, aber passt auch nahtlos zum Motivationsprozess in Projekten, da sie erklärt, wie Menschen begeistert werden und sich engagieren. Laut Deci und Ryan hat jeder Mensch drei psychologische Grundbedürfnisse: das Bedürfnis nach *Kompetenz*, *Autonomie* und *sozialer Eingebundenheit*. Das Bedürfnis nach Kompetenz beinhaltet, dass man seinen Kompetenzen, seine Aufgaben richtig erledigen zu können, vertraut. Das Bedürfnis nach Autonomie bezieht sich darauf, eigene Entscheidungen treffen und aus einem gewissen Grad an Unabhängigkeit heraus arbeiten zu können. Bei dem Bedürfnis nach sozialer Eingebundenheit geht es um das Verfügen über eine gegenseitige Verbundenheit mit den anderen Projektmitgliedern und sich akzeptiert und geschätzt zu wissen. Aber auch um die Eingebundenheit hinsichtlich des Projektzieles: wofür man es tut, für wen und warum. Mit diesen Informationen haben Sie sicherlich bereits selbst gefolgert, dass Sie als Projektmanager verschiedene Möglichkeiten haben, die drei Grundbedürfnisse Ihrer Teammitglieder zu beeinflussen. Sie sind also nicht nur von einem motivierten Team abhängig. Die Motivation wird auch zu einem großen Teil durch Ihre eigenen Aktivitäten

---

9 Dieses Kapitel verbindet die folgenden Kompetenzen aus IPMA's ICB4: Governance, Structures and processes, Power and interest, Culture and values, Personal communication, Relations and engagement, Leadership, Teamwork, Conflict and crisis, Resourcefulness, Negotiation, Organisation and information, Stakeholders, Change and transformation.

beeinflusst. Der Projektleiter, der sich zu Projektbeginn bereits als *Projektmotivator* sieht, hat daher einen wichtigen Schlüssel zum Erfolg in seiner Hand.

Autonome Motivation versus fremdbestimmte Motivation

Indem das Thema Motivation tiefer behandelt wird, wird die Verbindung zu den bereits besprochenen Themen in diesem Buch deutlicher. Deci und Ryan untersuchten zwei Studentengruppen. Beide Gruppen erhielten die gleiche Puzzle-Aufgabe, für die sie Lösungen finden mussten. Gruppe 1 wurde pro Lösung bezahlt. Gruppe 2 wurde keine Belohnung in Aussicht gestellt. Nachdem der Auftrag fertiggestellt war, erhielten die Testpersonen die Gelegenheit, weiter zu puzzeln. Und was passierte? Die Teilnehmer aus der ersten Gruppe waren viel weniger motiviert weiter zu puzzeln als die Personen aus Gruppe 2. Die Belohnung hatte scheinbar bewirkt, dass sie aus anderen Gründen als dem Spaß am Spiel gespielt hatten. Sie handelten nicht mehr aus ihrer eigenen intrinsischen Motivation.

Neugierde und intrinsische Motivation sind von Natur aus vorhanden, sind aber auch sehr verletzlich. Genau hier liegt für den Projektmanager, der gute Leistungen mit dem Team erbringen will, auch der Hund begraben. Bei Beginn eines Projektes entsteht die Motivation der Mitarbeiter nicht automatisch. Viele Führungskräfte tendieren dann dazu sich aufzudrängen und zu pushen. Aber die Selbstbestimmungstheorie lehrt uns, dass genau dieses Erzwingen kontraproduktiv ist – das *Paradox of Achievement*. Auch Belohnungen sind im Grunde eine Art der Kontrollausübung auf andere und verringern die Autonomie einer "belohnten" Person, aus ihrer intrinsischen Motivation heraus zu handeln und eigenständig Verantwortung zu übernehmen.

Abbildung 7.1 fasst dies alles detailliert zusammen. *Intrinsische Motivation* ist letztendlich das ultimative Streben. Diese Motivation wird nur durch das Interesse und den Spaß an der Aktivität selbst genährt. Intrinsisch motivierte Personen zeigen mehr Verständnis, arbeiten härter, haben mehr Durchsetzungsvermögen und sind kreativer. Aber tja, das (Projekt)Leben besteht leider nicht nur aus tollen Aufgaben. Daher benötigen wir öfter auch mal eine extern gerichtete Motivation: *extrinsische Motivation*.

Hier hilft uns das Modell zu erkennen, dass extrinsische Motivation nicht unbedingt schlecht sein muss. Es gibt nämlich einen "guten" und einen "schlechten" externen Einfluss. Ein guter externer Einfluss ist eine Lenkung, die, genauso wie die intrinsische Motivation, zur Autonomie führt. Das Wissen darüber, dass selbst Entscheidungen getroffen werden dürfen und selbstständig agiert werden darf, schenkt Ihren Mitarbeitern Energie. Aus Kontrolle, auferlegten Verpflichtungen oder einem Schuldgefühl heraus motiviert zu werden, lässt Energie verschwinden. *Deci und Ryan zeigen demnach, dass der Unterschied zwischen autonomer und fremdbestimmter Motivation wichtiger ist, als der Unterschied zwischen intrinsischer und extrinsischer.* Und das zu wissen ist für den Projektmotivator gut.

Unter (externe) autonome Motivation fallen sowohl identifizierte als auch integrierte Regulation. Bei der identifizierten wird ein Teammitglied die Aufgabe nicht erfüllen, weil er sich hieran erfreut, sondern weil es ihm etwas bringt. Nicht in Form einer Belohnung, sondern, da es den persönlichen Zielen oder der eigenen Entwicklung entspricht. Es wird also aus einer eigenen Entscheidung heraus gehandelt, und nicht, weil es sein muss. Die andere Form, die integrierte Regulation, ist der intrinsischen Motivation sehr ähnlich. Auch hier ist die Aktivität selbst nicht die wichtigste treibende Kraft, sondern die Gründe für die Aktivität entsprechen vollständig den persönlichen Überzeugungen und Werten. Hier wird dem eigenen Herzen gefolgt und man handelt, weil man es selbst will.

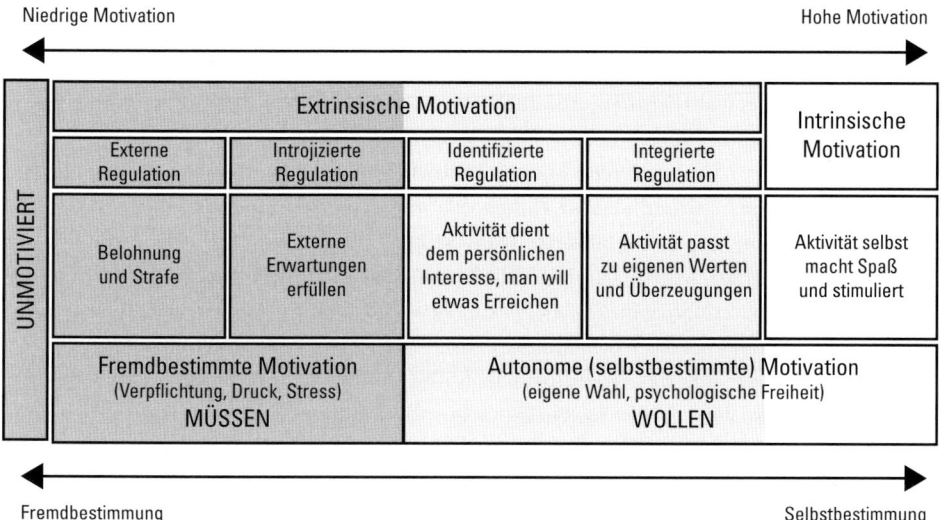

Abbildung 7.1 Das Motivationskontinuum von Deci und Ryan

Sowohl die Kontrolle behalten als auch Freiraum lassen
Das Verhalten von Ihnen als Projektmanager ist in Bezug auf die Motivation und Leistungserbringung sehr bestimmend. Und dabei gilt: *The devil is in the detail*. Allein schon die Wortwahl macht einen Unterschied aus. Ein Manager, der eine Sitzung mit den Worten "Beim nächsten Mal schauen wir dann, ob Sie alles haben ausführen können" beendet, steuert in Richtung Kontrolle und muss mit weniger guten Leistungen rechnen. Der Manager aber, der sagt: "Ich bin schon neugierig darauf, ob Ihnen dieses Feedback helfen kann", stimuliert die Autonomie des Mitarbeiters und die Haltung, selbst etwas Positives damit zu unternehmen. Sie werden verstehen, dass dies alles zum Situativen Führen passt, die wir in Abschnitt 4.4 besprochen haben. Jemanden, der eine S3-Führung benötigt, können Sie völlig ausbremsen, indem Sie sagen "Morgen komme ich einmal schauen, ob dies alles richtig ausgeführt wurde". Sie gehen dann nämlich auf das *Wie* ein. Ich löse dieses Problem meist, indem ich angebe, dass ich auf der Grundlage von Interesse und Neugierde vorbeikommen möchte. Das hindert die Autonomie nicht, sondern führt zu einem Gefühl der sozialen Eingebundenheit. Auch Multiplier- und Diminisherverhalten aus Abschnitt 1.2 passt zum Bild von Deci und Ryan. Der Diminisher leitet aus Kontrolle heraus, der Multiplier investiert aber in die Autonomie des Anderen.

Leistung erbringen und Freiraum schaffen können einander sogar verstärken.

Ein guter Projektmotivator schenkt seine Aufmerksamkeit bewusst der Art, wie kommuniziert wird. Eine zwingende Wortwahl kann nach hinten losgehen. Sich nur auf Fristen zu beziehen und den Prozess nicht zu berücksichtigen genauso. Indem Entscheidungsfreiheit, Akzeptanz und Wertschätzung angeboten werden, wird auch die Motivation Ihrer Teammitglieder unterstützt. *Aber dennoch möchten Sie die Kontrolle über das Projekt nicht verlieren.* Und das ist auch machbar! Zunächst, indem Sie das richtige *situative Führen* verwenden und Ihre Aufmerksamkeit auf das legen, was der Mitarbeiter benötigt. Des Weiteren, indem Sie beim Messen des Fortschritts nicht auf vollständige Kontrolle pochen, sondern sich auf das für das Ergebnis essentielle fokussieren: Die *kritischen Parameter*. Ihre Teammitglieder werden dies nicht als Kontrolle wahrnehmen, sondern sehen dies oft sogar als Anerkennung für ihr jeweiliges Fachwissen. Indem Sie Ihr Team zusätzlich intensiv *in die Erstellung des Plans einbeziehen*, bieten Sie weiteren Freiraum für eigenen Input und Einsicht in den Entscheidungsprozess. Abschließend sollten Sie verstehen, dass wenn "5 vor 12" Dinge massiv schieflaufen, Sie keine andere Wahl haben als dominantes und entschlossenes Krisenmanagement zu zeigen. "5 vor 12"-Situationen sind somit also für die Rolle eines motivierenden Projektmanagers keine Option. Abweichungen müssen frühzeitiger bemerkt werden. Hierbei hilft z.B. das "Warming-up" von früheren *Konfrontationsmomenten* aus dem V-Modell. Kontrolle über das Projekt zu haben und den Mitarbeitern dennoch Freiraum zu lassen, können also wunderbar miteinander kombiniert werden und verstärken einander sogar! Das Lösen des &-&-&-Paradoxons "Sowohl die Kontrolle behalten als auch Freiraum lassen" gerät so in Reichweite.

7.2 Was Sie säen, werden Sie ernten

Das Vorherige zeigt etwas wenig Überraschendes: Was Sie säen, werden Sie ernten. Dies ist etwas, was schon von Douglas McGregor, einem amerikanischen Sozialpsychologen, untersucht und zusammengefasst wurde.

McGregors X- und Y-Theorie
McGregor untersuchte, wie Manager Ihre Mitarbeiter betrachten. Er schloss, dass dies aus zwei Menschenbildern heraus geschieht und nennt es die *Theorie X* und *Theorie Y* (McGregor, 1960):

- **Theorie X**: Der Manager hat ein *negatives* Menschenbild. So betrachtet er auch seine Mitarbeiter: "Sie machen einfach etwas anderes, wenn sie die Gelegenheit dazu haben. Sie wollen keine Verantwortung übernehmen und benötigen vor allem die Peitsche und Kontrolle, um die erforderlichen Leistungen zu erbringen."
- **Theorie Y**: Der Manager hat ein *positives* Menschenbild. Er sieht den Mitarbeiter als jemanden, der von sich selbst aus Initiativen ergreift, Verantwortung übernimmt und gute Leistungen erbringen möchte.

Ein Manager mit einem negativen Menschenbild wird oftmals einen autoritären Führungsstil anwenden (S1-Führung). Er glaubt an Belohnen und Bestrafen und wird die Mitarbeiter kaum in den Entscheidungsprozess miteinbeziehen. Also wieder Diminisher-Verhalten. Er versucht, jede Nuance in Bezug auf Abschätzungen des Aufwands der Aktivitäten aus seinen Mitarbeitern heraus zu quetschen, indem er sie unter maximalen Druck setzt. Das bedeutet, die Mitarbeiter bekommen solange zusätzliche Arbeiten auferlegt, bis sie widersprechen. Der zugrundeliegende Ansatz ist: Erst wenn genörgelt und geklagt wird, hat das Team genügend Arbeit aufgetischt bekommen. Somit gibt es keine Probleme bei der Abschätzung der Sicherheitsmargen, so scheint es zumindest...

Sie beurteilen die anderen nach Ihren eigenen Maßstäben.

McGregor jedoch sagt: *Der Manager erntet das, was er sät*. Mitarbeiter passen ihr Verhalten der Art und Weise, wie sie geführt werden, an. Sie spüren genau, dass eigener Input in einem autoritären System nicht belohnt wird und dass zusätzliche Leistung zu nichts führt. Dementsprechend werden auch die Sicherheitspuffer beim Benennen von Stundenabschätzungen zunehmen! Hier verschwindet die intrinsische Motivation rapide und Theorie X wird somit zu einer *Self-fulfilling Prophecy*. Ein autoritärer Manager wird in seinem Menschenbild bestätigt und ist in einer negativen Spirale gefangen. In einem Umfeld, in dem S1-Führung die Norm ist (beispielsweise bei ungeschulter Produktionsarbeit), funktioniert das auch. Aber bei Mitarbeitern mit einem Wissensschatz, über den der Manager selbst nicht verfügt, oder bei Projektmitarbeitern, die an anderen Standorten arbeiten und somit schwieriger zu kontrollieren sind, werden die Grenzen dieses Führungsstils schnell erreicht sein.

 Kennen Sie Beispiele dieser Self-fulfilling Prophecy bei Theorie X-Managern?

Das Agieren aus einem positiven Menschenbild heraus und das richtige Vorbildverhalten sind daher die Zauberformeln, um motivierte Mitarbeiter zu erhalten, die Eigenverantwortung übernehmen möchten. Ein guter Schäfer weiß, wann er seinen Schafen vorausgehen muss, aber vor allem, wann er besser hinter seiner Herde herlaufen sollte. Die Schafe wissen nun einmal viel besser, wo sich das beste Gras befindet. Sich so zu verhalten ist nicht einfach. Insbesondere dann nicht, wenn Sie in der Hitze des Gefechts den Druck fühlen, mit dem Team Ergebnisse abliefern zu müssen. Pushen und dem Team Ihren Kalender aufzwängen zu wollen, liegen auf der Lauer. Doch Sie werden langfristig gesehen mehr erreichen, wenn Sie sich dem Team zugänglich zeigen und vor allem dafür sorgen, dass das Fachpersonal seine Arbeit machen kann. Sie generieren Output, indem Sie auf den richtigen Input achten: das Schaffen der richtigen Umgebung und das Erfüllen der Randbedingungen. Zu diesen Bedingungen gehört auch das Feststellen der richtigen Zielsetzungen (das *Was*), das

Übernehmen Sie die Regie, um anderen Autonomie zu ermöglichen.

Bereitstellen einer Struktur und die Unterstützung mit der richtigen situativen Führung. Ihre Rolle als Leitender ist also nach wie vor essentiell! Denn wenn Sie zu viel Selbststeuerung verlangen oder Ihr Team zu sehr "schwimmen" lassen, wird das Projekt auch kein Erfolg. Das Bewegen zwischen dem Anbieten von Freiheit und Struktur ist ein *Balanceakt*, der von dem nach der Theorie Y arbeitenden Projektmanager viel sachverständige Geschicklichkeit verlangt. Anderen Autonomie zu ermöglichen besagt also nicht, dass Sie selbst nicht auch Regie übernehmen müssen. Ganz im Gegenteil!

Ein Projekt bedeutet Veränderung also auch Widerstand

Bei meinen ersten Projekten fand ich das regelrecht anstrengend. Leute, die mich ausbremsten, Widerstand lieferten, was machte ich falsch? Erst später verstand ich, dass dies viel mit der Tatsache zu tun hatte, dass ein Projekt meist eine *temporäre Organisation* innerhalb einer permanenten Organisation ist, die ihre Befugnisse und Rechte nicht einfach so aufgibt. Wir haben bereits in Abschnitt 5.3 gesagt: "Zuständigkeiten erhalten Sie von selbst, aber um die notwendigen Befugnisse müssen Sie kämpfen." Folgendes half mir dabei, den Widerstand zu relativieren und sogar ein wenig als Kompliment zu betrachten: *Ein Projekt = Veränderung = Widerstand*.

Beginnen Sie mit dem Motivieren, bevor Sie Widerstand spüren.

Widerstand zu erfahren gehört also einfach dazu! Andersrum stimmt es vielleicht auch: Gibt es keinen Widerstand, dann bewegen Sie sich vielleicht nicht schnell genug oder haben Ihre Aktionen zu wenig Auswirkung. Nehmen Sie den Widerstand also nicht persönlich und zweifeln Sie nicht an sich selbst. In einer Projektumgebung weiß man, was man hat, aber man weiß nicht, was man erhält. Die logische erste Reaktion ist dann oft: "Ja, aber..." Lassen Sie sich nicht (mehr) durch Widerstand überraschen, sondern sehen Sie ihn als normalen Aspekt eines Projekts. Beginnen Sie daher sofort mit dem Organisieren von Motivation und Engagement in Ihrem Projekt, auch, wenn dies noch nicht notwendig erscheint. Analog zu "Beginnen Sie mit der Kommunikation, während das Projekt noch Spaß macht." können wir nun also auch sagen: *Beginnen Sie Ihre Umgebung zu motivieren, bevor Sie Widerstand erfahren.*

Das Motivieren Ihres Teams zusammengefasst

Lassen Sie uns das Vorherige einmal zusammenfassen. Sie wenden Motivation an, um Ihre Teammitglieder in Bewegung zu bringen und damit diese Verantwortung übernehmen, ihre Aufgaben selbstständig auszuführen. Deci und Ryan bieten einen praktischen Rahmen, um dies in einem übersichtlichen Format zu präsentieren, und zusätzlich können wir dort auch die vorherigen Themen dieses Buchs integrieren (siehe Abbildung 7.2). Und das Beste dabei: Führung benötigt nicht immer wieder andere Techniken für jedes Thema. Vielmehr ist dies ein logisch zusammenhängendes Ganzes von immer wiederkehrenen Grundprinzipien. Ob es nun um das Motivieren Ihrer Teammitglieder geht, um das Stakeholder-Management, das Erstellen eines Plans, das Managen von Erwartungen, das Beherrschen des Umfangs oder das Leiten der Projektausführung.

Kompetenz	Autonomie	Soziale Eingebundenheit
Einsicht in den Projektkontext geben und die Erwartungen an den Mitarbeiter formulieren	Ziele und Rahmenbedingungen deutlich machen (was und warum)	Gemeinsame Vision zu Projektzielen erarbeiten und diese mit den persönlichen Zielen abstimmen (Win-win)
Situatives Führen: ausreichend aufgabenorientierte Führung bieten	Situatives Führen: nicht zu viel aufgabenorientierte Führung bieten	Situatives Führen: ausreichend mitarbeiterorientierte Unterstützung anbieten
Situatives Führen: richtige mitarbeiterorientierte Unterstützung bieten (Vertrauen und positives Feedback)	Ergebnisse an erste Stelle stellen (was), aber dem Mitarbeiter die Möglichkeit bieten, selber die Arbeitsweise zu bestimmen (wie)	Erfolg wertschätzen und bei Fehlern Unterstützung bieten, auch in stressreichen Situationen
Bei Aufgabenzuteilung auf vorhandene und erforderliche Fähigkeiten des Mitarbeiters achten	Mitarbeiter in den Planungsprozess einbeziehen und Raum lassen für persönlichen Input	Offene Atmosphäre schaffen, in der jeder seine Meinung sagen kann und allgemein zugehört wird
Zusammenhang der Aufgaben muss deutlich und herausfordernd sein	Mitarbeiter in die Entscheidungsfindung einbeziehen und zu eigenen Initiativen ermutigen	Persönliche Entwicklung und Teilnahme an Netzwerken stimulieren
Passende Lernprozesse in den aufeinander folgenden Aufgaben des Projekts sicherstellen	Mitarbeiter auch auf ihre eigene Verantwortung hinweisen	Zusammenarbeit und Teambuilding stimulieren
Proaktiv arbeiten und das V-Modell anwenden, um Teammitglieder strukturiert in ihrer Rolle wachsen zu lassen	Proaktiv arbeiten und das V-Modell anwenden, um Teammitgliedern die Gelegenheit zu bieten, persönliches Engagement zu zeigen	Proaktiv arbeiten und das V-Modell anwenden, um Krisen zu vermeiden und durchgehende Unterstützung zu bieten

Abbildung 7.2   Übersicht von Themen aus diesem Buch und wie Sie die drei Grundbedürfnisse nach Deci und Ryan erfüllen

Die Grundprinzipien von Führung sind universell einsetzbar. Den Umfang und die Zielsetzungen frühzeitig zu verdeutlichen und zu kommunizieren, hilft immer. Gutes situatives Führen hilft immer. Agiles Verhalten hilft immer, auch, wenn wenig Veränderungen vorliegen. Proaktives Verhalten, unterstützt durch das V-Modell, hilft immer. Sich auf den Output zu richten, indem kritische Parameter überwacht werden, hilft immer. Ihre Stakeholder proaktiv zu kontaktieren, hilft immer. Ihren Plan gut zu strukturieren und flexibel zu gestalten, hilft immer. Ihr Team aktiv beim Erstellen des Plans miteinzubeziehen, hilft immer. Die Situation immer im Auge behalten und zeitliche Anpassungen zu machen, hilft immer. Coveys sieben Prinzipien anzuwenden, hilft immer. So könnten wir jetzt noch tagelang weitermachen und mehr und mehr zur Liste hinzufügen.

Das Umschalten von reaktiv zu proaktiv und hin zum Beeinflussen bedeutet daher vor allem, mit diesen Grundprinzipien zu arbeiten. Gelingt dies in einer Domäne gut, so bemerken Sie dies auch oft in anderen. Sie jedoch gemeinsam anzuwenden, erfordert allerdings sachverständige Geschicklichkeit. Ein authentischer Motivator strahlt jederzeit Win-Win-Verhalten aus und verführt Menschen dazu, zu handeln. Aber verlangt auch Ergebnisse, sodass die Herausforderung darin liegt, eine Ausgewogenheit zwischen dem Bieten von Freiheiten und dem Schaffen von Evaluationsmomenten zu finden. Je mehr Erfahrung Sie haben, desto besser spielen Sie dieses Spiel und desto einfacher können Sie mit Diskrepanzen umgehen. Dann wird alles zu einem Faktor 10-Verhalten und Sie erhalten immer mehr Vertrauen darin, dass Sie die Energie, die Sie irgendwo hineinstecken, doppelt und dreifach wieder zurückerhalten!

Umdenken und Motivation
Abbildung 7.2 zeigt, was alles zur motivationsorientierten Führung gehört. Das bedeutet übrigens nicht, dass alles vom Projektmanager stammen muss. Beim situativen Führen kann es beispielsweise helfen, beim Übergang vom Überzeugen (S2) zum Partizipieren (S3) und zum Delegieren (S4) dem Mitarbeiter zu erklären, dass es für Sie schwierig ist, die Zügel aus der Hand zu geben. Nicht, weil Sie schwach im Delegieren sind, sondern weil so viel auf dem Spiel steht. Der Mitarbeiter wird verstehen, dass er das delikate Vorrecht erhält, selbständig arbeiten zu dürfen, und wird aufgrund Ihres in Ihn gezeigten Vertrauens, intrinsisch motiviert sein. Diese *verletzliche Haltung* Ihrerseits kann einen starken Impuls geben und passt zu starker Führung. Wie Covey bereits sagte: wechselseitige Abhängigkeit ist erst dann möglich, wenn Unabhängigkeit erreicht ist.

Weniger ist also oft mehr. Lassen Sie andere fühlen, dass Sie ihnen mehr Verantwortung übertragen, und schaffen Sie *sichtbar* Distanz. Hier finden wir das Umschalten von Führungsstilen von Quinn wieder. Sie schalten von der Rolle des Direktors auf die des Mentors um. Stecken Sie daher mehr Energie in die richtige Abstimmung vorab und weniger in die Korrektur im Nachhinein. Hiermit stimulieren Sie die autonome und intrinsische Motivation der Mitarbeiter. *Vom Ansprechen zum Besprechen also.* Probieren Sie doch einmal Folgendes. Sagen Sie doch zu einem Mitarbeiter, mit dem Sie immer zusammen zu einem Lieferanten gehen, dass derjenige dies diesmal auch alleine könne. Aber bitten Sie die Person

dafür um gutes *Briefing* vorab und *Debriefing* danach. Beides braucht nicht länger als 15 Minuten zu dauern. Fragen Sie in dem Briefing dann bereits coachend, was nach dessen Meinung die Dos and Don'ts sind und bei welchen Situationen oder unerwarteten Änderungen der Mitarbeiter doch mit Ihnen Rücksprache halten sollte. Die Wahrscheinlichkeit ist groß, dass der Mitarbeiter durch diese Vorbereitung und explizite Unterstützung alles alleine schafft und Ihre Hilfe gar nicht mehr benötigt. Wenn er im Anschluss für das Debriefing in Ihr

Bürozimmer kommt, wird die Energie nur so strömen. Auf diese Weise wird das Wachstum der Mitarbeiter und Ihre Aufgabe ihnen dabei zu helfen zu einem wahren Fest!

Lob und Belohnung
Wir haben gesehen, dass Belohnung und Bestrafung in die Kategorie der fremdbestimmten Motivation fallen und demnach kontraproduktiv in Bezug auf autonome Motivation sind. Bedeutet dies in diesem Fall, dass das Belohnen von Teammitgliedern vermieden werden sollte? Ich persönlich denke, dass Belohnung und Lob sehr wichtig sind, solange es nicht aus einem kontrollierenden Interesse, sondern als Äußerung von Wertschätzung gemeint ist. In diesem Fall kann es sowohl die Kompetenz als auch die Autonomie und die soziale Eingebundenheit verstärken. Daher ist es wichtig, *wie* Sie belohnen und Lob aussprechen. Die folgenden Merkmale eines guten Lobs können hierbei helfen:

- Das Lob muss *aufrichtig* sein (es darf sich kein anderes Interesse dahinter verstecken).
- Das Lob muss *konkret* sein (welches Verhalten ist lobenswert).
- Das Lob muss *dosiert* sein (muss zum Umfang der Wertschätzung passen).
- Das Lob muss *gerechtfertigt* sein (die ausgeführte Aufgabe muss eine wirkliche Herausforderung gewesen sein).
- Das Lob muss *zeitgerecht* sein (loben Sie ein halbes Jahr später während des Beurteilungsgesprächs, so ist die Magie des Lobs verschwunden).

Obiges ist aber nicht immer einfach anzuwenden. Ein Lob kann noch so aufrichtig sein, oftmals dient es auch dazu, den Mitarbeiter zu stimulieren, sein gutes Verhalten zu wiederholen. Das müssen Sie auch gar nicht verheimlichen, denn letztendlich spielen mehrere Interessen eine Rolle. Das wird niemand als seltsam erfahren, solange Sie offen und ehrlich sind. Prüfen Sie Ihre Intention und setzen Sie auf Win-Win-Verhalten. Manchmal sind hartnäckige Barrieren im Kopf der Führungskräfte einfach nicht wegzubekommen. Das Gefühl beispielsweise, dass jemand nach dem Erhalt eines Lobs weniger hart weiterarbeiten wird. Ich denke, dass dies ein Gedanke aus der Theorie X von McGregor und somit eine Projektion aus dem eigenen negativen Empfinden ist. Ein gut platziertes Lob kann nämlich eine zusätzliche Motivation bewirken und somit zu härterem Arbeiten führen.

Lob und Belohnung benötigen eine aktive Haltung des Projektleiters. Wie oft verpassen wir im alltäglichen Arbeitsstress den Moment, zu loben? Trauen Sie sich ruhig, Erfolge zu feiern! Und... trauen Sie sich, sich von Ihrem eigenen Gefühl leiten zu lassen. Ich selbst belohne Mitarbeiter gerne für Ihr *Verhalten*, noch bevor das Endergebnis erreicht wurde. Beispielsweise mit einem Grillevent, das ich bei mir zu Hause organisiere. Da Grillen im Winter eher ungemütlich sein kann, habe ich auf diese Weise einmal ein Softwareteam im Sommer belohnt, noch bevor die Software sich beim Kunden hatte beweisen können. Das klingt vielleicht kontraproduktiv, aber wie können Sie einfacher zeigen, dass Sie mit dem Fortschritt zufrieden sind und Ihren Teammitgliedern vertrauen, als sie schon dann zu belohnen, wenn das Endergebnis noch nicht verbucht wurde? Solch ein Team lässt Sie zu einem späteren Zeitpunkt im Projekt, falls es mal schwieriger wird, nicht im Stich, sondern wird hochmotiviert sein, sich das im Vorraus gegebene Vertrauen auch zu verdienen. Ein weiter Fall von umdenken…

Wenn Sie beim Belohnen von Mitarbeitern die Erhöhung der Motivation zum Ziel haben, so ist es letztlich auch wichtig, dass Sie die Theorie von Herzberg beachten. Fredrick Herzberg behauptet, dass es zwei Kategorien von Faktoren gibt, die bei der langfristigen Motivation und Arbeitszufriedenheit eine komplett andere Rolle einnehmen: *Satisfier* und *Dissatisfier* (Herzberg, 1959). Dissatisfier (Hygienefaktoren) sorgen für Unzufriedenheit, wenn Sie nicht erfüllt werden. Werden sie aber erfüllt, so liefern sie jedoch keine zusätzliche Motivation. Letzteres geschieht dagegen bei den Satisfiern (Motivatoren). Werden Satisfier erfüllt, kann dies sofort zur Steigerung der Motivation und Arbeitszufriedenheit beitragen. Wie Sie vielleicht erwarten, führt die Nichteinhaltung dieser Satisfier nicht sofort zu Unzufriedenheit. Herzberg vertritt die Meinung, dass man Menschen langfristig motiviert, indem auf die Motivatoren gesetzt wird. Eine wichtige Voraussetzung dafür ist, den Hygienefaktoren (gerade) genug Aufmerksamkeit zu schenken.

Belohnen Sie das Verhalten anstatt das Ergebnis.

Herzbergs Theorie zeigt, dass ein finanzieller Bonus (Zusätzliches Gehalt), ein Hygienefaktor, keinen zusätzlichen Anreiz gibt, bessere Leistungen zu erbringen. Es ist natürlich wichtig, dass Sie den Mitarbeitern ein ausreichendes Gehalt zahlen, weil das Thema Geld kein Reizthema darstellen sollte. Möchten Sie Menschen jedoch motivieren, dann setzen Sie besser auf die Motivatoren Anerkennung, Wertschätzung oder Wachstumsmöglichkeiten, da diese intrinsisch motivierenden Faktoren auf Dauer zu einer höheren Arbeitszufriedenheit führen. Siehe auch Abbildung 7.3.

Satisfier (Motivatoren):
- Entwicklung und Wachstum
- Anerkennung und Wertschätzung
- Verantwortung erhalten
- Leistungen erbringen

Dissatisfier (Hygienefaktoren):
- Gehalt
- Arbeitsbedingungen
- Arbeitsverhältnisse
- Organisatorische Richtlinien

Gut / Schlecht

Motivation: keine direkte Unzufriedenheit

keine zusätzliche Motivation / Unzufriedenheit

Abbildung 7.3   Herzbergs Motivatoren und Hygienefaktoren

Ich schließe das Thema Belohnung mit einer Anekdote ab, die mir einige interessante Eye-Opener bescherte. Ein Team von ungefähr 45 Projektmitgliedern befand sich in der Endphase eines Projekts, das für das Überleben des Unternehmens von entscheidender Bedeutung war. Der Druck in Bezug auf den Fertigstellungstermin des neuen Produkts war hoch und das bedeutete, dass dem Team viel abverlangt wurde. Abends kam es regelmäßig zu Überstunden; die Loyalität von manchen war so hoch, dass man sie kaum stimulieren konnte, auch einmal an sich selbst zu denken und nicht wieder einmal ihren

Sportabend oder das Familienleben zu opfern. Dadurch hatte sich die Projektleitung ausgedacht, jeden Monat drei Personen, die sich besonders eingesetzt hatten, zusätzlich zu belohnen. Die Belohnung war in Form eines Gutscheins für ein Abendessen für zwei Personen, sodass der Mitarbeiter einen Abend gemeinsam mit seinem oder ihrem Partner essen gehen konnte. Denn diejenige oder derjenige fühlte den Druck und Stress des Projekts ebenfalls.

Ursprünglich war die HR-Abteilung nicht sehr kooperativ; Denn man argumentierte, dann müsse dies ja für alle Projekte gelten. Die Projektleitung war enttäuscht, denn so wäre die Belohnung weder *gerechtfertigt* noch *aufrichtig*. Und indem es ein unternehmensweites Geschehen werden sollte, würde sich alles verzögern, während die Belohnung doch *zeitgerecht* vergeben werden müsse. Nach dem nötigen Stakeholdermanagement gab es schließlich doch eine Zustimmung. Und das war der Augenblick, in dem mich die

Wertschätzung zu erhalten fühlt sich gut an, sie zu zeigen aber auch.

HR-Abteilung überraschte. Man wollte die Belohnung des Gutscheins zum Abendessen mit einem kleinen Blumenstrauß erweitern, der nicht auf der Arbeit, sondern an der Privatadresse des Mitarbeiters abgeliefert werden sollte. Was eine geniale Ergänzung! Ich habe einige Teammitglieder gerührt den Telefonhörer weglegen sehen, nachdem sie mit der Nachricht von zu Hause aus angerufen worden waren, dass sie angesichts dieser Form der Wertschätzung wohl tatsächlich sehr wichtige Aufgaben zu erledigen hätten. Schlussfolgerung: Wertschätzung hat weniger mit der Größe der Belohnung zu tun, sondern viel mehr mit dem *Wie*. Wie Sie es tun! Und es brachte auch den Personen, die den Nominierungs- und Ausführungsprozess geleitet hatten, Unmengen an positiver Energie. *Wertschätzung zu erhalten fühlt sich gut an, sie zu zeigen aber auch!*

7.3 Die (temporäre) Projektorganisation und der Lenkungsausschuss

Bislang haben wir wenig über die Projektorganisation gesprochen, außer, dass ich in Abschnitt 5.5 bei der Erstellung der Product Breakdown Structure angab, dass es viele Vorteile hat, die PBS nicht nur auf den Projektinhalt, sondern auch auf die Projektorganisation abzustimmen. Jetzt wird es Zeit dies nachzuholen, weil die Art und Weise, in der wir Einfluss auf die Organisationseinrichtung nehmen, eine Menge Faktor 10-Potential hat. Natürlich werden sich nicht alle Elemente, die Sie beeinflussen möchten, in Ihrem Einflussbereich befinden, aber Sie werden sehen, dass Sie auf diesen Prozess mehr Einfluss haben, als Sie zunächst denken.

Es ist wichtig zu verstehen, dass die Projektorganisation eine temporäre Organisation ist, die zu Projektbeginn noch gar nicht vorhanden ist. Übergehen Sie dies, so können unangenehme

Überraschungen auf Sie warten; dass Teile Ihres Teams noch nicht Ihnen zugeteilt wurden, der Lenkungsausschuss oder selbst der Auftraggeber noch nicht benannt ist oder dass es an Mandaten und Befugnissen mangelt. Sich zum Projektbeginn mit diesem Thema zu beschäftigen, kann für den späteren Projekterfolg entscheidend sein.

Modell der temporären Projektorganisation
Um die Projektorganisation übersichtlich zu gestalten, verwende ich am liebsten das Organisationsmodell von PRINCE2 aus Abbildung 7.4. Das Modell bietet die Möglichkeit, Teilprojekte einzubeziehen, die durch Teilprojektleiter oder Teamleiter geführt werden und die wiederum dem Projektmanager Bericht erstatten. Ist das Projekt nicht groß, so entfällt diese Zwischenebene und der Projektmanager führt selbst die Teammitglieder. Die Aufteilung in Teilprojekte bestimmt die Projektschnittstellen und die Abstimmung zwischen den Projekten untereinander, wie im Planungsprozess in Abbildung 6.19 dargestellt. Es ist wichtig zu verstehen, dass die Mitarbeiter aus der permanenten Organisation eine *Rolle* mit den dazugehörigen Aufgaben, Verantwortungen und Befugnissen in der Projektorganisation erhalten. In der permanenten Organisation haben sie also eine Funktion, in der Projektorganisation eine delegierte Rolle.

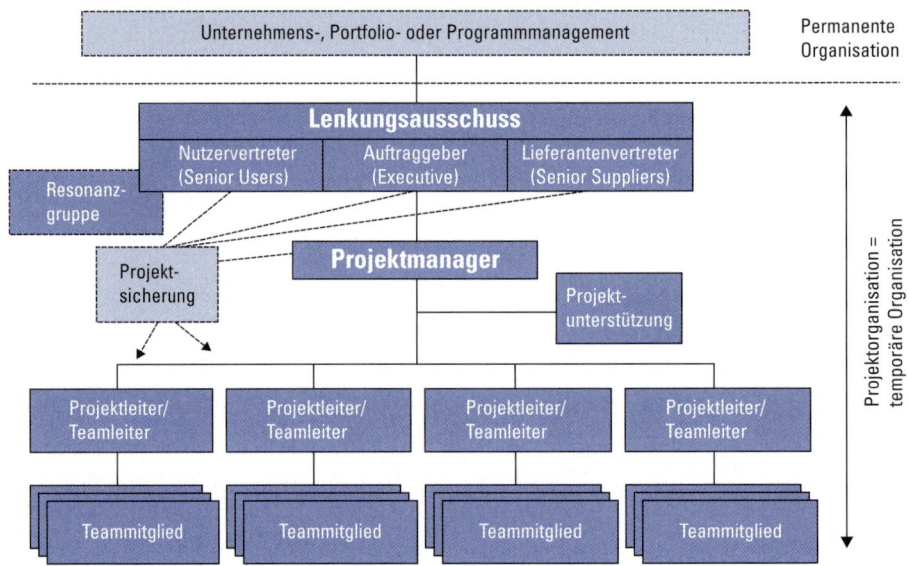

Abbildung 7.4   Modell einer Projektorganisation

Größere Projekte verfügen manchmal über Projektunterstützungsfunktionen zum Verwalten der Planungen, Moderieren der Reviews, etc. Des Weiteren gibt es eine Projektsicherung, in der die Mitglieder per Definition nicht direkt dem Projektmanager berichten, sondern der permanenten Organisation. Beispielsweise der Controller, der dem CFO Bericht erstattet, oder Qualitätskoordinatoren, die sich an den zuständigen Abteilungsleiter wenden. In dem Modell der Projektorganisation befindet sich die temporäre Projektorganisation im Bereich unter der gestrichelten Linie (mit Ausnahme der Projektsicherung). Dies bietet eine deutliche Einsicht in den Teil der Organisation, der zu Projektbeginn eingerichtet und mit einem Mandat von der permanenten Organisation ausgestattet werden muss.

In der Projektorganisation haben die Projektmitglieder keine Funktion, sondern eine Rolle.

Wenn es mehrere Projekte gibt, so muss für jedes Projekt eine Projektorganisation vorhanden sein. Ist die Projektausführung die primäre Arbeitsform für ein Unternehmen, so treffen Sie oft auf eine Matrix-Projektorganisation, wie in Abbildung 7.5 dargestellt. Die Projekte folgen immer noch dem Projektmodell, aber die Organisation ist so eingerichtet, dass sie zwei Zielsetzungen entspricht: Projekte *flexibel* mit Mitarbeitern zu besetzen und das Fachwissen in den Abteilungen zu *sichern* (Linienorganisation). Die Projekte "mieten" Projektmitglieder aus den Abteilungen, die wiederum das richtige Personal, die richtige Ausbildung und eine inhaltliche Unterstützung zur Verfügung stellen. Projektmitglieder müssen also zwei Leitenden, dem funktionalen Chef aus der permanenten Linienorganisation (dem Linienmanager) und dem operativen Chef aus der temporären Projektorganisation (dem Projektmanager) Bericht erstatten. Der Projektmanager ist für den Fortschritt verantwortlich und bestimmt, *was* die Teammitglieder wann erreicht haben müssen. Der funktionale Chef bestimmt, *wie* sie dies tun müssen. Diese Mischung aus Projektfortschritt und inhaltlicher Sicherung kann übrigens Spannungen kreieren, da die Teammitglieder einander widersprechende Aufträge aus den beiden Achsen erhalten können. Eine gute Abstimmung zwischen der Projekt- und Linienorganisation ist daher essentiell.

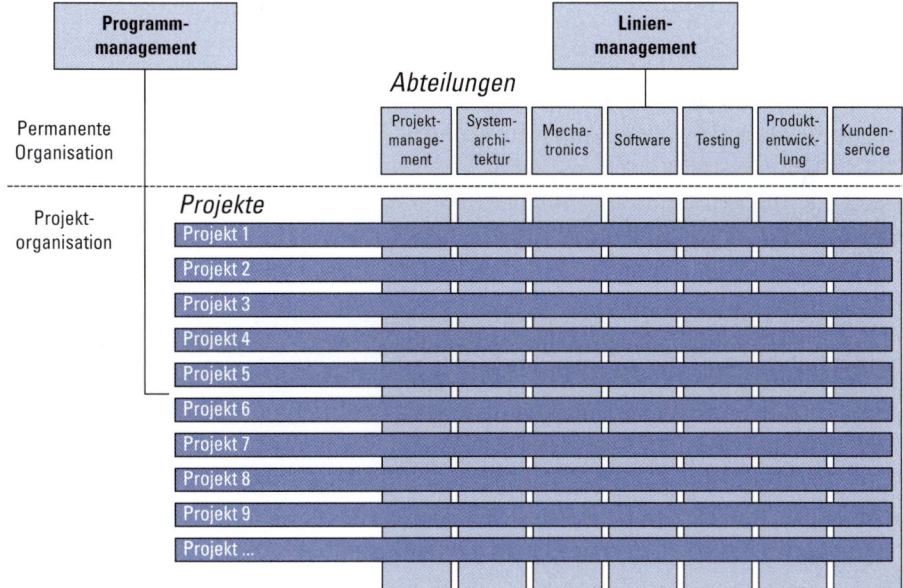

Abbildung 7.5   Matrix-Projektorganisation

Für den Projektmotivator ist es wichtig, die Interessen der permanenten Organisation zu kennen und aktiv dafür zu sorgen, dass die Teammitglieder die richtigen Befugnisse erhalten. Außerdem muss dafür gesorgt werden, dass die Abteilungen sich inhaltlich im Projektmanagementplan wiedererkennen, dass die Teammitglieder motiviert werden, die Planung auszuführen, und dass die Linienorganisation eine unterstützende Rolle im Projekt einnimmt.

Der Lenkungsausschuss
Wie im Organisationsmodell in Abbildung 7.4 zu sehen ist, gehört auch der Lenkungsausschuss zur temporären Projektorganisation. So sieht es zumindest PRINCE2, die Projektmanagementmethode, in der nach meiner Meinung der Lenkungsausschuss am deutlichsten und besten beschrieben ist. Der Lenkungsausschuss ist das höchste Entscheidungsorgan innerhalb des Projekts und muss gewährleisten, dass die Anforderungen und Ziele in Bezug auf das Projekt realisiert werden. PRINCE2 besagt, dass die Nutzer und die Lieferanten des Projekts innerhalb des Lenkungsausschusses auf Managementniveau repräsentiert sein müssen. Diese Mitglieder des Lenkungsausschusses müssen weiterhin eine Vollmacht erhalten, um Entscheidungen für die Gruppe, die sie repräsentieren, treffen zu können. Der Lenkungsausschuss besteht somit neben dem Auftraggeber aus:

- *Nutzervertreter (Senior Users)* repräsentieren die Interessen (und Prioritäten) der Nutzer oder Kunden des Projekts. Diese können beispielsweise Business-, Sales- oder Produktmanager sein. Die Nutzervertreter können ferner über eine Resonanzgruppe verfügen, um ihre Mitglieder oder die Interessen der Endnutzer zu involvieren.
- *Lieferantenvertreter (Senior Suppliers)* repräsentieren die Interessen derjenigen, die die eigentlichen Projektergebnisse realisieren (sowohl intern als auch extern), beispielsweise Abteilungsleiter, oder die Leiter von Einkauf, Logistik, ICT oder Produktentwicklung.

Der Lenkungsausschuss muss also eine aktive Rolle im Projekt einnehmen, vor allem hinsichtlich der Entschlossenheit. In der Praxis sind eben diese Entschlossenheit und die Verantwortlichkeit des Lenkungsausschusses manchmal ein schwieriger Punkt. Darüber hinaus ist die Zusammensetzung wichtig: Wer hat welche Rolle inne? Es kann zu Missverständnissen führen, wenn Organisationen automatisch das Managementteam oder den Firmenvorstand (beide als Teil der permanenten Organisation) als Lenkungsausschuss benennen. Das ist eine Möglichkeit, aber es besteht dann das Risiko, dass sich einige MT-Mitglieder mit dem Projekt beschäftigen, ohne dazu "befugt" zu sein. Aber noch kritischer ist, wenn Rollen innerhalb des Lenkungsausschusses überhaupt nicht besetzt sind. Ergreifen Sie als Projektmanager daher die Initiative, um dies sicherzustellen. Sprechen Sie den Vorsitzenden/Auftraggeber darauf an, wenn ein Mitglied des Lenkungsausschusses fehlt, das die Interessen des Kunden beherzigt. Tun Sie dies auch, wenn es ratsam ist, den Leiter des Einkaufs hinzuzufügen, da viele Projektarbeiten ausgelagert werden sollen. Ein entschlossener Lenkungsausschuss ist für Ihr Projekt ein wichtiger Erfolgsfaktor!

 Entspricht die Zusammenstellung Ihres Lenkungsausschusses diesen Anforderungen?

Funktioniert es nicht formal, dann versuchen Sie es informell

Ein proaktiver Projektmanager bemüht sich also die Zusammenstellung und das Handeln des Lenkungsausschusses, an den er letztendlich selbst wieder berichtet, zu beeinflussen. Das wirkt vielleicht etwas seltsam, aber beherzigen Sie, dass Ihre Beziehung zu dem Lenkungsausschuss den Projekterfolg maßgebend mitbestimmt. Managen Sie sich selbst, managen Sie Ihr Team, managen Sie Ihr Umfeld! Und was machen Sie, wenn es noch gar keinen Lenkungsausschuss gibt? Dann freuen Sie sich: *Sie haben alle Freiheiten beim Besetzen des Lenkungsausschusses unter Einbeziehung Ihrer eigenen Stakeholderanalyse zu helfen!*

Aber es kann auch anders laufen. Vielleicht gibt es einen Lenkungsausschuss, aber es fehlt diesem an Schlagfertigkeit oder an Mitgliedern mit dem richtigen Mandat. Wenn Ihre Änderungsempfehlungen kein Gehör finden, wählen Sie Ihre Schlachten weise, denn Sie können jederzeit selbst *informell* Ihren Lenkungsausschuss bilden. Trinken Sie doch einmal alle zwei Wochen eine Tasse Kaffee mit der Person, die Sie als Entscheidungsträger in der Organisation sehen, oder vereinbaren Sie regelmäßig Termine mit Leitenden, die Ihr Projektergebnis letztendlich liebgewinnen und in ihre Organisation implementieren werden. *Letzendlich geht es im Kern um Stakeholder-Management und Ihren Einflussbereich (circle of influence).* Funktioniert es nicht (formell) mittels des Lenkungsausschusses, dann lösen Sie das Problem doch informell.

Managen Sie sich selbst, managen Sie Ihr Team, managen Sie Ihr Umfeld!

7.4 Warum der Anfang einen langen Atem erfordert

Wir stellten es bereits im ersten Kapitel fest: Die Projektvorbereitungsphase ist für das Projekt enorm wichtig. Hier legen Sie das Fundament für Erfolg, beginnen bereits mit dem Wecken von Erwartungen und verfügen über viele Einflussmöglichkeiten in Richtung der Stakeholder. Aber diese Phase hat auch ihre Tücken.

Die Projekt S-Kurve

Da der Projektbeginn so wichtig ist, hat der Projektmanager kaum die Möglichkeit, "mit dem Projekt mitzuwachsen". Von Anfang an müssen Sie alle Ihre Soft Skills mobilisieren, *Sie müssen mit dem Kopf voraus ins Wasser springen*. Gleichzeitig sorgt die Umgebung noch lange nicht für ein Gefühl von "Heimvorteil". Denn die meisten Elemente, die Sie unterstützen können, sind nämlich noch nicht vorhanden. Das Motivieren des Teams benötigt Zeit und Geduld, das emotionale Beziehungskonto bei den Stakeholdern ist anfänglich noch leer, es ist wenig zu den Projektzielen bekannt und es gibt auch noch keinen klaren Projektansatz. Hinzu kommt, dass der Beginn eines Projekts genau eben nicht die Phase ist, in der einfach Ergebnisse gezeigt werden können. *Aktives Handeln ausstrahlen und Vertrauen aufbauen stehen unter Druck.*

Als Projektmanager können Sie nicht mit dem Projekt mitwachsen, Sie müssen bereits ausgewachsen sein.

Dieses Spannungsfeld habe ich versucht in Abbildung 7.6 darzulegen. Sie zeigt an, dass Ihr Projekt *immer auch ein Veränderungsprozess ist*. Ihre Umgebung entwickelt sich in Form einer S-Kurve und Sie müssen in der bereits ohnehin spannenden Definitionsphase erst einmal in den sauren Apfel beißen - im Bereich von Teammotivation, emotionalem Beziehungskonto, Kenntnis des Endziels, etc. Sie zeigt auch an, warum Projekte oft scheitern, obwohl der Projektmanagementplan theoretisch solide war. Hieran können Sie letzlich wenig ändern; Sie müssen es akzeptieren und sich selbst daran anpassen. Sie können zum Beispiel zu Beginn des Projekts mehr Energie in Aktivitäten stecken, um ungünstige Bedingungen abzufedern. Darüber hinaus müssen Sie sich bewusst sein, dass die Auswirkungen Ihrer Aktionen zunächst noch begrenzt sind. In den vorherigen Kapiteln haben wir diesen Effekt schon berücksichtigt. Beispielsweise den Fokus auf eine frühzeitige Kommunikation mit den Stakeholdern legen, aktiv Zwischenergebnisse aufzeigen, mit einer Project Charter beginnen und den Planungsprozess in separat kommunizierbare Schritte aufteilen. Sie können diesen Veränderungsprozess also mit der Art und Weise, wie Sie das Projekt angehen, beeinflussen. Als Projektmanager sind Sie automatisch auch Veränderungsmanager!

Als Projektmanager sind Sie automatisch auch Veränderungsmanager.

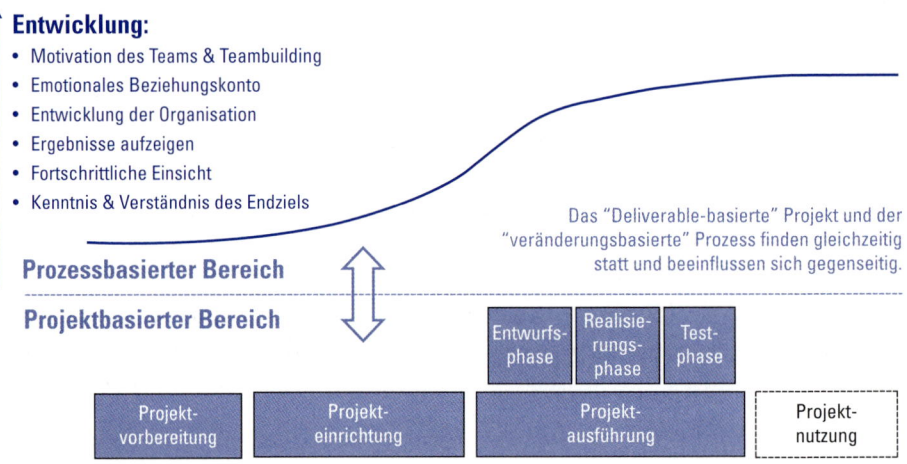

Abbildung 7.6   Die Projekt S-Kurve: Ein Projekt ist auch ein Veränderungsprozess

Teamreife

Ein gutes Beispiel für diese Projekt S-Kurve sind die die Teambildungsphasen nach Bruce Tuckman. Dies sind die Phasen, die ein Team durchläuft, um zu einer guten Zusammenarbeit zu gelangen, auch bekannt als *Forming – Storming – Norming – Performing*, also *Formierungsphase - Konfliktphase - Normierungsphase - Produktivitätsphase* (Tuckman, 1965).

Tuckman erläutert, dass alle Arten von Teams vier Phasen durchlaufen, bevor eine Zusammenarbeit aufblüht (siehe Abbildung 7.7). Oft bleibt man jedoch in einer Phase hängen, wodurch das Team keine Leistung erbringen kann. Die *Formierungsphase* ist die Phase, in der sich das Team kennenlernt. Man geht einen Schritt zurück, vermeidet Konflikte und arbeitet gerne aufgabenorientiert (die Eigeninitiative wird zunächst noch nicht ergriffen). Danach folgt die *Konfliktphase*. Die Beziehung zueinander und die Rollenverteilung werden deutlicher. Erste Konflikte entstehen. Viele Teams scheitern in dieser Phase. Schafft man es jedoch durch diese Phase hindurch, gelangt man in die *Normierungsphase*: Man kennt und akzeptiert die Rollen- und Aufgabenverteilungen von sich selbst und die der anderen und sieht gemeinsame Ziele. Letztendlich kommt das Team in den "Flow" - in die *Produktivitätsphase*. Zusammenarbeit und das Übernehmen von Verantwortung bilden das Fundament und das Team benötigt dann wenig Führung. Am Ende gelangt jedes team in die fünfte Phase, die *Auflösungsphase*, in der das Team angepasst oder von den Aufgaben entbunden wird.

In Abbildung 7.8 können Sie die S-Kurve des Teamentwicklungsprozesses sehen. Am Anfang des Projekts haben Sie es ganz klar mit einer anderen Teamdynamik zu tun als in späteren Phasen. Wenn Sie dies verstehen und akzeptieren, können Sie sich darauf einlassen. So wird das Team, egal wie aufgabenreif die Individuen auch sind, zu Beginn einen direktiven Führungsstil (S1) benötigen. Teammitglieder brauchen Führung und Klarheit. Ist man in der Konfliktphase angekommen, so ist es gut zu wissen, dass Sie nicht an sich

Das Antizipieren der S-Kurve bietet Ihnen die Gelegenheit, authentisch zu bleiben.

selbst als Leitendem zweifeln müssen. Dies gehört zum Wachstum dazu! Bevor ich Tuckmans Modell kennenlernte, habe ich mich manchmal dabei ertappt, dass ich mich selbst dafür verantwortlich machte, wenn ich das Team nicht aus dieser Phase heraushalten konnte. Später hörte ich einmal einen erfahrenen Projektmanager, wie er geschickt die Dinge in die richtige Perspektive setzte, indem er seinem Team sagte: "Ah, endlich beginnt es zu stürmen. Es fängt langsam an wie ein richtiges Projekt auszusehen!" Anschließend verdeutlichte er die Gegensätze und Meinungsverschiedenheiten, gab Raum zur Diskussion und erklärte die Rahmenbedingungen und Zielsetzungen noch einmal klar und deutlich (S2 Führungsstil). Das Antizipieren und Verstehen von Projekt- und Gruppendynamiken kann zu einem absolut einfachen und entwaffnenden Verhalten führen. Oder Sie können noch ein wenig Öl ins Feuer gießen, um die Konfliktphase schneller beginnen und somit auch schneller enden zu lassen. Auch das ist der Faktor 10!

Die S-Kurve erklärt Ihnen, dass sich das Projektumfeld auf allen Fronten noch an das Projekt gewöhnen muss und dass nur das Inhaltliche zu kennen nicht ausreicht. Beginnen Sie hieran sofort als Veränderungsmanager und Projektmotivator zu arbeiten und erschrecken Sie nicht, wenn Sie auf Widerstand stoßen. Ein Tipp, den ich Ihnen noch mit auf den Weg geben möchte, ist, Widerstand nicht persönlich zu nehmen. Das ist jedoch leichter gesagt als getan! Wenn Sie hart gearbeitet und viele Fallstricke bereits beseitigt haben, dann ist es logisch, dass

Versuchen Sie Widerstand nicht persönlich zu nehmen.

Sie sich nicht wirklich über Bemerkungen, wie "Ich find's blöd." oder "Es ist zu teuer." freuen. Dann aber liegt die Gefahr auf der Lauer, dass Sie reagieren anstatt zu agieren. Etwas, was das TomTom nie tun würde, also sollten auch Sie sich nicht hinreißen lassen. In Situationen,

Forming (Formierungsphase)	Storming (Konfliktphase)	Norming (Normierungsphase)	Performing (Produktivitätsphase)	Adjourning (Auflösungsphase)
• Abwartend • Unsicher • Suchend nach Führung • Grüppchenbildung durch Unsicherheit • Höflich miteinander • Suchend nach persönlichen Interessen • Man wendet sich Aufgabenaspekten zu	• Individueller Suchprozess ist sichtbar • Persönliche Konflikte über Rollenverteilung • Wetteifern um Status • Enge Verbindungen und feindselige Beziehungen • Böse Außenwelt bekommt oft die Schuld für Spannungen	• Akzeptanz von Meinungs- und Einsichtsunterschieden • Gefühl gemeinsamer Verantwortung • Gemeinsame Ziele • Kollektive Entscheidungsfindung • Gute Beziehungen zwischen Teammitgliedern	• Teammitglieder haben ihre Rolle gefunden • Leistungen werden scheinbar mühelos erbracht • Man ist selbstlernend und will sich verbessern • Team kann mit Rückschlägen und Veränderungen umgehen	• Durch Veränderung der Zusammenstellung fällt das Team in frühere Phasen zurück • Manchmal wird dies auch bewusst herbeigeführt, um Gruppenblindheit zu vermeiden ("Not-invented-here-Syndrom")

Abbildung 7.7   Die Entwicklung zur Teamreife nach Tuckman

in denen ich scheinbar persönlich angegriffen werde, hilft es mir, mir das Geschehen als Tenniswettkampf vorzustellen. Beide Parteien geben alles, um zu gewinnen, nicht, um den anderen verlieren zu lassen oder um ihn zu verärgern. So schaffe ich es besser, mich nicht aus der Reserve locken zu lassen, wenn der andere mir eine Falle stellt (die vielleicht sogar ziemlich genial geplant war) und stecke meine Energie in einen ebenso brillanten *Return*.

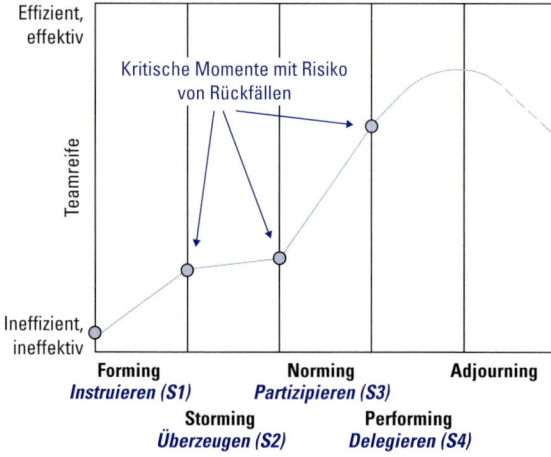

Abbildung 7.8   Projekt-S-Kurve während der Teamentwicklung und der dazugehörige Führungsstil auf Teamebene

7.5   Kreativität lenken

Ich schließe mit einem Thema ab, bei dem der Projektmotivator bis zum Äußersten herausgefordert wird: Das Lenken von Kreativität! Hierbei geht es darum, den Teammitgliedern genau das richtige Maß an Freiheiten einzuräumen, damit diese möglichst kreativ agieren und gleichzeitig feste Fristen einhalten können. Wir werden auf Fragen eingehen, wie: "Kann Kreativität abgerufen werden?", "Kann Kreativität mittels bestimmter Prozesse ausgerichtet und stimuliert werden?" und "Kann einem Kreativität auch im Wege stehen oder bestehende Prozesse sogar blockieren?" Aber zunächst besprechen wir noch eine andere Herausforderung für den Projektmanager. Nämlich die schizophrene Rolle als Motivator und Realist.

Der Projektleiter als Motivator und Realist

Sie werden die Situation bestimmt wiedererkennen. Sie sind mit dem Motivieren der Teammitglieder beschäftigt, mit dem Schaffen der richtigen Randbedingungen, Sie kommunizieren auf eine positive Weise und Sie helfen aktiv, Hindernisse aus dem Weg zu schaffen. Sie sind ein *Motivator*! Eine Stunde später berichten Sie dem Lenkungsausschuss. Dabei merken Sie, dass der Lenkungsausschuss noch in keiner Weise die angemessene Dringlichkeit verspürt, sich über die Fristen sehr positiv äußert und sich vor allem mit der Erweiterung des Projektumfangs beschäftigt. Sie müssen mit

Der Projektmanager motiviert das Umfeld und sich selbst.

den Informationen, die Sie erwähnen, und der Art und Weise, wie Sie kommunizieren, äußerst vorsichtig sein, denn bevor Sie sich versehen, werden falsche Erwartungen geweckt. Ihre Geschichte ist aber gut mit Fakten untermauert, sodass Sie den Lenkungsausschuss wieder auf den Boden der Tatsachen zurückholen können. Sie sind ein *Realist*! Wir haben bereits zu Beginn dieses Buches gesehen, dass die Fähigkeit zwischen verschiedenen Führungsstilen umschalten zu können, für den Projektmanager ein wichtiger Erfolgsfaktor ist. Aber das Umschalten zwischen der Rolle des Motivators und des Realisten verlangt dem Projektmanager viel ab und bewirkt regelmäßig ein einsames und schizophrenes Gefühl.

 Kennen Sie dieses manchmal einsame Gefühl sowohl Motivator als auch Realist sein zu müssen?

Und doch gehört es dazu. Im einen Augenblick dem Lenkungsausschuss zu erklären, dass eine zusätzliche Änderung wirklich nicht ratsam wäre, und im nächsten das Team zu motivieren, die Anfrage doch zu untersuchen. Denn ohne Input oder Untermauerung haben Sie beim folgenden Treffen mit dem Lenkungsausschuss nichts in der Hand. Diese schizophrene Kombination aus Motivator und Realist kann Sie viel Energie kosten. *Der Projektmanager motiviert das Projektumfeld, aber muss sich auch selbst motivieren können.* Denn wenn es nur noch Rückschläge hagelt und auch Sie den Kopf hängen lassen, wer holt dann das Projekt aus dem Loch heraus?

Ein erfolgreicher Projektmotivator weiß also auch in schwierigen Situationen die Kraft des Teams zu erhalten und verhindert, dass alle das Handtuch schmeißen. Denn nur durch Handeln und noch härteres Arbeiten kann das Team Ergebnisse verbuchen und Argumente schaffen, um die Stakeholder zu überzeugen. Behalten Sie also die Regie als Motivator und als Realist. Bleiben Sie ziel- und lösungsorientiert. Lassen Sie sich

Ein Szenario, das nicht allen Wünschen entspricht, ist besser als kein Szenario.

hierbei von den Richtlinien Ihres Inspirators TomTom helfen: *Zeigen Sie immer ein Szenario bis zum Endpunkt an.* Auch wenn das Szenario nicht allen Randbedingungen entspricht, ist dies besser als gar kein Szenario. Auftraggeber reagieren oft allergisch auf Bemerkungen wie "Das geht nicht", aber beginnen mitzudenken, wenn Sie konkrete Optionen vorlegen. Auch wenn diese (noch) nicht allen Wünschen entsprechen.

Kreativität: wie wir denken
Der kreative Prozess ist seit Jahrhunderten von vielen Wissenschaftlern in verschiedenen Theorien beschrieben worden. Diese Theorien können wunderbar nebeneinander bestehen. Und noch besser: Sie ergänzen einander sogar in verschiedenen Bereichen.

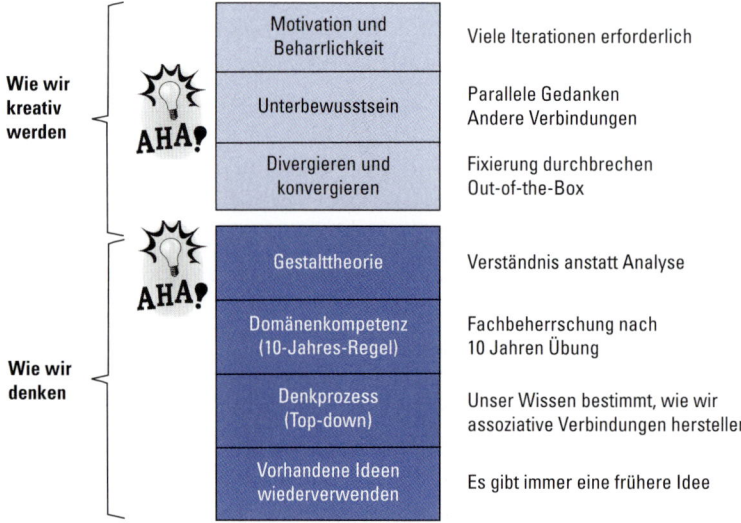

Abbildung 7.9   Wie wir denken und wie wir kreativ werden

Anhand von Abbildung 7.9 versuche ich Ihnen den kreativen Prozess zu erklären, indem ich die verfügbaren Theorien "aufeinandergestapelt" habe. Die unteren Blöcke beschreiben, wie wir denken. Es beginnt direkt mit einer kalten Dusche. Nämlich, dass neue Ideen meist aus alten Ideen abgeleitet sind. Allen Newell und Herbert Simon besagen in ihrer Theorie: kreative Denkprozesse entsprechen den Normalen (Newell & Simon, 1972). Das sehen wir in der Abfolge aufeinander aufbauender Erfindungen wieder, aber auch bei Künstlern, die oft nicht ohne ihr Skizzenbuch aus dem Haus gehen, um sich von Ihrer Umgebung inspirieren zu lassen. Es geht also nicht darum, sich etwas völlig Neues auszudenken, sondern wie Sie neue Verbindungen herstellen. Beim Erzeugen von Ideen und dem Erstellen neuer Verbindungen funktioniert unser Denkprozess weiterhin wissensbasiert, wie im zweiten Block beschrieben: das, was Sie wissen, bestimmt, wie der Input von Ihren Sinnen im Gehirn interpretiert wird. Je mehr Sie über etwas wissen, desto einfacher können Sie Informationen speichern. Dies wird durch die *10-Jahres-Regel* von John Hayes (Hayes, 1989) verstärkt. Hayes hatte auf der Grundlage von Untersuchungen bei vielen Künstlern entdeckt, dass 10.000 Stunden oder 10 Jahre Erfahrung benötigt werden, bevor ein echter kreativer Durchbruch stattfinden kann. Die Kombination aus Wissen und Erfahrung, oder Ihre Domänenkompetenz, bestimmen

Ihren Lösungsraum (welche Ideen Sie erhalten) und den Lösungsweg (wie Sie Verbindungen schaffen). Schließlich zeigt Max Wertheimer mit seiner *Gestalttheorie* (Wertheimer, 1982), dass wir die Welt in Einheiten und in Mustern wahrnehmen. Sie kennen sicherlich Beispiele wie in Abbildung 7.10 gezeigt. Aber auch beim Lesen des Folgenden verwenden Sie die Gestalttheorie:

Luat enier Sidtue eienr elgnhcsien Uvrsnäiett, ist es eagl in wcheler Rhnfgeeloie die Bstuchbaen in eniem Wrot snid. Das eniizg whictgie ist, dsas der etrse und der lztete Bstuchbae am rtigeichn Paltz snid.

Die Gestalttheorie zeigt, dass unser Gehirn beim Interpretieren von Wahrnehmungen aus dem *Verständnis anstatt aus der Analyse* heraus funktioniert, und es wird auch verständlich, warum Sie Dinge plötzlich erkennen und nicht allmählich. Ein *Aha-Erlebnis* also.

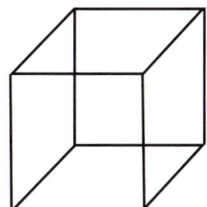  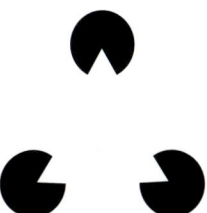

Abbildung 7.10   Beispiele der Gestalttheorie

Divergieren und konvergieren

Jetzt wissen wir, wie wir denken, aber was sagt das über die Kreativität aus? *Bei der Kreativität dreht es sich um das Durchbrechen von Mustern und Gewohnheiten.* Da unser Gehirn auf Mustererkennung und Wissensabruf optimiert ist, ist kreatives Denken auch so anstrengend. Wissen zu haben und Muster zu erkennen kann hierbei zu einem Gegenspieler werden: Fixierung. Darum ist *divergierendes* Denken bzw. ein Loslassen des Bestehenden so wichtig, schlussfolgerte der Psychologe Joy Paul Guilford: Out-of-the-box-Denken, Fixierung durchbrechen, nicht sofort in Lösungen denken und dadurch andere Ideen entstehen lassen und neue Verbindungen erstellen (Guilford, 1950).

Hierzu können Sie auch noch die Theorie des Mathematikers und Philosophen Henri Poincaré hinzufügen, die besagt, dass unser Gehirn mehrere *parallele Gedanken* ausführen kann (Poincaré, 1913). Von diesen Gedanken ist nur einer in unserem Bewusstsein "sichtbar", aber die Gedanken in unserem *Unterbewusstsein* sind ebenfalls aktiv und können plötzlich mit Ideen und Lösungen hervortreten, die nicht durch bewusstes Denken produziert werden können. Also wieder solch ein plötzliches *Aha-Erlebnis*. Wenn Sie in einem Denkprozess

festhängen, können Sie diesen Mechanismus verwenden, indem Sie andere Dinge tun und sich ablenken. Ob Sie nun daran glauben oder nicht, die Entspannung tut Ihnen sowieso gut. *Durchbrechen Sie die Fixierung und nutzen Sie so auch die Gedankenprozesse aus Ihrem Unterbewusstsein!*

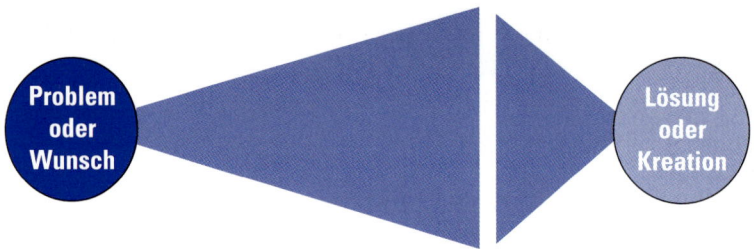

Abbildung 7.11   Erst divergieren und die Fixierung durchbrechen, dann wieder konvergieren

Egal, wie wichtig divergieren auch ist, letztlich muss auch konvergiert werden. Ansonsten führt der Prozess zu keiner Lösung, Entscheidung oder einem anderen Ergebnis. Das Durchlaufen des kreativen Prozesses, Divergieren und Konvergieren, ist somit eine Frage von Durchhaltevermögen und Ausdauer. Viele Iterationen führen zu wahren Durchbrüchen. Wie Thomas Edison bereits sagte: "Eine Erfindung entsteht zu 1% aus Inspiration und 99% aus Transpiration."

Kreativitätsorientierte Führung

Aus dem Obenstehenden wird deutlich, dass es nicht so sehr darum geht, ob Menschen kreativ sind, sondern wie Sie ihre Kreativität herauskitzeln können. Dies gilt sowohl auf der individuellen Ebene, aber sicherlich auch bei der gemeinsamen Kreativität des Teams. Es ist sicherlich auch klargeworden, dass die Steigerung der Kreativität mehr ist als das reine Motivieren der Mitarbeiter. Es ist daher wichtig, die Kreativität Ihrer Teammitglieder gezielt zu stimulieren. Auch, weil Sie sicherlich nicht nur auf Divergenz warten, sondern auch den Konvergenz-Prozess (das Erreichen von Entscheidungen und Ergebnissen) kontrollieren möchten. Brainstormings, die zu vielen Ideen, aber nur wenigen Schlussfolgerungen und Ergebnissen führen, gibt es genug in der Welt. Damit wird das Lenken von Kreativität zu einem Balanceakt zwischen dem gleichzeitigem Bieten von Freiheit und Struktur.

Die Führung spielt hierbei eine wichtige Rolle. Etwas, dass durch Jeff Gaspersz in *Compete with creativity* (Gaspersz, 2005) beschrieben wurde. Gaspersz definiert das Klima, in dem Kreativität aufblühen kann, als eine Umgebung mit einem hohen Grad an Diversität, viel Wissensaustausch und einer gegenseitigen Befruchtung, in der ausreichend Ruhe vorhanden ist, um divergieren zu können. Des Weiteren müssen herausfordernde Ziele für eine kreative Spannung sorgen, sodass die Mitarbeiter den ausgetretenen Pfad verlassen und sich trauen zu experimentieren. Dies bedeutet jedoch ein anderes Risikoniveau als bei anderen Aktivitäten. Daher ist es wichtig, dass es eine Toleranz in Bezug auf Misserfolge gibt und das verstanden wird, dass man aus Misserfolgen lernen sollte. Schließlich sollte für internes Unternehmertum genügend Freiraum vorhanden sein, wodurch autonome Motivation, Tatendrang und ein hohes Durchsetzungsvermögen entstehen.

Gaspersz argumentiert, dass eine kreativitätsorientierte Führung von wesentlicher Bedeutung für das Schaffen dieses Klimas ist. Diese Führungspersönlichkeit muss nicht selbst kreativ sein, aber muss einen Kontext schaffen, in dem sich Menschen herausgefordert fühlen, kreativ sein wollen und Ergebnisse erreichen möchten. Der kreativitätsorientierte Leiter hat die folgenden Aufgaben:

- Gibt deutliche und herausfordernde Ziele vor
- Wendet situatives Führen korrekt an
- Stimuliert das Zeigen von Mut und Out-of-the-box-Denken
- Traut sich zu divergieren, aber schafft es auch zu konvergieren
- Stellt Teams mit der richtigen Diversität zusammen
- Lässt Teams effektiv werden (trotz unterschiedlicher Meinungen)
- Sorgt für Wissensaustausch und gegenseitige Befruchtung
- Motiviert, sorgt für eine kreative Spannung, aber bietet gleichzeitig auch Sicherheit (Toleranz für Fehler)
- Aktiviert Kreativität zum richtigen Zeitpunkt, und begrenzt sie, wenn erforderlich

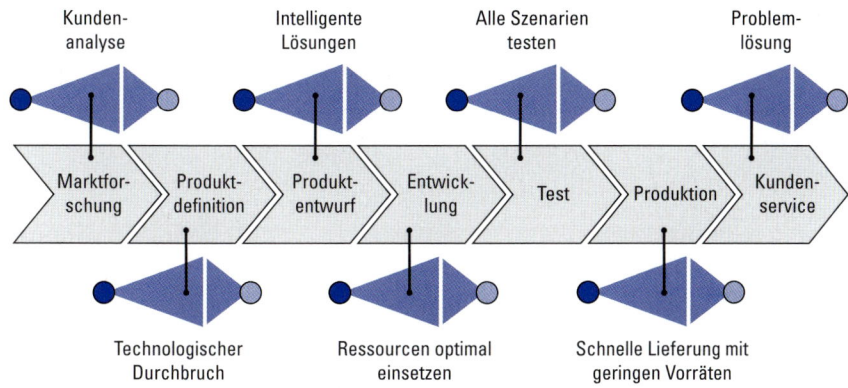

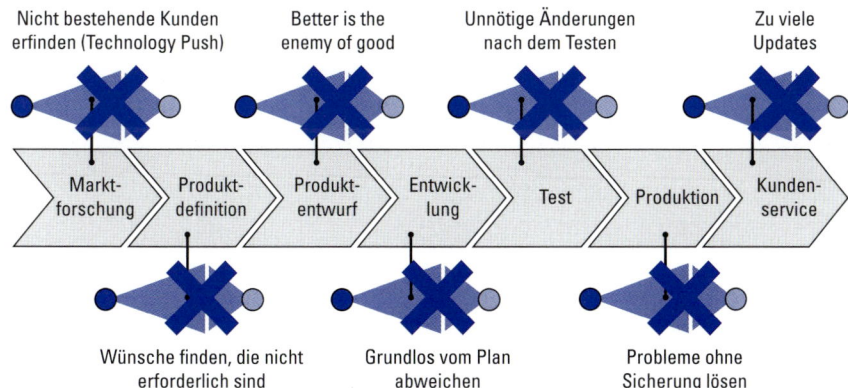

Abbildung 7.12   Der kreativitätsorientierte Leiter muss Kreativität auch begrenzen können

Mit diesem Verhalten bewirken Sie als Projektmotivator, dass Ihr Team seine Kreativität maximal einsetzt und klügere Lösungen findet. Das Lenken von Kreativität ist somit die ultimative Form von dem &-&-&-Paradoxon "Sowohl die Kontrolle behalten als auch dem Team Freiraum lassen". Sie bieten Raum, aber behalten dennoch die Regie in Bezug darauf, wann divergiert und wann konvergiert wird. Dies erreichen Sie mittels eines deutlichen Projektmanagementplans und der richtigen operationalen Führung Ihres Teams. Abbildung 7.12 zeigt hierbei, dass es sogar Momente gibt, in denen Kreativität überhaupt nicht erwünscht ist und Sie diese begrenzen müssen…

Zusammenfassung

- Ein Projekt = Veränderung = Widerstand.
- Der Projektmotivator beginnt mit dem Motivieren, bevor Widerstand entsteht.
- Motivieren funktioniert auf verschiedene Arten und Weisen. Es ist vor allem wichtig, dass Sie zwischen der autonomen und der fremdbestimmten Motivation (wollen versus müssen) unterscheiden.
- Beachten Sie bei der Motivation die psychologischen Grundbedürfnisse: Kompetenz, Autonomie und soziale Eingebundenheit.
- Mitarbeiter passen ihr Verhalten der Art und Weise, wie sie geführt werden, an. Agieren aus einem positiven Menschenbild heraus, bewirkt daher das größte Verantwortungsgefühl beim Team.
- Trauen Sie sich, Erfolge zu feiern und belohnen Sie das Verhalten Ihrer Teamitglieder, noch bevor Sie das Ergebnis in den Händen halten.
- Der Lenkungsausschuss ist das höchste Entscheidungsgremium innerhalb des Projekts und vertritt die Interessen der Nutzer und Lieferanten des Projekts auf Managementniveau.
- Die Projekt S-Kurve zeigt, dass alles im Projekt wächst, aber dass Sie selbst bereits ausgewachsen sein müssen. Der Projektmanager ist automatisch auch Veränderungsmanager.
- Der Druck, gleichzeitig motivierend und realistisch zu sein, fühlt sich manchmal schizophren an und kann lähmend sein. Denken Sie an das TomTom, das immer weiter kommuniziert und Szenarien vorstellt.
- Bei Kreativität dreht sich alles um das Durchbrechen von Mustern und das Schaffen von neuen Verbindungen: divergieren und konvergieren.
- Das Lenken von Kreativität ist ein Balanceakt zwischen dem Bieten von Freiheit und Struktur. Das ultimative Beispiel für das &-&-&-Paradoxon "Sowohl die Kontrolle behalten als auch dem Team Freiraum lassen".

8 Heartbeat

- Wie Sie Zielsetzungen und Pläne in der Ausführung umsetzen.
- Warum Rhythmus beim Führen, der Kommunikation und dem Schaffen von Lernfähigkeit notwendig ist.
- Warum das alleinige Fokussieren auf Meilensteine und Fristen keine gute Idee ist.
- Wie Rhythmus bei selbstorganisierenden Teams und Experten zu Fortschritt ohne Zwang führt.
- Die Rolle des Heartbeats bei den EOS- und OKR-Modellen.

So, jetzt ist Ihr Projektmanagementplan bereit, um in die Ausführungsphase zu gehen. Aber wie wissen Sie während der Projektausführung, ob Sie im Zeitplan liegen? Dabei klingt Coveys zweites Prinzip "Schon am Anfang das Ende im Sinn haben." sehr logisch, aber wie funktioniert dies beim Projektmanagement? Schließlich haben wir in Kapitel 7 erwähnt, dass die Anerkennung des Veränderungsprozesses, den jedes Projekt mit sich bringt, ein wichtiger Erfolgsfaktor ist. Aber wie sollten Sie diesen Prozess lenken? Auf welche Art und Weise beschleunigen Sie die Projekt S-Kurve der Motivation des Teams, die Unterstützung durch die Stakeholder, das Verständnis der Projektziele und die Einsicht in die Entwicklung der kritischen Parameter? In diesem Kapitel bespreche ich ein unverzichtbares Element der Projektausführung: den *Heartbeat*.[10]

8.1 Fortschritt durch Rhythmus, Kadenz und Trance

Es ist die Angst eines jeden Projektmanagers. Im letzten Augenblick, 5 vor 12, feststellen zu müssen, dass die Frist doch nicht eingehalten wird. Und jedes Mal fühlt man sich mit der Weisheit, die man im Nachhinein hat, so unprofessionell und ungeschickt. Aber es passiert uns allen. Sie sind dabei sicherlich keine Ausnahme. Viele Projekte werden nämlich *meilensteinorientiert* ausgerichtet. Es beginnt mit dem Auftrag "Innerhalb von vier Wochen muss diese Aufgabe fertiggestellt sein." Fällt Ihnen etwas auf? Dieser Ansatz empfängt die Prokrastination eigentlich mit offenen Armen. Vier Wochen fühlt sich nämlich wie eine lange Zeit an und nimmt die Dringlichkeit weg. Die Art, wie dieser Auftrag vergeben wird, fordert auch nicht wirklich dazu heraus, einen Plan für die vier Wochen zu erstellen. Der Auftragnehmer kann somit keine Antwort geben auf die Frage: *"Was wirst du morgen machen?"*

Wie wissen Sie während der Ausführung dieses Auftrags, ob Sie im Zeitplan liegen? Ich helfe Ihnen gerne aus dieser Misere: Das wissen Sie nicht! Bei einem meilensteinorientierten Auftrag wird der Status oftmals (unbewusst) falsch bestimmt:

---
[10] Dieses Kapitel verbindet die folgenden Kompetenzen aus IPMA's ICB4: Results orientation, Time, Quality, Plan and control, Risk and opportunity, Change and transformation.

verbleibende Zeit = Frist - verwendete Zeit

verbleibende Kosten = Budget - verwendete Kosten

Dies deutet darauf hin, dass Sie bei Halbzeit eines Projektverlaufs von vier Wochen noch zwei Wochen Zeit haben. Der Denkfehler hier ist, dass die verbleibende Zeit auch die *benötigte Zeit* ist. Je nach Übersicht und Einsicht des Teammitglieds, Projektmanagers oder Lenkungsausschusses bleibt dieser Irrtum noch eine Zeit lang bestehen, bis die Erkenntnis da ist: *Wir werden es nicht schaffen.* Erst wenn die Frist naht, wird klar, dass die benötigte Zeit länger ist als die verbleibende Zeit. Da dieses Verständnis erst im letzten Augenblick da ist, können Sie nicht mehr korrigieren. Das ist auch für die Kommunikation ärgerlich, da Sie eine *unausweichliche Realität* kommunizieren müssen - und das auch noch *zu spät*.

Ein alleiniger Fokus auf Meilensteine ist nicht gut. Es ist, gelinde gesagt, warten und hoffen, dass alles gut enden wird. Reaktives Verhalten also. Es geht auch absolut gegen die Empfehlung unseres Inspirators TomTom, der angab, dass die benötigte Zeit auf der *tatsächlichen Route*, die noch zurückzulegen ist, basieren muss. Aber um diese benötigde Zeit berechnen zu können, müssen Sie diese Route natürlich kennen. Glücklicherweise haben wir bereits gesehen, wie dies realisiert werden kann: indem der Projektverlauf bis zum Endpunkt hin in kleine Schritte, d.h. *Teilergebnisse und Aktivitäten,* aufgeteilt wird, die aus der PBS und WBS hergeleitet werden. Dies bietet die Möglichkeit, zwischenzeitlich zu evaluieren, wodurch Sie rechtzeitig eingreifen und korrigieren können. Dies bewirkt auch, dass Sie "schon am Anfang das Ende im Sinn haben". Sie haben also sozusagen von Projektbeginn an einen Blick auf die Landebahn, da Sie zu jedem Augenblick wissen, was noch geschehen muss: *Deliverables-to-go*, *Activities-to-go*, *Hours-to-go*, *Time-to-go*, *Costs-to-go,* usw. Hinsichtlich dieser Faktoren kann sehr wohl gelenkt werden! Alles was bleibt, ist die Diszipliniertheit, dies auch wirklich durchzuführen, aber dies werden wir mittels des Rhythmus des Heartbeats lösen!

 Lenken Sie nur in Richtung ultimative Frist oder in Richtung früherer Aktivitäten und Zwischenergebnisse?

10 km Eisschnelllaufen sind eigentlich nur 25 x 400 Meter

Die Bedeutung des Heartbeats und die Anwendung innerhalb des Projektmanagements verdeutliche ich oft, indem ich ein Projekt mit einem 10 km Eisschnelllauf-Wettkampf vergleiche. Dieser hat genau wie ein Projekt alle Voraussetzungen dafür, zu einem langen, unübersichtlichen Ablauf zu werden. Verbundenen mit dem Risiko von Prokrastination und der Möglichkeit bereits zu Beginn wertvolle Zeit liegen zu lassen.

Und doch geschieht dies nicht! Das 10 km lange Rennen ist nämlich in 25 übersichtliche Runden von je 400 Metern aufgeteilt. Nach jeder Runde wird die Zeit der Eisschnellläufer gemessen, was zwei Zahlen ergibt: die Rundenzeit und die Gesamtzeit. Beide Zeiten werden mit dem Plan verglichen. Dabei kann es sich um ein eigenes Referenzschema handeln, um die Rundenzeiten des Gegners, das Schema des Bahnrekords oder des Weltrekords. Nach jeder Runde ist demnach sofort erkennbar, wo sich der Eisschnellläufer in Relation zum Ziel befindet. Das beruhigt den Eisschnellläufer. Während des Wettkampfs muss sich dieser somit nicht auf die Zeit konzentrieren, sondern auf die Ausführung: die Technik, die Körperhaltung und das Abdrücken. Beim Passieren der 400-Meter-Marke erfolgt die Rundenzeitnahme einschließlich der Empfehlung des Trainers. Auch das Publikum weiß genau, was eine starke Rundenzeit ist. Wir sind total aus dem Häuschen, wenn ein Eisschnellläufer am Ende eines öden Rennens Tempo zulegt und eine Runde in knapp dreißig Sekunden fährt. Ab dem ersten Meter konzentrieren sich Eisschnellläufer, Trainer und Publikum auf den *Countdown* in Richtung Ziellinie. 10.000 langweilige unübersichtliche Meter werden somit zu einem ansteckenden Rhythmus von 25 Runden.

Was in der obigen Metapher die 400-Meter-Runde für den Eisschnellläufer ist, ist für den Projektmanager die PDCA-Zyklusperiode (Plan-Do-Check-Act). Ein stabiler Heartbeat kann in einem langen und langweiligen Projektverlauf eine Struktur bewirken. Der Heartbeat ist sogar essentiell, um den PDCA-Zyklus in Bewegung zu setzen. Ohne Herzschlag kann ein Mensch nicht überleben und ohne Heartbeat gibt es bei einem Projekt keinen Fortschritt. Teilen Sie daher Ihr Projekt in einen stringenten Rhythmus von PDCA-Perioden ein. Oft

Zu wissen, was Sie in jeder Runde leisten wollen, ist beruhigend.

wird solch eine Periode eine Woche dauern, aber im Grunde können Sie die Frequenz selbst frei wählen. Ein stabiler und hoher Projekt-Heartbeat bietet die folgenden Vorteile:
- Sie verhindern, dass Sie erst dann handeln, wenn das Ende in Reichweite rückt. Oder anders herum - dass Sie blindlings bis zur Frist durcharbeiten, um erst dann aufzutauchen und zu schauen, wie weit Sie gekommen sind. Den Plan auf den Projekt-Heartbeat zu projizieren, bietet von Anfang an Struktur, genauso wie der Eisschnellläufer dies mittels des Runden-Zeitschemas hat.
- Bei jeder neuen Runde (Woche), wissen Sie vorab genau, was Sie in dieser Runde tun müssen, um das Endergebnis zu realisieren. Am Ende der Runde ist es ein Leichtes zu erkennen, was Sie in Bezug auf den Plan getan haben und wo sich Restpunkte und Verbesserungspunkte befinden.
- Sie wissen bei jeder Runde, was geschehen muss, um im Zeitplan zu bleiben, selbst ohne die Gesamtplanung dafür beachten zu müssen. Ihr Team und Sie können sich vollständig auf die gegenwärtigen Aufgaben konzentrieren.
- Jede Runde erhalten Sie eine Aktualisierung über den Status Ihres Projekts in Bezug auf den Endpunkt. Zusätzlich können Sie bei Bedarf Anpassungen vornehmen. Ein hoher Projekt-Heartbeat sorgt für *Agilität*.
- Sie erzeugen Druck auf die Aktivitäten vom Beginn bis zum Endtermin des Projektverlaufs. Der Heartbeat teilt das Projekt nämlich in mehrere Zyklen auf, die jeweils Aktivitäten und zu erreichende Zwischenergebnisse enthalten. Von einer reaktiven Fokussierung auf

den Endtermin verändern Sie Ihren Führungsstil nun in eine proaktive Fokussierung auf Aktivitäten und Deliverables pro Heartbeat, so wie in Abbildung 8.1 gezeigt.

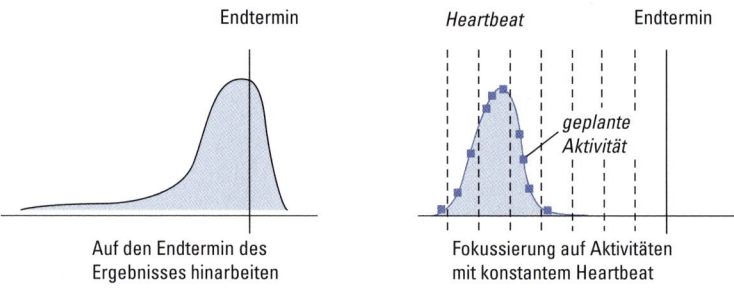

Abbildung 8.1   Auswirkungen von endtermin- und aktivitätenorientiertem Führen

- Sie verhindern, dass Sie zu Projektbeginn nicht ausreichend an den richtigen Aufgaben arbeiten oder naiv Veränderungen akzeptieren. Der Projekt-Heartbeat verhindert also die "Minusse" aus Abschnitt 6.2 und bietet einen kontinuierlichen (aber nicht zu hohen) Druck für das Gesamtprojekt, anstatt einer Spitzenbelastung am Ende.
- Auch die *Stakeholder* werden sich an den Rhythmus der Berichterstattung gewöhnen. Ihr hoher Rhythmus wird zum Standard und Sie erhalten nicht mehr tagtäglich Fragen von immer wieder einem anderen Stakeholder nach dem Status des Projekts. Vertrauen wird aufgebaut und man wird sich automatisch auf Ihre Aktualisierungen bei jeder 400 Meter Passage konzentrieren.
- Das Wiederholen und Erhalten von Feedback sorgen für einen *Lernprozess*. Ein Rhythmus in Ihrem Projekt bewirkt, dass das Team, die Stakeholder und Sie selbst auf komfortable Weise mit dem Projekt mitwachsen und in Bewegung kommen.
- Ein stabiler Heartbeat hilft, *loslassen* zu können. Sowohl beim situativen Führen als auch bei der Vergabe von Verantwortung an die sich *selbstorganisierenden Teams*. Klarheit bei der 400-Meter-Passage gibt Freiheit für den Rest der Runde.

Rhythmus bewirkt Fortschritt ohne Zwang.

Rhythmus versetzt jeden in Trance

Der Projekt-Heartbeat bewirkt also einen konstanten PDCA-Rhythmus und bietet eine Rückkopplung zum Team und Sichtbarkeit der Zwischenergebnisse. Übrigens, ohne dass dies alles als kontrollierend oder bevormundend erfahren wird. Sie werden bemerken, dass sowohl das Team als auch die Stakeholder, auch wenn sie zunächst gar nicht danach fragen, den Rhythmus mögen werden. Der Heartbeat bewirkt eine natürliche Kadenz und versetzt das gesamte Projektumfeld in Trance. Auf diese Weise sind Sie als Projektmanager wie ein *DJ*: Sie bestimmen den Beat und die Stimmung des Projekts, aber Ihr Team fühlt sich tanzend dennoch autonom. Der Projekt-Heartbeat funktioniert wie ein Schwungrad, das die S-Kurve aus Abschnitt 7.4 in Schwung bringt und beschleunigen kann. Handeln, Regelmäßigkeit und Rückkopplungen bewirken nicht nur Fortschritt, sondern auch den Aufbau von Motivation, Vertrauen von Seiten der Stakeholder, Teambuilding, usw.

Übrigens ist der Projekt-Heartbeat im Prinzip unabhängig vom agilen Projektmanagement. Bei sowohl traditionell angetriebenen Projekten als auch bei Agile ist das Realisieren eines hohen PDCA-Rhythmus eine wesentliche Grundlage. Selbstverständlich bietet agiles Arbeiten einen zusätzlichen Schub, Sie erhalten automatisch einen Rhythmus in Form des Sprint-Rhythmus mit Ergebnissen und einen täglichen Rhythmus der Daily-Scrum-Meetings für die Abstimmung innerhalb des Teams.

8.2 Ihre Planung auf den Heartbeat projizieren

Das Anwenden des Heartbeats während der Projektausführung wird im letzten Kapitel, *The Final Countdown* ausführlich besprochen. Zu diesem Zeitpunkt ist es wichtig zu verstehen, wie Sie Ihren Detailplan für die Ausführungsphase anpassen. Nämlich, indem Sie den Plan auf die Heartbeat-Perioden Ihres Projekts projizieren. Dies bewirkt, dass Sie dem Team, den Lieferanten und Stakeholdern pro Heartbeat-Periode vorlegen können, welche Aktivitäten auf dem Programm stehen. Mit dem Ergebnis, dass Sie für jeden PDCA-Zyklus einfach den Status bestimmen und Korrekturen ausführen können. Die Beschreibung in diesem Abschnitt gilt auch für Scrum, auch wenn Sie sicher verstehen, dass die Projektion der Planung auf den Heartbeat innerhalb von Scrum bereits automatisch durch die Zuweisung der User-Stories an die Sprintperioden stattfindet.

Machen Sie das Ziel und die Leistung pro Heartbeat sichtbar
Ich werde unruhig, wenn ich auf die Frage "Was werden Sie morgen tun?" eine ausweichende Antwort eines Projektmitarbeiters erhalte. Genauso, wenn ein Teamleiter keinen Überblick über das Programm für die kommende Woche hat: Was sind die wichtigsten Aktivitäten, von welchen Deliverables (Intakes) externer Parteien sind Sie abhängig und welche Ergebnisse müssen realisiert werden? Und dies geschieht nicht, weil ich die Kontrolle über diese Menschen und ihre Aktionen haben will, sondern, weil sie dadurch wahrscheinlich nur reaktiv damit umgehen können, was im Projekt geschieht.

Denn wie toll wäre es, würden Sie, genauso wie beim 10 km Eisschnelllaufen, von jeder Runde das Schema kennen, welches zum Erreichen der Projektziele führt? Dann müssten Sie sich während der Projektausführung viel weniger mit der Gesamtzeit oder den Gesamtkosten beschäftigen. Sie könnten sich auf das *Hier und Jetzt* konzentrieren, etwas das Sie motiviert und die Qualität der Ausführung erhöht. *Erreichen Sie Ihre "Rundenzeiten", so liegen Sie im Zeitplan.* Es wirkt vielleicht ein wenig einschränkend, aber Sie werden feststellen,

Details der Zielstellungen pro Runde zu kennen, bietet ein Gefühl der Freiheit.

dass ein engmaschiger Plan Ihre Freiheit nicht einschränkt, sondern erhöht. Denn erst wenn Sie jederzeit wissen, was realisiert werden muss, um das Endziel zu erreichen, erhalten Sie die Chance, mit der Planung zu "spielen". Sie behalten die Kontrolle über die Ausführung und haben die Freiheit, diese der aktuellen Situation anzupassen. Schauen Sie sich noch einmal das TomTom-Beispiel in Abschnitt 2.1 an, bei dem sich der Fahrer entscheidet, eine abweichende Route zu wählen. Sie können flexibler agieren, wenn Sie die Konsequenzen kennen und wissen, wo Ihnen ein Spielraum bleibt.

 Ermitteln Sie den Projektstatus, indem Sie gelegentlich das Projekt analysieren, oder können Sie diesen direkt von den erbrachten Leistungen pro Woche ableiten?

Rhythmus bewirkt Disziplin und hilft beim Neinsagen.

Das Wissen, was innerhalb jeder Heartbeat-Periode realisiert werden muss, bewirkt Disziplin und verhindert Prokrastination. Dazu unterstützt es beim Umfeld- und Änderungsmanagement. Wenn Ihnen klar ist, was Sie heute oder in dieser Woche noch alles erledigen müssen, wird ein "Nein" Ihrerseits einfacher. Für Sie selbst und für Ihr Umfeld wird nämlich deutlich, dass der Tag oder die Woche bereits voll ist. Versuchen Sie doch andersherum einmal zu erklären, dass Sie keine Zeit haben, aber nicht genau wissen, wie es in Ihrem Kalender aussieht.

Deliverables ausführbar und messbar machen

Zu wissen, was Sie in "jeder Runde" des Projekts erreichen müssen, ist glücklicherweise nicht schwierig. Zumindest, wenn Sie einen Detailplan haben, wie in Abschnitt 6.4 besprochen. Alles was Sie zu tun haben, ist es, die Elemente aus Ihrem Plan auf den Projekt-Heartbeat zu projizieren, wie in Abbildung 8.2 dargestellt: Was muss in Woche X ausgeführt werden und erreicht sein? Diese Elemente sind meist die Deliverables, die Aktivitäten und der Input anderer, von denen Sie abhängig sind (die Intakes). Indem Sie beim Plan-Do-Check-Act-Zyklus diese Elemente mit einer ausreichend hohen Frequenz (oft pro Woche) ins Visier nehmen, kann das Projekt eigentlich nicht von Ihnen unerkannt abweichen.

Machen Sie die Aufgaben und Ziele pro Heartbeat-Periode sichtbar.

Das Ergebnis dieser Projektion ist in der Tat dasselbe wie die Extraktion, die wir bei der Erläuterung des Planungsprozesses in Abbildung 6.21 behandelt haben. Diese Extraktion sortierte die Aktivitäten und Deliverables nach den Fristen auf wöchentlicher Basis (Heartbeat-Periode). Weiterhin wird Ihnen auffallen, dass es neben dem *Wochen-Beat* auch einen *Monats-Beat* gibt. Darüber mehr im folgenden Abschnitt, in dem ich Ihnen zeigen werde, dass es oft einen Heartbeat auf der Ebene des Individuums (Tagesrhythmus), des Projekts (Wochenrhythmus) und des Lenkungsausschusses (Monatsrhythmus) gibt.

Kritische Parameter ausführbar und messbar machen

Wenn Sie die Deliverables, Aktivitäten und Intakes haarscharf auf Ihrem Radar haben und diese mit einer konstanten Frequenz evaluieren und messen, können Sie davon ausgehen, dass Ihr Projekt zeitgerecht abgeschlossen wird und innerhalb des Budgets bleibt. Zumindest, wenn Ihr Plan mit PBS und WBS vollständig und richtig ist. Aber wird Ihr Projektergebnis nach Projektabschluss auch wirklich den Zielsetzungen entsprechen? Glücklicherweise

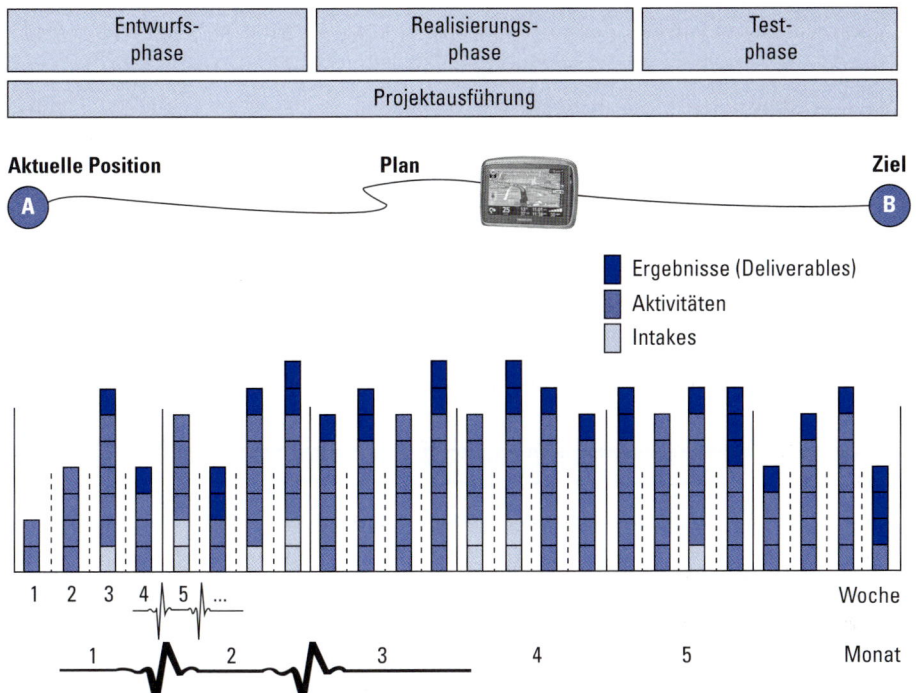

Abbildung 8.2   Intakes, Aktivitäten und Ergebnisse aus dem Plan auf den Heartbeat projiziert

können Sie noch zusätzlich etwas tun, sodass Sie nicht vollständig von einem zu hundert Prozent korrekten Plan abhängig sind: *Zwischenzeitlich die kritischen Parameter messen.*

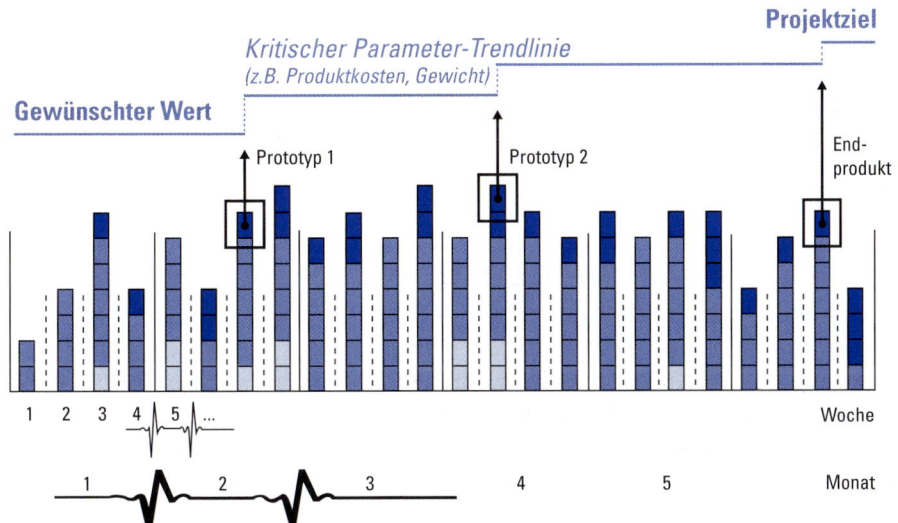

Abbildung 8.3   Die Trendlinie der kritischen Parameter auf den Projekt-Heartbeat projizieren

Achten Sie darauf, dass Sie die erwartete Entwicklung der kritischen Parameter während des Projekts auch auf den Heartbeat projizieren. Dies erreichen Sie, indem Sie die Teilprodukte, die getestet werden, identifizieren und dann den erwarteten Wert der kritischen Parameter vorhersagen. So erhalten Sie eine Trendlinie, wie in Abbildung 8.3 dargestellt. Später in der Projektausführung können Sie die tatsächlich gemessenen kritischen Parameter hiermit vergleichen, sodass Sie feststellen können, ob Sie im Zeitplan liegen, noch bevor die endgültigen Systemtests stattfinden. In der Abbildung können Sie sehen, wie sich ein kritischer Parameter von Prototyp 1 zu Prototyp 2 entwickeln wird, sodass das Endprodukt letztendlich der gewünschten Projektzielsetzung entspricht. Bereits als Sie den Detailplan aufgestellt und Design for X verwendet haben (Abschnitt 5.6), sollten Sie die zur Evaluation der kritischen Parameter notwendigen Deliverables identifiziert haben.

Projizieren Sie auch das Risiko- und Änderungsmanagement
Es ist ratsam, nicht nur den PDCA-Zyklus der Projektausführung mit einem konstanten Heartbeat zu stimulieren, sondern auch andere PDCA-Zyklen mit in den Projekt-Heartbeat einzubeziehen, vor allem die des *Risikomanagements* und des *Änderungsmanagements*. Dies sind beides nämlich Prozesse, die kurzfristig Ihre Route zum Endpunkt beeinflussen können (im TomTom-Beispiel vergleichbar mit dem Stau auf dem Weg und den Veränderungen, die vom Fahrer verursacht wurden). Das Risikomanagement diskutiere ich in diesem Abschnitt, das Änderungsmanagement wird in Kapitel 10 ausführlich behandelt.

Der PDCA-Zyklus des Risikomanagements durchläuft eigentlich immer dieselben Prozessschritte:

- **Plan:** *Risikoidentifikation*: Welche Risiken gibt es und was ist die Ursache?
  Risikoanalyse: Wie groß ist die Wahrscheinlichkeit, dass das Risiko eintreten wird, und was sind die Folgen?
  Präventivmaßnahmen: Wie verringern Sie die Wahrscheinlichkeit, dass das Risiko eintritt?
  Korrekturmaßnahmen: Was tun Sie, wenn das Risiko dennoch eintritt?
- **Do:** *Ausführen* der Präventiv- und (falls erforderlich) Korrekturmaßnahmen.
- **Check:** *Überprüfen*, ob die Maßnahmen richtig ausgeführt werden und welche Auswirkungen sie auf den Risikostatus haben.
- **Act:** *Korrigieren* auf der Grundlage des Check-Schrittes. Diese Korrekturen werden in den Plan-Schritt des folgenden PDCA-Zyklus mitgenommen.

Indem Sie die *Risikomanagement-Tabelle* aus Abbildung 8.5 verwenden, decken Sie automatisch alle Elemente des Prozesses ab. Die ursprüngliche Version dieser Tabelle verarbeiten Sie im Projektmanagementplan, die Updates in der wöchentlichen Fortschrittsberichterstattung. In der Tabelle wurde die Folge des Risikos hinsichtlich Kosten und Dauer geschätzt. Durch die Multiplikation dieser Zahlen mit der Wahrscheinlichkeit (W) des Risikos, haben Sie einen gewichteten Wert, den Sie im Projektbudget verarbeiten können. Die Tabelle muss pro PDCA-Heartbeat aktualisiert werden, wobei auch die Präventiv- und Korrekturmaßnahmen im Detailplan aufgenommen werden. So erreichen Sie, dass Do und Check des Risikomanagements ein integraler Teil der normalen Projektaktivitäten sind.

Wenden Sie das Risiko- und Änderungsmanagement aktiv als Teil des PDCA-Heartbeats oder als Ad-hoc-Prozesse an?

Denken Sie schließlich daran, dass Sie auf dieselbe Weise Chancenmanagement betreiben können. Siehe auch Umdenken in Abschnitt 4.2.

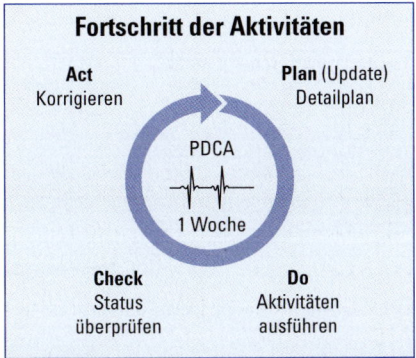
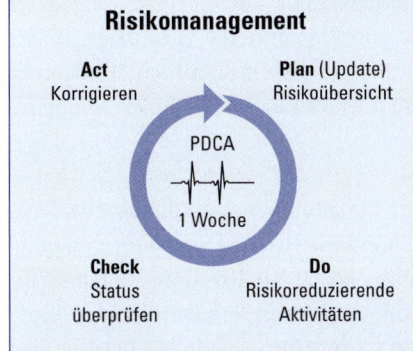
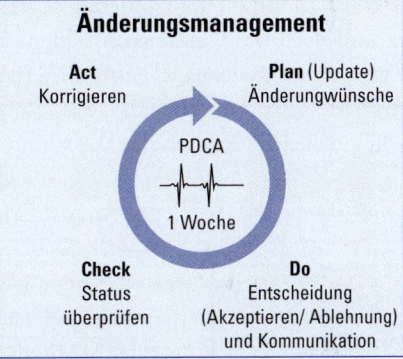

Abbildung 8.4   Beziehen Sie auch das Risiko- und das Änderungsmanagement mit in den Heartbeat auf Projektebene ein

8.3   Heartbeat auf verschiedenen Ebenen

In einem Projekt werden Sie auf verschiedenen Ebenen einen anderen Heartbeat-Rhythmus erkennen. Von einem relativ niedrigen Frequenzniveau auf der Ebene des Lenkungsausschusses bis hin zu einer immer höheren Frequenz auf der Projekt- und individuellen Ebene. Aber eine Sache wird gleich bleiben: Die Person, die den Rhythmus zustande bringen muss, ist meist der Projektmanager. Also Sie! In diesem Abschnitt bespreche ich den Heartbeat auf Projektebene, Lenkungsausschussebene und individueller Ebene. Wie die praktische Ausführung aussieht, werde ich in Kapitel 10 darlegen.

Heartbeat ankurbeln
Wie bereits besprochen, finde ich, dass das Ankurbeln des Heartbeats eines der drei Elemente ist, für das Sie als Projektmanager niemals einen Reiz aus dem Umfeld benötigen sollten,

Risiko	Ursache	Folge	Risiko (= Wahrscheinlichkeit x Folge)					Präventiv-maßnahmen	Korrektur-maßnahmen
			W (%)	Kosten	W*Kosten	Zeit	W*Zeit		
Ressourcen-probleme	Reorganisation: viele Änderungen	- Längere Dauer - Extra Kosten	50%	50Tsd. Euro	25Tsd. Euro	8 Wochen	4 Wochen	- Viel Aufmerksamkeit für Wissenssicherung - Fortschritt intensiv verfolgen	Extra Personal einsetzen
Probleme durch neue Technologie	Technologie ist für die Organisation neu	- Längere Dauer - Extra Kosten - Probleme für den Kunden	25%	100Tsd. Euro	25Tsd. Euro	16 Wochen	4 Wochen	- Externes Wissen engagieren - DfX anwenden: früh den Kunden einbinden	Vorhandene (alte) Technologie einsetzen und reduzierte Leistung akzeptieren
Neue Software bereitet viele Probleme	Viele Änderungen in kritischen Modulen	- Längere Dauer - Extra Kosten	50%	100Tsd. Euro	50Tsd. Euro	12 Wochen	6 Wochen	- Inkrementelle Integration: früh testen - Scrum-Iterationen	Verzögerung akzeptieren oder Funktionalität reduzieren
Fehlende Anforderungen	Unzureichende Kenntnisse über den Endnutzer	- Längere Dauer - Extra Kosten	25%	200Tsd. Euro	50Tsd. Euro	20 Wochen	5 Wochen	- Anforderungspaket intensiv mit dem Kunden reviewen - Zwischenergebnisse mit dem Endnutzer evaluieren	Verzögerung akzeptieren oder Funktionalität reduzieren

Abbildung 8.5 Die Risikomanagement-Tabelle mit einer aktuellen Übersicht von Risiken und Maßnahmen

um dieses auszuführen. Die anderen beiden beziehen sich auf die Erstellung der Project Charter und der PBS. Gemeinsam bilden diese drei Elemente die Grundlage für Struktur, frühzeitiges Konfrontieren, Kommunizieren und Korrigieren. Dadurch werden diese für den Projekterfolg so entscheidend, dass Sie es sich nur selbst übel nehmen können, sollten Sie sie nicht beachtet haben.

Erst müssen Sie für das PDCA arbeiten; nur dann kann es auch für Sie arbeiten.

Das Ankurbeln des Heartbeats benötigt Initiative und Ausdauer, da sich das Schwungrad nie von Anfang an geschmeidig dreht. In den ersten Wochen kostet das Kommunizieren hinsichtlich Ansatz und Tätigkeiten viel Zeit, erhalten Sie den Input Ihrer Teammitglieder erst nach mehrmaligem Nachfragen und ist die Erstellung von Berichterstattungen anstrengend, weil es noch wenig Ergebnisse zu vermelden gibt. Sie müssen sich daher der langfristigen Vorteile bewusst sein, damit Sie das Ankurbeln des Heartbeats kontinuierlich durchhalten. Wahrscheinlich ist dies auch der Grund, aus dem viele Projektmanager erst zu Projektende den PDCA-Zyklus berücksichtigen, wenn sich herausstellt, dass die Projektziele nicht erreicht werden. Zu diesem Zeitpunkt ist der Heartbeat nicht mehr nur wichtig, sondern wirklich dringend geworden. Das ist schade, denn das Schwungrad hätte schon viel früher zum Zuge kommen können. Sie haben die Chance verpasst, die Früchte des proaktiven und beeinflussenden Verhaltens ernten zu können.

Heartbeat auf Projektebene: Wochenrhythmus
Der Heartbeat auf Projektebene ist der Zyklus, den Sie als Projektmanager benötigen, um die Ausführung der Projektaktivitäten anzukurbeln, zu evaluieren und Bericht zu erstatten. Oftmals mit einem Wochenrhythmus, aber in Krisensituationen (beispielsweise bei einem

Produktionsstopp bei dem Kunden) kann dieser vorübergehend auch einen täglichen Charakter erhalten.

Heartbeat auf der Ebene des Lenkungsausschusses: Monatsrhythmus

Sitzungen mit dem Lenkungsausschuss finden vielmals monatlich statt, manchmal weniger oft und manchmal alle zwei Wochen. Dies hat letztendlich auch mit der Seniorität des Projektteams und dem Vermögen des Lenkungsausschusses, delegieren zu können, zu tun. Dieser Heartbeat ist in erster Linie der Berichterstattung für die Stakeholder gewidmet. Der Projektmanager wird dabei nicht so sehr den Status der Aktivitäten kommunizieren, sondern über den Projektstatus in Bezug auf das Endziel berichten. Also Aspekte wie Projekt-Timing, Kosten, Risiken, Ressourcenprobleme und Änderungen, die sich auf den Projektumfang auswirken.

In Organisationen, in denen viele Projekte mehr oder weniger denselben Lenkungsausschuss haben, wie R&D Organisationen, werden die entsprechenden Sitzungen oftmals zu einem einzigen Projekt-Review gebündelt, der monatlich stattfindet. Dieser Projekt-Review dauert zwischen einem halben und ganzen Tag, wobei die Projektmanager nacheinander über den Fortschritt ihres Projekts berichten. Der Vorteil dieses Ansatzes ist, außer dem konstanten Rhythmus, die auf alle Projekte bezogene integrale Ausrichtung und Erstellung von Prioritäten.

Heartbeat auf individueller Ebene: Tagesrhythmus

Und dann gibt es noch den täglichen Rhythmus, den Heartbeat auf individueller Ebene. Hierbei handelt es sich um das Ausführen der Aktivitäten durch den Projektmitarbeiter selbst. Meist ist dies ein Prozess, den jeder Mitarbeiter individuell durchläuft, bei Scrum allerdings wird die Aktivitätenebene täglich in den Daily-Scrum-Meetings mit dem gesamten Team abgestimmt.

Die Projektmitarbeiter treffen mit dem Projektmanager oder Teamleiter Vereinbarungen in Bezug auf ihre Aktivitäten und die zu erbringenden Ergebnisse im Projekt. Abhängig von ihrem Entwicklungsstand E1-E4 werden sie die Aufgaben selbstständig oder mit einer aufgabenorientierten Begleitung ausführen.

Heartbeat in einem Scrum-Prozess

Der Scrum-Prozess zeichnet sich natürlich durch seinen Sprint-Rhythmus aus. Ein konstanter Rhythmus, der Fokus schafft, alle Änderungen während eines Sprints "verbietet", und im Gegenzug die Garantie einer zeitgerechten Lieferung eines funktionierenden Ergebnisses am Ende der Sprintperiode verspricht. Dieser Sprint-Rhythmus kann meist einfach mit dem *monatlichen* Heartbeat auf Lenkungsausschussebene kombiniert werden. Der Sprint-Output besteht aus potentiell *Shippable-Products*, was für die Stakeholder sowieso außerordentlich relevant ist.

Darüber hinaus machen die Daily-Scrum-Meetings den Scrum-Prozess noch effizienter. Dieser *tägliche* PDCA-Heartbeat führt zur Akzeptanz und zu einem gemeinsamen Verständnis der Arbeit, aber bewirkt auch, dass die Aufgaben durch Personen mit den richtigen Skills ausgeführt werden. Denn wer weiß besser, welche Kompetenzen benötigt werden, als die Teammitglieder selbst? Da es ein tägliches Update über den Status der Aktivitäten gibt, ist auch sofort Klarheit über den Projektfortschritt vorhanden. Der tägliche Heartbeat bietet somit auch Input für den *wöchentlichen* Heartbeat auf Projektebene.

8.4 EOS und OKR

Das Umfeld bestimmt den Heartbeat, nicht Sie.

Wie ernst würden Sie das TomTom nehmen, würde dieses für das Aktualisieren der Route mehrere Minuten brauchen? Dann würden Sie es wahrscheinlich schnell links liegen lassen. Die Aktualisierungsgeschwindigkeit muss höher sein als die Zeit, die Sie bis zur nächsten Kreuzung benötigen. Der Heartbeat wird also durch die Dynamik Ihres Umfeldes bestimmt, nicht durch Ihr eigenes Können! Eine schnelle und flexible Arbeitsweise während der Projektausführung zur Verfügung zu haben ist daher eine wichtige Bedingung für Erfolg. Der PDCA-Zyklus arbeitet erst dann für Sie, wenn Sie in der Lage sind, diesen in der gewünschten Geschwindigkeit durchlaufen zu können. Dies gilt für ein Projekt, aber auch für Veränderungs- und operationale Prozesse in Organisationen. Ich werde dieses Kapitel mit zwei Beispielen moderner Systeme zur Steuerung von Unternehmen abschließen, worin auch ein konstanter Rhythmus von zentraler Bedeutung ist. *EOS, Entrepreneurial Operating System*, von Gino Wickman und das *OKR-System*, das durch Unternehmen wie Google, LinkedIn und Twitter verwendet wird.

Wenn Sie die Aktualisierung während eines Heartbeats nicht fertigstellen können, dann ist Ihre Arbeitsweise zu komplex!
Aber zunächst zu Ihrem eigenen Projekt. Obenstehendes zeigt auf, dass Sie Ihre Arbeitsweise so einrichten müssen, dass das Durchlaufen des PDCA-Zyklus innerhalb des Projekt-Heartbeats, also oftmals innerhalb einer Woche, gelingt. Gelingt dies nicht, dann ist Ihre Arbeitsweise zu komplex und Sie werden diese zunächst vereinfachen müssen. Sätze wie "Ich habe keine Zeit, um meinen Plan zu aktualisieren" passen nicht zu einem erfolgreichen Projektmanager. Denn wenn Sie Ihren Plan nicht aktualisieren, so haben Sie keine aktuelle Route zum Endpunkt zur Verfügung und es besteht die Möglichkeit, dass Sie die Kontrolle verlieren. Wenn Sie die Stärke von Rhythmus in Ihrem Projekt erst einmal erfahren haben, werden Sie immer die Priorität spüren, den Prozess zu verbessern, sodass Sie für jede Heartbeat-Periode eine Aktualisierung der Route bis zum Endziel zur Verfügung haben.

Mein persönliches Ziel als Projektmanager ist, nicht mehr als 25% meiner Zeit für den PDCA-Prozess des Projekts aufzuwenden. Dies beinhaltet das Besprechen der Arbeiten mit den Projektmitgliedern, das Bestimmen des Status, die Fortschrittssitzung, das Entwickeln von Korrekturmaßnahmen und das Kommunizieren des geänderten Detailplans. Somit sind noch 75% der Zeit verfügbar, um zu tun, was ein Projektmanager tun muss: dort sein, wo es brennt. Um die 25% realisieren zu können, ist ein gut strukturierter Detailplan, wie in Abschnitt 6.4 besprochen, ein Muss. Die anderen Elemente, die benötigt werden, um den hohen Rhythmus realisieren zu können, werden im letzten Kapitel dieses Buches besprochen.

Einfachheit und Ergebnisse mit EOS
Was zählt, ist die Ausführung. Das ist aber etwas, an dem es leider oft fehlt! Organisationen haben die Neigung, ihre Prozesse zu komplex zu gestalten, ihre Mitarbeiter durch Führen in Richtung Über-Commitment zu behindern und die Zielsetzungen nicht in Aktionen umzusetzen. Das ist, was Gino Wickman in *Traction – Get a grip on your business* (Wickman, 2007) verdeutlicht. Jetzt, wo wir im Projektmanagement mit dem Heartbeat den Schritt in Richtung tatsächliche Ausführung gehen, ist es interessant zu sehen, dass erfolgreiche Systeme, um Unternehmen zu leiten, die gleichen Elemente verwenden: *Einfachheit, Klarheit, Struktur* und *Rhythmus*.

Wickman geht von *Less is more* aus, da das Allerwichtigste in Veränderungsprozessen ist, zu handeln. Keine Entscheidung ist schlechter als eine falsche Entscheidung. Aktionen und insbesondere sich wiederholende Aktionen liefern Ergebnisse, Feedback und Lernfähigkeit. Sie erhalten nur "Traction", wenn Sie unnötige Komplexität wegnehmen, klar Zielsetzungen und Verantwortungen kommunizieren und die Unternehmenszielsetzungen in kleine Stücke aufteilen, die für die Ausführenden deutlich sind und in das Heartbeat-

Eine Vision in ausführbare Ziele übersetzen, die zum Projekt-Heartbeat passen.

Schema passen. EOS ist nicht etwa der neueste Management-Spleen, sondern bietet Ihnen eine Methode, bestehende zeitlose Prinzipien vollständig in Ihren Unternehmensprozess zu integrieren. Das wiederum passt wunderbar zu dem, was wir in diesem Buch im Bereich des Projektmanagements erreichen möchten.

Das EOS-Modell: die sechs Schlüsselkomponenten
Wickman sagt, dass der Erfolg von Unternehmen auf nur sechs Schlüsselkomponenten, die jeweils den Drang nach Einfachheit und Ergebnissen widerspiegeln, zurückgeführt werden kann (siehe Abbildung 8.6):
1. **Vision**: Erfolgreiche Unternehmer haben eine deutliche Vision und wissen, diese jedem in der Organisation zu vermitteln. EOS macht dies praktisch anwendbar, indem acht Fragen gestellt werden, wobei Sie schrittweise ein 10-Jahres-Ziel in 3-Jahres-Ziele, in 1-Jahres-Pläne und schließlich in *Quarterly Rocks* umwandeln. Eine Vision wird somit als eine Art PBS in kleine, ausführbare Zielsetzungen auf individueller Ebene umgesetzt, die jeweils in den PDCA-Rhythmus passen.
2. **Personen**: Erfolgreiche Unternehmer umringen sich mit den richtigen personen auf den richtigen Stellen. EOS sieht dies als ein Faktor 10-Element an und fokussiert sich auf das Anwerben der richtigen Personen (*right people*) und die Platzierung dieser Menschen auf Stellen, zu denen sie am besten passen (*right seats*). Bei diesem letzten Punkt richtet sich viel Aufmerksamkeit auf die Erläuterung von Rollen und Verantwortlichkeiten (*accountability*).

3. **Daten**: Fakten sind notwendig, um produktive Diskussionen zu führen und angemessene Entscheidungen zu treffen. Mit diesen Daten können Sie getrieben vom Rhythmus des Heartbeats den Plan korrigieren und Probleme schneller lösen. Ein absolutes TomTom-Verhalten. EOS widmet hierbei den Daten viel Aufmerksamkeit, die prädikativ sind (Leading Indicators) und den Unternehmenszielsetzungen und den Quarterly Rocks (individuelle Ausführung) entsprechen. *Messen, um zu lernen, und nicht, um nur zu kontrollieren.*

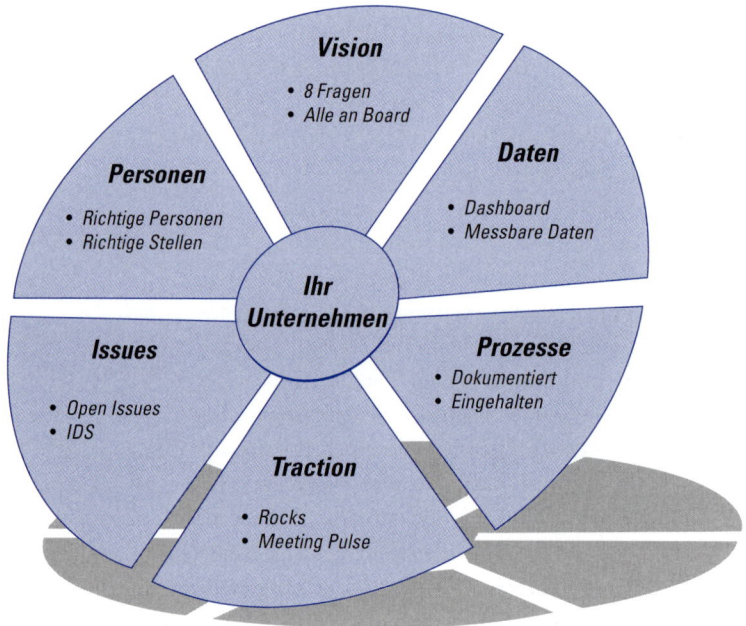

Abbildung 8.6   Die sechs Schlüsselkomponenten von EOS

4. **Issues**: EOS investiert auf praktische Weise in Issue-Management, das sich mit dem Heartbeat mitbewegen muss. Zunächst, indem angegeben wird, dass Issues normal sind. Die Issue-Liste muss also nicht leer bleiben, sondern im Gegenteil, es muss eine offene und sichere Stimmung herrschen, um Issues angeben zu können. Des Weiteren bespricht EOS, wie Sie strukturiert an den richtigen Problemen arbeiten, nach der Methode *Identify, discuss und solve (IDS)*. Dies ähnelt der *8D-Methode*, die in Kapitel 10 diskutiert wird und die erklärt, *wie* Sie die Probleme lösen können.
5. **Prozesse**: EOS besagt, dass ein Prozess erst dann optimiert werden kann, wenn er konsequent in der gesamten Organisation angewendet wird. Die Kernprozesse Ihrer Organisation müssen daher dokumentiert sein und von allen Mitarbeitern verwendet werden. Erst dann sind Wiederholung, Verbesserung, Hochskalierung und Wachstum möglich.
6. **Traction**: Pläne in tatsächliche Aktionen und Ergebnisse umzusetzen, ist bei vielen Organisationen ein Schwachpunkt. Da *Traction* auch der Name des Buches ist, wird es Sie nicht verwundern, dass hier alles zusammenkommt. Die komplexen Betriebsziele sind in konkrete und messbare Prioritäten pro Quartal aufgeteilt (*Rocks, Issues*) und führen, indem ein konsequenter PDCA-Zyklus angewendet wird, zu Traction. EOS nennt dies

den *Weekly and Quarterly Meeting Pulse*. Eine Vision in ein Ergebnis umzusetzen, benötigt also auch laut Wickman einen konstanten Rhythmus, wie in Abbildung 8.7 dargestellt.

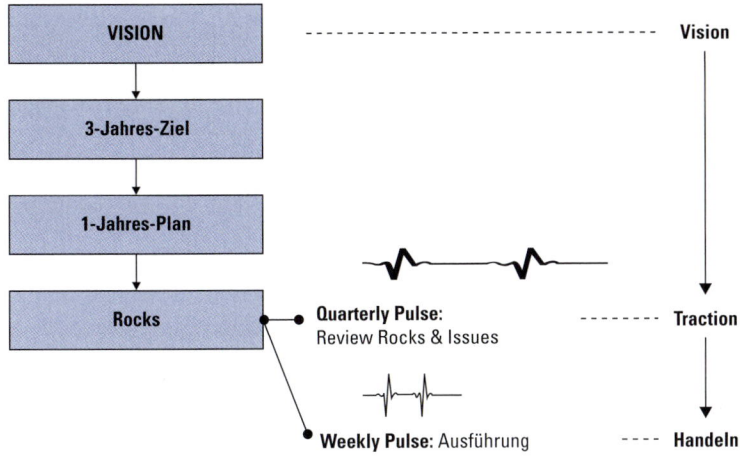

Abbildung 8.7   Traction durch Dekomposition von Zielsetzungen und Rhythmus

Vom Ziel zur Ausführung mit OKR

OKR steht für *Objectives and Key Results*. Es wurde innerhalb von Intel entwickelt und erhielt weltweiten Ruhm durch John Doerr, der bei der Einführung von OKR beim damals noch kleinen Google im Jahr 1999 sagte: *"Ideas are precious, but they're relatively easy. It's execution that's everything."*

OKR ist eine einfache Methode, um Unternehmenszielsetzungen an individuelle Zielsetzungen der Mitarbeiter zu koppeln. Auch dies ist keine höhere Algebra, und dennoch eine sehr effektive Methode, da auch hier eine Verbindung zwischen Vision und Zielsetzungen der Mitarbeiter hergestellt wird und die Ausführung explizit im System berücksichtigt wird. Daher spielt der konsequente Heartbeat auch bei OKR eine wichtige Rolle. OKR wird bei vielen exponentiellen Organisationen angewendet; Organisationen, die zehnmal bessere Leistungen erbringen als die durchschnittliche Organisation in ihrer Branche.

OKR weist nicht nur viele Ähnlichkeiten mit EOS auf, sondern beispielsweise auch mit der Balanced Scorecard von Robert Kaplan und David Norton. Diese zeigten im Jahr 1992, wie eine Vision in Handeln umgesetzt werden kann. Hierzu werden die Ziele von vier überlagerten Perspektiven der Organisation miteinander verknüpft: Der Finanzperspektive, der Kundenperspektive, der internen Prozessperspektive und der Lern- und Wachstumsperspektive.

Ambitionierte Ziele bewirken Ergebnis, Motivation und Innovation.

Interessant zu ergänzen ist, dass OKR nicht nur knallharte *operationale* Zielsetzungen (Muss-Ziele) kennt, sondern auch *ambitionierte*. Diese letzte Kategorie unterscheidet sich von den Muss-Zielen, indem sie sich auf höhere, weniger leicht erreichbare Zielvorgaben bezieht (d. h. weniger realistisch in der SMART-Methode). Die Latte wird also bewusst höher gelegt, als das was ohne weiteres machbar ist, um einen größeren Mehrwert zu erreichen, als ursprünglich im Projekt definiert war. Ambitionierte Ziele schaffen also eine kreative Spannung, wie im vorherigen Kapitel "Das Lenken von Kreativität" besprochen. Gute OKRs führen nicht nur zur Realisierung der unmittelbaren Zielsetzungen, sondern auch zu Motivation und Engagement der Mitarbeiter sowie zur Stimulation der Innovationskraft innerhalb der Organisation. *Herausfordern ist wichtiger als kontrollieren!* Daher empfiehlt John Doerr, dass die OKRs vom Beurteilungsprozess der individuellen Mitarbeiter losgelöst werden. OKRs sollten zu Koordination, Fokus und Innovation führen.

Zusammenfassung

- Das Schaffen eines Rhythmus ist im Projektmanagement ein wesentlicher Erfolgsfaktor; ohne Heartbeat kein PDCA-Zyklus.
- Wenn Sie von Anfang des Projekts an wissen, was in jeder Heartbeat-Periode erreicht werden muss, verhindern Sie, dass das Team erst kurz vor Projektende (oder Frist) handelt.
- In Projekten treffen Sie oft pro Ebene auf einen anderen Rhythmus, wie:
  - Monatsrhythmus: Stakeholdern/Lenkungsausschuss Bericht erstatten
  - Wochenrhythmus: Abstimmung der Ausführung der Aktivitäten und Deliverables (bei Scrum ist dies sogar ein Tagesrhythmus)
  - Tagesrhythmus: Ausführung individueller Aktivitäten
- Erstellen Sie eine am Heartbeat orientierte Übersicht Ihres Detailplans und der Trends der kritischen Parameter. Wissen Sie darüber Bescheid, was in jeder Periode geschehen muss. Dies bewirkt Fokussierung und eine Aufeinanderfolge von kleinen Sprints zur Erzeugung von Zwischenergebnissen. Denken Sie hierbei an den 10 km Eisschnelllauf-Wettkampf, der in 25 Runden von je 400 Metern aufgeteilt ist.
- Der Heartbeat und die PBS/ WBS sorgen gemeinsam dafür, dass Sie von einer endterminorientierten zu einer aktivitätenorientierten Führung wechseln können.
- Heartbeat ist ein Feedback- und Kommunikationsmittel, *kein* Kontrollmittel. Es hilft beim Los- und Freilassen der (selbstorganisierten) Experten und Teams, sowohl bei Agile als auch bei traditionellen Projekten.
- Alle Verwaltungstätigkeiten aus dem PDCA-Zyklus folgen dem Projekt-Heartbeat, einschließlich Risiko- und Änderungsmanagement. Achten Sie darauf, dass Ihre Arbeitsweise zur gewünschten Aktualisierungsgeschwindigkeit passt!
- Der proaktive Projektleiter weiß, dass es Zeit braucht, bis der Heartbeat in Schwung kommt, und arbeitet unverwüstlich an den Planungs- und Kontrollaktivitäten, bis sich das Schwungrad reibungsarm dreht.
- Auch in Veränderungsprozessen ist der Rhythmus der Schlüssel zum Erfolg. Zielsetzungen werden nur durch Handeln realisiert! Kurbeln Sie mit dem Rhythmus die Projekt S-Kurve an und schaffen Sie einen kontinuierlichen Druck auf den Umsetzungsprozess.
- Über Mission und Vision sind zahlreiche Management-Bücher geschrieben worden, aber das EOS-Modell und OKR zeigen, wie Sie auch die Ausführung in operationalen Unternehmensprozessen erreichen können. Dabei stehen, genauso wie in diesem Buch, Einfachheit, Klarheit, Struktur und Rhythmus an zentraler Stelle.

9 Das blinde Abhaken

- Wie unser Gehirn uns belohnt, wenn wir Erfolge verbuchen.
- Warum blindes Abhaken zu nachträglichen Korrekturen führt.
- Das blinde Abhaken zu verhindern ist in erster Linie eine Frage der Einstellung. Aber wie setzen Sie Fagan-Inspektionen, DfX und Agile ein, um blindes Abhaken zu vermeiden?
- Warum die Suche nach Defects ein sicheres Umfeld benötigt.
- Erlernen Sie, welche Techniken Sie einsetzen können, um "rechts im V" zu testen, aber auch, um vor allem "links im V" proaktiv zu sein.

Nun haben Sie mit der Projektion der Aktivitäten und Deliverables auf den Projekt-Heartbeat letztendlich doch eine wöchentliche Einkaufsliste. Wenn Sie diese genau verfolgen, so wird dies schliesslich zum gewünschten Projektziel führen. Aber halt - eine Einkaufsliste war doch nicht wünschenswert? Nicht, um mit dem Planungsprozess zu beginnen, denn dann würden Sie eine statische To-do-Liste ohne Struktur und Abhängigkeiten erhalten. Aber als Abschluss des Planungsprozesses ist es ein sehr geeignetes Mittel, um den Detailplan (oder das Scrum Board) auf die Ausführungsphase vorzubereiten. Die Liste ist nicht statisch, sondern dynamisch, da bei jedem PDCA-Heartbeat eine neue Projektion aus dem aktualisierten Detailplan erfolgt. Mithilfe dieser Übersicht wird die Projektausführung also zu einer Frage von *Ankurbeln und Abhaken* der wöchentlichen Aufgaben.[11]

Dieses Abhaken ist sehr sinnvoll, denn es zeigt, dass Sie produktiv sind, Fortschritte verbuchen und sich dem Endziel nähern. Auch Ihr Gehirn wird positiv stimuliert. Denn jedes Mal, wenn Sie herausgefordert werden, etwas zu schaffen und dieses Ziel auch erreichen, wird als Belohnung eine Substanz in Ihrem Gehirn freigesetzt; *Dopamin*, auch als "Glückshormon" bekannt. Dieser Neurotransmitter bietet Ihnen ein entspanntes und angenehmes Gefühl und bewirkt, dass Sie dieses Gefühl erneut erfahren möchten. Dopamin unterstützt uns demnach

Abhaken wird mit einem Schub Dopamin belohnt, den Sie öfter verspüren möchten.

aktiv zu handeln, um neue Belohnungen zu erhalten. Die Aussicht auf die nächste Belohnung motiviert uns, härter zu arbeiten, und gibt unserer Konzentration einen Schub. Es gibt jedoch eine Einschränkung. Um von diesem chemischen Prozess zu profitieren, ist es wichtig, dass die Frist in Sicht ist. Noch eine Erklärung, warum das Leiten in Richtung Fristen, die noch in weiter Ferne sind, nicht zu Handlungen, sondern Prokrastination führt. Und es erklärt auch, warum das Aufteilen von großen Aufgaben in kleinere zu einer höheren Produktivität führt. *Ein hoher Rhythmus an kleinen Sprints in Richtung Zwischenziele bewirkt mehr Belohnungsmomente und demnach bessere Leistungen.*

---

11 Dieses Kapitel verbindet die folgenden Kompetenzen aus IPMA's ICB4: Leadership, Results orientation, Quality, Procurement, Risk and opportunity.

9.1 Hüten Sie sich vor dem blinden Abhaken

Es gibt kaum etwas Besseres als die Zufriedenheit, wenn Sie Aufgaben in Ihrem Detailplan als erledigt abhaken können. Aber es ist wichtig, dass Sie nur dann etwas abhaken, wenn dies auch wirklich vollständig abgeschlossen ist und zu dem gewünschten Ergebnis geführt hat. Denn nur dann repräsentieren die vollbrachten Aufgaben und Deliverables tatsächlich den Status des Projekts und repräsentieren die noch offenstehenden Elemente, den noch zurückzulegenden Weg bis hin zum Endziel. Hüten Sie sich also vor dem ungerechtfertigten Abhaken einer Aufgabe - das *blinde Abhaken*.

Das blinde Abhaken bietet einen Scheinfortschritt und führt zu unerwarteten Korrekturen zu einem späteren Zeitpunkt.

Nicht mehr als eine Zeremonie
Das blinde Abhaken kann für Projekte zu einem großen Problem werden. Denn egal, wie gut die Vorbereitung und der Detailplan auch sind, wenn die Aktivitäten nicht gut ausgeführt werden oder die Ergebnisse nicht von ausreichend guter Qualität sind, wird dies für das Endergebnis negative Folgen haben. Noch schlimmer - die abgehakten Aufgaben suggerieren einen Projektstatus, der überhaupt nicht erreicht ist. Ein Scheinfortschritt also. Die Folge ist, dass erst zu Projektende "rechts oben im V" entdeckt wird, dass noch viele Korrekturen notwendig sind, um das vereinbarte Ziel zu erreichen.

Leider wird beim Abschluss von Arbeiten oft "vergessen", wofür diese eigentlich angedacht waren. Die Nachricht "Fertig!" wiegt mehr als die Frage "Was haben wir tatsächlich erreicht?", wodurch das Ergebnis nicht wirklich kritisch betrachtet wird. Viele Entwickler finden Aspekte wie das Testen nicht angenehm, etwas Neues zu realisieren aber schon. Der Druck durch die Lieferfrist setzt dem noch eins oben drauf. Der Auftraggeber will sich vorwärtsbewegen, der Auftragnehmer möchte gute Nachrichten berichten, also genügend Gründe, um gemeinsam schnell und ohne kritischen Blick fortzufahren. Die Statusberichterstattung wird dann eher zu einer Zeremonie anstatt einem ernsthaften Kontrollmoment im PDCA-Zyklus.

Check, check, double check
Es ist also wichtig, dass die Beurteilung der fertiggestellten Aktivitäten und erbrachten Teilergebnisse aufmerksam ausgeführt wird. Eine kritische Überprüfung braucht gar nicht lange zu dauern und kann einem später viele Probleme ersparen. Es ist auch einfacher als gedacht. Mit der richtigen Einstellung kommen Sie schon ganz schön weit. So können Sie bei einem eingereichten Testbericht das Risiko auf blindes Abhaken verkleinern, indem Sie dem Autor folgende Fragen stellen:
- Haben Sie alle Testfälle ausführen können?
- Wie viele Testfälle erbrachten ein negatives Ergebnis?
- Sind Ihnen noch Dinge aufgefallen, die nicht explizit getestet wurden?
- Wie zufrieden wären Sie mit dem Produkt als Endnutzer?

- Wurden Ihre Erwartungen darüber, welche Testfälle kritisch waren und welche nicht, erfüllt?
- Hat der tatsächliche Aufwand der zuvor geschätzten benötigten Zeit entsprochen?
- Haben Sie neue Ideen, wie Sie die Tests beim nächsten Mal produktiver gestalten können?

Diese Art des Fragens bietet Ihnen eine völlig andere Einsicht als Plattitüden, wie: "Ist es OK, wenn ich die Tests von der To-do-Liste entferne?", "Gut, dass wir jetzt weitermachen können." oder "Musste das wirklich so lange dauern?" Dabei werden Sie sehen, relevante Fragen werden vom Mitarbeiter meist nicht als kontrollierend, sondern als Interesse und Mitdenken erfahren. Diese Fragen beziehen sich nämlich auf die inhaltliche Arbeit und sind keine abgehobenen Manager-Phrasen. Dazu fördern sie die Verbesserung der Projektprozesse und die fachliche Entwicklung der Mitarbeiter. So passen sie perfekt in alle Quadranten des Situativen Führens, solange Sie erkennen, dass Leiten in S1 und S2 mehr kontrollierenden Fokus benötigt und dass in S3 und S4 eher ein Sparringpartner und Coach erforderlich ist.

Ein Zwischenergebnis muss Ihnen Informationen über den Abstand zum Endziel liefern.

Wann ist alles gut genug? Sie kommen bereits weit, wenn Sie bei jedem erreichten Ergebnis aufmerksam innehalten und einige kritische Fragen stellen. Bewusst das Plan-Do-CHECK-Act auszuführen bedeutet somit, dass Sie ohne viel zusätzliche Zeit Qualität hinzufügen. Darüber hinaus gibt es weitere Review- und Inspektionstechniken, die wir im folgenden Abschnitt behandeln werden. Aber letztlich ist das Wichtigste, das Sie als Projektmananger, das klare Gefühl haben müssen, dass das soeben erreichte Ergebnis Sie tatsächlich näher an den Endpunkt des Projekts bringt. Dann agieren Sie wie Ihr Inspirator, das TomTom. *Wenn dieses Gefühl noch nicht deutlich genug für Sie zu erkennen ist, dann fragen Sie weiter und weiter und weiter und weiter...*

 Schauen Sie sich einmal in Ihrem Projekt und Projektumfeld um. Wie oft erleben Sie das blinde Abhaken?

9.2 Das blinde Abhaken beherrschen mit Review- und Inspektionstechniken

Das Verhindern des blindem Abhakens ist also in erster Linie *eine Frage der Einstellung*. Führen Sie den Check-Schritt aus dem PDCA-Zyklus bedachtsam aus und betrachten Sie die erreichten Ergebnisse kritisch. Fragen Sie sich dabei, inwiefern Sie näher ans Endziel gerückt sind. *Etwas ist erst dann fertig, wenn es wirklich fertiggestellt ist und als Mehrwert gilt!*

Ergänzend können Sie Review- und Inspektionstechniken anwenden, mit denen Sie strukturiert die Qualität eines erreichten Ergebnisses beurteilen und verbessern können. Das Gute an diesen Techniken ist, dass Sie sie auf praktisch alle erbrachten Ergebnisse anwenden können; sowohl links als auch rechts im V-Modell. Dies ist ein wesentlicher Unterschied zu den meisten Testmethoden, die auf dem Testen von physischen Ergebnissen beruhen und sich daher vor allem in der Testphase "rechts im V" abspielen. Review- und Inspektionstechniken bieten ein frühzeitiges Feedback in Ihrem Projekt und können daher als ein DfX-Hilfsmittel (Abschnitt 3.3) angesehen werden. Wir behandeln vier dieser Techniken, beginnend mit einem formellen hin zu einem immer mehr informellen Charakter:
1. Fagan-Inspektionsprozess
2. Peer-Reviews
3. Walkthroughs
4. Distribution für einen Kommentar.

Der Fagan-Inspektionsprozess
Michael Fagan ärgerte sich bei IBM in den siebziger Jahren des letzten Jahrhunderts über die Tatsache, dass viel Zeit in Softwareentwicklungsprojekten für Fehlerkorrekturen verloren ging. Diese Fehlerkorrekturen fanden vor allem zu Projektende nach der Testphase statt und liefen auch dann noch weiter, wenn das Produkt bereits von Kunden verwendet wurde. Dies machte die Dauer von Projekten unvorhersehbar und hatte negative Auswirkungen auf die Produktqualität und das Image von IBM. Fagan, ein erfahrener Qualitätsingenieur, beschloss, Qualitätstechniken aus der Hardwareentwicklung anzuwenden. Als Ergänzung zum Testen der Endergebnisse ließ er Zwischenergebnisse gründlich und strukturiert inspizieren. Nach sehr positiven Erfahrungen publizierte er im Jahr 1976 den Fagan-Inspektionsprozess (Fagan, 1976). Dieser Inspektionsprozess ist eigentlich ein Testprozess für Dokumente. Denn wenn Sie nicht warten wollen, bis Sie das Endergebnis testen können, so müssen Sie die dessen Vorgänger testen. Dabei handelt es sich meist noch nicht um physische (Teil)Produkte, sondern um Dokumente.

Eine Fagan-Inspektion ist eigentlich ein Test eines Dokuments.

Fagan sprach dabei über die Herausforderung, die in Abbildung 9.1 wiedergegeben ist. Fehler in Projektanforderungen und Produktentwürfen werden oft erst während des Testens des Gesamtsystems bemerkt. Somit werden sie zu sehr teuren Fehlern, da dies ein neues Entwerfen, Implementieren und Testen bedeutet. Dies ist etwas, was wir bereits ausgiebig in Kapitel 3 während der Behandlung des V-Modells besprochen haben. *Der Fagan-Inspektionsprozess war eine der ersten Entwicklungen im Bereich des frühen Konfrontierens.* Inzwischen wurde dieses Arsenal mit vielen DfX-Methoden und der iterativen Entwicklung nach dem agilen Ansatz erweitert.

Außer bei der frühen Entdeckung von Fehlern unterstützt der Fagan-Prozess auch bei der Schaffung von Akzeptanz und bei der fachlichen Entwicklung der Teammitglieder.

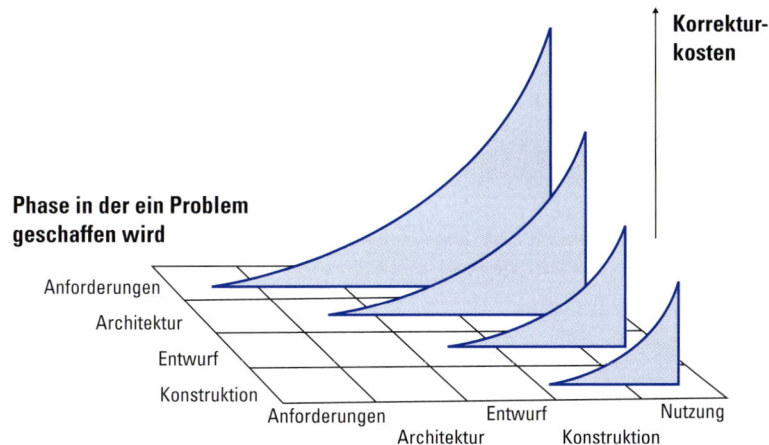

Abbildung 9.1   Beziehung zwischen den Korrekturkosten und den Phasen, in denen ein Problem geschaffen bzw. korrigiert wird

Zusätzlich handelt es sich um eine sehr effiziente Methode, die die Zeit der Spezialisten optimal verwendet!

 Haben Sie selbst Erfahrung mit der Anwendung von formellen Inspektionsmethoden?

Der erste Eye-Opener, den ich bei der Teilnahme an einem Fagan-Prozess hatte, war die Anwesenheit eines speziellen *Moderators*. Dieser Moderator sorgte zum einen dafür, dass alle Inspektionen auf die richtige Weise stattfanden, und erfüllte zum anderen die Rolle als Vorsitzender der Review-Sitzungen. Eye-Opener Nummer 2 war der *Fokus auf Teamwork*. Beim Einplanen des Reviews sollte ich selbst die Review-Mitglieder auswählen. Ich musste ein Team zusammenstellen, das gemeinsam über das richtige Wissen verfügte, um das Dokument zu inspizieren. Außerdem musste die *Rollenverteilung* explizit benannt werden: Wer sollte besonders auf welche Aspekte achten?

Anschließend kam der dritte Eye-Opener, die Bedeutung der *Vorbereitung*. Die Review-Mitglieder erhielten mein Dokument, in dem Zeilennummern am Rand jeder Seite hinzugefügt worden waren. Vor der Review-Sitzung sollten sie das Dokument untersuchen und alle Fehler (*defects*) in einer Fehlerliste eintragen. Dazu musste der Schweregrad (*severity*) angegeben werden: "Major (M)", "Minor (m)", "Frage (?)" oder "Typo (t)". Major bedeutete, dass der Fehler für das Projektergebnis Folgen haben würde. Minor, dass es nicht wünschenswert war, aber keine direkten Folgen für das Projekt entstehen würden. Ein Fragezeichen, wenn es um eine Frage ging und ein Typo, wenn es sich nur um einen Schreib- oder grammatikalischen Fehler handelte. In Abbildung 9.2 können Sie ein Beispiel solch einer Fehlerliste sehen.

Seite	Zeile	Beschreibung des Fehlers (defect)	Schweregrad (severity)			
			M	m	?	t
6	7	Bei Abschnitt "Umfang" fehlen die Teilsysteme für Abteilung x und y.	x			
6	12	Für richtige Abgrenzung sorgen. Momentan ist nicht klar, dass die Wartungsphase nicht zum Projekt gehört.	x			
6	18	Was meinen Sie mit dieser Bemerkung?			x	
7	10	Abbildung der Projektorganisation einfügen.		x		
7	15	Schnittstelle = Projektschnittstelle				x
8	20	Es fehlen zwei Projektergebnisse: Deliverable x und Deliverable y	x			
9	15	Die Reservierung der Testsysteme auch mit in die Planung (Ressourcen) aufnehmen.	x			

Abbildung 9.2   Fagan-Inspektionsfehlerliste

Fagan zeigte mir, wie ineffektiv und unnötig Diskutieren sein kann.

Diese Liste wurde dem Moderator übergeben, der alle Listen zu einer Übersicht der Fehler zusammenfügte, was recht einfach war, da jeder Fehler eine Seiten- und Zeilennummer hatte. Während der eigentlichen Review-Sitzung hatte ich allerdings meinen grössten Eye-Opener! *Ich musste meinen Mund halten!* Der Prozess ist nämlich so aufgebaut, dass das Sammeln von Bemerkungen so effektiv und effizient wie möglich verläuft. Fehler zu sammeln ist das Ziel. Das bedeutet also, dass keine Diskussionen erlaubt waren, wir keine Lösungswege besprechen durften und auch keine Schuldzuweisungen in Richtung derjenigen, die den Fehler verursacht hatten, gemacht wurden. Am Ende der Sitzung erhielt ich die integrale Fehlerliste. Die Prüfer entschieden gemeinsam, auf Grundlage von Exit-Kriterien, ob das Dokument genehmigt würde, nachdem ich die Bemerkungen eingearbeitet hätte, oder ob es abgelehnt werden müsste, da substenzielle Korrekturen und eine weitere Review-Runde notwendig waren. Im ersten Fall, wurde das Dokument offiziell freigegeben, nachdem der Moderator verifiziert hatte, dass die eingereichten Bemerkungen von mir zufriedenstellend verarbeitet worden waren. Siehe Abbildung 9.3 für eine Zusammenfassung des Fagan-Prozesses.

Abbildung 9.3   Schritte des Fagan-Inspektionsprozesses

Motivation, Lernkurve und Wachstum

Egal, ob Sie dem gesamten Fagan-Prozess genau folgen oder nur Teile davon verwenden - es ist interessant zu sehen, wie sehr Prozesse effektiver werden, wenn Sie sich *auf das Wesentliche konzentrieren*. In diesem Fall möglichst viele Fehler zu sammeln. Es ist eine Fähigkeit für sich und es benötigt Know-how und Fokus von allen Beteiligten. Anderseits bemerken Sie so auch, wie oft Menschen ohne ein klare Vision oder einen geeigneten Prozessansatz handeln. Und *dies öffnet dem blinden Abhaken Tür und Tor*. Ohne eine klare Rollenverteilung besteht beispielsweise die Gefahr, dass die Reviewer alle auf dasselbe achten und dadurch wichtige Fehler übersehen werden.

Wie sehr strengen Sie sich an, Aufgaben so zu organisieren, dass deren Fokus auf dem Wesentlichen liegt?

Als Projektmanager mit dem Fokus auf das Endziel haben Sie die noble Aufgabe, sicherzustellen, dass bereits frühzeitig im Projekt jeder fokussiert ist. Und das geht nicht von selbst. Sie müssen kämpfen, um wichtige Aspekte "links im V" erledigt zu bekommen, bevor sie "rechts im V" dringend werden. Schließlich ist doch oft das Gegenteil dessen unser Standardverhalten. Wie der amerikanische Leutnant General John W. Bergman einmal treffend bemerkte:

There's never enough time to do it right, but there's always enough time to do it over.

Bei der Motivation Ihres Umfeldes, um proaktive Inspektionen durchzuführen, könnte Ihnen Folgendes helfen. Ich behaupte, dass die Fagan-Inspektionen für die Qualitätsverbesserung des Dokuments gut, aber für das Wachstum des Autors noch viel besser sind. Tom Gilb, der das Standardwerk *Software Inspection* (Gilb, 1993) schrieb, zeigt anhand einer Studie bei Ericsson aus dem Jahr 1997, dass die Lernkurve eines Individuums durch formale Inspektionen viel höher ist, als mit einem Training oder einer Prozessverbesserung innerhalb

Inspektionen sind gut für das Dokument und noch besser für den Autor.

der Organisation erreicht werden könnte. In Abbildung 9.4 ist zu sehen, dass die Anzahl, der bei der Inspektion gefundenen *Majors,* aufgrund von nur vier aufeinanderfolgenden Lernschritten von 28 auf nur noch 3-5 abnimmt. Ein Phänomen, dem ich durch meine eigene Erfahrung als Autor von beispielsweise Projektmanagementplänen, zustimmen kann. Nach einigen Inspektionen (und viel Lernen durch konkretes Feedback) wusste ich für den nächsten Plan bereits im Voraus: Dieser wird während der Review-Sitzung nur wenige Bemerkungen erhalten. *Fagan-Inspektionen geben Ihnen auch zusätzliches Selbstvertrauen!*

Informelle Review-Techniken
Zusätzlich zu den formellen Fagan-Inspektionen gibt es andere, weniger formelle Methoden zur Bewertung und Verbesserung von Dokumenten. Hierunter eine kurze Beschreibung der wichtigsten Techniken.

Peer-Reviews
Ein Peer-Review ist ein Review durch einen Kollegen, der über denselben Wissensstand wie der Autor verfügt. Peer-Reviews können auf eigene Initiative oder als Teil eines Standardprozesses stattfinden. Sie können beispielsweise vereinbaren, dass neuer Softwarecode erst dann in das

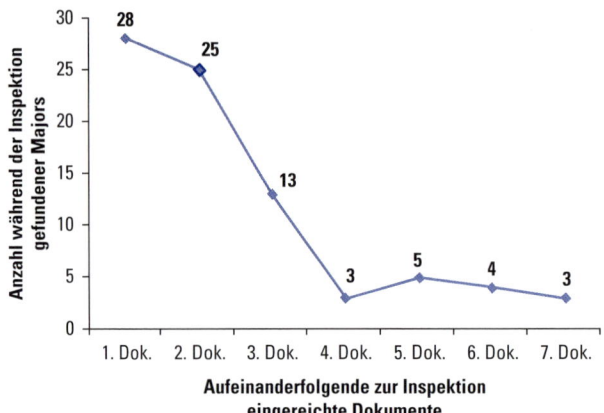

Abbildung 9.4   Lernkurve eines Ericsson-Stockholm Mitarbeiters, gemessen von Tom Gilb (Gilb 1997)

System eingecheckt werden darf, nachdem ein Peer-Review stattgefunden hat. Persönlich halte ich es für sehr nützlich, immer einen Peer-Review durchzuführen, bevor ein Ergebnis fertiggestellt oder getestet wird. Dies ist gut für das Projekt, es ist ein geeignetes Mittel, um voneinander zu lernen, und es leistet einen wichtigen Beitrag zu guter Kommunikation und Zusammenarbeit im Team.

Walkthroughs

Bei einem *Walkthrough* präsentiert der Autor in einer Sitzung den Inhalt des Dokuments, die zugrundeliegenden Ideen, die Erwägungen und die getroffenen Entscheidungen. Der Autor hat hier also, im Gegensatz zur Fagan-Inspektion, eine aktive Rolle. *Das Ziel ist vor allem, Menschen zu informieren und voneinander zu lernen.* Das Finden von Fehlern ist nicht so wichtig wie das Erhalten von Akzeptanz, aber spielt sicherlich auch eine Rolle. Auch bei Walkthroughs lohnt es sich sehr, vorab Rollen zu verteilen.

Distribution für einen Kommentar

Das Dokument ist fertiggestellt und Sie senden es zu einem ausgewählten Personenkreis mit der Bitte um eine Reaktion (auch als *e-mail pass-around review* bezeichnet). Dies ist die informellste Form, die wir alle anwenden und die eine hervorragende Möglichkeit ist, andere zu informieren und inhaltliches Feedback zu erhalten. Ob der andere es allerdings auch liest und Sie ein qualifiziertes Feedback erhalten, hängt vom Interesse des Empfängers und seiner verfügbaren Zeit ab. Und natürlich von der Art und Weise, wie Sie fragen und den Prozess begleiten.

9.3 Das blinde Abhaken mit DfX und agilem Projektmanagement verhindern

In Kapitel 3 haben wir bereits gesehen, wie die kritischen Parameter, Design for X und das agile Projektmanagement für ein frühzeitiges Feedback sorgen. Dies sind somit wunderbare Methoden, um ein blindes Abhaken zu verhindern. In diesem Abschnitt bespreche ich einige Beispiele, wie Sie dies praktisch anwenden können.

Aus kritischen Parametern heraus denken
Wie wissen Sie, ob ein Zwischenergebnis Sie näher ans Endziel des Projektes bringt? Selbstverständlich, indem Sie bei der Fertigstellung kritische Fragen stellen, wie zu Beginn dieses Kapitels beschrieben. Auch ein Review oder eine formale Inspektion unterstützen beim Beseitigen von Fehlern in den Deliverables. Aber Sie erhalten nur direkte Informationen zum verbleibenden Weg bis zum Endziel, indem der Zwischenstatus der kritischen Parameter gemessen und mit dem gewünschten Wert abgeglichen wird. Hierfür verwenden Sie die Trendlinie, die in Abbildung 8.3 wiedergegeben ist.

Design for X-Aktivitäten hinzufügen
Oft müssen Sie aber noch einen Schritt weitergehen, um den Status eines kritischen Parameters zu beurteilen und somit ein blindes Abhaken zu verhindern. Dies erreichen Sie, indem Sie DfX-Aktivitäten hinzufügen, wie wir bereits bei Schritt 3.5 im Planungsprozess (Abschnitt 5.6) gesehen haben. Methoden wie Design for Six Sigma, Design for Testability, Design for Reliability, Design for Manufacturing, Design for Logistics und Design for Serviceability bieten ausreichend Beispiele

Blindes Abhaken zu verhindern, erfordert Mut und Pragmatismus.

für zusätzliche Aktivitäten, um den kritischen Parameter frühzeitig zu kontrollieren. Aber meist findet sich eine Lösung in geifbarer Nähe. Letztendlich geht es immer darum, dass Sie und Ihr Team sich mit Ihrem gesunden Menschenverstand und Kreativität auf die Suche nach Möglichkeiten begeben, um die kritischen Parameter proaktiv zu beurteilen. Auf diese Weise erhalten Sie schnell Ideen dieser Art:

Zu beurteilendes Zwischenergebnis	Zusätzliche Beurteilungsaktivität
• Nutzeranforderungen	⇨ Nutzerbefragung
• Systemanforderungen	⇨ Budget pro Teilsystem bestimmen und Machbarkeit überprüfen
• Systemkonzept	⇨ Modellieren und Leistungen analysieren
• Entwurf	⇨ Testprotokoll erstellen, um die Testbarkeit zu prüfen
• Lieferantenbeurteilung	⇨ Audit ausführen

Zusätzliches Feedback dieser Art verhindert das blinde Abhaken und bewirkt ein frühzeitiges Korrigieren. So würde das TomTom es auch machen. Ein wenig Mut und eine pragmatische

Haltung sind an dieser Stelle günstig. *Mut*, da Sie manchmal zu einem empfindlichen Stadium des Projekts Feedback aus dem Umfeld oder bei den Stakeholdern einholen müssen. Das holen Sie sich nämlich lieber erst später mit dem Endprodukt. Dies ist mit dem Mut zu vergleichen, den Sie für die 10%-Konfrontationsregel anwenden müssen.

Und Sie benötigen *Pragmatismus*. Beim Entwickeln eines neuen Systems in meiner Assembléon-Zeit schlugen die Mitarbeiter einer Prototyping-Werkstatt vor, bereits in der Architekturphase ein Modell des Systems herzustellen, um so die Serviceability überprüfen zu können. Sie wollten nämlich keine Zeit verlieren, erst auf die Fertigstellung der 3D CAD-Modelle warten zu müssen. So kam ich an einem Freitagmittag in die Werkstatt und was roch ich? Holz! Es stellte sich heraus, dass das Team an diesem Tag die vollständigen Systemumrisse in Originalgröße als Modell mit Sperrholz hergestellt hatte! Die Jungs vom Service standen um das Modell herum und probierten aus, wie die Serviceaktivitäten ausgeführt werden könnten. Dies ergab Einblicke, die mindestens genauso viel Wert waren wie Performance-Berechnungen mit komplizierten dynamischen Modellen. *Und es bewirkte, dass Disziplinen, die sich normalerweise weniger mit dem Schreiben und Beurteilen von Dokumenten beschäftigen, sich dennoch in der Architekturphase einbringen konnten.*

Design for X mit der FMEA

"Having no problems is the biggest problem of all", waren die Worte von Taiichi Ohno, dem Gründer des *Toyota Production Systems*, später als die *Lean Manufacturing* Methode weltweit bekannt geworden. Er meinte damit, dass das Entdecken eines Problems nicht negativ ist, sondern eine Verbesserungsmöglichkeit bietet, bzw. ein *Kaizen* (japanisch für "Veränderung zum Besseren"). Ohno ermutigte seine Mitarbeiter, sich bei Fehlern offen, transparent und interessiert zu geben und bei jedem Issue mittels "Ask five times why" so lange zu fragen, bis die Ursache bekannt war.

Diese Offenheit und den Hunger nach Problemfindung haben wir auch bereits beim Review- und Inspektionsprozess gesehen. Probleme suchen anstatt den Verursacher zu bestrafen, ist ein wichtiges Thema bei der Verhinderung des blinden Abhakens. Vor diesem Hintergrund beschreibe ich zwei DfX-Methoden: die FMEA und die HALT-Methode. In diesem Abschnitt folgt zuerst die FMEA (*Failure Mode and Effect Analysis*), die bereits in der Entwurfsphase ans Licht bringt, welche potentiellen Fehlerarten das neue Produkt mit sich bringt. Danach beschreibe ich HALT (*Highly Accelerated Life Testing*), das in der Realisierungsphase verdeutlicht, welche Fehlermodi das neue Produkt hat, um diese Produktschwäche anschließend proaktiv noch vor der Markteinführung ausmerzen zu können.

Die FMEA führt zu proaktiven Handlungen während der Entwurfsphase.

Die FMEA ist im Grunde eine *Risikomanagement-Methode* und befolgt somit den Schrittplan, wie in Abschnitt 8.2 besprochen. Hieran wurden einige Schritte hinzugefügt, die einen *strukturierten Ansatz* bewirken und bei der Erstellung von *Prioritäten* helfen. Vorab wird der zu untersuchende Produktentwurf systematisch in Module aufgeteilt, sodass die

Analyse einfacher und die Reichweite größer wird. Anschließend wird in der FMEA-Sitzung durch ein multidisziplinäres Team inventarisiert, welche Fehlermöglichkeiten mit den dazugehörigen Ursachen entstehen können. Letzteres geschieht systematisch nach der *5-Why-Methode* ("ask five times why"), um die wirkliche Ursache zu entdecken. Für jeden möglichen Fehler wird anschließend untersucht, was die Folgen sind. Hierbei wird die Situation oft "in einem Breakdown" analysiert, bis alle Details verstanden worden sind (wenn dies, dann das, mit der Folge, dass, etc.). Schließlich wird, im Gegensatz zu einer normalen Risikoanalyse, erkenntlich gemacht, was die Entdeckungsmöglichkeiten sind, wenn sich der Fehlermodus doch offenbart. Fehlermöglichkeiten, die sichtbar sind, bevor sie zu schwerwiegenden Folgen führen, haben nämlich eine geringere Auswirkung als nicht erkannte Fehlermöglichkeiten. Das multidisziplinäre Team schätzt anschließend die *Auftretenswahrscheinlichkeit* der Fehlerursache, *Bedeutung der Fehlerfolge* und die *Entdeckungswahrscheinlichkeit* des Fehlers oder seiner Ursache ein. Hiermit kann das Gesamtrisiko des Fehlermodus berechnet werden. Dies nennt sich auch die *Risiko-Prioritätszahl* (RPZ):

RPZ = A × B × E

mit:
A = *Auftretenswahrscheinlichkeit* (Occurrence) *des Fehlers (1 ist niedrig, 10 ist hoch)*
B = *Bedeutung* (Severity) *der Fehlerfolge (1 ist niedrig, 10 ist hoch)*
E = *Entdeckungswahrscheinlichkeit* (Detection) *beim Auftreten eines Fehlers (10 ist niedrig, 1 ist hoch)*

Die Risiko-Prioritätszahl kann dementsprechend Werte zwischen 1 und 1000 annehmen und zeigt, nach dem höchsten Risiko sortiert, mit welcher Priorität die Fehlermöglichkeiten in Angriff genommen werden sollten. Die FMEA-Ergebnisse werden in einer Tabelle, wie in Abbildung 9.5 gezeigt, verarbeitet.

Modul oder Funktion	Potentieller Fehlermodus und Ursache		Potentielle Folge		Aktuelle Kontrollen		RPZ AxBxE	Proaktive Aktion				
	Beschreibung	Auftreten (A)	Beschreibung	Bedeutung (B)	Entdeckungs- möglichkeit	Entde- ckung (E)		Aktion	A	B	E	RPZ
Modul 1	Fehlermodus 1 und Ursache	5	Folge…	10	Detektion…	4	200	Aktion…	3	4	4	48
	Fehlermodus 2 und Ursache	1	Folge…	3	Detektion…	10	30	Aktion…	1	3	4	12
	Fehlermodus 3 und Ursache	2	Folge…	8	Detektion…	6	96	Aktion…	2	4	6	48
	Fehlermodus 4 und Ursache	2	Folge…	2	Detektion…	4	16	keine Aktion	2	2	4	16
	Fehlermodus 5 und Ursache	6	Folge…	10	Detektion…	5	300	Aktion…	2	7	3	42
					Detektion…	2	10	keine Aktion	5	1	2	10

Abbildung 9.5   FMEA-Tabelle mit Fehlermöglichkeiten, RPZ und proaktiven Aktionen (mit einer erwarteten RPZ-Reduktion)

Design for X mit HALT-Tests

Während Sie bei der FMEA auf der Grundlage des Entwurfs "auf Papier" Fehlermöglichkeiten inventarisieren, richtet sich HALT auf das Verdeutlichen dieser Ausfallmöglichkeiten, indem das (Zwischen)Produkt selbst geprüft wird. Im Gegensatz zum "normalen" Test geht es bei dem *Highly accelerated Life Test* nicht darum zu beweisen, dass das Produkt die Anforderungen erfüllt, sondern das Produkt immer schwereren Belastungen auszusetzen, bis es eine Schwachstelle aufweist. Damit handelt es sich nicht um eine Qualitätsbeurteilung für "rechts im V", sondern um eine Design for Realiability Methode, um frühzeitig im Projekt *das Design möglichst robust zu gestalten*.

In Abbildung 9.6 wird die HALT-Methode erklärt. Dargestellt sind die Grenze, an der das Produkt kaputtgeht (Zerstörungsgrenze), und die Belastung, die das Produkt während des normalen Gebrauchs erfährt - beides als Normalverteilung rund um einen Mittelwert zu sehen. Beim HALT-Prozess wird das Produkt (oder lieber ein Prototyp) schrittweise immer höheren Belastungen ausgesetzt. Dies können Vibrationen, hohe Temperaturen oder andere Belastungen sein. Die Belastung wird so lange erhöht, bis die beiden Kurven einander überlappen und das Produkt ausfällt. Dies sind also meist höhere Belastungen, als die, die das Produkt bei normalem Gebrauch erfährt. Die Schwachstellen verbessern Sie anschließend, wonach der Test fortgesetzt und weitere Schwachstellen ans Licht gebracht werden. *Der HALT ist somit keine Qualitätsbeurteilung, sondern eine Methode, um die Fehlermodi kennenzulernen und das Produkt robuster zu gestalten.*

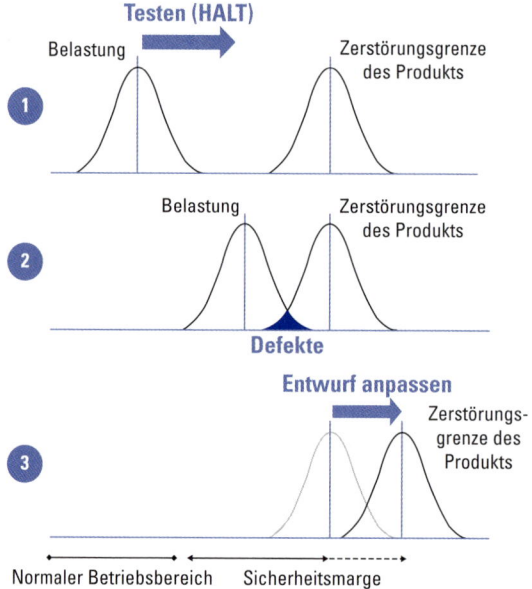

Abbildung 9.6   HALT-Methode: Testen bis zum Ausfall, um den Entwurf robuster zu gestalten.

Das Ergebnis der HALT-Methode sind eine höhere Produktqualität und bessere Vorhersage in Bezug auf den Projektverlauf. Während des Projekts schaffen Sie bereits Situationen, die sonst nur während des Testprozesses oder noch später durch den Endnutzer ans Licht gekommen wären. Hierbei geht es nicht nur um Konstruktionen, die Schaden nehmen, sondern auch um schwer vorhersehbares Systemverhalten. Ich habe selbst mitbekommen, wie ein Systemcomputer bei einem HALT-Test mit immer niedrigeren Temperaturen neu gestartet wurde. Anfangs ging dies noch gut, bis die Temperatur so niedrig war (ungefähr 10 Grad Celsius), dass das System nicht mehr startete und abstürzte; die Festplatte brauchte länger, um in Fahrt zu kommen und war noch nicht verfügbar, als das Motherboard Daten lesen wollte. Indem die Software so angepasst wurde, dass gewartet wurde, bis sich die Festplatte im richtigen Zustand befand, konnte dieses Problem behoben werde. Ein sehr ärgerlicher Fehler für den Endnutzer wurde mit einigen Zeilen Softwarecode verhindert, was oft durch HALT-Tests erreicht wird. Anpassungen, die nur wenige Euros kosten, können zu einer enormen Verbesserung der Systemrobustheit führen. Solange Sie diese Anpassungen ausführen noch bevor sich das Projekt in der Endphase befindet oder bereits fertiggestellt ist!

Wie Agile hilft, blindes Abhaken zu verhindern
Da Agile explizit ein frühzeitiges Überprüfen der Teilfunktionen bewirkt, ist es ein hervorragendes Mittel, um ein blindes Abhaken zu vermeiden. Sie erhalten nämlich nach jedem Sprint Feedback dazu, ob die erbrachten Ergebnisse den Erwartungen des Auftraggebers oder Endnutzers entsprechen. Doch dies bedeutet nicht, dass agile Projekte nicht auch von Inspektionen oder beispielsweise einer Design-FMEA profitieren können. Die Methoden ergänzen einander und bewirken jeweils auf eine andere Weise einen kritischen Blick auf die (Zwischen)Ergebnisse.

Der agile Prozess selbst liefert während der *Projektausführung* eine Qualitätsprüfung pro erreichtem Sprintergebnis. Im Gegensatz dazu wird die *Definitionsphase* von zusätzlichen Inspektionen profitieren, da die Anpassungsfähigkeit des Projekts dazu führen kann, dass der Auftraggeber *beim Bestimmen der Wünsche und Ziele flexibler, also nachlässiger, wird*. Unter dem Vorwand "Wir können ja immer noch rechtzeitig korrigieren." kann es zu einer Haltung kommen, die zu vielen blinden Abhak-Momenten während der Projektdefinition führt. Auch agile Entwickler

können dieser Mentalität verfallen: "Noch nicht robust / fehlerlos / hundert Prozent getestet, aber das wird schon im nächsten Sprint geschehen..." Der Vorteil der Anpassungsfähigkeit in Bezug auf den Markt verwandelt sich in diesem Fall zu einer Flexibilität, um die internen Mängel zu kompensieren. Dies ist vergleichbar mit dem Risiko waghalsiger zu fahren, wenn man in einem sichereren Auto sitzt.

9.4 Testen rechts im V-Modell

Es könnte sein, dass ich mit meinem Augenmerk in Richtung proaktive Führung den Eindruck erwecke, dass die Aktivitäten rechts im V unwichtig sind. Das möchte ich korrigieren. Test- und Verifikationsaktivitäten sind sehr wichtig. Das einzige, was ich vermeiden möchte, ist, dass sie als Sicherheitsnetz gesehen werden und zu Prokrastination führen. *Qualität kann mit Tests nur angezeigt aber nicht realisiert werden.*

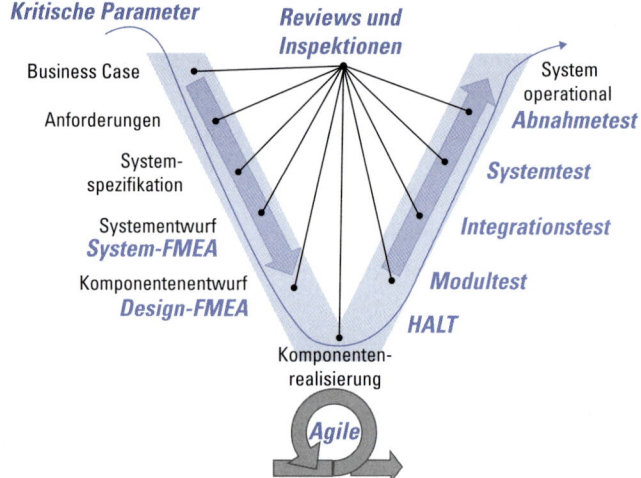

Abbildung 9.7   Methoden, um das blinde Abhaken zu verhindern

Um die Qualität sichtbar zu machen, gibt es mehrere Methoden, abhängig von der Ebene, in der Sie sich im V-Modell befinden. Diese Methoden werde ich kurz erläutern, wobei ich an der Stelle beginne, bei der wir bei HALT aufgehört haben: bei den Tests auf Komponentenebene. Von dort aus arbeiten wir uns "nach oben", bis wir bei den Abnahmetests enden, die zur Zustimmung des Auftraggebers und dem Abschluss des Projekts führen. Dies komplettiert die Übersicht der Methoden in Bezug auf die Verhinderung des blinden Abhakens. Siehe Abbildung 9.7. Sie können die Testmethoden auch im Beispielplan des Achterbahn-Projekts wiederfinden. Bitte besuchen Sie www.roelwessels.com.

Testen auf Komponentenebene
Beim Testen auf *Komponentenebene*, auch unter *Modultest* oder *Unittest* bekannt, geht es um das Testen von fertiggestellten Teilen, noch bevor sie im Gesamtsystem integriert werden. Dies bietet die Möglichkeit, früher und besser lokalisiert die Qualität und das Verhalten von separaten Komponenten zu verifizieren. Außerdem ist es ein Mittel, um die von Lieferanten gelieferten Ergebnisse zu bewerten. Was für einen Systementwickler ein Modultest ist, kann also für einen Lieferanten ein Abnahmetest sein. Testen auf Komponentenebene geschieht auf der Grundlage der Anforderungen des Teilsystems, die während der Dekomposition der Systemanforderungen in Komponentenebenen laut der PBS erarbeitet wurden (siehe Abschnitt 5.4).

Beim Testen von separaten Komponenten benötigen Sie meist eine Testumgebung, die diejenigen Funktionen bereitstellt, die ansonsten das System (Inputs, Interaktion und Feedback) bereitstellen würde, siehe Abbildung 9.8. Diese Funktionen können Sie auf verschiedene Art und Weise zur Verfügung stellen, beispielsweise mit einem mechanischen oder elektrischen Prüfstand, der speziell für das Modul entworfen wurde. Um Softwaremodule zu testen, werden oft *Test-Stubs* verwendet; temporäre Softwarefunktionen, die das Verhalten der fehlenden Systemumgebung imitieren. Hierdurch kann das Softwaremodul dennoch separat (und reproduzierbar) getestet werden. Eine Testumgebung für Software ermöglicht es auch, diese automatisiert zu testen. Das ist oft ein Vorteil, da dieselben Tests bei jeder Produktaktualisierung als Teil der Regressionstests wiederholt werden müssen (siehe Regressionstests weiter unten in diesem Abschnitt).

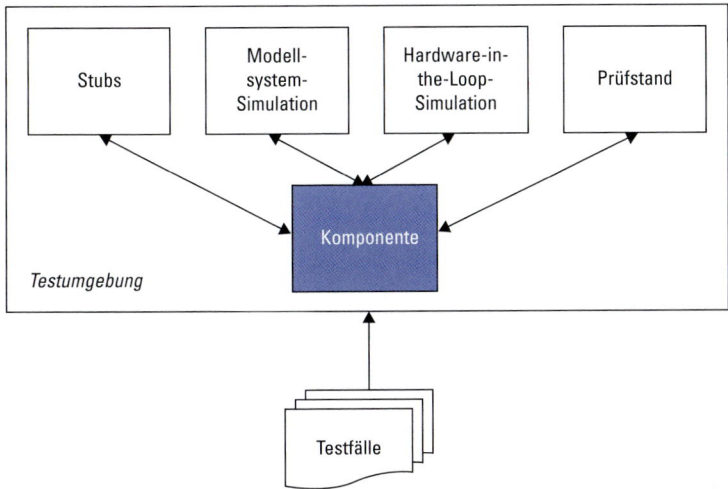

Abbildung 9.8   Testen auf Komponentenebene erfordert eine spezifische Testumgebung

Stubs verfügen oft über eine begrenzte Funktion und werden als erster Test verwendet, um *die Korrektheit und Vollständigkeit der Schnittstellen* zu testen. Ist diese Phase durchlaufen, so kann auch Detailverhalten auf Komponentenebene getestet werden, aber hierfür werden umfangreichere Testinstrumente benötigt. Ein *Modell* beispielsweise, das den Rest des Systems *dynamisch* imitiert. Dies wird auch *Software-in-the-loop-Simulation* oder *Model based testing* genannt. Je nach Komplexität des Modells können Sie die Komponente auf diese Weise einer sehr realistischen Verifizierung unterziehen, bevor der Rest des Systems zur Verfügung steht.

Aber unterschätzen Sie den Aufwand für die Entwicklung des Modells nicht! Diese muss zusammen mit dem Entwurf der Komponente "links im V" stattfinden und bedeutet somit eine erhebliche Vorabinvestition. Ist dies jedoch möglich, so schlagen Sie mehr als nur zwei Fliegen mit einer Klappe. Sie können die Komponenten denjenigen Tests unterziehen, die in der Realität zu gefährlich oder unmöglich gewesen wären. Darüber hinaus können die Tests automatisiert und reproduziert werden. Die Entwicklung von Testumgebungen bedeutet automatisch, dass Sie das Design for Testability anwenden. Letztendlich ist es auch möglich, andere (physische) Module mit dem Modell zu verbinden. Dann wird Software-in-the-loop zu *Hardware-in-the-loop*, bzw. HIL-Simulation. Die Testumgebung wird auf diese Weise immer weiter mit echten Sensoren, Aktuatoren und anderen realen Komponenten erweitert. Sie beschäftigen sich also bereits mit echten Integrationstests.

Abschließend möchte ich kurz auf den Unterschied zwischen *Blackbox- und Whitebox-Tests* eingehen. Ein Unterschied, der vor allem bei Softwaretests gemacht wird. Bei Blackbox-Tests ist die interne Struktur der zu testenden Komponente für den Tester unbekannt.

Die Komponente ist somit eine Blackbox und der Tester prüft vor allem auf (externer) Anforderungsebene. Bei Whitebox-Tests ist die interne Struktur für den Tester hingegen bekannt und sichtbar. Sie testen somit auch das *interne Verhalten* der Komponente. Darüber hinaus darf die Komponente verändert werden, um eine spezifische Funktion zu testen, beispielsweise, indem zusätzlicher Code hinzugefügt wird, der den Wert bestimmter Parameter darstellt. Whitebox-Tests müssen daher von Softwareentwicklern ausgeführt werden und finden vor allem im Modultest unten im V-Modell statt.

Integrationstests

Eine Systemintegration erfordert das Zusammenfügen von Qualität mit Qualität.

Bei der Erstellung des Plans in Kapitel 5 und 6 habe ich bereits die Wichtigkeit eines Integrationsplans betont. Möchten Sie verhindern, dass die Systemintegration zu einem unübersichtlichen *Big Bang* mit einem Tsunami von Problemen, die schwer zu identifizieren sind, wird, so ist es wichtig, das System schrittweise aufzubauen und mit einem Integrationstest zu testen. Sie beginnen mit Modultests und integrieren *Bottom-up* immer mehr Komponenten. Dies bewirkt testbare Zwischenschritte und resultiert in Zusammenfügen von Qualität mit Qualität. Dies benötigt einen detaillierten Integrationsplan. Entwder als Teil des Projektmanagementplans oder als separater Teilprojektplan.

Tests auf Systemebene und der Abnahmetest

Damit gelangen wir dann endlich auf der Ebene an, um die es eigentlich geht: das Testen des systemweiten Verhaltens. Hierbei sind die Systemanforderungen der Leitfaden, die Punkt für Punkt getestet werden müssen. Systemtests geschehen oft in zwei Schritten: FAT und SAT. Der FAT, *Factory Acceptance Test*, ist der Systemtest, den Sie selbst "im Haus" ausführen, bevor das System beim Kunden abgeliefert und installiert wird. Der SAT, *Site Acceptance Test*, erfolgt anschließend am Standort des Kunden. Der FAT wird auch *Alpha-Test* und der SAT *Beta-Test* genannt.

Systemtests kennen außer dem Testen der Grundfunktionalität oft auch einen Safety- und Performancetest. Bei den Safetytests werden alle Sicherheitsfunktionen getestet. Der Performancetest hat zum Ziel, die Leistungen zu testen und Feinabstimmungen vorzunehmen. Dieser Schritt ist meist erst im endgültigen System am Standort des Endkunden möglich. Selbstverständlich werden bei den Systemtests noch Anpassungen am System ausgeführt. Je nach Ausmaß der Veränderungen bedeutet dies, dass Komponenten- und Integrationstests wiederholt werden müssen (Sie durchlaufen erneut einen Teil des V-Modells). Das Ausmaß der Veränderungen möchten Sie durch eine proaktive Haltung natürlich begrenzt halten. Es müssen jedoch immer *Regressionstests* bei Anpassungen ausgeführt werden. Bei einem Regressionstest wird kontrolliert, ob die anderen (nicht angepassten) Systemteile immer noch korrekt funktionieren.

Wenn alle Probleme gelöst sind und die Tests angeben, dass das System vollständig den Anforderungen entspricht, kann der Abnahmeprozess stattfinden. Während dieses Prozesses kontrolliert der Kunde, ob alle Ergebnisse und Teilergebnisse geliefert wurden und führt mit einem *Abnahmetest* einen Check des Systems durch. Das Protokoll dieser Tests, das *Abnahmeprotokoll*, wurde meist zu Projektbeginn während der Vertragserstellung bestimmt. Verläuft alles nach Wunsch, so wird der Auftraggeber das Projektergebnis akzeptieren, die Abschlusszahlungen vornehmen und das Projekt kann beendet werden. Das Projekt tritt nun in die Nutzungsphase ein, in der nur noch - je nach Art des Vertrages - eine Nachsorge erfolgt (Problemlösung, Wartung, Updates, etc.).

Zusammenfassung

- Die Projektion Ihres Detailplans auf den Projekt-Heartbeat erbringt eine dynamische Countdown-Liste. Damit wird die Projektausführung zu einer Frage von Ankurbeln und Abhaken.
- Ihr Gehirn belohnt Abhaken mit einem Dopamin-Schub, der anschließend dazu motiviert, auch die folgenden Ergebnisse zu erreichen.
- Verhindern Sie blindes Abhaken! Eine Aktivität ist erst dann fertiggestellt, wenn diese das gewünschte Ergebnis erreicht hat und dafür sorgt, dass die Route zum Endziel kürzer wird.
- Verhindern Sie blindes Abhaken mit:
  - der richtigen Einstellung
  - Review- und Inspektionstechniken
  - Zusätzlichen DfX-Aktivitäten (FMEA, HALT, etc.) und dem Messen der kritischen Parameter
  - agilem Arbeiten und einem frühzeitigen Testen der Teilfunktionalität.
- Fagan-Inspektionen verbessern sowohl das Dokument als auch die Fähigkeiten des Autors.
- Um das blinde Abhaken zu verhindern wird eine Kultur benötigt, in der das Entdecken von Fehlern stimuliert und nicht bestraft wird.
- Sie erstellen Qualität "links im V-Modell" und demonstrieren diese, indem Sie "rechts im V" testen mit:
  - Tests auf Komponentenebene (Modultests)
  - Integrationstests
  - Systemtests (FAT, SAT)
  - Abnahmetests

10 The Final Countdown

- Wie Sie die Aktivitäten des Heartbeats in Ihren Arbeitsprozess einbauen.
- Warum es wichtig ist, dass Check und Act aus dem PDCA-Zyklus maximal 25% Ihrer Zeit vereinnahmen.
- Das Änderungsmanagement als Grundmechanismus für alle Abweichungen.
- Wie Sie den Projektstatus und die verbleibende Route Ihrem Team und den Stakeholdern visuell kommunizieren können.
- Erlernen Sie, wie Sie verhindern, dass Unsicherheiten Sie und Ihr Projekt lähmen.

In diesem letzten Kapitel werde ich die eigentliche Projektausführung besprechen. Ist das nicht ein bisschen zu spät? Es wäre in der Tat zu spät, hätten wir die Techniken für die Ausführungsphase noch nicht behandelt. Aber Sie werden sehen, dass viele der nötigen Techniken bereits vorgestellt wurden. Es kommt noch besser: Sie haben diese bereits oft in der Definitionsphase angewendet. Obwohl diese Phase hauptsächlich aus vorbereiten und denken besteht, wenn Sie diese nicht mit Handlung und Ausführung kombiniert hätten, wären Sie nicht an der Stelle, an der Sie sich jetzt befinden: beim Beginn der Projektausführung.[12]

Vieles, was wir bisher gelernt haben, wird in diesem Kapitel zusammengeführt und ich werde erklären, wie Sie dies alles in der Praxis anwenden können. Dabei geht es um Effektivität, aber sicherlich auch um Effizienz und Pragmatismus. Denn ansonsten bleibt es nur bei den guten Vorsätzen. Es wird behandelt, wie geplante Arbeiten ausgeführt, Fortschritt angekurbelt und Ergebnisse beurteilt werden. Für die Arbeiten Ihres eigenen Teams, aber auch für die von (externen) Lieferanten. Des Weiteren wird behandelt, wie Sie zu jedem Augenblick den Projektstatus bestimmen und wie Sie diesen für das Projektteam und die Stakeholder darstellen können. Wie gehen Sie mit Änderungen im Projekt um? Änderungsmanagement, mit Tipps, um möglichst wenige Störungen zu erfahren, gehört natürlich zur Ausführungsphase. Schließlich wird diskutiert, wie Sie mit all diesem auch dann fortfahren können, wenn Ihr Projekt viele Unsicherheiten enthält. Denn genau in schwierigen "Schwarze-Pisten-Projekten" besteht die Aufgabe darin, Unsicherheiten planbar zu machen und die Kontrolle über die Route zum Endziel zu behalten.

Der Titel dieses Kapitels lautet: *The Final Countdown*. Es ist praktisch, in der Ausführungsphase mit Begriffen wie Time-to-go, Costs-to-go, Issues-to-go, etc. zu kommunizieren. Ein Abhaken der verbleibenden Arbeiten also, nachdem das Projektergebnis abgeliefert werden kann. Zumindest, wenn die PBS und der Plan korrekt und vollständig sind. Letzteres können Sie während der Ausführung überprüfen, indem die

---

12 Dieses Kapitel verbindet die folgenden Kompetenzen aus IPMA's ICB4: Governance, structures and processes, Conflict and crisis, Results orientation, Scope, Time, Quality, Finance, Resources, Procurement, Plan and control, Risk and opportunity, Stakeholders, Change and transformation.

kritischen Parameter gemessen werden, denn nur diese Parameter bieten einen direkten Aufschluss über den Status in Bezug auf das Endziel. Indem das Projekt als ein *Countdown* betrachtet wird, erhält man einen kontinuierlichen Blick auf "die Landebahn". Je früher Sie auf diesen "Abhakmodus" umschalten können, desto besser. Denn vor allem zu Projektbeginn ist die Wahrscheinlichkeit groß, dass es (unbewusst) zu vielen Verzögerungen kommt.

10.1 Der Projektpfad bis zur Ausführungsphase zusammengefasst

Bevor ich die Ausführungsphase behandele, fasse ich zunächst die vorherigen Kapitel zusammen. Dies verteile ich punktweise auf vier Themen:
1. Ihre Einstellung während des gesamten Projekts
2. Was Sie sofort zu Beginn erledigen (Projektvorbereitungsphase)
3. Proaktives, beeinflussendes und zielgerichtetes Verhalten
4. Wie Sie den Detailplan realisieren (Projekteinrichtungsphase)

Was haben Sie bereits alles getan, wenn die Ausführungsphase beginnt?
Ihre Einstellung während des gesamten Projekts:
- Lernen Sie von Ihrem TomTom. Es geht nur um das Realisieren des Ziels.
- Allein der verbleibende Weg zum Ziel ist wichtig, die bereits gefahrene Strecke gehört der Vergangenheit an.
- Denken Sie agil: Umplanen gehört zum Leben, suchen Sie also immer aktiv nach dem besten Weg zum Ziel. Dies ist ein Fundament der agilen Führung.
- Achten Sie darauf, dass Sie stets unabhängig von Unsicherheiten über einen Plan mit Konsequenzen für das Endergebnis des Projekts verfügen. Denken Sie dabei in verschiedenen Szenarien.
- Sorgen Sie dafür, dass Sie das Informieren Ihrer Stakeholder nicht als Verpflichtung, sondern als Möglichkeit des Beeinflussens sehen.
- Machen Sie beim Kommunizieren mit den Stakeholdern die Konsequenzen für das Endergebnis und das Endziel des Projekts (und das jeweilige Interesse des Stakeholders) deutlich.
- Drei essentielle Elemente müssen Sie - unabhängig von der Haltung Ihres Umfeldes - aus Ihrer eigenen Initiative (und in Ihrem eigenen Interesse) heraus realisieren: die Project Charter (frühzeitige Abstimmung), die PBS (Struktur) und den Heartbeat (Kommunikation und Fortschritt).
- Suchen Sie immer nach frühzeitigen Feedbackmomenten, sowohl auf Projektebene als auch bei der Ausführung der einzelnen Aktivitäten.
- Sich nur auf Fristen zu fokussieren, ist nicht viel mehr als darauf zu hoffen, dass alles gut enden wird. Fokussieren Sie sich stattdessen auf kleinere Zwischenergebnisse (Intakes, Aktivitäten und Deliverables), die zum konstanten Projektherzschlag passen.
- Verhindern Sie beim Abhaken von Aktivitäten und Ergebnissen das blinde Abhaken und somit einen Scheinfortschritt.

Was Sie sofort zu Beginn (der Projektvorbereitungsphase) erledigen:
- Erstellen Sie sofort eine Project Charter, wobei Sie alle Felder ausfüllen. Erledigen Sie dies innerhalb von zwei Stunden und lassen Sie sich vom "Teufel" Perfektionismus weder ablenken noch lähmen. Überraschen Sie sich selbst damit, wie viel Sie bereits wissen und wie Sie mit diesem ersten kleinen Meilenstein die Regie übernehmen können.
- Führen Sie eine Stakeholderanalyse durch. Achten Sie darauf, dass Sie alle Stakeholder miteinbeziehen (nicht nur die Problemfälle).
- Bauen Sie eine Beziehung zu den Stakeholdern auf, noch bevor Probleme auftreten. Überlegen Sie sich daher direkt zu Projektbeginn einen allerersten proaktiven Kontaktmoment mit jedem Stakeholder.
- Achten Sie gut auf die Rollenverteilung zwischen dem Projektmanager (Auftragnehmer) und dem Auftraggeber, indem Sie zwischen dem Projektergebnis und dem Projektziel gut unterscheiden.
- Projizieren Sie Ihr Projekt auf das V-Modell und vergessen Sie nicht, "links im V" im Sinne von "build the right product" und "build the product right" zu investieren.
- Entwickeln Sie eine Strategie und Projektphaseneinteilung und bestimmen Sie, welche Projektteile agil ausgeführt werden sollen.
- Benennen Sie die kritischen Parameter des Projekts und nehmen Sie sich vor, diese während des gesamten V-Modells zu beachten.
- Berücksichtigen Sie zu Beginn des Projekts die Projekt S-Kurve: Motivation, Vertrauen von Seiten der Stakeholder, Einsicht, Organisation und Zusammenarbeit müssen wachsen und sind nicht sofort verfügbar. Sie sind nicht nur Projektmanager sondern auch Veränderungsmanager!
- Verstehen Sie, dass der Projektbeginn die meisten Chancen zum Beeinflussen beinhaltet, aber auch die meisten (unbewussten) Verzögerungen in sich hält. Es muss sofort konzentriert fokussiert werden und *Sie* sind der "Ankurbler".
- Beginnen Sie so früh wie möglich mit dem Ankurbeln des Heartbeats, auch, wenn noch kein Detailplan vorliegt.

Proaktives, beeinflussendes und zielgerichtetes Verhalten:
- Reagieren Sie nicht (aus einem Reflex heraus), sondern agieren Sie (zielorientiert).
- Hartes Arbeiten ist der Faktor 2, kluges Arbeiten der Faktor 10.
- Versuchen Sie immer die Initiative zu ergreifen, auch wenn dies nicht offensichtlich notwendig erscheint (Umdenken).
- Wenden Sie bei den Deliverables die 10%-Konfrontationsregel an, um frühzeitig Feedback zu erzwingen und U-Boot-Verhalten zu verhindern. Auf diese Weise werden Sie automatisch proaktiv und zu einer beeinflussenden Person.
- Wenden Sie das V-Modell auch auf Ihr eigenes Verhalten an und ersinnen Sie stets proaktive Aktivitäten, die das Ergebnis eigentlich schon sicherstellen. Verwenden Sie diese zusätzlichen Vorbereitungsaktivitäten auch, um Ihr Umfeld in den Prozess miteinzubeziehen.
- Wenden Sie Coveys sieben Prinzipien des effektiven Führens an. Vor allem den Einflussbereich, Coveys Quadranten (wichtig versus dringend), das Streben nach Win-Win (das emotionale Beziehungskonto), erst verstehen, dann verstanden werden und Synergien schaffen (das Ganze ist mehr als die Summe seiner Teile).

- Variieren Sie zwischen verschiedenen Führungsstilen.
- Erreichen Sie mit Situativem Führen (S1-S4) die richtige Beziehung zwischen steuerndem und unterstützendem Verhalten - jeweils abhängig von dem Entwicklungsstand (Können, Wille) der Mitarbeiter.
- Motivieren Sie Ihre Teammitglieder, indem die Grundbedürfnisse von Kompetenz, Autonomie und sozialer Eingebundenheit beachtet werden. Beginnen Sie mit dem Motivieren, noch bevor Sie Widerstand erfahren.
- Sprechen Sie aktiv Ihre Wertschätzung für Ihre Mitarbeiter aus und feiern Sie Erfolge.
- Erreichen Sie Kontrolle ohne Mikromanagement, indem Sie die kritischen Parameter beachten und situatives Führen korrekt anwenden.
- Kommunizieren Sie bewusst und aufmerksam. Achten Sie darauf, dass Sie den Stakeholdern in jedem Projektherzschlag über den aktuellen Status samt Konsequenzen für das Endziel berichten können. Wenden Sie dies auch für das Änderungsmanagement und Risikomanagement an. Gehen Sie dabei taktisch und klug vor: Seien Sie nicht transparenter als notwendig und denken Sie vorher darüber nach, wie Sie die Botschaft vermitteln wollen.

Wie Sie den Detailplan realisieren (Projekteinrichtungsphase):
- Die 10%-Konfrontationsregel führt zunächst zu einer Project Charter und der Skizze mit dem Team. Danach haben Sie "alle Zeit der Welt", um den Detailplan zu erstellen.
- Verwenden Sie die Schritte des Planungsprozesses, um Ihr Team und die Stakeholder in die Erstellung des Projektumfangs, des Projektansatzes, der Skizze mit dem Team und des Detailplans miteinzubeziehen.
- Machen Sie im Planungsprozess eine klare Unterscheidung zwischen dem *Verstehen der Projektgröße* (Skizze mit dem Team, Product-Backlog) und dem *Steuern der Ausführung* (Detailplan, Scrum-Board), um frühe Konfrontation, Agilität, Übersicht und Detail auf Aktivitätenebene zu kombinieren.
- Beginnen Sie nicht mit einer "Einkaufsliste", sondern arbeiten Sie mit der PBS strukturiert in Richtung einer kompletten Übersicht von Teilprodukten (Zwischenergebnissen). Die kleinsten spezifizierten Teilprodukte auf der untersten Ebene der PBS können Sie bei Scrum als User-Stories in dem Product-Backlog wiederfinden.
- Ordnen Sie die Teilprodukte der PBS, bis diese mit dem Projektinhalt (beispielsweise Architektur, Technik und Finanzen) und der Projektorganisation übereinstimmen.
- Verbessern Sie die PBS mit DfX-Deliverables, um ein frühzeitiges Feedback zu ermöglichen.
- Erweitern Sie die PBS-Deliverables (das *Was*) mit den WBS-Aktivitäten (dem *Wie*) und verwenden Sie Size- und Effort-Abschätzung. Bei Scrum werden die WBS-Aktivitäten erst vor dem Sprint in der Ausführungsphase vom Team bestimmt, wenn das Sprint-Backlog erstellt wird.
- Verbessern Sie die WBS mit risikoverringernden Aktivitäten und frühzeitigeren Zwischenergebnissen und wandeln Sie individuelle Puffer in einen einzigen Projektpuffer um.

- Integrieren Sie alles in die Skizze mit dem Team - eine Planung auf Deliverables-Ebene. Tragen Sie hier nur die PBS-Deliverables ein, um flexibel Veränderungen anbringen zu können. Die WBS-Aktivitäten werden in dieser Phase "nur" dazu verwendet, die Größe der PBS zu bestimmen (bei Scrum geschieht dies ohne WBS mit dem Planning Poker). Weisen Sie bei Scrum an, welche User-Stories in welchem Sprint realisiert werden müssen. Verbessern Sie zusammen mit dem Team die Skizze mit dem Team und stimmen Sie das Endergebnis mit den Stakeholdern ab.
- Erweitern Sie die Skizze mit dem Team zu einer Detailplanung, worin sich auch alle WBS-Aktivitäten befinden (außer bei Scrum). Verbinden Sie die Aktivitäten sorgfältig und überlegt, um eine kluge Projektschnittstelle "oben" in der Detailplanung zu erhalten. Diese Projektschnittstelle ist das Armaturenbrett, mit dem Sie lenken und die Ergebnisse und Probleme sichtbar machen können.
- Bearbeiten Sie den Plan so, dass er sich für die Ausführungsphase eignet, indem Sie Intakes, Aktivitäten und Deliverables der Detailplanung auf den Heartbeat projizieren.
- Projizieren Sie auch die Trendlinie der kritischen Parameter auf den Heartbeat und nutzen Sie diese, um die Qualität und den Status der Projektergebnisse messen zu können.

Just do it
Wenn das Vorhergehende erfolgreich gemeistert wurde, erwartet Sie nun eine entspannte Ausführungsphase. Also, ja... "entspannt"... lassen Sie es uns mal einen Projektpfad nennen, in dem Sie nicht mehr hinter den Tatsachen herlaufen und eine Überraschung nach der anderen erleben müssen. Ein Projektpfad, in dem Sie die Kontrolle behalten können - auch, wenn das Projekt einen hohen Schwierigkeitsgrad inne hat. Dann sind Sie, wenn wir die Metapher vom Beginn des Buches noch einmal aufgreifen, ein Projektmanager, der sich gerade die Schwarze-Pisten-Projekte heraussucht, weil er dies genießt und sich in seinem Bereich verbessern möchte. Ab jetzt muss in der Ausführungsphase nur noch gehandelt werden: Just do it! Ein proaktives Projektmanagement, bzw. *Design for Execution* ist eingerichtet. Sie sind bestens vorbereitet, um sich agil mit den Entwicklungen im Projektumfeld mitzubewegen, ohne dabei das Projektziel aus den Augen zu verlieren.

10.2 Heartbeat in der Praxis

Die Vorteile eines stabilen Projektherzschlags habe ich ausführlich in Kapitel 8 besprochen. Wir schlussfolgerten, dass es viel bringt, wenn Sie als Projektmanager die Regie beim Ankurbeln des PDCA-Zyklus übernehmen. Denn dreht sich das Schwungrad erst einmal, so arbeitet es für Sie und Ihr gesamtes Umfeld! Ein hoher Rhythmus gibt Ihrer Führung und Kommunikation einen Schub und bewirkt, dass man sich an *Ihre* Aktualisierungszeitpunkte gewöhnt. Dies verhindert störende Fragen von immer wieder anderen Stakeholdern: "Können Sie mir bitte etwas über den Status von ... berichten?" In diesem Abschnitt erkläre ich, wie Sie den Heartbeat in Ihrem Projekt realisieren. Zunächst aber möchte ich auf *"management by..."* eingehen.

Management by objectives und by exception

Zum Leiten von Mitarbeitern und Kontrollieren des Fortschritts erreichen Sie mit dem situativen Führen bereits eine ganze Menge (Abbildung 4.8). Dennoch ist es hilfreich, die Beziehung zu einigen anderen Begriffen zu kennen, die Teil der Reihe "Management by..." sind. Von diesen Begriffen werde ich *"Management by objectives"* (*Führung durch Zielvereinbarung*) und *"Management by exception"* (*Führung nach dem Ausnahmeprinzip*) in diesem Kapitel regelmäßig verwenden. Dies sowohl für die Beziehung zwischen Projektmanager und den eigenen Teammitgliedern als auch zwischen Projektmanager und dem Lenkungsausschuss.

Management by objectives (MBO)
Bei der Führung durch Zielvereinbarungen stellt der Manager gemeinsam mit dem Mitarbeiter die Zielsetzungen fest (das *Was*). Auch die Rückkopplung von Ergebnissen findet im gegenseitigen Einvernehmen statt. Der Mitarbeiter erhält einen Spielraum im Bestimmen der Arbeitsweise (dem *Wie*), was zu einer höheren Motivation und mehr Engagement führt. Der Fokus liegt auf Coaching, Teamwork, Win-Win-Denken und der Übernahme von Verantwortung durch den Mitarbeiter. Führung durch Zielvereinbarung hat viele Ähnlichkeiten mit dem S3- und S4-Führen und passt zum positiven Menschenbild des Theorie Y-Managers (X-Y Theorie von McGregor).

Management by exception (MBE)
Führung nach dem Ausnahmeprinzip basiert auch auf dem gemeinsamen Formulieren der Zielsetzungen. Im Gegensatz zum Führen durch Zielvereinbarung findet das Überprüfen des Fortschritts jedoch nicht durch ein regelmäßiges Feedback und Coaching statt, sondern nur, wenn Abweichungen in Bezug auf die Planung konstatiert werden. *"Kein Bericht ist ein guter Bericht"*. Es geht darum, Freiräume zu schaffen, um selbst Entscheidungen zu treffen und, falls Grenzen überschritten werden, zu eskalieren. Die Folge ist, dass der Ausführende viel Freiraum erhält und dass der Leitende wenig Zeit für die Begleitung aufwenden muss. Die Voraussetzung ist jedoch, dass beide Parteien ein hohes Maß an Aufgabenreife besitzen, denn ansonsten ist ein spätes Eingreifen oder der Verlust von Unterstützung und Vertrauen die Folge. Diese Form passt also zum S4-Führen und legt ebenfalls ein positives Menschenbild zugrunde.

Versuchen Sie bewusst zwischen MBO und MBE zu unterscheiden.

Des Weiteren gibt es noch *Management by direction and control* (entspricht S1-Führung), *Management by delegation* (entspricht S4-Führung) und *Management by walking around* (entspricht S3- und S4-Führung). Insbesondere MBO und MBE sind interessante Führungsformen. Entscheiden Sie sich bewusst für regelmäßige Besprechungen oder sehen Sie nur die Notwendigkeit die Situation zu diskutieren, wenn Abweichungen auftreten? Achten Sie dabei darauf, dass Sie nicht unbewusst in den MBE-Modus abgleiten, beispielsweise, weil Sie und der Auftraggeber keinen Draht zueinander haben oder weil Sie einander aus anderen Gründen meiden. Führung nach dem Ausnahmeprinzip kann zwar hilfreich sein, ist aber nichts für Wegducker! Wenden Sie es nur bei ausreichender Aufgabenreife und gegenseitigem Vertrauen an.

 Wenden Sie Führung nach dem Ausnahmeprinzip unter den richtigen Bedingungen an?

Auch andere Aspekte werden deutlich, wenn Sie zwischen MBO und MBE unterscheiden. Die Projektmanagementmethode PRINCE2 beispielsweise geht von MBE als Grundführungsform aus und ist weitgehend darauf ausgerichtet. Dies gelingt durch klare Vereinbarungen über die Spezifikationen der Teilprodukte, viel Aufmerksamkeit auf die Projektorganisation und die Besetzung des Lenkungsausschusses, die ausdrückliche Autorisierung und Abnahme von Arbeitspaketen und einen klar vorgegebenen Prozess, um die Projektphasen zu initiieren, zu durchlaufen und abzuschließen. PRINCE2 setzt die S4-Führung somit als Standard voraus und schafft mittels eines sehr strukturierten Prozesses und Organisationsstruktur die entsprechenden Voraussetzungen.

Wählen Sie, wie Sie managen möchten
Sollten Sie den Lenkungsausschuss managen? Natürlich. *Managen Sie sich selbst, managen Sie Ihr Team, managen Sie Ihr Umfeld.* Selbstverständlich haben Sie nicht buchstäblich die Kontrolle über die Leitung des Lenkungsausschusses, aber Sie können die Regie über den Berichterstattungsprozess übernehmen und die Art, wie innerhalb der Projektorganisation kommuniziert wird, beeinflussen. Sie werden sehen, dass Ihr Einflussbereich automatisch größer wird…

Ein logischer Ansatz besteht darin, dass Sie als Grundansatz für Ihr Team und Ihre Lieferanten die Führung durch Zielvereinbarung und in Richtung des Lenkungsausschusses die Führung nach dem Ausnahmeprinzip anwenden. Innerhalb Ihres Teams sorgen Sie auf diese Weise für einen hohen Rhythmus, viel Abstimmung und Unterstützung. In Richtung Ihrer Stakeholder schaffen Sie den Freiraum, selbst zu wählen, wann und wie Sie Bericht erstatten. Außerdem sind Sie mit der Führung nach dem Ausnahmeprinzip weniger von dem Führungsstil der Stakeholder abhängig. Achten Sie jedoch darauf, dass Ihre Kommunikation effektiv ist, sodass Sie das Vertrauen der Stakeholder in Sie und Ihr Projekt nicht verlieren. Sollten die Stakeholder mehr Kontakt oder Zusammenarbeit wünschen, so können Sie jederzeit zur Führung durch Zielvereinbarung wechseln. Dieser Grundansatz ist in Abbildung 10.1 wiedergegeben.

Ein Merkmal des Heartbeats ist, dass es während des gesamten Projekts einen hohen Rhythmus gibt, in dem die Projektaufgaben und der Fortschritt aufeinander abgestimmt werden. Dies ist nicht nur für Projekte wichtig, sondern auch für die Leitung von operationalen Prozessen. Siehe *Meeting Pulse* von EOS (Abschnitt 8.4). Eine gute Abstimmung ist nicht dasselbe wie viele und lange Sitzungen. Sie können es jedoch nicht vermeiden, sich zusätzlich zu den bestehenden Sitzungen zuallererst eng mit Ihren Teammitgliedern abstimmen zu müssen. Daher ist es wichtig, dass die Mitarbeiter die Vorteile eines konstanten Heartbeats schnell erkennen und feststellen, dass jede Minute, die sie mit Ihnen verbringen, zu einem besseren

Verständnis der eigenen Aufgaben führt und die Möglichkeit zu Feedback und Coaching bietet. Ein aktiver und entschlossener Ansatz ist an dieser Stelle daher wünschenswert.

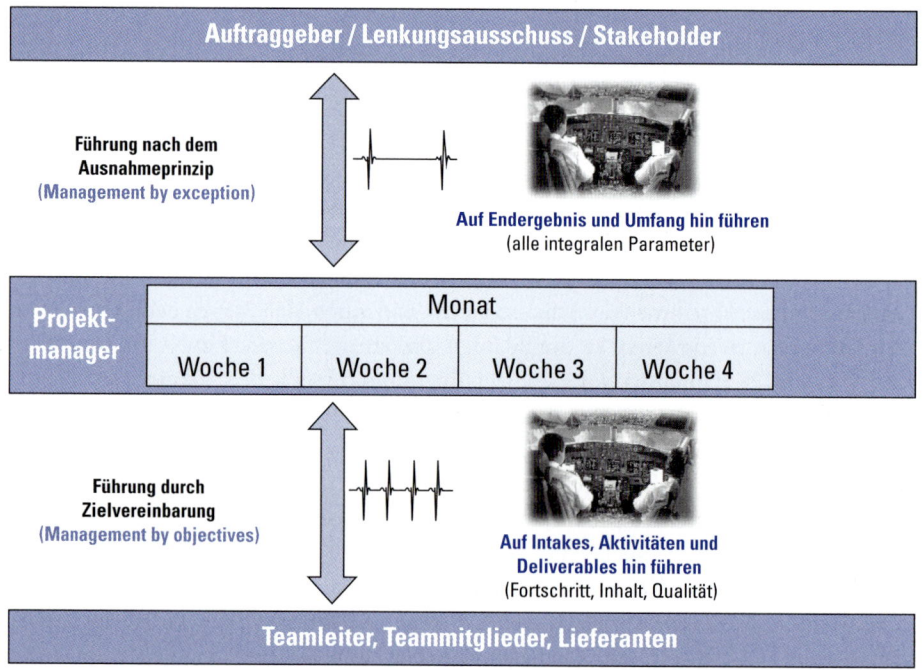

Abbildung 10.1 Abstimmung des Projektmanagers mit dem Team und den Stakeholdern

PDCA ohne einen klaren Ansatz bedeutet von allem nur ein wenig zu erledigen.

Auch für den Projektmanager selbst ist die richtige Entschlossenheit wichtig. Und das wird schon einmal unterschätzt: Abstimmen ist doch ganz einfach, oder? Naja. Die Möglichkeit besteht, dass Sie von allem nur ein wenig erledigen. Und das ist bei aufreibenden Projekten einfach nicht gut genug. Dass Sie am Ende der Woche feststellen, dass Sie von einigen wichtigen Aspekten den Status nicht kennen oder Handlungen nicht in Gang haben setzen können. Oder dass Sie montags das Update von Person X erhalten und donnerstags etwas mit Person Y abstimmen, wobei sich dann zeigt, dass bis dahin so viel geschehen ist, dass Sie sich erst wieder an Person X wenden müssen, um den Zusammenhang zu verstehen. Sie verlieren dann nicht nur viel Zeit, sondern haben immer noch das Gefühl, dass Sie keinen klaren Überblick haben.

Um das PDCA-Schwungrad in Bewegung zu versetzen, habe ich drei Tipps:
- **REGELMÄSSIGKEIT:** Besser regelmäßig kurz abstimmen, als manchmal lang. Planen Sie ein festes Muster der Abstimmungszeitpunkte ein und lassen Sie sich nicht von Bemerkungen, wie: "Wir haben nichts zu besprechen, sollen wir den Termin dann einfach verfallen lassen?" abhalten. Erklären Sie, dass die Besprechung in diesem Fall nur kurz dauern wird, aber dennoch stattfindet. Es stellt sich oft heraus, dass man dann mehr zu besprechen hat, als man zunächst vielleicht denkt.

- **MOMENT:** Versuchen Sie Check und Act aus dem PDCA-Zyklus in einer möglichst kurzen Periode zu realisieren. Ansonsten gehören die Daten zu verschiedenen Statuszeitpunkten und Sie müssen die Informationen ständig aktualisieren! Denn der Status ist nun einmal an einen Zeitpunkt gekoppelt und verändert sich immer wieder. Akzeptieren Sie dies und lassen Sie sich durch die 400-Meter-Zwischenmessung beim 10 km Eisschnelllaufen inspirieren. Wählen Sie daher einen festen Zeitpunkt in der Heartbeat-Periode, zu dem Sie den Status sammeln und Korrekturen abstimmen.
- **INDIVIDUUM gegenüber GRUPPE:** Projektinformationen sammeln, abstimmen und kommunizieren ist ein Prozess, der meist nicht innerhalb einer *One size fits all*-Sitzung realisiert werden kann. Einige Elemente benötigen einen "Unter-4-Augen"-Kontakt mit einem Teammitglied, andere Elemente jedoch erfordern Gruppenarbeit. Denken Sie bewusst darüber nach und verhindern Sie, dass Sie eine Gruppensitzung mit individuellen Diskussionen oder Aspekten, die im Voraus hätten vorbereitet sein müssen, vereiteln. Umgekehrt ist es nicht praktisch, alle Abstimmungen zwischen Teammitgliedern in individuellen Gesprächen zu koordinieren. Denn dann werden Sie zum Postboten für das Team und tragen die vollständige Verantwortung (oder Sie müssen das Spiel "Divide et impera" lieben, aber das passt nun wirklich nicht zum Grundgedanken dieses Buchs).

PDCA in der Praxis mit Ihrem Projektteam

Wie verwenden Sie dieses eigentlich in der Praxis? Die Arbeitsweise, die ich beschreiben werde, ist in Abbildung 10.2 dargestellt und besteht aus fünf Schritten. Sie kombiniert die obigen Tipps und bewirkt einen effizienten Prozess. Die Ausführung dieses PDCA-Ansatzes benötigt maximal 25% der Zeit des Projektmanagers - das klingt doch ganz gut, oder? Dieser Prozess ist meine persönliche Präferenz, aber wenden Sie ihn bitte auf Ihre eigene Art und Weise an. Lassen Sie sich inspirieren und versuchen Sie ihn nicht zu kopieren, denn jedes Umfeld benötigt andere Detailentscheidungen. Die Arbeitsweise kann direkt in traditionellen Projekten angewendet werden. Aber auch bei Scrum beggnen Sie den Elementen der fünf Schritte, wobei jedoch die wöchentlichen Schritte 1-3 in einer einzigen Teamsitzung, die sogar täglich stattfindet, miteinander kombiniert werden: das Daily-Scrum-Meeting.

1. Individuelle Sitzung (Montagnachmittag)

Die individuellen Gespräche haben mehrere Ziele. Zunächst sprechen Sie mit jedem Teammitglied über die zugewiesenen Aufgaben und den realisierten Fortschritt. Des Weiteren liefern diese Gespräche die Detailinformationen, die erforderlich sind, um den Projektstatus zu bestimmen. Schließlich bereiten Sie hiermit die Fortschrittssitzung mit dem Team vor, die einen Tag später stattfindet. Die individuellen Gespräche führen Sie mit Ihren *Direct Reports*. Wenn Sie Projektleiter eines einzigen Teams sind, so beziehen sich diese auf alle Teammitglieder (und die Lieferanten). Handelt es sich um ein größeres Projekt mit Teilprojektleitern, dann führen Sie die Gespräche mit Ihren Teilprojektleitern (und Lieferanten). Auf dieselbe Art und Weise werden diese Teilprojektleiter wieder vergleichbare Gespräche mit ihren Teammitgliedern führen. Mit den Mitgliedern eines Scrum-Teams ist dies selbstverständlich nicht notwendig, da tägliche Scrum-Meetings stattfinden.

① 15 Minuten individuelle Sitzung mit jedem Teammitglied (oder Teilprojektleiter)
② 1-1,5 Stunden Fortschrittssitzung mit allen Teammitgliedern (oder Teilprojektleitern)
③ Update Detailplan
④ Fortschrittsbericht erstellen und zusammen mit Detailplan kommunizieren
⑤ Rest der Woche: im Zentrum des Geschehens anwesend sein

Abbildung 10.2   Der PDCA-Zyklus in der Praxis mit Ihrem Projektteam und Lieferanten

Die Abstimmung von Aufgaben erfordert Aufmerksamkeit und Regelmäßigkeit.

Während der individuellen Gespräche betrachten Sie die vergangene Heartbeat-Periode und schauen in die folgende voraus. Wenden Sie hierbei situatives Führen an. E1-Mitarbeitern schenken Sie mehr Aufmerksamkeit hinsichtlich der Aktivitäten (WBS) und Aufgabenausführung, mit E4-Mitarbeitern besprechen Sie die Arbeit und den Fortschritt auf der Grundlage der Deliverables (PBS) und Projektziele. Beziehen Sie also auch die Mitarbeiter mit einem hohen Niveau an Aufgabenreife in den Rhythmus mit ein. Es stimmt einfach nicht, dass selbstorganisierende Mitarbeiter nicht zu Wort kommen müssen und wenig Aufmerksamkeit brauchen! Mit Lieferanten stimmen Sie die Lieferung ihrer Deliverables, welche für Sie also Intakes darstellen, ab. Hierbei verwenden Sie die Elemente der S3- und S4-Führung.

Im Papierzeitalter verwendete ich als Berichtswerkzeug ein zweiseitiges A4-Blatt, wie dargestellt in Abbildung 10.3. Heutzutage empfehle ich dies mittels der aus der Planung generierten To-do-Liste zu automatisieren. Dies wurde in Abbildung 6.21 in Kapitel 6 besprochen. Sie können die Methode frei wählen, solange Sie die auf die Heartbeat-Perioden projizierte Detailplanung als Ausgangspunkt verwenden. Anschließend übergeben Sie eine Kopie des Blatts an den Mitarbeiter, damit Sie beide über den Plan für die nächste Periode verfügen. Außerdem haben Sie somit alle Informationen, um später den Detailplan zu aktualisieren. So stimmen Sie gemeinsam und klar die Arbeiten und den Fortschritt, basierend auf der Führung durch Zielvereinbarung, ab. Indem Sie kritisch nachfragen, verhindern Sie blindes Abhaken.

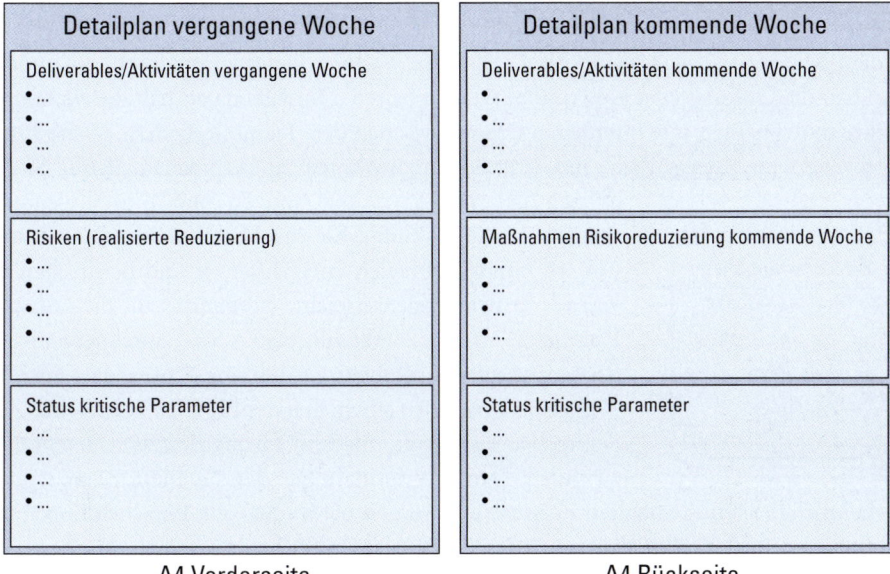

Abbildung 10.3   Führung durch Zielvereinbarung: Fortschritt wird gemeinsam besprochen

Wie lange dauern diese Gespräche? Dies hängt von Ihrer eigenen Zeitplanung und Erfahrung sowie der Ihres Teammitglieds ab. Aber ein gut geführter Prozess führt oft zu überraschenden Zahlen. So hatte ich anfangs vier Teammitglieder und benötigte pro Gespräch eine Stunde. Dies war allerdings etwas lange und ich nahm dadurch (ungewünscht) auch viel Inhalt mit. Anschließend wuchs der Projektumfang auf acht Personen an. Mein Ziel war es, maximal einen halben Tag zu verwenden und jeweils eine halbe Stunde pro Gespräch schien auch auszureichen. Letztendlich hatte ich Projekte mit ungefähr 16 *Direct Reports*, was eigentlich schon das absolute Limit ist. Es war ein harter Prozess und am Montagabend war ich wirklich groggy, aber 16 Gespräche von jeweils 15 Minuten erwiesen sich als möglich und gaben mir wöchentlich einen wunderbaren Einblick in den jeweiligen Status des Projekts!

2. Fortschrittssitzung mit dem Team (Dienstagmorgen)

Indem Sie die individuellen Gespräche vor der Teamsitzung einplanen, werden Sie einige Vorteile bemerken. Zunächst sind Sie selbst enorm gut vorbereitet, wodurch die Rolle als Vorsitzender einfach wird. Weiterhin kennen Sie die meisten Hauptaspekte bereits und verfügen somit über eine hervorragende Agenda für die Fortschrittsbesprechung. Schließlich haben Sie während der individuellen Gespräche die meisten Details, die später zur Anpassung des Detailplans erforderlich sind, bereits gesammelt. Hierdurch kann sich die Fortschrittssitzung auf das konzentrieren, was für die Gruppe sinnvoll ist. Diese Arbeitsweise ist somit ein gutes Beispiel des "Anwendens des V-Modells in Ihrem eigenen Verhalten", wie in Abschnitt 3.5. besprochen.

In 16 Gesprächen von jeweils einer Viertelstunde erhalten Sie enorm viele Informationen.

Die Fortschrittssitzung muss somit nicht länger als nötig dauern. Planen Sie sie beispielsweise vor dem Mittagessen, von 11.00 bis 12.30 Uhr, wodurch jeder automatisch ein Interesse daran hat, die Diskussionen kurz und bündig zu halten. Die Agenda enthält die wichtigsten Aspekte und Themen mit Interdependenzen zwischen den Teammitgliedern. Weiterhin ist dies die perfekte Gelegenheit, um Korrekturmaßnahmen zu besprechen, damit Sie das Wissen des Teams optimal nutzen und die Abstimmung sicherstellen. Verwenden Sie die Diversität des Teams auch, um ein blindes Abhaken zu verhindern und besprechen Sie, was für Auswirkungen erreichte Ergebnisse auf die kritischen Parameter haben. Aktualisieren Sie anschließend die Risikomanagement-Tabelle (Abbildung 8.5), sodass auch das *Risikomanagement* zu einem Teil des PDCA-Zyklus wird. Zum Schluss ist es sinnvoll, mit dem Thema *Änderungsmanagement* zu enden. Damit verhindern Sie, dass Sie hierfür eine separate (wöchentliche) Sitzung abhalten müssen, und sorgen dafür, dass alle Entscheidungen und Handlungen in der Aktualisierung des Detailplans verarbeitet werden können. Das Änderungsmanagement wird ausführlich in Abschnitt 10.3 besprochen. Wie die täglichen Teamsitzungen bei Scrum ausgeführt werden, wird später in diesem Abschnitt unter "Und wie funktioniert das dann bei Scrum?" behandelt.

Entscheidungen zu treffen ist das Eine, an diesen auch festzuhalten ein Anderes.

3. Aktualisierung des Detailplans

Anschließend steht der Dienstagnachmittag ganz im Zeichen der Anpassung des Detailplans im Planungstool, des Erstellens von kurzen und bündigen Protokollen und des Kommunizierens beider Dokumente. Check, Act und eigentlich auch der daraufhin folgende Planungsschritt des PDCA-Zyklus werden hiermit in möglichst kurzer Zeit durchlaufen. Sie haben eine erfolgreiche "400-Meter-Passage" in Ihrem Projekt durchgeführt, einschließlich der Kommunikation der Rundenzeiten und Instruktionen für die folgende Runde. Den Rest der Woche können sich Ihr Team und Sie ganz auf das Ausführen der Arbeiten für diese Runde, das Do der PDCA, konzentrieren.

Tragen Sie alle Aktionen in Ihren Detailplan ein, um einen klaren Überblick zu behalten!

Wenn der Detailplan laut der Tipps aus Abschnitt 6.4 erstellt ist, sollte das Anpassen relativ einfach sein. Außerdem haben Sie durch Schritt 1 und 2 alle Informationen verfügbar: Sie wissen, welche Aktivitäten abgeschlossen sind, welche Teilergebnisse geliefert wurden, wann die Intakes eingeplant sind, wie nicht-fertiggestellte Aspekte korrigiert werden und welche Aktivitäten dem Detailplan noch hinzugefügt werden müssen. Somit ist die Aktualisierung im Planungstool eigentlich zu einer administrativen Tätigkeit geworden, die in einer bis zwei Stunden absolviert werden konnte: Abhaken, Neuplanung und Ergänzung der Teilergebnisse und Aktivitäten. Siehe auch Abbildung 10.4. Diese Abbildung zeigt den Prozess der Neuplanung nicht fertiggestellter Arbeiten, wobei die Intakes, Aktivitäten und Teilergebnisse vertikal pro Woche übereinander dargestellt werden (wie zuvor in Abbildung 8.2 erklärt).

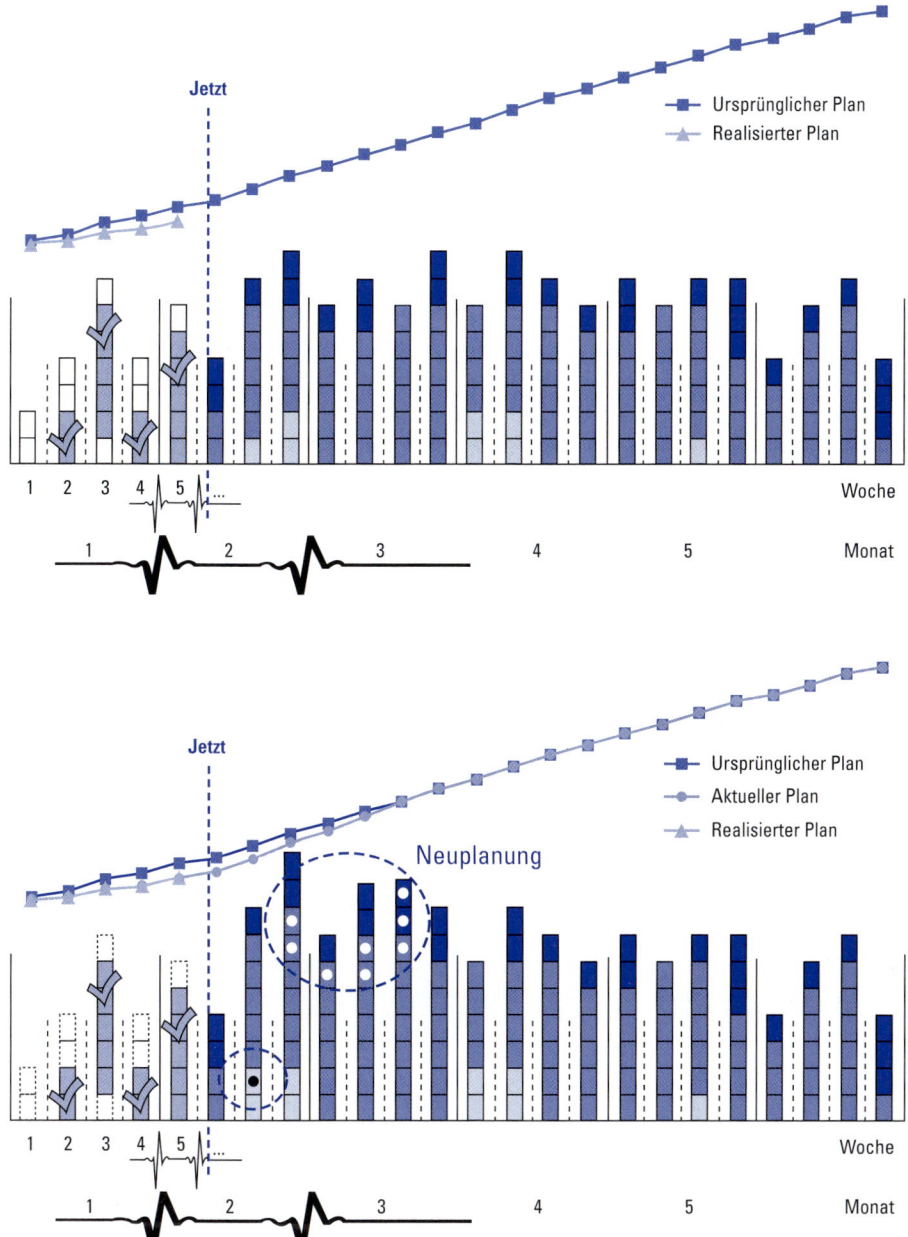

Abbildung 10.4   Der Prozess der Projektstatusbestimmung und die Anpassung des Detailplans

Übrigens denke ich selbst schwarz-weiß und ohne Grauzone, wenn es um die Frage geht, welche Handlungen in den Detailplan eingetragen werden müssen: ALLE!
Mir ist nämlich wichtig, nur eine einzelne klare Übersicht zu pflegen - und das ist der Detailplan. *Die Maßnahmen, die aus dem Risikomanagement, dem Änderungsmanagement und der Aktionsliste der Fortschrittssitzung folgen, füge ich daher auch dem Detailplan hinzu,*

wodurch sie automatisch in der exportierten To-Do-Liste der Mitarbeiter und somit in den individuellen Fortschrittsgesprächen am Montagnachmittag landen.

4. Kommunizieren der Fortschrittsberichte und des Detailplans
Erstellen Sie während des Nachbearbeitens des Detailplans auch sofort den Fortschrittsbericht, sodass Sie die 400-Meter-Passage tatsächlich abschließen können. Dies kann kurz und bündig sein, da der aktualisierte Detailplan bereits die meisten Informationen enthält. In Abbildung 10.5 ist ein Beispiel des Inhalts eines Fortschrittsberichts zu sehen. Beginnen Sie mit einer Auflistung der fertiggestellten Aktivitäten und erzielten Ergebnisse. Danach, was dies für den Status des Projekts bedeutet. Oft eignet sich eine grafische Darstellung am besten. Siehe Abschnitt 10.4 für Anregungen im Bereich von grafischen Statusberichten von Aktivitäten, Ergebnissen, Zeit, Geld, Risikomanagement und Änderungsmanagement. Selbstverständlich ist es wichtig, dass die auszuführenden Arbeiten vor der anstehenden Periode deutlich sind. Dies erreichen Sie durch das Hinzufügen der Aktualisierung des Detailplans (beispielsweise eine MS Projekt-Datei) und der Extraktion von Aktivitäten (meist eine Excel-Datei). Schließlich legen Sie den aktuellen Status der Risikomanagement-Tabelle (Abbildung 8.5), eine Übersicht der offenen Issues und die Entscheidungen im Bereich des Änderungsmanagements vor. Letztere zwei können in Tabellenform wiedergegeben werden, aber bei größeren Projekten wird dies oft ein Verweis auf eine Datenbank sein.

Zum Abschluss noch eine Anmerkung zur *Beschlussliste*. Dies ist ein starkes Hilfsmittel zum Kommunizieren von Beschlüssen, aber vor allem, um diese auch später einzuhalten. Im Gegensatz zur Aktionsliste, auf der, sobald etwas fertiggestellt wurde, dies "vom Radar" verschwindet, bleiben alle Entscheidungen während des gesamten Projekts sichtbar. Dies hilft später, schnell zwischen sinnvollen und unnötigen Diskussionen zu unterscheiden.

- ☐ Ausgeführte (wichtigste) Aktivitäten der vergangenen Periode
- ☐ Gelieferte Ergebnisse (Deliverables) der vergangenen Periode
- ☐ Status des Plans: Status der Aktivitäten und Ergebnisse gegenüber dem Plan
- ☐ Status von Zeit und Budget gegenüber dem Plan
- ☐ Update Detailplan (Anhang): auszuführende Aktivitäten in der kommenden Periode
- ☐ Update Risikomanagement-Tabelle
- ☐ Update des Issue-Status: Test-Issues, Design-Issues, etc.
- ☐ Update des Änderungsmanagement-Status: Änderungswünsche, Impakt, Entscheidungen
- ☐ Aktionsliste
- ☐ Beschlussliste

Abbildung 10.5   Der Inhalt des wöchentlichen Fortschrittsberichts

Datum (Jahr, Woche, Nummer)	Beschlussdetails
2020.02.1	...
2020.15.1	...
2020.15.2	...
2020.17.1	...
2020.18.1	...

Abbildung 10.6   Die Beschlussliste als Teil des Fortschrittsberichts

Verweisen Sie bei neu entfachenden Diskussionen auf die Beschlussliste und fragen Sie, was sich in Bezug auf die Situation von damals geändert hat. Erleben Sie so, was eine einfache Übersicht, wie in Abbildung 10.6, in Ihrem Fortschrittsbericht bei der Kommunikation und beim Verhindern späterer Unruhe und Verwirrung bewirkt.

Mit der Rundsendung des Fortschrittsberichts, des aktualisierten Detailplans und der exportierten To-Do-Listen runden Sie den PDCA-Zyklus dieses Projektherzschlags ab und legen das Fundament für eine reibungslose nächste Runde.

5. Der Rest der Woche: Arbeiten ausführen
Ich erklärte bereits, dass Sie den vollständigen PDCA-Zyklus, von der Schaffung der Übersicht über den Projektstatus bis hin zur Kommunikation des aktualisierten Plans, in 25% Ihrer Zeit ausführen können müssen. Das benötigt allerdings ein wenig Übung und vor allem, dass Sie die Regie übernehmen. Doch gelingt dies einmal, *so sind Sie genauso flexibel und zielorientiert wie das TomTom*. Den Rest der Woche haben Sie "genug Zeit", um Arbeiten aus dem Plan auszuführen und dort Unterstützung anzubieten, wo sie benötigt wird. Sie können ausreichend Zeit auf die *wichtigen* Aspekte verwenden und nur dann auf *dringende* Aspekte eingehen, wenn diese wirklich nicht vorhersehbar waren. Ein praktisches Beispiel also für die Anwendung von Coveys drittem Prinzip.

Und wie funktioniert das dann bei Scrum?
Bei Scrum funktioniert das oben Stehende fast genauso. Der Scrum-Prozess wird Sie jedoch zusätzlich mit den täglich stattfindenden Teamsitzungen beim Konkretisieren von REGELMÄSSIGKEIT, MOMENT und INDIVIDUUM gegenüber GRUPPE unterstützen. Dies bedeutet, dass die Elemente, die wir unter Schritt 1-3 behandelt haben, in die Daily-Scrum-Meetings eingetragen werden. Die Teammitglieder beantworten dabei die folgenden Fragen (Sutherland, 2014):
- Was habe ich gestern getan, um dem Team zu helfen, das Ziel des Sprints zu erreichen?
- Was werde ich heute tun, um dem Team zu helfen, das Ziel des Sprints zu erreichen?
- Welche Hindernisse erkenne ich, die das Team davon abhalten, das Ziel des Sprints zu erreichen?

Die Scrum-Teamsitzung bewirkt sogar eine tägliche Statusaktualisierung (Schritt 1-3).

Das Daily-Scrum-Meeting bietet sofort eine Aktualisierung des Status des Scrum-(Teil)Projekts, wobei visuelle Hilfsmittel, wie ein Scrum-Whiteboard mit beispielsweise magnetischen Scrum-Karten, zum Notieren der User-Stories und Aktivitäten (anstatt von Hilfsmitteln wie in Abbildung 10.3) verwendet werden. Die Sitzung wird vom Scrum-Master unterstützt, wodurch der Projektmanager sich viel mehr auf die Projekt- anstatt die Aktivitätenebene fokussieren kann. Somit bleibt Ihm Zeit, sich um das Vorbereiten der Sprints (vom Product-Backlog zum Sprint-Backlog), die Evaluierung des Prozesses (die Sprint-Retrospektive) und das Schaffen der richtigen Bedingungen für das Team zu kümmern. Muss der Projektmanager bei den Daily-Scrum-Meetings anwesend sein? Dies ist oft keine Präferenz, denn wenn der

Projektmanager die Führung übernimmt, verschwindet die Selbststeuerung des Teams. Die Wahl hängt hier zum Teil von den Kapazitäten des Teams und den Fähigkeiten des Projektmanagers ab, sich als Zuhörer und nicht als Führender zu etablieren (siehe auch Robert Quinns konkurrierende Führungsstile in Abschnitt 4.4).

Obwohl die Teammitglieder selbst täglich kommunizieren, bleibt eine Kommunikation zu anderen Stakeholdern weiterhin wünschenswert. Kommunikation des Statusberichts (Schritt 4) durch den Projektmanager bleibt für eine engmaschige wöchentliche 400-Meter-Passage daher wichtig. Für den Projektmanager liegt die Herausforderung vor allem darin, sich nicht zu sehr von den täglichen Aktualisierungen verrückt machen zu lassen, sondern alles bis kurz vor diesem einen wöchentlichen Kommunikationszeitpunkt nur zu sammeln.

PDCA in der Praxis mit dem Lenkungsausschuss
Wenn der (wöchentliche) Heartbeat auf Projektebene gut läuft, so haben Sie die Kontrolle über das wichtigste Ziel in der Ausführungsphase: das Realisieren der (Teil-)Ergebnisse. Was dann bleibt, ist die Interaktion mit den Stakeholdern. Dies ist ein so wichtiger Aspekt, dass es ratsam ist, jeden Tag etwas Zeit für die Durchführung des Stakeholdermanagements vorzusehen. Doch dies ist etwas anderes, als sich jeden Tag mit (reaktivem) Berichten zu beschäftigen…

Denn vor allem in Richtung der Stakeholder ist es wichtig, einen Rhythmus aufzubauen. Mit dem Ziel, dass Sie nicht ständig gestört werden, aber man geduldig und zuversichtlich auf die folgende 400-Meter-Passage wartet. Der Rythmus dieses Heartbeats ist oft monatlich, obwohl in einem sehr dynamischen Umfeld ein zweiwöchentlicher Rythmus auch nicht ungewöhnlich ist. Eine mögliche Gestaltung des PDCA-Zyklus mit dem Lenkungsausschuss ist in Abbildung 10.7 wiedergegeben.

Bei der Berichterstattung in Richtung des Lenkungsausschusses behandeln Sie andere Informationen als bei der Berichterstattung in Richtung des eigenen Teams. Es geht weniger um die verbleibende Wegstrecke, sondern mehr um die Konseqeunzen für das Endziel. Denn das ist, was die Stakeholder interessiert. *Gelingt Ihnen dies, so steigt Ihr Saldo des emotionalen Beziehungskontos bei den Stakeholdern und man vertraut Ihnen mehr.* Daraus resultiert die Freiheit, den Prozess nach eigenem Ermessen zu regeln. Einmal pro Monat eine gute integrale Statusaktualisierung ist viel effizienter und effektiver als viele über einen Monat verstreute und fragmentierte Statusinformationen.

1. Daten sammeln
Sammeln Sie die Daten einmal pro Periode und in möglichst kurzer Zeit. Oftmals geschieht dies zu Monatsende, da dann die (offiziellen) Zahlen aus anderen Prozessen freigegeben werden, wie beispielsweise der finanzielle Monatsabschluss. Es bringt viele Vorteile mit sich, die (formellen) Daten aus den offiziellen Kanälen zu verwenden: Sie müssen Sie selbst nicht zusammensuchen und Sie bewirken, dass die Zahlen in Ihrem Bericht mit den offiziellen Zahlen übereinstimmen. Sie wären nicht der Erste, der mit viel Stress selbst den finanziellen Status berechnet und dann im Lenkungsausschuss Diskussionen mit dem Controller führen

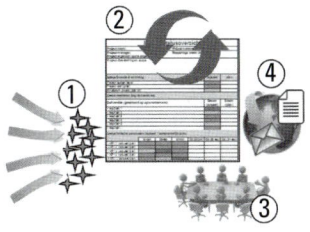

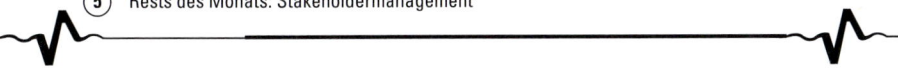

Monat			
Woche 1	Woche 2	Woche 3	Woche 4

① Daten sammeln (Stunden, Finanzen, andere kritische Parameter, etc.)
② Statusübersicht und Präsentation für die Lenkungsausschuss-Sitzung erstellen
③ Lenkungsausschuss-Sitzung
④ Statusbericht (Präsentation) inklusive Statusübersicht kommunizieren
⑤ Rests des Monats: Stakeholdermanagement

Abbildung 10.7 PDCA-Aktivitäten zur Kommunikation in Richtung Lenkungsausschuss in der Praxis

muss, da dieser abweichende finanzielle Zahlen zur Verfügung hat. Seien Sie "bewusst faul" und surfen Sie auf den Ergebniswellen von anderen mit. *Die Regie übernehmen bedeutet nicht, dass Sie selbst in Aktion treten müssen. Oftmals ist es genau das Gegenteil!*

Oft müssen Sie etwas tun, um die richtigen Daten auf die richtige Art und Weise zum richtigen Zeitpunkt zu erhalten. Wenn die Daten am vierten Tag des Monats zur Verfügung stehen, Sie aber schon am dritten Tag Bericht erstatten müssen, dann stehen Sie vor einer Herausforderung. Aber verhindern Sie, das Rad selbst neu erfinden zu wollen. Reden Sie mit dem Controller und erklären Sie, dass Sie die offiziellen Daten für Ihre Berichterstattung verwenden möchten, aber dass diese einen Tag zu spät verfügbar sind. Wollen wir wetten, dass der

Sorgen Sie für eine gute Beziehung zu den Dateneigentümern.

Controller Ihnen zwei Tage vorher eine Zwischenversion zusenden kann, mit der Sie bereits etwas anfangen können? Warum? Da es für einen Controller oft erfrischend und motivierend ist, wenn ein Projektmanager sich nicht über die Informationssysteme beschwert, sondern das Beste daraus macht, um hiermit zu arbeiten. In diesem Zusammenhang ist der Finanzcontroller ein wichtiger Stakeholder in Ihrem Stakeholdermanagement. Eine gute Beziehung bringt Ihnen als Projektmanager viel Freude. Auch dies ist Faktor 10-Verhalten!

Zeit und Geld sind oft Lagging Indicators.

Natürlich sind finanzielle Daten und Aktualisierungen von Meilensteinen sehr wichtig, aber bringen Sie sich bei, in die Monatsberichte auch eine Aktualisierung der übrigen kritischen

Parameter miteinzubeziehen. Denn genau diese *Leading Indicators* sagen etwas über den echten Status der Projektergebnisse aus und helfen bei rechtzeitigen Korrekturmaßnahmen. Zugriff auf eine integrale Datenübersicht zu haben bewirkt, dass Sie eine anständige 400-Meter-Passage absolvieren können. Dies mit einer Statusübersicht, auf die Sie einen Monat lang verweisen können - bis zum folgenden Monatsbericht.

2. Statusübersicht und Präsentation für den Lenkungsausschuss erstellen

Tragen Sie die gesammelten Daten in eine Statusübersicht ein, wobei Sie angeben, inwieweit die Werte mit dem Plan übereinstimmen und was die Konsequenzen für das Endergebnis sind. Sie können dies so gestalten, wie in Abbildung 10.8 wiedergegeben. Diese Statusübersicht ist von der Project Charter abgeleitet und erweitert worden, um während der Ausführungsphase verwendet zu werden. Sie enthält alle Informationen, die den Projektumfang und Projektstatus in Bezug auf das Endergebnis verdeutlichen: Zeit, Geld, wichtige Zwischenergebnissen und den Status der kritischen Parameter. Für diese letzte Kategorie sind Zielsetzung (ursprünglicher Plan) und realisierter Wert (aktueller Status) in der Zeit sichtbar gemacht, wodurch sich auf den Trend während des gesamten Projektpfads des V-Modells konzentriert werden kann. In der Statusübersicht können Sie selbstverständlich auch mit der Ampel-Methode arbeiten: Unterlegen Sie das Feld mit dem aktuellen Wert grün, orange, rot auf der Grundlage des Wertes in Bezug auf den (ursprünglichen) Plan.

Wenn Ihre Projektstatusübersicht in Ordnung ist, können Sie eigentlich jede Lenkungsausschuss-Sitzung führen. Sie sind gut vorbereitet, verstehen den Projektstatus auch quantitativ gesehen und kennen den besten Weg bis zum Endpunkt. Ihnen bleibt nur noch die Aufgabe, dieses kurz und bündig in einem Statusbericht wiederzugeben. Oftmals ist dies eine Präsentation, die Sie während der Lenkungsausschuss-Sitzung geben. In dieser Präsentation werden die Daten aus der Statusübersicht besprochen und Sie suchen den Dialog mit dem Lenkungsausschuss hinsichtlich Änderungen, Risikomanagement und anderer Entscheidungsfindungen. Denn vielleicht haben Sie Vorschläge zu einer "alternativen Route" oder es müssen wichtige Entscheidungen vom Auftraggeber getroffen werden. Logische Themen für den Statusbericht befinden sich in Abbildung 10.9. Versuchen Sie die Präsentationsstruktur jeden Monat ähnlich zu halten. Am besten mit einer Folie pro Thema. So gewöhnt sich Ihr Publikum an Ihren hohen Rhythmus, Ihre starken 400-Meter-Passagen, und der Lenkungsausschuss wird Sie den restlichen Monat in Ruhe lassen. Beispiele für die graphische Eintragung des Statusberichts folgen in Abschnitt 10.4.

Verändern Sie sich selbst von einem Berichterstatter in einen Beeinflusser.

3. Lenkungsausschuss-Sitzung

In Abschnitt 2.3 schlussfolgerten wir: "Das Informieren Ihrer Stakeholder ist keine Verpflichtung, sondern eine Chance." Die Chance erhalten Sie jetzt während der Berichterstattung an den Lenkungsausschuss. Erfahren Sie, wie Sie durch eine gute Vorbereitung zu einem Beeinflusser werden. Dies erreichen Sie, indem Sie bereits im Vorhinein eine gute Projektstatusübersicht erstellen, aber auch, indem

Projektstatusübersicht			
Projektname:		**Projektnummer**	
Projektmanager:		**Berichtswoche: 2020.xx**	
Auftraggeber:			
Projektziel und Umfang:			
Finanzstatus und Timing		**Aktuell**	**Plan**
Projektbudget [Euro]			
Projektstunden [Stunden]			
Enddatum des Projekts [Jahr.Woche]			
Status der Ergebnisse (wichtigste Deliverables)			
Deliverable (sortiert nach Liefermoment):		**Datum (aktuell)**	**Datum (Plan)**
- Ergebnis 1			
- Ergebnis 2			
- Ergebnis 3			
- Ergebnis 4			
- Ergebnis 5			
- Ergebnis ...			

Status der kritischen Parameter (aktuell / ursprünglicher Plan)						
	31.01.	28.02.	31.03.	Q2 (30.06.)	Q3 (30.09.)	Q4 (31.12.)
- KPI 1 (aktuell/Plan)	(.../...)	(.../...)	(.../...)	(.../...)	(.../...)	(.../...)
- KPI 2 (aktuell/Plan)	(.../...)	(.../...)	(.../...)	(.../...)	(.../...)	(.../...)
- KPI 3 (aktuell/Plan)	(.../...)	(.../...)	(.../...)	(.../...)	(.../...)	(.../...)
- KPI 4 (aktuell/Plan)	(.../...)	(.../...)	(.../...)	(.../...)	(.../...)	(.../...)
- KPI ... (aktuell/Plan)	(.../...)	(.../...)	(.../...)	(.../...)	(.../...)	(.../...)
- KPI ... (aktuell/Plan)	(.../...)	(.../...)	(.../...)	(.../...)	(.../...)	(.../...)
- KPI ... (aktuell/Plan)	(.../...)	(.../...)	(.../...)	(.../...)	(.../...)	(.../...)
- KPI ... (aktuell/Plan)	(.../...)	(.../...)	(.../...)	(.../...)	(.../...)	(.../...)

Abbildung 10.8   Monatliche Statusübersicht zur Kommunikation auf der Ebene des Lenkungsausschusses

Sie das *Stakeholdermanagement während* und *vor* einer Sitzung anwenden! Sorgen Sie, dass die Mitglieder des Lenkungsausschusses nicht von Ihrer Präsentation überrascht werden. Eine vorherige kurze, 15 Minuten dauernde Abstimmung mit einem kritischen Mitglied des Lenkungsausschusses kann Wunder bewirken und macht aus einem Gegner einen Verbündeten. Bereiten Sie die Mitglieder auf das vor, was Sie zu sagen haben, und auf die Entscheidungen, die diese treffen müssen. Beachten Sie dabei, dass "Recht haben" etwas anderes ist, als "Recht bekommen" und verwenden Sie Quinns konkurrierende Führungsstile. Wechseln Sie zwischen den Rollen des Direktors, Produzenten, Vermittlers, Innovators, Unterstützers, Koordinators und Überwachers.

- ☐ Status Phasen und Timing (aktuell gegenüber Plan)
- ☐ Status Wichtigste Deliverables (aktuell gegenüber Plan)
- ☐ Status Finanzdaten (aktuell gegenüber Plan)
- ☐ Status kritische Parameter (aktuell gegenüber Plan)
- ☐ Status Ressourcen (aktuell gegenüber Plan)
- ☐ Status Projektrisiken
- ☐ Änderungsmanagement und andere zu treffende Entscheidungen

Abbildung 10.9   Inhalt des Statusberichts (Präsentation) für den Lenkungsausschuss

4. Kommunizieren des Statusberichts und der Statusübersicht

Schließen Sie die 400-Meter-Passage stark ab, indem Sie nach der Lenkungsausschuss-Sitzung die Präsentation mit den getroffenen Entscheidungen und der Projektstatusübersicht den Mitgliedern des Lenkungsausschusses und den übrigen Stakeholdern übergeben. Hiermit haben Sie Ihren PDCA-Zyklus abgerundet und Sie haben die Hände für die folgende Periode des Heartbeats frei.

5. Für den Rest des Monats: Stakeholdermanagement

Indem Sie in kurzer Zeit die Statusanalyse, Berichterstattung und Kommunikation durchlaufen, haben Sie sich den Rest des Monats für wichtige Aspekte freigemacht: das proaktive Stakeholdermanagement. Die Qualität Ihrer Projektstatusübersicht und Ihre eigenen Führungsqualitäten bestimmen dabei, ob es Ihnen gelingen wird, keine zwischenzeitlichen Analysen mehr durchführen zu müssen. Verweisen Sie in der Mitte des Monats entschlossen auf die Statusübersicht der vergangenen Periode oder lassen Sie sich zu einem "Zwischenstand", der eigentlich keine zusätzlichen Informationen liefert, aber viel Zeit in Anspruch nimmt, verleiten? Dies wird ein Wachstumsprozess sein, aber Sie haben schon die Grundlage gelegt, um sich von einem Projektberichterstatter in einen Projektbeeinflusser zu verändern.

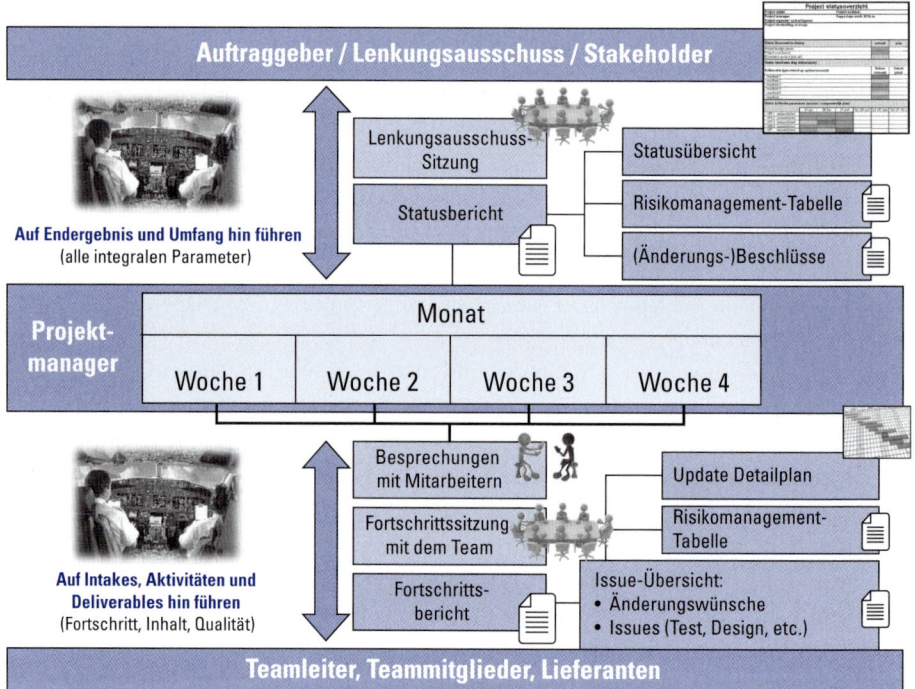

Abbildung 10.10 Gesamtübersicht der Aktivitäten und Berichte für das Projektteam und die Stakeholder

10.3 Änderungsmanagement

Das Einzige, was sich nicht verändert, ist die Tatsache, dass sich alles immer wieder verändert, auch in Projekten. Darum können Sie einen noch so guten Detailplan haben - wenn Sie Änderungen am Projektumfang nicht erkennen oder besprechen, so werden Sie die gewünschten Projektziele nicht realisieren. Der Projektumfang wird anfänglich in der Project Charter festgelegt und später im Projektmanagementplan - dem Vertrag zwischen Projektmanager und Auftraggeber - formalisiert. Das *Änderungsmanagement* ist der Prozess, der eine kontrollierte Durchführung von Änderungen gewährleistet.

Auch wenn Änderungen für den Umfang des Projekts keine Auswirkungen haben, müssen sie beherrscht werden; z.B. wenn ein Projektmitarbeiter zu einem anderen als dem eingeplanten Tag verfügbar ist, hat dies für das Projektergebnis keine Folgen, muss aber kommuniziert werden. Und abgeschlossene Projektergebnisse können verändert werden, um Verbesserungen durchzuführen: Die Änderung muss keine Schlagzeile auf der Titelseite sein, aber muss dennoch richtig koordiniert und dokumentiert werden.

Änderungen selbst sind nicht das Problem, sondern deren unkontrollierte Durchführung.

Obiges zeigt bereits, dass Änderungen nicht unbedingt schlecht sein müssen. Sie gehören zum (Projekt)Leben dazu. Es gibt sogar Änderungen, die Ihrem Projekt helfen. Daher ist es nicht ratsam, sofort abwehrend zu reagieren, wenn Änderungen den Projektumfang oder Ihren Detailplan bedrohen. Dies ist zwar ein Schutzverhalten, aber auch unflexibel und weder im Interesse des Auftraggebers noch des Projektziels. Der moderne Projektmanager ist gerade dadurch gekennzeichnet, dass er mit Änderungen professionell umgehen kann oder sie *selber* initiiert, wenn dies für das Projektergebnis besser ist. Und dass dieser die eigenen Interessen und die der Stakeholder dabei integral mit einschließt - konform zu Coveys Win-win-Denken. Nicht nur in agilen, sondern auch in traditionellen Projekten.

Der Änderungsprozess und das Change Control Board (Änderungsausschuss)
Um die Änderungen strukturiert zu bearbeiten, ist es ratsam, den Änderungsprozess aus Abbildung 10.11 anzuwenden. Dieser Prozess basiert auf gesundem Menschenverstand. Die Herausforderung liegt vor allem in der Ausführung: dem Erkennen, dem Analysieren, der Entscheidungsfindung, der richtigen Kommunikation, und... den Prozess bereits von Projektbeginn an aktiv zu verwenden! Denn tun Sie Letzteres nicht, so wird das Änderungsmanagement eine reaktive *Damage Control* anstatt proaktivem Management. Für das TomTom Beispiel aus Kapitel 2 würde das bedeuten, dass Sie erst dann Änderungsmanagement beginnen, wenn die Ankunftszeit bereits 10.03 Uhr beträgt, anstatt direkt bei der ersten Anpassung von 9.48 Uhr auf 9.51 Uhr (Stau auf der Strecke). Achten Sie also darauf, dass Sie jede Änderung sofort bemerken und direkt im selben Schlag des Heartbeats in Aktion kommen.

> **?** *Reagieren Sie ad hoc auf Änderungen oder leiten und führen Sie im Hinblick auf diese aktiv?*

Der Änderungsprozess ist also eigentlich ein Standardzyklus, bzw. *Change Lifecycle*, den jede Änderung durchlaufen muss: Einreichen, Evaluieren, Entscheidungen treffen und Durchführen. Indem diese Momente des Lifecycles eine Statusbezeichnung erhalten, wird es möglich, den Status und Fortschritt zu überwachen. Achten Sie daher bitte darauf, dass sich alle Änderungswünsche separat in einer Liste oder Datenbank befinden und schauen Sie wöchentlich vor der Fortschrittssitzung, welche Änderungen neu sind, welche evaluiert sind und eine Entscheidung benötigen und welche umgesetzt wurden. *So erreichen Sie, dass aus einem störenden und unsicheren Prozess doch noch ein überschaubarer und beherrschbarer wird.*

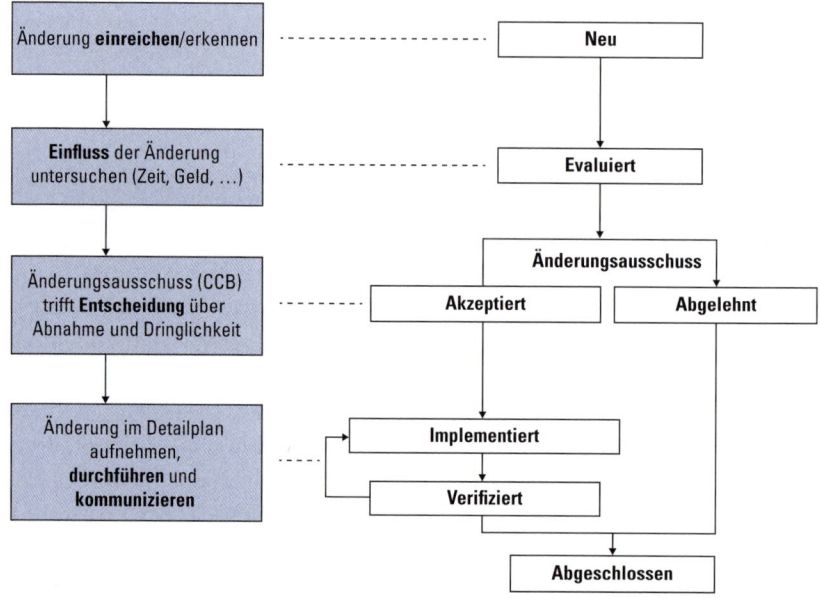

Abbildung 10.11   Der Änderungsprozess (links) und die dazugehörigen Statusbezeichnungen (rechts)

Benennen Sie das CCB so früh wie möglich und sehen Sie, dass dies Zeit, Geld und Ruhe bringt.

Wer hat im Änderungsprozess die Kontrolle? Der Projektmanager, Sie also, aber Sie sind nicht alleine. Dafür gibt es das *Change Control Board (CCB)*, in PRINCE2 auch *Änderungsausschuss* genannt. Das Change Control Board entscheidet, setzt Prioritäten und verwaltet die Datenbank (oder Liste) mit Änderungen. Das CCB mus entsprechend dieser Aufgaben zusammengesetzt sein. Für Änderungen, die innerhalb des Projektumfangs fallen, gibt es ein *Projekt-CCB*. Sie sind selbst ein Teil von diesem und werden weitere Mitglieder ernennen, die inhaltlich die Auswirkungen der Änderungen verstehen (beispielsweise ein Architekt), sowie Mitglieder, die verstehen, was die Folgen für das Endergebnis beinhalten (beispielsweise ein Produktmanager). Es ist praktisch, das Projekt-CCB direkt vor oder nach der Fortschrittssitzung stattfinden zu lassen, sodass Sie die Unterstützung des Teams haben und alle Daten aktuell sind, wenn Sie den Detailplan anpassen. Bei Scrum geschieht dies meist im Daily-Scrum-Meeting. Das CCB bestimmt, ob neu eingereichte Änderungswünsche analysiert werden müssen, und beschließt in Bezug auf Abnahme, Implementierung und Dringlichkeit. Obwohl dies wie ein zusätzlicher Aufwand aussieht, ist das Projekt-CCB ein effektiver und effizienter Mechanismus. Sie verhindern, dass Änderungen unkoordiniert stattfinden oder nicht kommuniziert werden. Oder dass Teammitglieder, obwohl gut gemeint, vom Plan abweichen, ohne dass sie eine Gesamtübersicht haben. Für den technischen Check ist nämlich wichtig zu wissen: Bringt die Änderung keine unvorhersehbaren negativen Nebenwirkungen mit sich? Mit dem CCB verdeutlichen Sie Rollen und Verantwortungsbereiche und Sie integrieren das Änderungsmanagement in die Projekt-PDCA.

Für Änderungen, die den Projektumfang verändern, gibt es ein *CCB auf Lenkungsausschuss-Ebene*. Dieses CCB hat oft dieselbe Zusammenstellung wie der Lenkungsausschuss, wodurch Änderungsentscheidungen logischerweise meist während der monatlichen Berichterstattungen an den Lenkungsausschuss stattfinden.

Änderungsmanagement in der Praxis
Wenn ich einen Projektmanager frage, warum das Projekt kein CCB hat, erhalte ich oft die Antwort: "Wir haben kaum Änderungswünsche vom Kunden, können es also ad hoc machen." Im Hinterkopf hängt an einem formellen Änderungsmanagement eine bürokratische Hürde, die man nur dann überspringen will, wenn es wirklich nicht anders geht... Eine verpasste Chance. Denn wenn man darauf achtet, dann wimmelt es in jedem Projekt nur so von Änderungen, auch wenn diese oft nicht bewusst sind oder unbemerkt bleiben. Eine scheinbar kleine Änderung des Kunden kann eine Lawine von Änderungen in den Teilkomponenten verursachen! Darüber hinaus kann sich eine Änderung, die zwar den Projektumfang nicht beeinflusst, trotzdem auf den Plan auswirken.

Denken Sie beispielsweise an ein Teammitglied, das jede Woche die vereinbarten Arbeiten nicht fertiggestellt hat, da es Probleme, die beim Testen festgestellt werden, sofort löst. Auf der einen Seite ist dies ein gutes Beispiel für Eigeninitiative, aber müssen alle Probleme wirklich gelöst werden? Und falls ja, ist dies dann mit einer hohen Priorität zu verbinden? Ebenso kommt es vor, dass Teammitglieder das Produkt mit Leidenschaft schöner gestalten, als es gewünscht ist. Auch dies könnte gepriesen werden, aber die Frage bleibt, ob dadurch

Auch wenn eine Änderung den Umfang nicht verändert, kann sie sich dennoch auf den Plan auswirken.

nicht wichtigere Aufgaben liegenbleiben, ob der Auftraggeber dies so überhaupt will oder ob er dann vielleicht zusätzlich zur Kasse gebeten werden muss. *Better is the enemy of good!* Kurz gesagt, Eigeninitiative von Teammitgliedern ist wertvoll, aber wenn Sie als Projektmanager keine Kontrolle mehr über das *Was* Ihres Projektes haben, so haben Sie ein Problem. Indem nicht nur Änderungswünsche des Kunden, sondern alle zusätzlichen Aufgaben und Deliverables als Änderungen gesehen werden, erhalten das Änderungsmanagement und das Projekt-CCB plötzlich eine komplett andere Position im Projekt. Dann haben Sie einen

Detailplan, der alle bestehenden Vereinbarungen anspricht, und einen Änderungsprozess, der, angetrieben vom Heartbeat, immer dafür sorgt, dass Änderungen dem Detailplan transparent und kontrolliert hinzugefügt werden. In Scrum werden diese Vereinbarungen selbstverständlich im Product-Backlog (als User-Stories und Defects) festgelegt und werden die Aufgaben mit hilfe des Scrum-Boards (Sprint-Backlog) im Sprint-Planning-Meeting und in den Daily-Scrum-Meetings abgestimmt.

Um es noch konkreter zu machen, habe ich in Abbildung 10.12 vier Änderungsarten wiedergegeben. Zwei davon haben eine Auswirkung auf den Projektumfang (Mehrarbeit und mehr liefern als angefragt). Die zwei anderen spielen sich innerhalb des Projektumfangs ab. Das Projekt-CCB hat alle Änderungselemente wöchentlich auf dem Radar. Indem Fragen gestellt werden, wie "Wer oder was war der Verursacher?" "Benötigt dies zusätzliche Arbeit?" und "Bringt diese Änderung dem Kunden einen Mehrwert?" können Sie ableiten, ob Entscheidungen auf Projekt- oder Lenkungsausschuss-Ebene getroffen werden müssen, und wie Sie die Interessen des Kunden aber auch insbesondere Ihres eigenen Projekts schützen können.

Änderungsart	Ursache	Einfluss auf den Plan	Einfluss auf den Wert für den Kunden	Rolle Projekt-CCB (Vorsitz: Projektmanager)	Rolle Lenkungsausschuss-CCB (Vorsitz: Auftraggeber)
Mehrarbeit ausführen	Wunsch des Kunden	Arbeit nimmt meist zu	Nimmt zu	Untersucht Konsequenzen und bereitet Beschluss vor.	Trifft Entscheidung (inkl. Anpassung des Projektumfangs).
Rückschlag (technisch, organisatorisch) auffangen	Diverses	Arbeit nimmt zu oder die Ausführung wird gestört	Gleich (falls Rückschlag gelöst wird)	Trifft Entscheidung und löst das Problem innerhalb des Projekts. (keine Anpassung des Projektumfangs)	Keine. Den Lenkungsausschuss nur hinzuziehen, wenn der Kunde der Verursacher ist oder wenn der Rückschlag großen Einfluss auf das Endergebnis hat. Nutzen Sie jede Gelegenheit, den Lenkungsausschuss über erfolgreiche Korrekturen zu informieren.
Software Bugs, Testprobleme und andere **Issues**	Testergebnisse, Inspektionen, etc.	Keiner, im Voraus veranschlagt (in gewissem Umfang)	Gleich (falls Issue gelöst wird)	Trifft Entscheidung und löst das Problem innerhalb des Projekts. (keine Anpassung des Projektumfangs)	Keine. Den Lenkungsausschuss nur hinzuziehen, wenn die Probleme viel größer sind, als veranschlagt wurde.
Mehr als gefordert liefern	Chance nutzen oder "Vergolden"	Arbeit nimmt meist zu	Nimmt zu (aber nicht auf Wunsch des Kunden)	Bereitet Entscheidung vor und verhindert "gratis" Mehrarbeit.	Trifft Entscheidung, ob die Anpassung des Projektumfangs (extra Zeit oder Geld) genehmigt wird.

Abbildung 10.12   Änderungsarten und deren Konsequenzen für die Weiterverfolgung durch das Projekt-CCB (innerhalb des Projektumfangs) und das Lenkungsausschuss-CCB (außerhalb des Projektumfangs)

Die Kontrolle behalten, wenn unerwartete Ereignisse auftreten

Ein gut funktionierender Änderungsprozess verhindert demnach, dass Sie gegen die Tatsachen anrennen. Indem Sie sich den Änderungen nicht widersetzen, sondern diese berücksichtigen, behalten Sie in einem dynamischen Umfeld die Kontrolle. Dass das Übernehmen der Kontrolle Vorteile mit sich bringt, verdeutlicht Abbildung 10.13. Anstatt zuzulassen, dass alle Änderungen die täglichen Arbeiten Ihres Teams stören, können Sie deren Auswirkung auch enorm reduzieren: durch Filtern, Bestimmung ihrer Dringlichkeit und das Planen von *Modifikationsphasen* bereits im Voraus. Denn auch wenn Sie nicht wissen, *was* sich verändern wird, so können Sie dennoch vorab berücksichtigen, *dass* sich etwas verändern wird. Schätzen Sie die Größe ein, reservieren Sie ein "Veränderungsbudget" und planen Sie Modifikationsphasen. Indem Sie nur kritische Probleme sofort lösen (und so zulassen, dass diese den Plan stören), können Sie verhindern, dass die übrigen Korrekturmaßnahmen dies auch tun. Natürlich nur, solange die Größe dieser Maßnahmen nicht das prognostizierte Veränderungsbudget überschreitet. Ein gutes Faktor 10-Hilfsmittel, das zeigt, dass Sie auch in einem traditionellen Umfeld agil arbeiten können!

Auch wenn Sie nicht wissen, was sich verändert, so können Sie dennoch einplanen, dass sich etwas verändert.

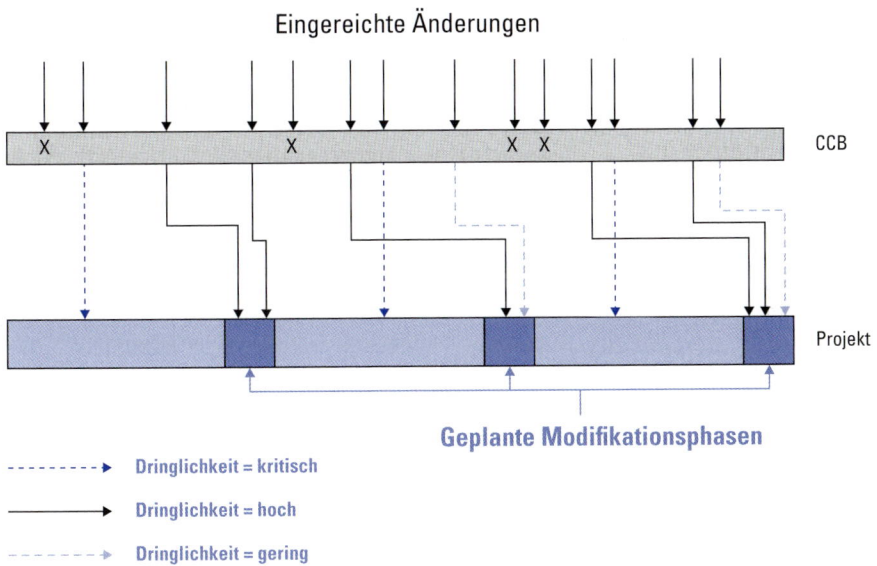

Abbildung 10.13   Störungen reduzieren, indem Sie vorab Änderungen berücksichtigen

Umdenken: Entwickeln ist eine Folge von Änderungen

Zum Abschluss lege ich die Latte etwas höher. Wenn Sie umdenken, könnten Sie sagen, dass der Lifecycle einer zu entwickelnden Funktion vom Augenblick an, wenn er noch eine Anforderung ist, bis hin zur Abnahme durch den Auftraggeber auch einen Änderungsprozess durchläuft (Abbildung 10.14). Hier gibt es nichts Unerwartetes, denn Sie haben alles bereits geplant. Aber diese Denkweise kann sinnvoll sein, den Status und Fortschritt sichtbar zu gestalten und Arbeiten zu autorisieren. Denn wenn Sie alle zu entwickelnden Funktionen in einer Übersicht haben, pro Element den Status eintragen und während der Fortschrittsgespräche anpassen, erhalten Sie eine Übersicht, mit der Sie einfach den Projektstatus und die verbleibenden Arbeiten sichtbar machen können.

Etwas zu entwickeln ist eigentlich auch ein Änderungsprozess.

Sicherlich bei Softwareentwicklungsprojekten funktioniert dies aufgrund der großen Menge an unabhängig voneinander zu implementierenden Funktionen, aber kann beispielsweise auch beim Einkauf und Zusammenbau eines Prototyps verwendet werden. Indem hier Statusbezeichnungen hinzugefügt werden, wie *definiert, bestellt, empfangen, eingebaut* und *getestet*, können Sie auf der Teile-Ebene sehen, was noch nicht geliefert ist oder was noch getestet werden muss. Selbstverständlich benötigen Sie für diese Art der Änderungen kein CCB, denn die Arbeiten wurden bereits während der Genehmigung des Projektmanagementplans autorisiert. Sie können die Teammitglieder also selbst den Status anpassen lassen, wenn diese ein Element fertiggestellt haben (z.B. in einer Scrum-Board-ähnlichen Übersicht mit Statusspalten), und dies während der wöchentlichen individuellen Besprechungen diskutieren. Auch dies ist ein Beispiel für agiles Arbeiten in einem traditionellen Umfeld.

Auf dem Markt sind viele Tools vorhanden, mit denen Sie selbst den gewünschten Lifecycle definieren können und die diesen gesamten Prozess automatisieren (Statusänderung, Statusanalyse und Kommunikation via E-Mail mit den Beteiligten im Falle einer Statusmodifizierung). Darüber hinaus haben Sie vielleicht bemerkt, dass das Änderungsmanagement auf diese Weise genau dem *Konfigurationsmanagement* entspricht. Sie kennen nämlich den Status und somit den Inhalt (Konfiguration) aller Teilergebnisse und Endprodukte. Der Änderungsprozess kann auf diese Weise einfach zu einem *Konfigurations- und Versionsmanagement-Prozess* erweitert werden.

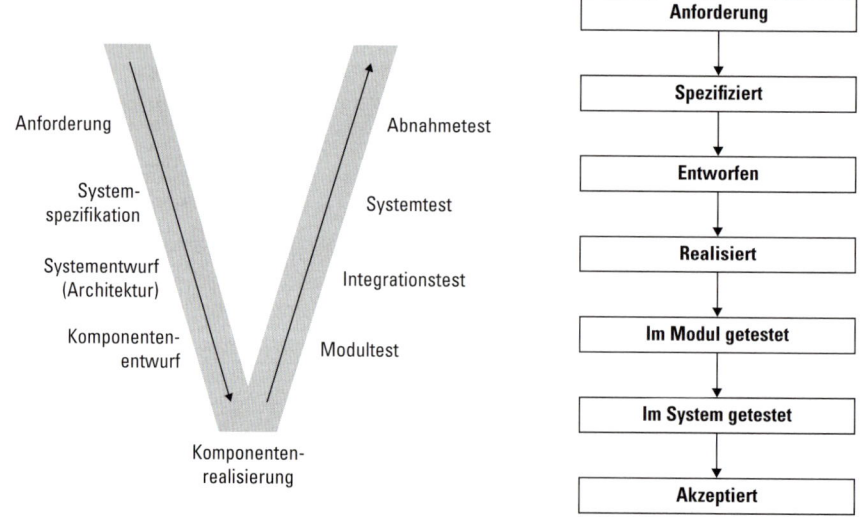

Abbildung 10.14 Der Entwicklungs-Lifecycle von der Anforderung bis zum Endergebnis

10.4 Status und verbleibende Route sichtbar machen

In Abschnitt 10.2 habe ich erklärt, wie Sie den PDCA-Zyklus mit Ihrem Team und dem Lenkungsausschuss praktisch ausführen können. In diesem Abschnitt beschäftige ich mich mit Beispielen, wie Sie den Status und die verbleibenden Aufgaben grafisch darstellen können. Lassen Sie sich inspirieren und erfahren Sie, wie dies Ihnen beim Leiten Ihres Teams und Kommunizieren mit den Stakeholdern helfen kann.

Es erfordert eine gewisse geistige Arbeit, aber es ist wichtig, *Daten in Informationen zu verwandeln*. Wie geben Sie den Projektstatus an? Wie erreichen Sie, dass der Statusbericht von den Stakeholdern verstanden wird? Wie verdeutlichen Sie nicht nur die Folgen, sondern auch die Ursache? Wie zeigen Sie die Auswirkung von Änderungen am Projektumfang an? Wie agieren Sie serviceorientiert in Richtung der Stakeholder, aber sorgen auch dafür, dass diese die von Ihnen gewünschten Handlung ausführen?

Gutes und praktisches Berichten ist ein Fach für sich. Immer den Projektabschnitt zeigen, der die Fragen der Stakeholder beantwortet, aber auch zu entsprechenden Folgemaßnahmen führt. Dies benötigt Einschätzungsvermögen und Präsentationsfähigkeiten. Obwohl es keine einzelne umfassende Methode gibt, gebe ich gerne den folgenden Ratschlag: *Sorgen Sie dafür, dass Sie die Nachricht mit nur einer Abbildung vermitteln können*. Eine Abbildung für das Projekttiming, eine für die Finanzen, eine für offenstehende Probleme, etc. Diese Abbildung darf

Ein kluges Berichtsformat verhindert, dass Sie sich verteidigen müssen.

sicherlich Details enthalten, muss aber vor allem begreifbar sein und die Schlussfolgerungen unmissverständlich darstellen. Dies bewirkt, dass Sie in kürzester Zeit Ihr Anliegen darlegen können und während der Besprechungen die Kontrolle behalten. Denn übernimmt der Lenkungsausschuss die Regie, so befinden Sie sich ungewollt in einer Verteidigungsposition. Die Wahl des richtigen Berichtsformats ist ein weiteres Beispiel für Faktor 10-Verhalten.

Berichterstattung an das Projektteam

Es wird Sie sicherlich nicht überraschen, dass meine bevorzugte Methode zur Statusanalyse und Berichterstattung darin besteht, die PBS bzw. WBS auf den Heartbeat zu projizieren. Denn nur dann zeigen Sie die wirklich fertiggestellten und verbleibenden Aufgaben. Viele andere Analysemethoden gehen von dem Budget aus, "was haben Sie bereits ausgegeben" und "was haben Sie demnach noch übrig". Wenn Sie keine WBS haben, haben Sie keine andere Wahl, als diesen Ansatz zu verwenden, aber dann können Sie auch

Erfahren Sie die Stärke einer grafischen Abhakliste pro Zielgruppe.

nicht verdeutlichen, ob die verbleibenden Arbeiten wirklich in das verbleibende Budget passen. Siehe auch Abschnitt 8.1 zur meilensteinorientierten Führung. Die Grundlage für die grafische Berichterstattung an die Teammitglieder ähnelt daher der Grundlage für das individuelle Gespräch aus Abschnitt 10.2. Die Heartbeat-getriebene Extrahierung von

Intakes, Aktivitäten und Deliverables in Tabellenform können Sie einfach in eine grafische Variante wie in Abbildung 10.15 umsetzen.

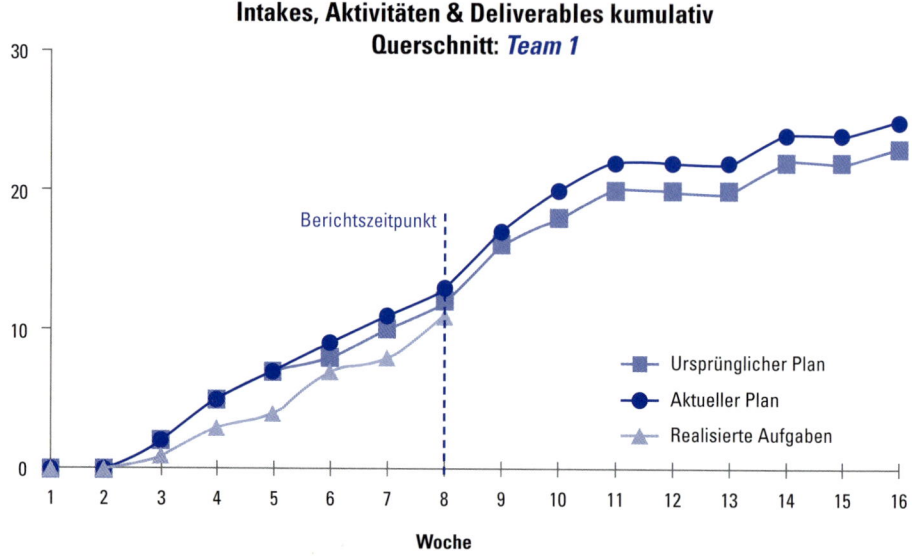

Abbildung 10.15   Kumulative wöchentliche Übersicht von geplanten und realisierten Aufgaben

Welche Elemente aus dem Detailplan verwendet werden, bestimmen Sie selbst. Fügen Sie eine Spalte *Tracking* zu Ihrer MS Projekt-Datei (oder anderen Applikation) hinzu und geben Sie pro Aufgabe an (Ja/Nein), ob Sie diese in die Extraktion (Abbildung 6.21) und den grafischen Bericht (Abbildung 10.15) mitnehmen wollen oder nicht. In ähnlicher Weise können Sie andere Querschnitte erstellen, wie den dargestellten Status der Aufgaben eines Teilteams oder nur die Aufgaben, die benötigt werden, um den Prototypen zu realisieren (Abbildung 10.16). Erfahren Sie die Stärke des Aufteilens Ihres Berichts pro Zielgruppe. Je spezifischer dieses Aufteilen ist, desto schneller wird man sich identifizieren können und die Übersicht als Hilfsmittel mit offenen Armen empfangen. Weiterhin können Sie sehen, dass der Bericht auch sichtbar macht, ob die Anzahl der Aufgaben (der Projektumfang) seit dem Projektbeginn zugenommen hat (aktueller Plan versus ursprünglicher Plan).

Erfahren Sie die Stärke eines Countdown Prozesses.

Zusätzlich zu diesem kumulativen Wochenbericht sind Berichte sinnvoll, die den Status *während der Ausführung eines spezifischen Teilergebnisses* anzeigen, wie beispielsweise ein Scrum-Sprint oder ein Testprogramm. In Abbildung 10.17 befindet sich ein *Scrum-Burndown-Bericht*. Dieser zeigt den täglichen Fortschritt des Sprintprozesses an und wird während des Daily-Scrum-Meetings aktualisiert. Sie sehen, wann Aufgaben (Tasks) erledigt werden und was die Auswirkungen auf den Sprint-Backlog sind. Auch die noch zur Verfügung stehenden Arbeitsstunden des Teams werden wiedergegeben. Ein Sprint-Burndown passt sehr gut in Ihren wöchentlichen Fortschrittsbericht. Ebenso können Sie andere Berichte

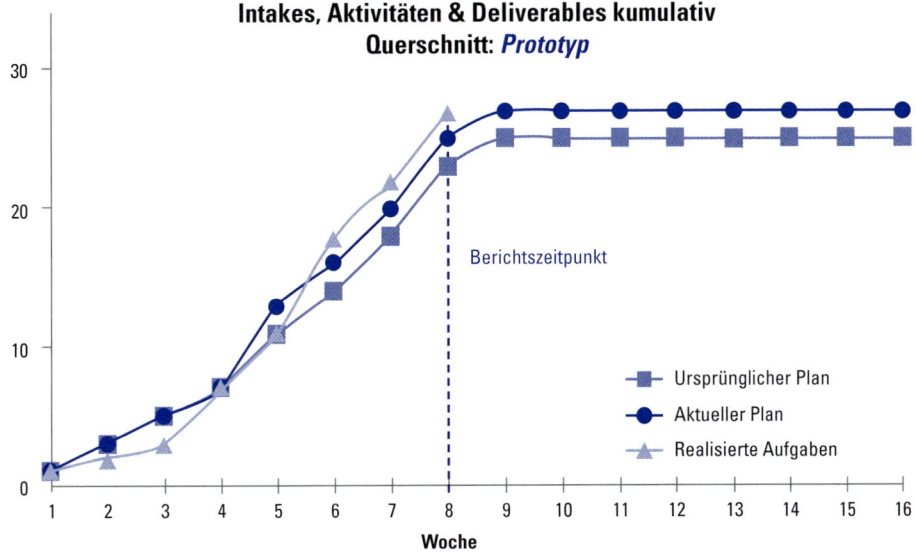

Abbildung 10.16   Bericht mit den zur Realisierung des Prototyps benötigten Aufgaben

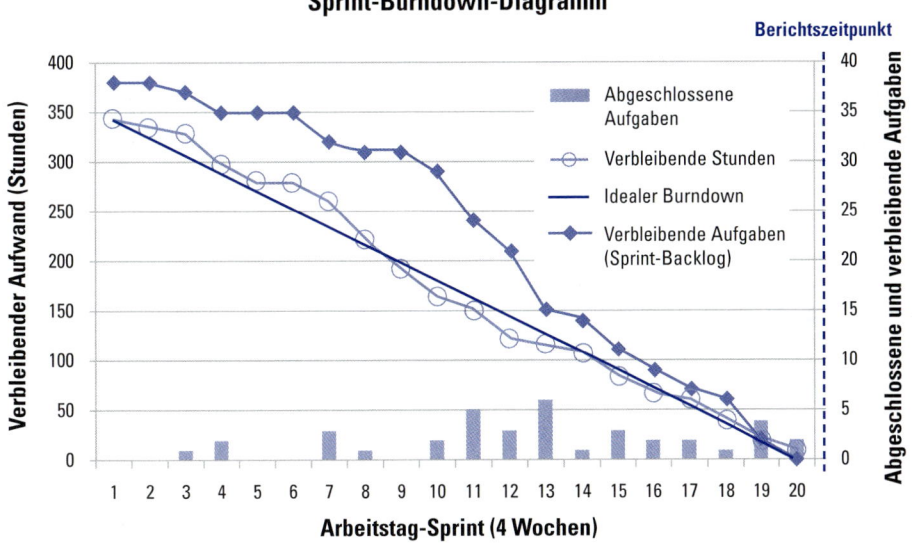

Abbildung 10.17   Scrum-Burndown-Bericht mit Sprint-Backlog und verfügbaren Stunden

auf der Grundlage des *Countdown-Prinzips* erstellen, wie beispielsweise der Fortschritt bei der Verfügbarkeit von benötigten Materialien für den Start eines Montageprozesses oder der Fortschritt eines Testprogramms (Abbildung 10.18).

Sie müssen nicht alles wissen, um den Status verdeutlichen zu können.

Diesen Abschnitt über die Berichterstattung an das Projektteam möchte ich abschließen, indem ich erkläre, wie Sie den Status und die erforderlichen Handlungen auch bei

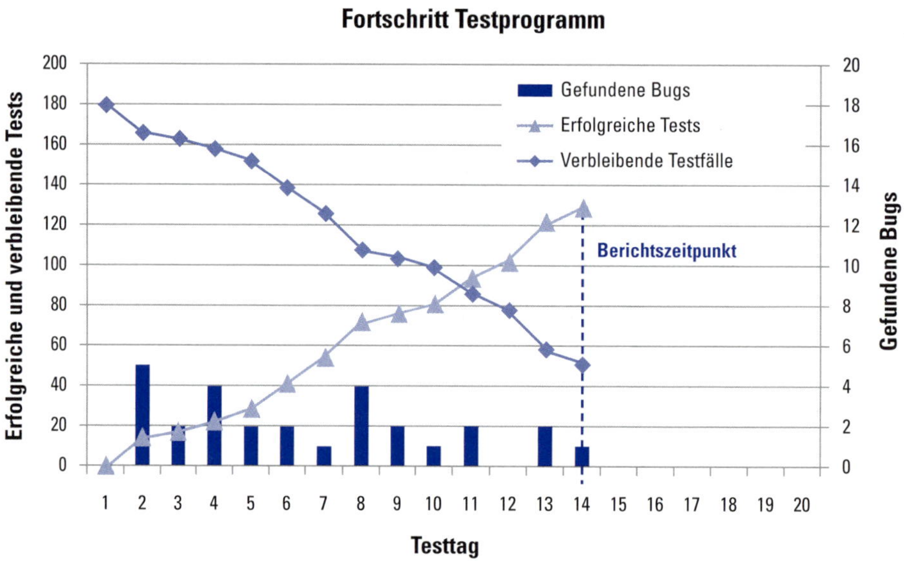

Fortschritt Testprogramm

Abbildung 10.18 Der Fortschritt eines Testprogramms dargestellt als ein Countdown-Prozess

Prozessen, die schwer zu planen sind, sichtbar machen können. In Abbildung 10.19 sehen Sie ein sogenanntes *Maturity-Grid*. Diese Darstellung zeigt deutlich und auf einen Blick den Status von 21 Problemen, die noch gelöst werden müssen, und zeigt an, welche Probleme Priorität haben (erst die dunkleren, danach die heller eingefärbten Felder). Vertikal steht der Fortschritt des Problems auf der Grundlage der 8D-Methode (hierzu mehr in Abschnitt 10.5) und horizontal, welche Auswirkung das Problem für den Kunden hat. Der Maturity-Grid zeigt, dass Sie auch bei Unsicherheit einen Einblick in den Status geben und somit anzeigen können, wo der Fokus liegt und die Handlungen sein müssen.

Berichterstattung an den Lenkungsausschuss

Bei der Berichterstattung an den Lenkungsausschuss können Sie natürlich dieselben Übersichten wie bei der Berichterstattung an das Projektteam verwenden. Doch der Fokus ist ein ganz anderer, nämlich der Status in Bezug auf das Endziel und auf die Steuerung des Projektumfangs. Hierzu gehören zusätzliche Übersichten.

Die erste Ansicht, die ich Ihnen mit auf den Weg geben möchte, ist eine sehr offensichtliche, aber oft unterschätzte: die Projektübersicht aus Abbildung 10.20. Diese Übersicht ist eine Weiterentwicklung der Projektstrategie aus dem Planungsprozess, den wir in Kapitel 5 (Abbildung 5.16) behandelt haben. Mit Farben und der Verlängerung von Aktivitäten bei einer Verzögerung lassen Sie auf einen Blick die Gesamtansicht und das Zeitraster des Projekts erkennen. Selbstverständlich können Sie auch die Meilensteine hinzufügen. Diese Ansicht eignet sich sehr gut als erste Darstellung, um eine Übersicht zu bieten und die Problembereiche zu identifizieren.

Zur Detaildarstellung des Projekts können Sie die kumulative Statusübersicht der Projekt-Deliverables zeigen, wie dies auch auf der Teamebene geschieht (Abbildung 10.15 und 10.16). Wählen Sie hier jedoch andere Querschnitte, wie *alle* Projekt-Deliverables oder die

Maturity-Grid

8D Fortschritt \ Schweregrad des Problems	Sicherheits-problem	System außer Betrieb	Schwere Produktions-unterbrechung	Leichte Produktions-unterbrechung	Kein Einfluss auf die Produktion	Gesamt
1D-2D Keine Sofortmaßnahme		2		1	1	4
3D Ursache unbekannt	1	1	1	2		5
4D Lösung unbekannt			1		2	3
5D Lösung noch nicht implementiert	1	1	1	2		5
6D Wiederholung des Problems immer noch möglich		2	2			4
Gesamt	2	6	5	5	3	**21**

Abbildung 10.19   Berichterstattung und Steuerung beim Lösen von Problemen mit dem Maturity-Grid

Deliverables, die für ein wichtiges Zwischenergebnis für den Auftraggeber fertiggestellt sein müssen.

Wenn Sie für das Projekt (oder Teile hiervon) Scrum verwenden, ist es wichtig, den Status des Product-Backlogs sichtbar zu machen. Dies können Sie monatlich mit der Backlog-Übersicht aus Abbildung 10.21 erreichen. Die Übersicht stellt dar, wie der Product-Backlog während der Sprints abnimmt und ob das Projekt hinsichtlich der Lieferung von Ergebnissen im Zeitschema liegt. Es wird auch sichtbar, ob sich der Projektumfang verändert. In diesem Fall wurden im August 20 Funktionen zum Product-Backlog hinzugefügt.

Auch wenn Sie nicht iterativ entwickeln, so können Sie den Projektstatus auf diese Weise darstellen. Die Bedingung ist jedoch, dass alle zu entwickelnden Funktionen separat definiert sind und jede Funktion über einen eigenen Entwicklungsstatus, wie in Abbildung 10.14, verfügt. Indem Sie monatlich in einer Übersicht, wie in Abbildung 10.22, angeben, welche Funktionen welchen entsprechenden Entwicklungsstatus haben, wird deutlich erkennbar, in welcher Phase sich das Projekt befindet (Spezifikation, Entwurf, Test,...) und ob es Funktionen gibt, auf die der Fokus zu wenig gelegt wird.

Einen Einblick in den Status der zu entwickelnden Funktionen ist sinnvoll, aber wir haben bereits geschlussfolgert, dass nur das zwischenzeitliche Messen der kritischen Parameter eine zuverlässige Vorhersage für das spätere Endergebnis bietet. Abbildung 10.23 ist eine logische Ergänzung zu der bereits behandelten Projektion der kritischen Parameter auf den Projektherzschlag. Abweichungen von gemessenen Daten in Bezug auf die vorhergesagte Trendlinie geben auf diese Weise frühzeitig im Projekt Signale, dass Anpassungen im Plan erforderlich sind. In diesem Fall nach dem Testen des ersten fertiggestellten Prototyps.

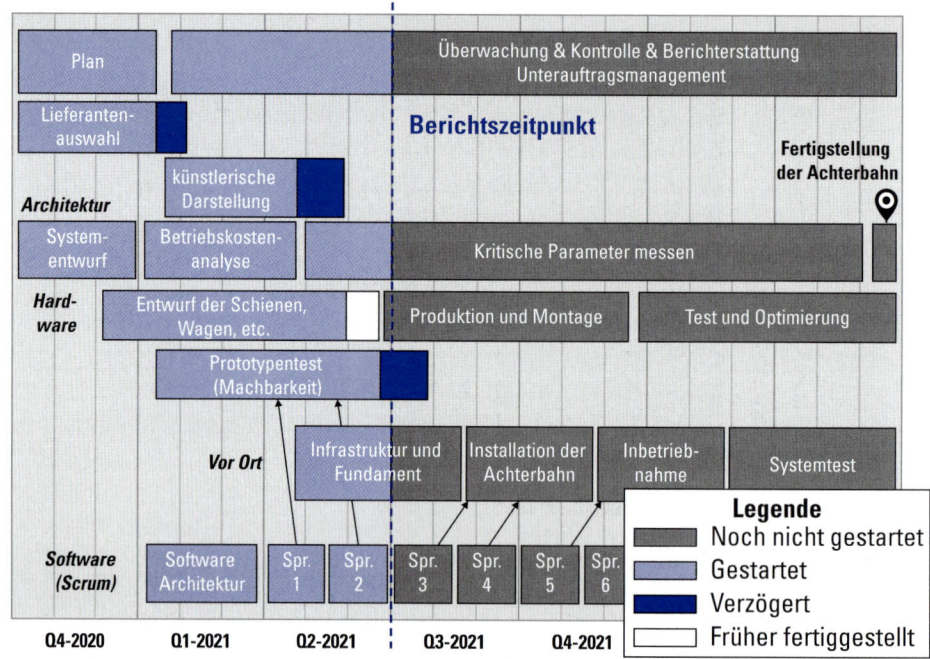

Abbildung 10.20   Grafische Übersicht des Projektstatus des Achterbahn-Projekts

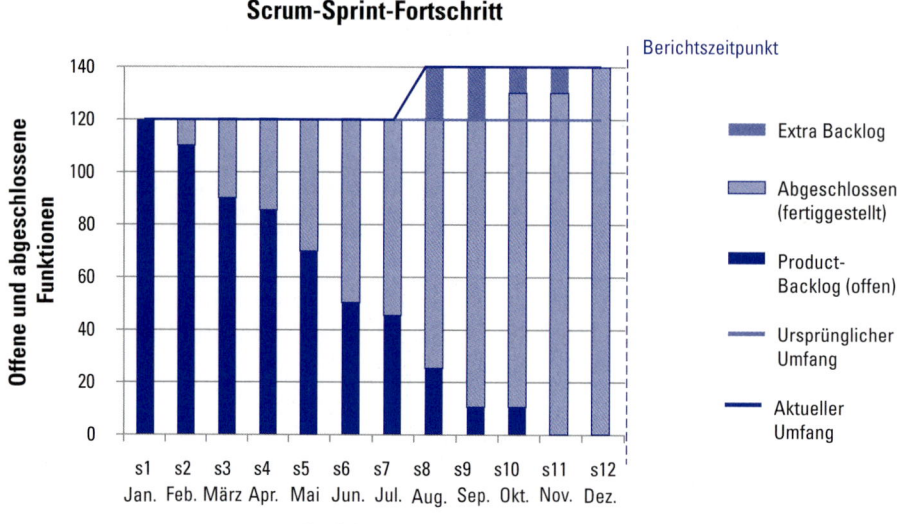

Abbildung 10.21   Scrum-Sprint-Übersicht mit dem Status des Product-Backlogs pro Monat (und Sprint)

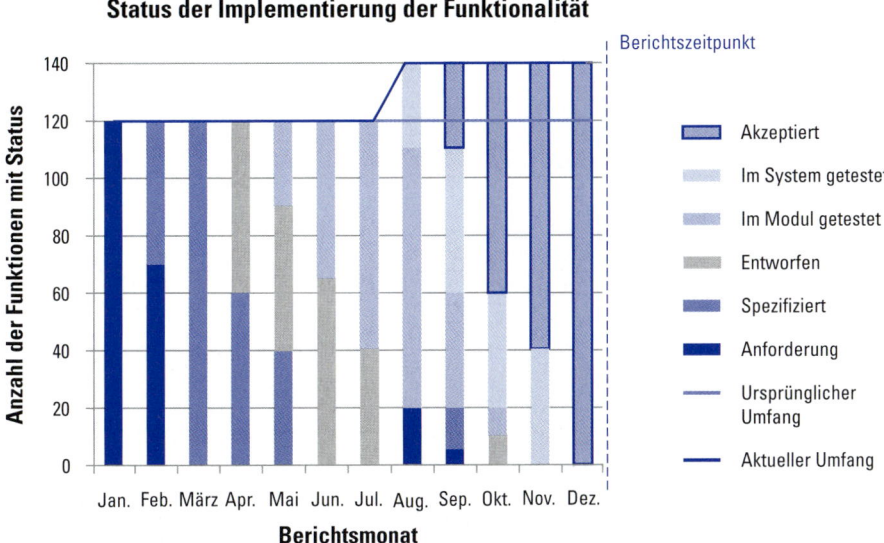

Abbildung 10.22   Monatlich berichtete Statusübersicht pro Teilfunktion

Vielleicht erwecke ich jetzt aufgrund des Mangels an sexy finanziellen Übersichten den Eindruck, dass die Projektfinanzierung nicht so wichtig ist. Aber das stimmt so nicht. Die finanziellen Leistungsfähigkeiten sind für den Projekterfolg von entscheidender Wichtigkeit und stehen darum nicht umsonst prominent auf der Project Charter und auf der monatlichen Statusübersicht des Projektmanagers. Das Problem besteht nur darin, dass man oft nicht viel davon beeinflussen kann. Die Projektfinanzen sind oft *Lagging Indicators,* die aus den

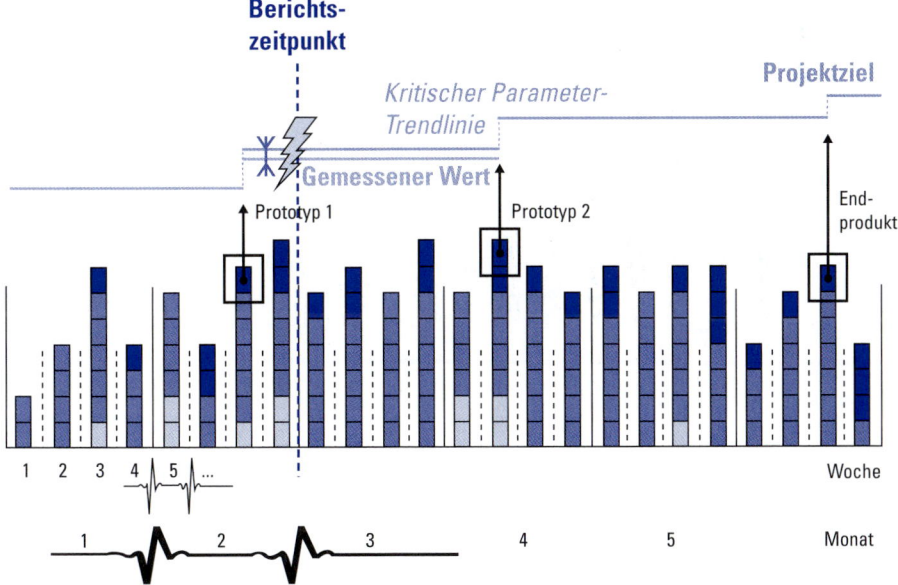

Abbildung 10.23   Vorhergesagte Trendlinie und gemessener Wert des kritischen Parameters

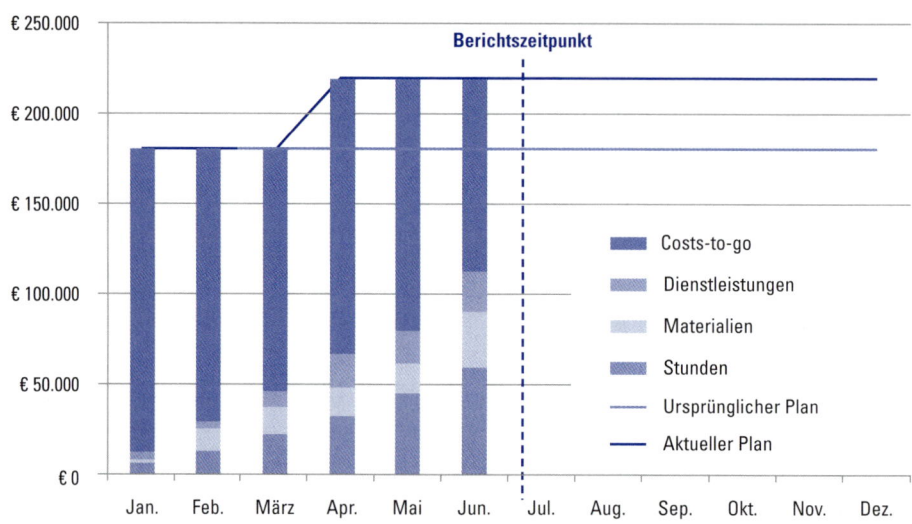

Abbildung 10.24   Monatsbericht der realisierten Kosten gegenüber den erwarteten Kosten

substanziellen Fortschritten der Intakes, Aktivitäten, Deliverables und kritischen Parameter folgen. Aber eine klare Berichterstattung in Bezug auf Geld und verwendete Arbeitsstunden darf bei der Berichterstattung an den Lenkungsausschuss sicherlich nicht fehlen.

Für den Finanzstatus können Sie sich durch Abbildung 10.24 inspirieren lassen. Diese Abbildung zeigt die monatlichen ausgegebenen Projektkosten aus verschiedenen Kategorien (Menschen, Materialien, eingekaufte Dienstleistungen, etc.) und erklärt das noch benötigte Budget, um das Endergebnis zu erreichen (Costs-to-go). Indem der aktuelle Plan mit dem ursprünglichen Budget verglichen wird, wird auch sichtbar, wann Kostenüberschreitungen (oder Änderungen des Projektumfangs) aufgetreten sind. In diesem Fall ist dies im April geschehen.

Für größere Projekte ist zusätzlich die Arbeitsstundenübersicht aus Abbildung 10.25 interessant; Sie zeigt sowohl die monatliche geplante Projektbesetzung pro Abteilung (ab dem Berichtszeitpunkt, also rechts der gestrichelten Linie) als auch die wirklich verbuchten Arbeitsstunden (links dieser Linie). So können Sie auf einen Blick sowohl die Absprachen für die Zukunft als auch den tatsächlich realisierten Arbeitsstundenaufwand in der Vergangenheit ablesen.

Arbeiten Sie mit einem Projektpuffer, so können Sie zum Abschluss das Berichtsformat aus Abbildung 10.26 verwenden. Der Trend der Nutzung des Projektpuffers bietet einen Einblick in den erwarteten Endpunkt des Projekts. Wenn der Projektpuffer zu hundert Prozent verwendet wird, so ist das Projekt zeitgerecht fertiggestellt. Bleibt etwas vom Puffer übrig, so ist das Projekt "zu früh" fertiggestellt. In der Abbildung ist für drei mögliche Szenarien wiedergegeben, wie der verwendete Projektpuffer eine Vorhersage hinsichtlich des Projektenddatums ist.

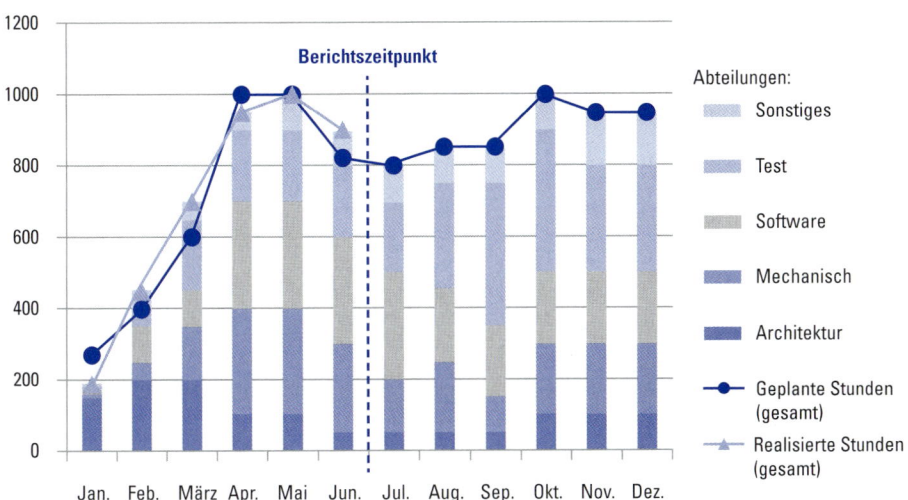

Abbildung 10.25 Übersicht geplanter (rechts des Berichtszeitpunkts) und realisierter Arbeitsstunden (links des Berichtszeitpunkts)

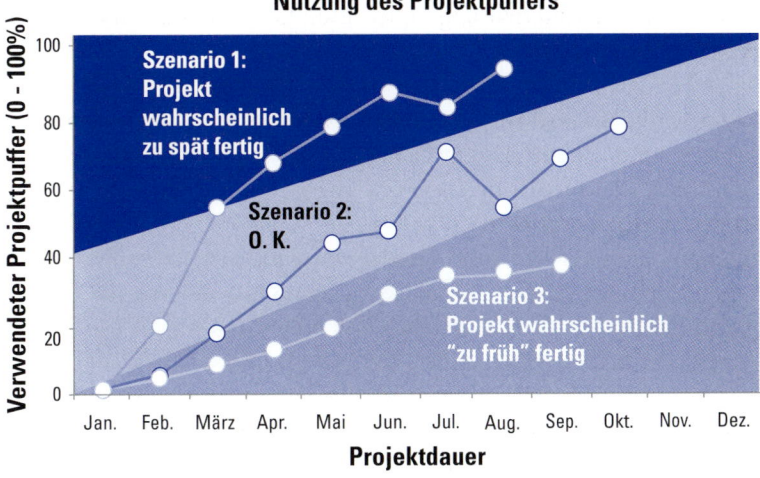

Abbildung 10.26 Monatlicher Bericht des genutzten Projektpuffers

Wie in Abschnitt 6.2 besprochen, gilt für das transparente Präsentieren des Projektpuffers, dass der Lenkungsausschuss und die anderen Stakeholder den Mechanismus verstehen müssen und dass ein gegenseitiges Vertrauen herrscht. Seien Sie also kein naiver Projektmanager, indem Sie sich vorab bereits Ihren Projektpuffer wegstreichen lassen oder in Szenario 3 das erwartete frühere Abliefern als neues Commitment aufgedrückt bekommen. Ist der Lenkungsausschuss hierfür noch nicht bereit, so können Sie mit Ihrem Team weiterhin Projektpuffer verwenden, aber es ist ratsam, diese in Ihren externen Berichten nicht explizit zu vermelden. Ihre Stakeholder genießen dann nach wie vor einen Projektmanager, der seine

Ziele erreicht und ihre Erwartungen übertreffen kann, aber vernehmen dies erst, wenn es auch wirklich so weit ist.

10.5 Unsicherheiten dennoch planbar gestalten

Offiziell gesehen, ist dieser letzte Abschnitt überflüssig. Wir haben bereits alles besprochen, was Sie wissen müssen, um Ihr Projekt erfolgreich abzuschließen. Doch es lauert immer noch die Gefahr, dass Sie während der Erstellung Ihrer Pläne gelähmt werden von all den Dingen, die Sie noch nicht wissen. Obwohl der eine hiermit mehr Probleme hat als der andere, erkennt jeder: Sie verheddern sich beim Untersuchen von Unklarheiten und sehen vor lauter Bäumen den Wald nicht mehr. Unsicherheiten verleiten Sie, nicht mehr proaktiv zu handeln.

Auch wenn Sie vieles noch nicht wissen: einen Plan können Sie eigentlich immer erstellen.

Ich habe in diesem Buch bereits verschiedene Möglichkeiten, um mit dieser Situation umzugehen, beschrieben. Beispielsweise das strukturierte Aufteilen in kleine übersichtliche Brocken mit der PBS und die 10%-Konfrontationsregel, die Aufschubverhalten durch frühzeitig eingeplante Konfrontationsmomente verhindert. Und natürlich helfen agile Iterationen, wenn es in Bezug auf den Projektumfang noch Unklarheiten gibt. Dennoch gibt es einige zusätzliche Planungstipps zu bedenken, die beim Umgang mit Unsicherheit helfen können und Ausreden verhindern, die auf folgendem Gedanken basieren: *Ein Plan ist noch nicht möglich, weil ich noch zu wenig weiß…*

Konsequenzen für den Endpunkt

Die Planungstipps, um Unsicherheiten abzudecken, gehen alle vom selben Prinzip aus: *Das Feststellen der Größe der Projektausführung ist etwas anderes als das Wissen um alle Detailaktivitäten.* Die Größe müssen Sie frühzeitig im Projekt während der Definierungsphase feststellen, den Detailplan erst, wenn die Ausführung auch wirklich beginnt. Bei PRINCE2 erstellen Sie beispielsweise zunächst einen Projektplan in Grundzügen einschließlich der Größe aller Phasen bis zum Endpunkt und erstellen erst vor jeder Phase einen detaillierten Phasenplan, um die Ausführung zu steuern. Diese Unterscheidung zwischen dem Verstehen der Projektgröße und der Detailaktivitäten sahen wir auch bereits bei der Beschreibung der Skizze mit dem Team und dem Detailplan in Kapitel 6. Eine Lähmung während der Erstellung eines Plans kommt oft vor, da man diese zwei Elemente durcheinanderbringt und sie gleichzeitig präsentieren will. Folglich kommuniziert man viel zu spät über die Projektgröße wodurch die Stakeholder wahrscheinlich bereits falsche Erwartungen haben. In diesem Abschnitt folgen Tipps zum Erstellen eines Plans, wobei die folgenden Unsicherheiten beachtet werden:

Denkfehler: Die Bestimmung von Größe und Ausführung ist dasselbe.

1. Die Größe und Details von Projektteilen fehlen noch.
2. Die Stakeholder sind nicht entscheidungsfähig.
3. Es gibt verschiedene Projektszenarien.

1 – Wenn Details noch nicht bekannt sind
Situationen, in denen bereits viel, aber noch nicht von allen Teilen des Projekts etwas bekannt ist, sind weit verbreitet. Wie bereits erwähnt, ist es nicht ratsam, diesen Teil in der Kommunikation mit dem Auftraggeber einfach zu ignorieren, es sei denn, er kann leicht aus dem Projektumfang herausgenommen werden. Doch ein Warten auf Klarheit ist oftmals auch keine Option. Ein möglicher Ansatz ist, die Größe als vorläufige Schätzung mit in den Plan oder Bericht aufzunehmen (Abbildung 10.27). Diese Schätzung kann sich auf Arbeitsstunden, Geld, Dauer oder andere Notwendigkeiten und Folgen beziehen.

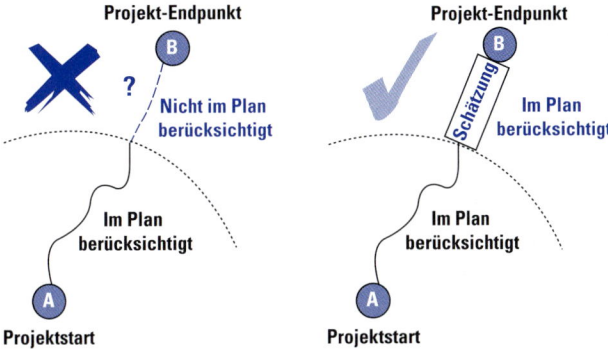

Abbildung 10.27   Anwendung der vorläufigen Schätzung, um die Projektgröße abzugrenzen und zu kontrollieren

In Abschnitt 2.4 habe ich bereits die vorläufige Schätzung mit dem Beispiel der Auslagerung der Renovierung des Erdgeschosses eines Hauses besprochen. Der Auftragnehmer unterbreitete hier ein detailliertes Angebot, ohne dass etwas über die Art der zu verwendenden Heizkörper bekannt war. Indem die Heizkörper als Vorläufiger Betrag von 3.500 Euro mitgenommen wurden, konnte der Vertrag dennoch unterzeichnet werden und die Ausführung beginnen. Es ist wichtig, dass die Vorläufige Schätzung während des gesamten Projekts

im PDCA-Zyklus in Richtung Auftraggeber miteinbezogen wird. Zu jedem Berichtzeitpunkt kontrollieren Sie, ob die tatsächlichen Kosten oder Zeiten innerhalb des geschätzten Budgets liegen. Siehe Abbildung 10.28. Der Vorteil dieser Arbeitsweise ist, dass Sie dennoch mit der Projektausführung beginnen können, ohne dass die Auswirkungen der schwachen Spezifikationen auf Ihrer Rechnung erscheinen. Kurz gesagt, was unklar ist, grenzen Sie ab und behandeln Sie separat als Reservierungs-Budget. Dieser Teil des Projekts erhält anschließend eine gesonderte Behandlung, wobei der Projektmanager und Auftraggeber *gemeinsam* Verantwortung übernehmen können.

Selbstverständlich können Sie diesen Mechanismus auch auf andere Situationen anwenden. Sie können jede Menge vorläufige Schätzungen definieren, um Unsicherheiten zu adressieren, ohne dass Sie dabei gleich einen Blankoscheck vergeben. Beispielsweise als Puffer, um zusätzliche Kundenwünsche aufzufangen. Die Lösung von Problemen, die während des Testens entdeckt wurden, in einer Korrekturphase ist ein ähnlicher Prozess; Genauso wie die Modifikationspuffer, die wir im Änderungsmanagement besprochen haben. Indem die Korrekturphase budgetiert wird, um beispielsweise 40 Probleme zu lösen, können Sie bereits während der Testphase zeigen, ob nicht zu viele Probleme gefunden werden. Hiermit können Sie bereits im Projekt *antizipieren*; also lange, bevor die geplante Korrekturphase begonnen hat.

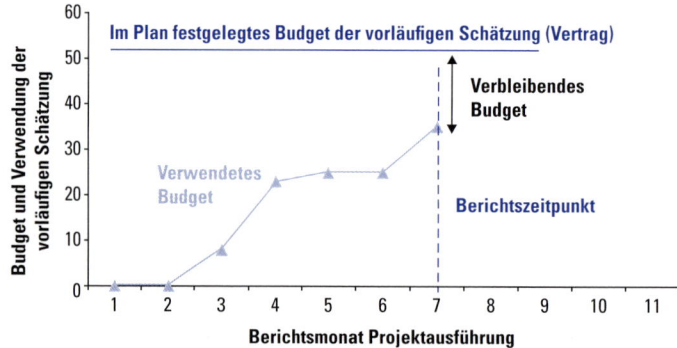

Abbildung 10.28 Statusbericht über den während der Projektausführung verwendeten Teil der vorläufigen Schätzung

Bieten Sie Entscheidungsmuffeln keine Wahloptionen, sondern unterbreiten Sie selbst einen Vorschlag.

2 – Wenn der Auftraggeber nicht entscheidungsfähig ist

Sie kennen es bestimmt. Die Zeit drängt, Sie wollen weiterkommen, aber der Auftraggeber ist der limitierende Faktor beim Bereitstellen von Klarheit und Treffen von Entscheidungen. Das Dümmste, was Sie tun können, ist, die Unbestimmtheit des Auftraggebers wie ein trojanisches Pferd zu akzeptieren, da dies später den Umfang des Projekts außer Kontrolle geraten lassen würde. Aber abzuwarten ist meist auch keine Option. Auch hier können Sie eine vorläufige Schätzung verwenden, doch oftmals geht es noch einfacher: Bieten Sie unentschlossenen Auftraggebern keine Wahloptionen, sondern unterbreiten Sie selbst einen Vorschlag. Sie werden überrascht sein, wie viele Ihrer Vorschläge mit minimalen Kommentaren akzeptiert werden. Selbstverständlich ist es hier erforderlich, dass Sie als Projektmanager wirklich die Regie übernehmen und Sie in die Domäne und Wahrnehmungswelt des Auftraggebers eintauchen können (Coveys fünftes Prinzip). Meine Erfahrung ist: Bei Auswahlprozessen ist man sich der zehn Prozent, die man wirklich will und der zehn Prozent, die man sicherlich nicht will, sicher. Über die restlichen achtzig Prozent jedoch hat man keine wirkliche Meinung. Stellen Sie sicher, dass Sie die zehn Prozent "Dos" und die zehn Prozent "Don'ts" kennen und unterbreiten Sie für die verbleibenden achtzig Prozent einen Ansatz, der auch Ihre Präferenz hat. *Auf diese Weise haben Sie ein wichtiges Faktor 10-Element zu Ihrer Verfügung!*

3 – Bei verschiedenen Projektszenarien

Was machen Sie, wenn noch keine Entscheidung getroffen wurde, ob in die Risikoreduzierung links im V investiert werden soll? Die Lösung ist oft konfrontierend: Zeigen Sie nicht nur das Szenario mit dem *Investement*, sondern auch das Szenario mit den *Folgen*, wenn nicht investiert wird. Das Risiko also. Und in diesem Detail befindet sich oft der Teufel: Die Folgen kennt der Projektmanager nicht immer. Logisch, dass es dann nicht funktioniert, den Auftraggeber vom Nutzen des Investments in eine Risikoreduzierung zu überzeugen!

In Abbildung 10.29 versuche ich dies zu erklären. Die Moral der Geschichte: Wenn Sie nicht erklären können, welche Probleme (in diesem Fall im Wert von 42.000 Euro) eine risikoreduzierende Handlung von 5.000 Euro löst, so haben Sie ein *Überzeugungsproblem*. Es ist nicht verwunderlich, dass der Auftraggeber hofft dem Strichlinien-Weg zu folgen, der beide Kostenpunkte nicht enthält. Investieren Sie deshalb in die Einschätzung der Folgen! Dies muss nicht im Detail geschehen, sondern nur die Größe skizziert werden. Sie

Der Auftraggeber investiert nur, wenn Sie die Vorteile aufzeigen.

erreichen oft schon viel, wenn Sie sich einmal eine Stunde mit den richtigen Wissensträgern zusammensetzen und überlegen. Erst wenn der Auftraggeber zwischen dem 5.000 und 42.000 Euro Szenario wählen muss, können Sie erwarten, dass dieser klug entscheiden wird. Will der Auftraggeber nicht investieren, so bleibt Ihnen nichts anderes übrig, als den 42.000 Euro Kostenpunkt mit im Plan aufzunehmen. Dies wird nicht ohne Kampf gelingen, aber wird zu einer Diskussion führen, auf die Sie gut vorbereitet sind. Sie können erneut erfahren, was das Faktor 10-Verhalten bringt.

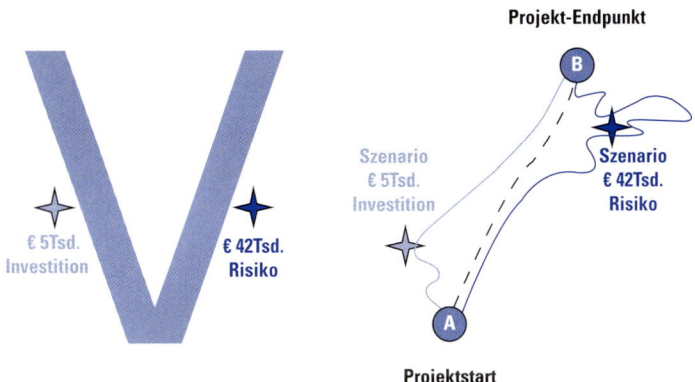

Abbildung 10.29 Stellen Sie beide Szenarien mit den Folgen für das Projektergebnis dar

Die 8D-Methode

Die Fehlerbehebung ist der Prozess schlechthin, der viele Unsicherheiten hat und daher schwer zu planen und steuern ist. Je nach Umfang und Kontext des Projekts können Dutzende bis Hunderte dieser Probleme auftreten, kleine bis große und variierend in ihrer Wichtigkeit. Es gibt Probleme, die beim Endnutzer auftreten (oft *Field Problems* genannt), Probleme im Produktions- oder Logistikprozess und Probleme, die im Projekt selbst entdeckt werden (beispielsweise während der Testphase). Die Fehlerbehebung kann große Auswirkungen auf Ihr Projekt haben: Hinsichtlich der zusätzlichen Kapazität, aufgrund der Störung des bestehenden Plans, aber sicherlich auch, da der Fortschritt der Fehlerbehebung manchmal schwer zu prognostizieren ist.

Die 8D-Methode hilft, die Fehlerbehebung strukturiert auszuführen und den Fortschritt messbar zu machen. Die Methode wurde von Ford entwickelt und zeichnet sich durch die acht logischen Schritte aus Abbildung 10.30 aus. Diese Schritte bieten Struktur und Ruhe, sobald eine Menge Druck von außen auftritt und das Bauchgefühl die Überhand gewinnt.

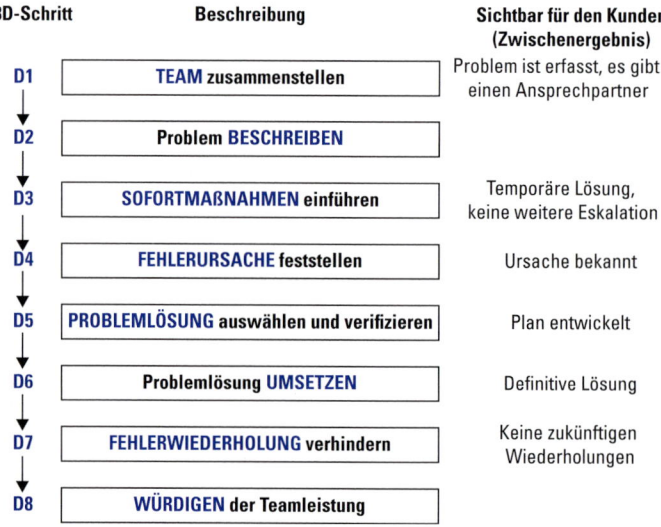

Abbildung 10.30   Strukturierte Fehlerbehebung mit dem 8D-Prozess

Wie Sie erkennen können, bietet die 8D-Methode nicht nur einen Stufenplan, sondern auch eine inhaltliche und strategische Ausrichtung. *Jumping to conclusions*, die Neigung sofort Lösungen auszudenken, wird verhindert, indem erst die richtigen Mitarbeiter gesucht werden und die Problemstellung richtig verstanden wird (D1 und D2). Danach folgt der D3-Schritt, den jede Krise benötigt: "Pflaster aufkleben", um eine weitere Eskalation zu verhindern. Der Prozesspfad bis einschließlich D3 erlangt somit eine hohe Dringlichkeit und führt zu einem sichtbaren Zwischenergebnis. Doch solange die Ursache nicht bekannt ist, geschweige denn die Lösung, gibt es keine Vorhersagbarkeit, wann das Problem wirklich behoben ist. Die D4- und D5-Phasen befinden sich somit auf der Kippe von "Wir wissen nicht, wie lange es dauert" und "Wir haben einen Plan". Ein Kipppunkt, der für die Kommunikation mit dem Kunden und die Kontrolle über die Projektgröße essentiell ist. Nach der Implementierung der definierten Lösung beim Kunden folgt ein weiterer wichtiger Schritt, der oftmals vergessen wird: verstehen, warum das Problem entstehen konnte und verhindern, dass dieses noch einmal auftreten kann. Dieser D7-Schritt ist also ein

Die 8D-Methode macht einen unsicheren Prozesspfad übersichtlich.

wahrer *Prozessverbesserungsschritt,* mit dem Sie die Qualität Ihrer Organisation strukturell gesehen auf ein höheres Niveau heben. Der Prozess schließt mit dem 8D-Schritt ab, dem Beglückwünschen des Teams und dem Feiern des Erfolgs. Der 8D-Prozess trägt daher auch dazu bei, das Team zu motivieren und zu belohnen.

Außer dem Vorteil, dass Probleme effektiv und effizient behoben werden, wird der unklare Prozesspfad zwischen "Es gibt ein Problem" und "Das Problem ist behoben" transparent gemacht. Die Verschiebung im 8D-Status und die damit verbundene Darstellung der Zwischenergebnisse gibt dem Kunden Vertrauen und Ihrem Team Orientierung: *Es gibt noch keine Lösung, aber dennoch einen Fortschritt!* Darüber hinaus können Sie anhand des *Maturity-Grids* verdeutlichen, wie sich der Fortschritt des Gesamtpakets an Problemen im Projekt entwickelt, wie in Abbildung 10.19 gezeigt. Die Anwendung der 8D-Methode ist also wie bei der PBS-Methode auch wieder eine Strukturierung, aber jetzt nicht als Aufteilung des großen Projekts in kleinere Teile, sondern als Verteilung des unsicheren Problemlösungsprozesses in überschaubare und übersichtliche Schritte.

Zusammenfassung

- Wählen Sie bewusst, wie Sie Ihr Team im *Heartbeat* führen und wie Sie den Stakeholdern Bericht erstatten möchten:
    - Team (und Lieferanten): In Richtung Aktivitäten und Ergebnisse lenken, oft basierend auf *Führung durch Zielvereinbarung*
    - Lenkungsausschuss: In Richtung Status in Bezug auf das Endziel und den Projektumfang lenken, oft basierend auf *Führung nach dem Ausnahmeprinzip*
- Bringen Sie das PDCA-Schwungrad in Bewegung, indem Sie sicherstellen:
    - Regelmäßigkeit: Besser regelmäßig kurz abstimmen, als manchmal lang
    - Moment: Erarbeiten Sie Check und Act möglichst schnell hintereinander
    - Individuum gegenüber Gruppe: Manche Abstimmungen erfordern eine individuelle Betreuung, andere einen Gruppenprozess
- Abstimmung erfordert einen Rhythmus. Stellen Sie sicher, dass alle Anpassungen (einschließlich Risiko- und Änderungsmanagement) in den aktualisierten Detailplan (und den Scrum Product- und Sprint-Backlog) eingetragen werden.
- Scrum verfügt ergänzend über einen Tagesrhythmus auf Teamebene. Dies ermöglicht ein selbstorganisierendes Team und macht die Wochensitzung meist überflüssig.
- Indem Sie die bei der Berichterstattung in Richtung Stakeholder die Führung übernehmen, verändern Sie sich von einem Berichterstatter zu einem Beeinflusser. Sorgen Sie mit einer soliden "400-Meter-Passage" für den Rest des Monats für Ruhe im Projekt.
- Änderungen gehören zu einem Projekt und sind nicht selbst das Problem. Das unkontrollierte Durchführen der Änderungen ist das Problem.
- Benennen Sie so früh wie möglich im Projekt das Change Control Board. Wenden Sie das Änderungsmanagement auch bei Änderungen an, die den Projektumfang nicht verändern!
- Ein kluges Berichtsformat bewirkt, dass Sie sich während der Sitzung mit dem Lenkungsausschuss nicht verteidigen müssen. Stellen Sie in einer einzigen Übersicht den Status in Bezug auf das Endergebnis und die verbleibende Strecke klar dar.
- Auch wenn Sie noch vieles nicht wissen: Einen Plan können Sie fast immer erstellen. Verhindern Sie Lähmung und warten Sie nicht, bis Unsicherheiten gelöst sind, sondern verwenden Sie vorläufige Schätzungen, unterbreiten Sie selbst Vorschläge oder präsentieren Sie mehrere Szenarien. Ein Plan (bis zum Endpunkt!) führt zu Ruhe für Sie und Ihre Umgebung und sorgt dafür, dass die richtigen Handlungen stattfinden.
- Wenden Sie die 8D-Methode an, um die Fehlerbehebung zu strukturieren und den Fortschritt sichtbar zu machen, noch bevor die Lösung bekannt ist und implementiert wird.

Nachwort

Nach der Lektüre dieses Buches werden Sie mehr Verständnis für den Kern des Projektmanagements haben. Dies hilft Ihnen die nützlichen Elemente aus verschiedenen Projektmanagement-Methoden zu kombinieren und diese mit dem hochwirksamen Faktor 10-Verhalten zu verknüpfen. Es sind nämlich nicht die Methoden, die einen Unterschied ausmachen, sondern *Sie* als deren Anwender! Jetzt, da Sie die Essenz verstehen, können Sie sogar agil in einem traditionellen Umfeld sein, Teams in einer Top-down strukturierten Organisation Eigenverantwortung übernehmen lassen und die Abstimmung mit dem Auftraggeber von einem "Vertragsverhandlungs-Spiel" in eine Koproduktion umwandeln.

Das Wort *komplett* im Buchtitel bedeutet nicht, dass das Buch alles beinhaltet, sondern möchte Sie stimulieren und erkennen lassen, dass das Profil eines erfolgreichen Projektmanagers sehr breit ist. Sie erreichen mehr, wenn Sie sich in Ihre Umgebung hineinversetzen können, sich die vielen Projektmanagement-Tools vorurteilsfrei verinnerlichen und diese in Ihren persönlichen Stil integrieren. Dabei müssen Sie nicht erst warten, bis Sie dies perfekt beherrschen. Genau das Gegenteil ist der Fall – nur Übung macht den Meister. Vermeiden Sie also, dass der Wille, komplett sein zu wollen, einen lähmenden Effekt hat und Prokrastination verursacht. Ein bewusstes Anwenden ist wichtiger als ein perfektes Anwenden! Fangen Sie noch heute an. Die Beschreibung des *Wie* in diesem Buch hilft Ihnen dabei.

Entdecken Sie, was Sie eigentlich bereits konnten, aber noch nicht immer angewendet haben. Vieles aus diesem Buch können Sie sofort anwenden: automatisch mit der 10%-Konfrontationsregel beeinflussen beispielsweise, durch das Faktor 10-Verhalten immer die Initiative ergreifen, Projektziele mit der PBS in Teilergebnisse übersetzen, Fortschritt und Lernfähigkeit mit dem verlockenden Projektherzschlag erzwingen und natürlich ein flexibles TomTom-Verhalten zeigen, indem Sie den Weg bis zum Endpunkt immer einsichtig machen. Besuchen Sie gerne meine Website auf www.Roelwessels.com für weitere mentale Motivationen und Hilfsmittel oder um mitzuteilen, wie Ihnen dieses Buch bei Ihren Projekten hilft.

Ich wünsche Ihnen, dass Sie den Gedanken loslassen können "Im *nächsten* Projekt werde ich es bestimmt besser machen und tatsächlich anwenden" und stattdessen einfach direkt heute damit anfangen! Das aus diesem Buch gelernte wird Ihnen sicherlich dabei helfen, so dass hoffentlich auch Sie bald genau wie ich die vielen schönen Seiten des Projektmanagements genießen können. Viel Erfolg und viel Spaß!

Roel Wessels

Danksagung

Mit dieser Danksagung möchte ich all denen danken, die zur Erstellung dieses Buches beigetragen haben.

Zuallererst meiner Frau Sonja und meinen Kindern Joeri und Fleur. Für ihr Verständnis, wenn Sie wieder einmal den "Schreiber" vermissten und für alle neuen erworbenen Lebensweisheiten, denn vielleicht ist das Familienleben das schönste Projekt, das ich kenne.

Darüber hinaus den Gastherren, Gastfrauen und Mitgästen von Schloss Slangenburg in Doetinchem, wo ein Großteil des Buchs geschrieben wurde. Die Benediktiner-Vorschriften von Slangenburg halfen mit beim Schreibprozess, aber gaben mir auch inhaltlich Inspiration für dieses Buch.

Des Weiteren meinem Arbeitgeber Holland Innovative und vor allem Hans Meeske für das Zurverfügungstellen der vielen Schreibstunden sowie Joke van den Dool und Hans Pieter van den Berg für das begeisterte Mitlesen; dies gilt auch für die Reviewer, die mich mit inhaltlichem Feedback versahen und dazu beitrugen, dass das Buch für ein breites Publikum geeignet ist. Und danke an Jörg Bewerunge für die wertvolle und leidenschaftliche Unterstützung beim deutschen Übersetzungsprozess.

Darüber hinaus jedem, mit dem ich über die Jahre zusammenarbeiten durfte: Kollegen, Manager, Teammitglieder, für alles, was ich von euch habe lernen können.

Schließlich natürlich auch meinen Eltern, die mir die Möglichkeit gegeben haben, mich zu der Mischung aus Projektmanager, Physiker und Musiker zu entwickeln, die ich heute bin.

Anhang 1: Beispiele Anwendung Projektmodell

1. Wenn ein ICT-Unternehmen einen Auftrag für einen Kunden annimmt und ausführt: das Entwickeln einer neuen Website

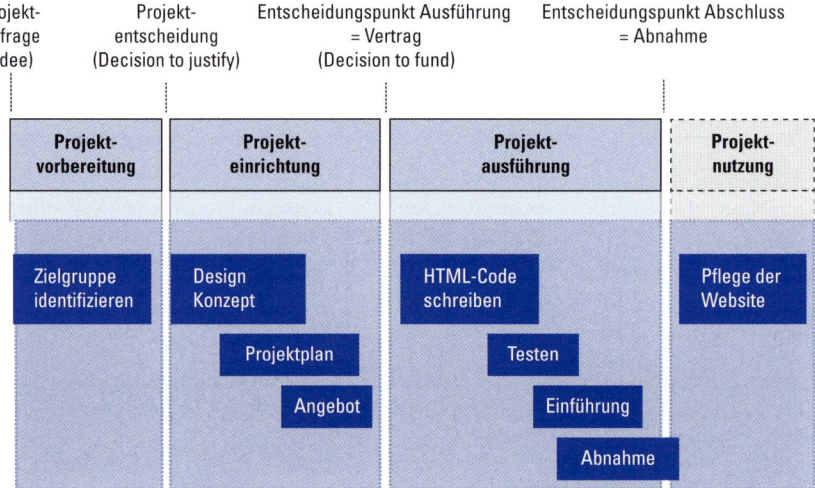

2. Wenn ein externer Spezialist die Produktivität in einer Fabrik auf eine zuvor festgelegte Leistung (94%) erhöht

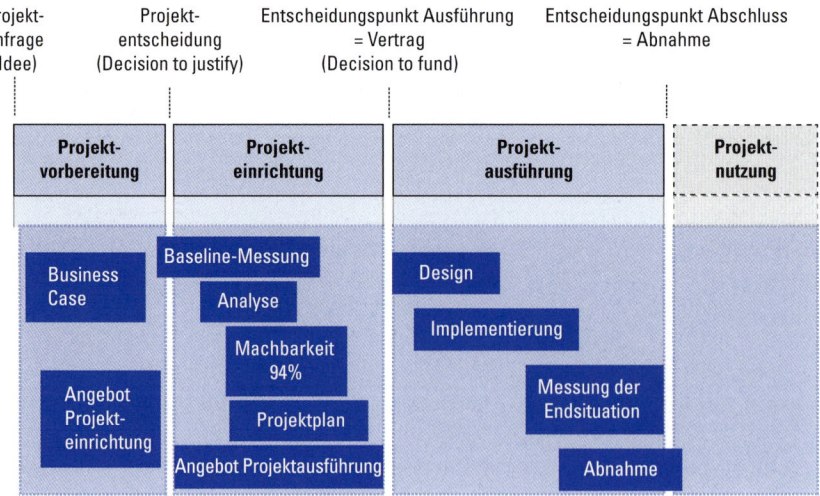

3. Die Fusion von zwei Organisationen begleiten

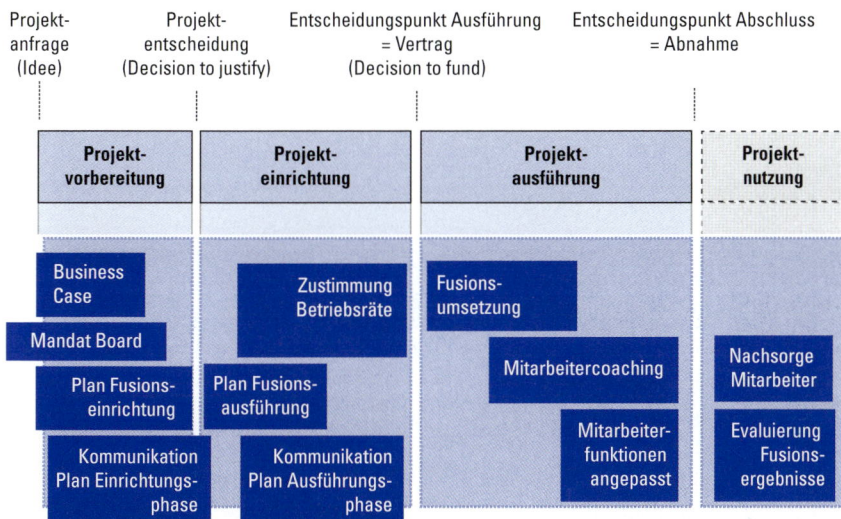

4. Veränderungsprozess intern: Erhöhen der Mitarbeiterzufriedenheit

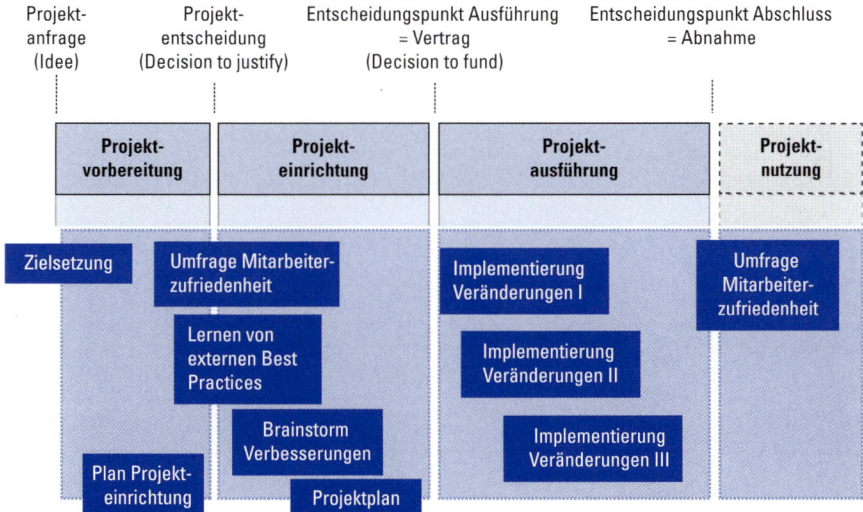

Anhang 2: Der komplette Projektmanager - Toolkit

Der komplette Projektmanager (DKP) - Toolkit:

Das	DKP-Projektmodell (traditionell und agil)
Die	DKP-Stakeholderanalyse
Das	DKP-Projektorganisationsmodell
Die	DKP-Entscheidungsfindungsmatrix
Der	DKP-Faktor 10-Inspirator
Die	DKP-Planungsprozess Checkliste
Die	DKP-Project Charter
Der	DKP-Produktstrukturplan
Der	DKP-DfX und kritische Parameter-Implementierer
Das	DKP-Robust Einschätzen Tool
Der	DKP-Scrum-Implementierer
Die	DKP-Skizze mit dem Team
Die	DKP-Detailplanung
Der	DKP-Projektmotivator
Der	DKP-Lenken der Kreativität-Inspirator
Die	DKP-Risiko-Matrix (Projekt und FMEA)
Das	DKP-Das blinde Abhaken-Präventionstool
Der	DKP-Heartbeat & PDCA-Implementierer
Der	DKP-Änderungsmanagement-Implementierer
Der	DKP-Berichterstattungs-Inspirator

Laden Sie die Tools aus dem DKP-Toolkit auf www.roelwessels.com herunter.

Quellen

Blake, R., Mouton, J., *The Managerial Grid: The Key to Leadership Excellence*, Gulf Publishing Co., 1964

Block, P., *The empowered manager*, Jossey-Bass, 1986

Cialdini, R., *Influence*, William Morrow & Co, 1984

Covey, S., *The Seven Habits of Highly Effective People,* Free Press 1989

Dalkey, N., Helmer, O., *An Experimental Application of the Delphi Method to the use of experts*, 1963

Deci, E., Ryan, R., *The Handbook of Self-Determination Research*, University of Rochester Press, 2002

Fagan, M., *Design and Code Inspections to Reduce Errors in Program Development*, in: IBM Systems Journal 15, 3 (1976): 182-211

Gaspersz, J., *Compete with Creativity, available at: SSRN: https://ssrn.com/abstract=983934* or *http://dx.doi.org/10.2139/ssrn.983934*

Gilb, T., Graham, D., *Software inspection.* Addison-Wesley Longman, 1993

Goldratt, E., *Critical Chain,* North River Press, 1997

Guilford, J., *Creativity*, in: American Psychologist, Volume 5, Issue 9, p. 444–454, 1950

Gunster, B., *Omdenken - the Dutch art of flip-thinking*, A.W. Bruna, 2016

Harnish, V., *Mastering the Rockefeller Habits: What You Must Do to Increase the Value of Your Fast-Growth Firm*, Gazelles Publishing, 2002

Hayes, J., *Cognitive processes in creativity*, Dorsey Press, 1989

Hersey P., Blanchard, K., *Management of Organizational Behavior*, 3rd edition Prentice-Hall, 1977

Herzberg, F., Mausner, B., Snyderman, B., *The Motivation to Work*, 2nd edition, John Wiley & Sons Inc., 1959

Kaplan R., Norton D., *The Balanced Scorecard*, Harvard Business Review Press, 1996

Kurzweil, R., *The Age of Spiritual Machines*, Penguin Books, 1999

Lammers, M., *Yes! a crisis*, Tirion Sport, 2010

McGregor, D., *The Human Side of Enterprise*, McGraw-Hill, 1960

Mendelow, A.L., *Stakeholder Mapping*, in: Proceedings of the 2nd International Conference on Information Systems, Cambridge, MA, 1991

Newell, A., Simon, S., *Human problem solving*, Prentice Hall, 1972

Poincaré, H., *The foundations of science*, The Science Press, 1913

Quinn, R. a.o., *Becoming a Master Manager*, 6th edition, John Wiley & Sons Inc., 2015

Rook, P., Rook, E., 'Controlling software projects', *IEEE Software Engineering Journal* 1(1), 1986, pp. 7-16

Snowden D., Boone M., *A Leader's Framework for Decision Making*, in: Harvard Business Review, 2007

Sutherland, J., *Scrum*, Crown, 2014

Tuckman, B., Developmental sequence in small groups. In *Psychological Bulletin*, Vol 63 (6), Jun 1965

Wertheimer, M., *Productive thinking*, University of Chicago Press, 1982

Wickman, G., *Traction*, BenBella Books, 2007

Wiseman L., McKeown G., *Multipliers*, HarperCollins Publishers Inc., 2010

Über Roel Wessels

Roel Wessels (1969) ist verheiratet, Vater von zwei Kindern und arbeitet bei Holland Innovative als Senior Director Projectmanagement and Technology. Davor war er als Senior Director Innovation für die Produktentwicklung bei Assembléon, einem High-Tech Maschinenbauer, verantwortlich.

Roel hat ein Auge fürs Detail, aber strebt vor allem nach Übersicht und Out-of-the-box-Denken, um auf diese Weise Menschen, Prozesse und Zielsetzungen miteinander zu verbinden. Er trainierte seine Fähigkeiten im Projektmanagement und in der Produktentwicklung bei Unternehmen wie DAF Trucks, Ordina, Vanderlande Industries, Philips und Assembléon.

Die Rolle als Vorstandsmitglied bei Holland Innovative kombiniert er mit seinen Trainings, Masterclasses und Coachings von Projektmanagement und Führungsentwicklung sowie der Ausführung von Projekten von Kunden im Hightech-Bereich, Gesundheitswesen und Agro & Food-Bereich.

Roel ist Physiker, aber das Musizieren spielte bei seiner Entwicklung eine wichtige Rolle. Unter dem Motto "Ich bin der Projektmanager in der Band und der Künstler im Entwicklungsteam" strebt er mit Leidenschaft danach, diese beiden faszinierenden Welten zusammenzubringen. In diesem Buch wird das Projektmanagement aus dem Blickwinkel des Projektmanagers, des Physikers und des Musikers besprochen.

Für weitere Informationen, die Ausarbeitung des Achterbahn-Projekts aus diesem Buch und andere Extras schauen Sie bitte auf www.roelwessels.com.

Index

–

8D-Methode   210, 262, 272, 273
10%-Konfrontationsregel   52, 73, 104, 105, 106, 121, 224, 235, 236, 268
400-Meter-Passage   250, 252
&-&-&-Paradoxon   2, 3, 4, 5, 6, 15, 27, 87, 174, 194

A

Abnahmeprozess   230
Abnahmetest   57, 228, 230, 231
Abwehrmechanismus   29
Activity on node   156
Agile Methode   16, 218
Agiles Projektmanagement   16, 62, 223
Agiles Verhalten   23, 177
Änderungsmanagement   202, 204, 205, 236, 244, 245, 246, 253, 255, 258, 270
Ausführungsphase   11, 12, 15, 16, 17, 18, 19, 24, 64, 65, 68, 104, 107, 111, 130, 131, 142, 150, 158, 197, 201, 215, 233, 234, 237, 248

B

BBSC (Business Balanced Scorecard)   8
Beschlussliste   246
bidirektionale Nachverfolgbarkeit   116
Blackbox-Test   229
blindes Abhaken   216, 217, 223, 224, 227, 228, 234, 244
Burndown-Bericht   260, 261
Business Balanced Scorecard   8
Business Case   19, 20, 39, 58, 61, 107, 108

C

Capacity   138
Change Control Board (CCB)   254, 255, 256, 258
coachende Führungsstil   98

Commitment   3, 9, 11, 12, 13, 15, 19, 27, 35, 104, 112, 136, 137, 146, 151, 159, 267
Concurrent Engineering   21, 22
Countdown-Prinzip   261
Covey, Stephen   48, 85
Coveys Zeitmanagement-Matrix   88, 89
Critical to Customer (CTC)   66
Critical to Quality (CTQ)   66
Cynefin-Modell   13

D

Daily Scrum Meeting   25, 151, 207, 247
Deci und Ryan   171, 172
Decision to fund   11, 18, 19, 20, 110, 168
Decision to justify   18, 110
Defekte   119, 219, 220, 222
Definitionsdokumente   19
Definitionsphase   11, 12, 14, 15, 16, 17, 19, 51, 70, 104, 111, 186, 227, 233, 268
Deliverables   18, 19, 20, 106, 107, 109, 111, 129, 155, 166, 168, 200, 202, 203, 215, 216, 218, 223, 234, 235, 236, 237, 242, 260, 263, 266
Delphi-methode   140
Design for X (DfX)   66, 67, 68, 69, 70, 71, 122, 126, 128, 129, 218, 223, 224, 225, 236
Diminishers   9
Diminisher-Verhalten   175
Dissatisfiers   180
Dopamin   215
Drei-Punkt-Schätzung   144, 145, 152
Duration-driven   138

E

Edison, Thomas   192
Effort   132, 138, 139
Effort-Abschätzung   141, 146
Effort-driven   138

emotionales Beziehungskonto   48, 85, 89, 90, 121, 185, 248
empathisches Zuhören   90
Entscheidungsfindungsmatrix   74
Entwurfsphase   16, 56, 60, 62, 224
Epics   118

F

Fagan-Inspektionsprozess   218, 219, 220
Faktor 10-Verhalten   45, 78, 79, 80, 81, 84, 105, 178, 249, 259, 271
Flexibilitätsmarge   147
FMEA   224, 225, 227
Forming – Storming – Norming – Performing (Tuckman)   186
Fortschrittsbesprechung   39, 208, 241, 243, 244, 254
Führung   IX, X, XI, 4, 5, 29, 36, 37, 49, 65, 77, 78, 79, 80, 85, 90, 92, 95, 96, 97, 98, 99, 100, 130, 164, 173, 174, 176, 177, 178, 192, 193, 200, 217, 227, 234, 235, 236, 238, 242, 252
funktionalorientiertes Projektplan   124

G

Gantt chart   165
Gantt-modus   159
Gaspersz, Jeff   193, 281
Geschicklichkeit (Sachverstand)   4, 22, 176
Gestalttheorie   191
Gratis Zusatznutzen-Verhalten   73
Gruppendynamik   187
Guilford, Joy Paul   191, 281

H

HALT-Methode   224, 225, 226, 228
Harnish, Verne   8
Heartbeat   198, 199, 200, 201, 203, 204, 205, 207, 208, 210, 211, 215, 248
Heartbeat-Periode   202
Hayes, John   190, 281
Herzberg, Fredrick   180

I

ICB Fraumework   X, 11, 104
Individuelle Sitzung   241
Initiierungsphase   11
Integrationsschema   127
Integrationstest   230
IPMA   X, 11, 104

J

Jumping to conclusions   272

K

Kaizen   224
Kaplan, Robert   8
Karate Kid (Film)   126
katastrophale Übergang   16
Key Performance Indicators (KPI)   7, 8, 39, 87
Know-how   IX,
Kommunikationsplan   40, 49
Konfrontation   60, 62, 73, 206
Können   125
KPI   7, 8, 39, 87
Kreativität   4, 9, 15, 87, 90, 98, 100, 188, 191, 192, 193, 194, 212, 223
kritische Parameter   63, 64, 65, 66, 67, 68, 70, 71, 111, 117, 122, 128, 129, 155, 162, 174, 177, 197, 203, 223, 234, 235, 236, 237, 244, 250, 263, 266
Kurzweil, Raymond   4

L

Lagging Indicators   65, 265
Leading Indicators   65, 210

M

Make or buy   126, 127
Management by direction and control   238
Management by exception (Führung nach dem Ausnahmeprinzip)   238, 239
Management by objectives (Führung durch Zielvereinbarung)   238, 239
Managerial Grid-Modell (Blake & Mouton)   92, 94

Matrix-Projektorganisation 183
Maturity Grid 262, 263
McGregor, Douglas 174
Median 145
Meilensteine 18, 111, 123, 150, 164, 198, 249, 262
meilensteinorientiert 197, 259
Mikromanagement 5, 6, 92
Mikromanager 6, 7, 28, 99
Moderator 219, 220
Modultest 228
Motivator 178, 189
Multipliers 8, 9

N
Naturgesetze des Projekts 123
negatives Menschenbild 174, 175
Newell, Allen 190
Norton, David 8
Nutzungsphase 17, 26, 38, 231

O
Oder-oder-oder Trade-off 3
OKR (Objectives and Key Results) 208, 211

P
Paradox of Achievement 172
PDCA-Zyklus 199, 201, 204, 206, 208, 210, 216, 237, 241, 242, 244, 247, 248, 252, 259, 269
PERT 159
PFD (Produktflussdiagramm, Product Flow Diagram) 126, 127
Phasenbeurteilung 111
Phasenübergang 111, 168
Planning Poker 137, 142, 143
PMBOK Guide X, 16, 104
Poincaré, Henri 191, 281
positives Menschenbild 174, 175, 238
Praxis Variation 7
PRINCE2 X, 11, 16, 17, 23, 107, 115, 127, 182, 184, 239, 254

Product Backlog 25, 68, 69, 117, 119, 128, 130, 131, 137, 143, 151, 247, 263
Product Breakdown Structure 182
Product Owner 25, 26, 143
Produktflussdiagramm (PFD) 126, 127
produktorientierte Art einer Beschreibung 124
Produktstrukturplan 109, 113, 116, 129, 181
Project Brief 107
Project Charter 106, 107, 108, 109, 110, 120, 121, 122, 123, 125, 126, 166, 186
Projekteinrichtungsphase 11, 45, 158, 234, 236
Projektergebnisse 17, 27, 37, 38, 40, 44, 56, 90, 127, 185, 202, 219, 231, 233, 235, 253
Projektinitiierungsdokumente 11
Projektmanagement 143, 201
Projektmanagementmethoden 11, 104
Projektmanagementplan 11, 12, 19, 40, 57, 67, 103, 104, 106, 114, 158, 166, 167, 168, 184, 186, 194, 197, 204, 230, 258
Projektorganisation 26, 45, 124
Projektpuffer 149, 150, 151, 152, 162, 266, 267
Projektsicherung 182
Projektstrukturplan 116
Projektziel 12, 33, 37, 38, 106, 113, 171, 215, 235, 237, 253
Prokrastination 74, 148, 149, 152

R
Realist 189
Regressionstest 229, 230
Requirement Management 116
Risikomanagement IX, 23, 32, 52, 81, 84, 137, 204, 205, 224, 236, 244, 245, 246, 250
Risikoreduktion 59, 60, 61, 70

S

Sachverstand   15, 29, 51, 87, 178
Satisfiers   180
Schwarze-Pisten-Projekte   238
Scrum   25, 26, 118, 130, 131, 137, 140, 142, 151, 152, 155, 161, 201, 207, 241, 244, 247, 260, 261
Scrum-Master   25, 26, 131, 143, 247
Selbstbestimmungstheorie   171, 172
Self-fulfilling Prophecy   175
Simon, Herbert   190
Singularität   4
situative Führung   91
Six Sigma   66, 67, 223
Six Sigma Blackbelt   66
Size   136, 138, 139, 140,
Skizze mit dem Team   51, 106, 131, 135, 152, 156, 157,
Snowden, Dave   13, 14, 16
Sprint   68, 69, 70, 118, 131, 143, 151, 152, 155, 161, 247, 263
Sprint Backlog   25, 247, 260
Sprint Planungssitzung   25
Stakeholder   36, 39, 40, 41, 42, 43, 45, 46, 47, 50, 51, 52, 78, 90, 92, 103, 104, 105, 106, 107, 109, 110, 111, 118, 122, 123, 135, 151, 157, 158, 159, 167, 177, 185, 186, 189, 197, 200, 201, 207, 224, 233, 234, 235, 236, 237, 239, 248, 250, 252, 253, 259, 267, 268, 269
Stakeholder-Management   39, 40, 42, 47, 79, 176, 181, 185, 249, 251, 252
Standardabweichung   145
Story Point   140, 143, 155
Systems Engineering   58
Systemtest   57, 230

T

Taiichi, Ohno   224
Target   7, 79

Testen auf Komponentenebene   228
Theorie X   174, 179
Theorie Y   174, 179
Toyota Production System   224
Traceability Matrix   117
traditionelles Projektmanagement   16
Tuckman, Bruce   186

U

U-Boot-Verhalten   104, 157, 235
Umdenken   80, 81, 82, 83, 84, 85, 100, 110, 205, 235
Umfangsmanagement   50
Units   138
Unittest   228
Unterstützen (Führungsstil)   97, 185
Unordnung   16
User-Story   117, 140, 142, 143

V

Verknüpfung   85, 101, 136, 160, 161, 162, 211, 229
verletzliche Haltung   178
Versions   118
V-Modell   19, 55, 56, 57, 58, 59, 60, 61, 62, 66, 67, 68, 69, 70, 71, 72, 73, 79, 89, 91, 117, 126, 128, 129, 174, 177, 218, 227, 228, 230, 235, 243, 250
Vorläufiger Betrag   52, 269

W

Wasserfallmodel   21, 22, 51, 60, 69, 70
Wertheimer, Max   191, 282
Wertschöpfung   50, 71
Whitebox-Test   230
Win-Win-Verhalten   84, 86, 89, 90, 178, 179, 235, 238, 253
Wiseman, Liz   9
Work Breakdown Structure (WBS)   129